Vocabulário *teológico*

Claudio de Oliveira Ribeiro

Vocabulário *teológico*

Teologia Protestante Contemporânea

Dados Internacionais de Catalogação na Publicação (CIP)
Angélica Ilacqua CRB-8/7057

Ribeiro, Claudio de Oliveira
　Vocabulário teológico : teologia protestante contemporânea / Claudio de Oliveira Ribeiro. - São Paulo : Paulinas, 2023.
　432 p. (Coleção Vocabulário teológico)

　ISBN 978-65-5808-159-3

　1. Teologia – Dicionários 2. Igrejas protestantes I. Título II. Série

22-1501　　　　　　　　　　　　　　　　　　　　　　　　CDD 230.03

Índice para catálogo sistemático:
1. Teologia - Dicionários

1ª edição – 2023

Direção-geral:	*Ágda França*
Conselho editorial:	*Andreia Schweitzer*
	Antônio Francisco Lelo
	Fabíola Medeiros
	João Décio Passos
	Marina Mendonça
	Matthias Grenzer
	Vera Bombonatto
Editores responsáveis:	*Vera Ivanise Bombonatto e João Décio Passos*
Copidesque:	*Mônica Elaine G. S. da Costa*
Coordenação de revisão:	*Marina Mendonça*
Revisão:	*Sandra Sinzato*
Gerente de produção:	*Felício Calegaro Neto*
Capa e projeto gráfico:	*Tiago Filu*

Nenhuma parte desta obra poderá ser reproduzida ou transmitida por qualquer forma e/ou quaisquer meios (eletrônico ou mecânico, incluindo fotocópia e gravação) ou arquivada em qualquer sistema ou banco de dados sem permissão escrita da Editora. Direitos reservados.

Cadastre-se e receba nossas informações
www.paulinas.com.br
Telemarketing e SAC: 0800-7010081

Paulinas
Rua Dona Inácia Uchoa, 62
04110-020 – São Paulo – SP (Brasil)
📞 (11) 2125-3500
✉ editora@paulinas.com.br
© Pia Sociedade Filhas de São Paulo – São Paulo, 2023

SIGLAS E ABREVIATURAS

ABU	Aliança Bíblica Universitária
ACAT	Ação dos Cristãos para a Abolição da Tortura
ACM	Associação Cristã de Moços e Moças
AEvB	Associação Evangélica Brasileira
AFIC	Associação Fraterna de Igrejas Cristãs
ASSETT	Associação de Teólogos e Teólogas do Terceiro Mundo
ASTE	Associação dos Seminários Teológicos Evangélicos
CEB	Confederação Evangélica do Brasil
CEBEP	Centro Evangélico Brasileiro de Estudos Pastorais
CEBI	Centro de Estudos Bíblicos
CEBs	Comunidades Eclesiais de Base
CECA	Centro de Capacitação e Assessoria
CEDI	Centro Ecumênico de Documentação e Informação
CEDITER	Comissão Evangélica dos Direitos da Terra
CEHILA	Centro de Estudos da História da Igreja na América Latina
CEI	Centro Ecumênico de Informação
CELADEC	Comissão Ecumênica de Educação Cristã
CELAS	Conferências Evangélicas Latino-Americanas

CENACORA	Comissão Ecumênica Nacional de Combate ao Racismo
CER	Compartir Ecumênico de Recursos
CESE	Coordenadoria Ecumênica de Serviço
CESEEP	Centro Ecumênico de Serviço à Evangelização e à Educação Popular
CIER	Conselho de Igrejas para Estudo e Reflexão
CLADE	Congresso Latino-Americano de Evangelização
CMI	Conselho Mundial de Igrejas
CONIC	Conselho Nacional de Igrejas Cristãs
CPID	Comissão para a Participação das Igrejas no Desenvolvimento
CREAS	Centro Regional Ecumênico de Assessoria e Serviço
EIG	Evangélicas pela Igualdade de Gênero
FPLC	Fórum Pentecostal Latino-Caribenho
FTL	Fraternidade Teológica Latino-Americana
FUMEC	Federação Mundial dos Movimentos Estudantis Cristãos
GEB	Grupo Ecumênico de Brasília
GTME	Grupo de Trabalho Missionário Evangélico
IRPG	Instituto Ecumênico de Pós-Graduação
ISAL	Igreja e Sociedade na América Latina
ISER	Instituto de Estudos da Religião
JEC	Juventude Estudantil Católica
JOC	Juventude Operária Católica
JPIC	Justiça, Paz e Integridade da Criação
JUC	Juventude Universitária Católica
MEC	Movimento Estudantil Cristão
MUR-Brasil	Missão Urbana e Rural no Brasil
RELEP	Rede Latino-Americana de Estudos Pentecostais

UCEB	União Cristã Estudantil do Brasil
ULAJE	União Latino-Americana de Juventudes Evangélicas
UMESP	Universidade Metodista de São Paulo
UNELAM	Unidade Evangélica Latino-Americana
UNIPOP	Instituto Universidade Popular
VINDE	Visão Nacional de Evangelização

APRESENTAÇÃO

A longa temporalidade da teologia cristã compõe um acervo rico e complexo que desafia a apreensão e compreensão do estudioso atual. A pluralidade de contextos, modelos teórico-metodológicos e de autores que escreveram essa história oferece as matrizes do que foi sendo institucionalizado como doutrina das tradições cristãs, como referência de reflexão teológica e como prática curricular nas escolas dedicadas à questão. Como é próprio das ciências hermenêuticas, os acervos históricos de uma área de conhecimento ou de uma disciplina disponibilizam paradigmas diversos que permanecem em pleno uso no decorrer do tempo. Longe de compor com um único paradigma, essas ciências preservam seus clássicos na mesma grandeza daqueles construídos na contemporaneidade. A linha criativa e plural que compõe essa sequência sempre inconclusa é viva e alimenta as diversas tradições teóricas e confessionais com suas intuições e com seus conteúdos e métodos.

No caso da gramática teológica, a circularidade hermenêutica entre passado e presente adquire dinâmicas particulares, na medida em que a tradição se mostra como normatividade, o que exige, de uma parte a consideração de seus valores e, de outra, a retomada permanente das fontes de onde ela nasce e a relevância dos contextos onde é transmitida. A tradição viva não significa um depósito fixo do passado reproduzido de modo intacto no presente, mas, antes, uma realidade que se vivencia como experiência de fé em uma comunidade concreta que busca compreender sua natureza e missão em cada contexto presente. A teologia insere-se nessa dinâmica como reflexão que faz o discernimento do passado a partir do presente e do presente a partir do passado; é serva dos sinais dos tempos, onde e quando a Palavra se faz presente como verdade que julga a história. Como bem expressou o Papa Francisco, o *depósito da fé* dialoga sempre com o *depósito da vida*. Um depósito sem o outro torna a reflexão da fé sem a seiva de suas fontes e sem o solo fecundo do presente. As duas fontes se retroalimentam permanentemente e permitem, nesse ato deliberado e aprendido pelas gerações, superar os tradicionalismos que afirmam a reprodução intacta do passado de forma linear, unívoca de dogmática, assim como os relativismos que negam um lugar valorativo para a tradição nas confissões e na cultura de um modo geral.

As abordagens milenares da teologia a coloca em um lugar epistemológico tão complexo quanto legítimo no fluxo da temporalidade que compôs o cristianismo com suas variadas feições, as tradições teóricas e escolares do ocidente e com as próprias instituições ocidentais. Assim enraizada, a teologia com suas teologias expressa o que as igrejas e a própria sociedade pensaram sobre si mesmas, sobre a sociedade, sobre os conhecimentos e sobre os destinos dos seres humanos. Assim recebida em nossos dias permanece pensando as igrejas, a sociedade e as ciências e, ao mesmo tempo, pensado em diálogo com cada uma dessas realidades. O caminho do diálogo é, de fato, o único real e viável para a autêntica ciência. E a ciência da fé nasceu como esforço de colocar em ação uma empreitada desafiante de construir o confronto crítico e criativo dos horizontes da fé e da razão. Assim nasceu e nasce a teologia em todos os tempos e lugares, ainda que, muitas vezes, seja soterrada ou escondida sob a capa rígida das ortodoxias. O diálogo constrói e reconstrói a cada geração as reflexões da fé e, por conseguinte, a sua própria formulação, como ensinou o Vaticano II.

"É dever de todo o povo de Deus e sobretudo dos pastores e teólogos, com a ajuda do Espírito Santo, saber ouvir, discernir e interpretar as várias linguagens do nosso tempo, e julgá-las à luz da palavra de Deus, de modo que a verdade revelada possa ser cada vez mais intimamente percebida, melhor compreendida e apresentada de um modo mais conveniente" (GS 44).

O conjunto de Vocabulários teológicos que compõe a presente Coleção quer ser uma ferramenta básica que permita aos estudantes e estudiosos apreender o que cada época e modelos teológicos ofereceram e oferecem como modo distinto de pensar a fé com suas decorrências para a própria interpretação e formulação da doutrina. A cada volume os autores disponibilizam o que consideram essencial para se entender os referidos paradigmas (escola ou autor) em Verbetes sucintos e didáticos. Como todo elenco vocabular esse traz a marca dos limites das escolhas sempre feitas a partir de pressupostos epistemológicos, assim como da provisoriedade inerente a toda formulação. Paulinas Editora agradece aos colaboradores e celebra a maturidade acadêmica de suas composições. Com medo e fascínio adentra na longa temporalidade das formulações teológicas e arrisca mapeá-las conceitual e didaticamente.

A ambiguidade da sociedade da informação que confunde informação com conhecimento, que toma o fragmento como todo e pratica o método do menor esforço na conquista do saber, necessita de recursos acadêmicos capazes de recuperar as contribuições do passado para o presente. Uma coletânea de Verbetes pode ser um caminho adequado para nossos dias, na medida em que oferece fragmentos teoricamente fundamentados e tecnicamente estruturados sobre as questões constitutivas de um paradigma epistemológico.

O volume que os leitores têm em mãos foca um período fundamental para a compreensão da teologia contemporânea. A tradição protestante foi pioneira na assimilação e tradução teológicas dos resultados teóricos e metodológicos das ciências modernas, de modo particular para o âmbito dos estudos bíblicos. Os teólogos dessa geração que avança pelos séculos XIX e XX lançaram as bases e os caminhos para a renovação não somente dos estudos bíblicos, de onde nasceram as chamadas ciências bíblicas, mas também da própria teologia em seu conjunto. E sobre esse subsolo hermenêutico e metodológico as teologias cristãs de diversas confessionalidades foram se encontrando e dialogando e tomando consciência da historicidade que as compõe, inevitavelmente. O veterano autor desse Volume, Claudio de Oliveira Ribeiro, oferece um primoroso mapeamento semântico dessa era criativa do pensamento cristão; disponibiliza um conjunto de Verbetes que a expressa com precisão e coerência. Cada Verbete é elaborado com rigor conceitual e clareza didática. O público nacional carecia dessa contribuição técnica agora disponível. Bem-vinda. Bom estudo.

João Décio Passos

INTRODUÇÃO

Sintetizar a Teologia Protestante Contemporânea é uma tarefa árdua. São muitas as possibilidades e variados os caminhos de análise. Temos como marco inicial as respostas que diversos movimentos teológicos em vários continentes ofereceram – e, em certo sentido, ainda oferecem – ao que se denominou "modernidade", sobretudo no ápice alcançado pelas perspectivas sociais e filosóficas do Iluminismo no final do século 19 e no transcorrer do 20.

Dentro da diversidade de tais reações há visões antagônicas, como aquelas que se abriram para o diálogo e a assimilação dos postulados modernos, seguindo a trilha do liberalismo teológico, e outras que se colocaram como refratárias a eles, como as variadas formas de fundamentalismo. Há também perspectivas mais recentes que se colocam em diálogo com a modernidade, mas o fazem de forma crítica, como as teologias feministas, negras, pluralistas e ecumênicas.

A expressão "contemporânea" que delimita este trabalho não está utilizada a partir de um rigorismo conceitual, mas, sim, como referência ao conjunto de ideias teológicas que floresceram desde as obras de Friedrich Schleiermacher (1768-1834). Isso significa dizer que são quase dois séculos de movimentação teológica em diferentes continentes e contextos, constituindo um volume extraordinário de produção e efervescência no pensamento teológico protestante.

Esse conjunto considerável de ideias, grande parte delas inovadoras, forma um leque bastante amplo e diversificado que somente nos permite apresentar sínteses, provisórias e com lacunas, de cada tema ou escola teológica. Estamos conscientes de que uma gama razoável de autores e autoras, de eventos e de temáticas não está devidamente apresentada em nosso trabalho. Há que se considerar a escassez de materiais em língua portuguesa e o diálogo ainda pouco intenso da Teologia Latino-Americana com a produção teológica, certamente substancial e de grande relevância, dos países da África e da Ásia. Há lacunas como a Teologia *Minjung*, da Coreia, por exemplo. Confiamos na produção de outros materiais similares por parte da comunidade teológica que nos cerca para dar maior consistência e detalhamento à descrição do quadro da Teologia Protestante Contemporânea.

Lembramos que a produção teológica protestante contemporânea se deu em forte ambientação ecumênica. O diálogo com o pensamento católico-romano, em especial o que se formou em torno das mudanças ocasionadas pelos ventos renovadores do Concílio Vaticano II (1962-1965) e com as teologias advindas dos grupos ortodoxos do Oriente, nos espaços do Conselho Mundial de Igrejas e organismos ecumênicos similares, é uma das estruturas significativas de sustentação das teologias protestantes contemporâneas.

Cada um dos verbetes, seguindo o padrão sugerido pela editora, possui indicações bibliográficas. Elas não se restringem às referências utilizadas no texto e contemplam outras que possam cooperar com uma boa compreensão do tema tratado. As listas são formadas por um pequeno número de títulos, devido às limitações editoriais e, na maioria dos casos, à prioridade dada às produções em português, para facilitar a pesquisa das pessoas interessadas nos temas em questão.

Agradeço a vários colegas que cooperaram com a leitura e revisão de verbetes. Gostaria de listar, especialmente, Martin Barcala, pela atenção cuidadosa ao conjunto do livro, e Ana Ester Freire, Ângela Maringoli, Angélica Tostes, Breno Campos, David Mesquiati, Edson Fernando de Almeida, Gedeon Alencar, Humberto Quaglio, Luana Golin, Magali Cunha, Marcelo Carneiro, Osiel Carvalho, Paulo Ayres Mattos, Lilia Mariano, Marcos Santana, Levi Bastos, Ronilso Pacheco, Vitor Chaves, pelo conhecimento que possuem em sua área de pesquisa.

ELENCO DOS VERBETES

Angústia e paradoxo 19

Cristianismo arreligioso 31

Demitologização 44

Economia e teologia 54

Ecoteologia 68

Esperança, Teologia da 86

Evangelho Social 98

Fundamentalismo teológico 110

Hermenêutica e teologia 124

História da Salvação (Teologia da) I 136

História da Salvação (Teologia da) II 145

História e teologia 157

Leitura popular da Bíblia 170

Liberalismo teológico 184

Missão e diálogo inter-religioso 195

Missão Integral 207

Movimento ecumênico 217

Movimento ecumênico latino-americano 235

Processo, Teologia do 252

Protestantismo da Libertação 263

Secularização, Teologia da 277

Teologia da Cultura 287

Teologia Dialética 299

Teologia do Pluralismo Religioso 311

Teologia Ecumênica 328

Teologia Ecumênica Latino-Americana 343

Teologia Negra 358

Teologia Pentecostal 370

Teologia *Queer* 385

Teologias feministas 397

Teopoética 412

Angústia e paradoxo

A temática realçada pelas teologias protestantes europeias. As reflexões em torno do sentimento de angústia, como experiência humana singular e existencialmente marcante, assim como a categoria filosófica do absurdo e o conceito correlato de paradoxo, são marcas da Teologia Protestante desde a sua gênese no século 16. No paradoxo, encontramos as tensões que o integram, sempre complexas e não facilmente equacionadas, como, por exemplo, a relação entre a fé e a razão, entre o ser e o existir, entre interioridade e exterioridade. Isso se deu na esteira dos escritos de Martinho Lutero (1483-1546), que sublinhavam aspectos da ambiguidade e da angústia humana, a crítica às diferentes formas de absolutização das experiências humanas, inclusive as religiosas, e sua dialética entre a lei e o Evangelho. Tais perspectivas ganharam realce e certa originalidade no século 19, com Søren Kierkegaard (1813-1855) e incidiram decisivamente no século 20 na produção teológica de pensadores europeus da envergadura de Karl Barth (1886-1968), Rudolf Bultmann (1884-1976) e Paul Tillich (1986-1965).

Angústia e paradoxo para além da teologia. Além disso, noções importantes dos estudos de religião que afirmam a precedência da experiência sobre o conceito, como a de "numinoso" e a de "sagrado", destacados por Rudolf Otto (1869-1937), e, no campo teológico, como a do *Deus absconditus* e a do Totalmente Outro, também beberam das fontes referidas acima. No campo da filosofia, foram intensos os ecos das reflexões *kierkegaardianas*, especialmente no contexto da Escola de Frankfurt com os estudos de Tillich e Theodor W. Adorno (1903-1969), além dos reflexos no pensamento de Martin Heidegger (1889-1976). De forma similar, isso também se deu no contexto teológico-filosófico judaico com os adeptos da chamada "Teologia do Diálogo", entre os quais se destacam Martin Buber (1878-1965) e Franz Rosenzweig (1886-1929), sobretudo com as noções de "intersubjetividade" e "inter-relação". Como os temas em torno da angústia humana e do paradoxo são densos e complexos em cada um desses autores, especialmente porque eles fizeram elaborações próprias, conectando as visões de Kierkegaard com contextos concretos e específicos que vivenciaram, torna-se árdua a tarefa de fazer uma síntese. Nesse sentido, embora seja igualmente difícil descrevê-lo, o foco a seguir recairá sobre a contribuição de Kierkegaard para esses temas, pois eles são, de certa forma, marcas identitárias do pensamento filosófico e teológico deste autor.

A oposição à síntese hegeliana. No século 19, quase todos os círculos intelectuais e boa parte da vida social da Europa viviam sob os impactos da influência cultural da filosofia de Friedrich Hegel (1770-1831). É possível dizer que este filósofo é o autor de um dos mais vastos sistemas de compreensão da totalidade que se produziu na filosofia. O enunciado de suas teses e a repercussão delas representavam uma tentativa de articulação compreensiva da realidade histórica, por meio de uma lógica que visava incorporar todos os seus movimentos, enquadrando as mais diversas experiências vividas pelo humano na dimensão de uma racionalidade universal. Esse empreendimento racional era entendido como uma síntese absoluta em que todas as aventuras particulares do espírito encontrariam lugar e sentido. Tratava-se de uma construção intelectual em que a própria Razão parecia transparecer na sua essência. As mais variadas relações, como sujeito e objeto, indivíduo e história, ação e moralidade, arte e religião, sociedade e Estado, poderiam ser explicadas por intermédio de uma visão racional, cujo método deveria possibilitar uma perfeita adequação entre lógica e realidade. Ela estaria revelada na expressão mais apurada do Espírito, em uma síntese de finito e infinito capaz de conciliar em si todas as contradições dos dilemas, dos sofrimentos e dos dramas humanos. A busca hegeliana visava a um poder explicativo em que as singularidades de todos os processos da vida pudessem se manifestar na universalidade. De forma similar, como resposta universal a todas as perguntas, fruto da capacidade especulativa do pensar, se imaginou que a multiplicidade complexa da vida pudesse se revelar em uma unidade absoluta. Foi a esse sistema filosófico que o pensador dinamarquês Kierkegaard se opôs.

Crítica à pretensão de completude da razão humana. O anti-hegelianismo presente na obra de Kierkegaard não se dirige contra o pensamento dialético em si, mas contra a legitimidade, e mesmo com a plausibilidade, de uma dialética facilmente equacionável, pacificadora, fluida, com o movimento de síntese aguardando para absorver todos os contrários, eliminando então a estrutura paradoxal da existência humana. Ou seja, a postura anti-hegeliana se dirige contra a pretensão de completude da razão humana. Ela é um questionamento profundo da ideia de que a razão humana pode abarcar a realidade em sua completude. Ao contrário, "Kierkegaard diz 'sim e não' para a resposta dialética 'sim e não', estabelecendo assim uma sucessão infinita de 'sim-e-não' que caracterizaria possivelmente a natureza do pensamento teórico pós-racionalista, fundamentado firmemente e solidamente na paradoxalidade absoluta" (GOUVÊA, 2002, p. 12). É importante frisar que Kierkegaard, ao se opor à pretensão de rigor e certeza do sistema hegeliano, não está propondo uma espécie de pensamento menos rigoroso ou menos seguro que se daria com a constatação da paradoxalidade da existência.

O caráter decisivo e irredutível do indivíduo. Ao afirmar uma sequência infinita de "sim-e-não", Kierkegaard não está dizendo que a existência é carente de critérios ou que o paradoxo é indicação de uma natureza contrarracional da realidade. Ele não é crítico da ideia de verdade como ideal do pensamento, mas, ao contrário, ele se preocupa profundamente com o problema da verdade. O paradoxo é o limite da razão humana, é suprarracional em relação ao ser humano, mas é a própria verdade (QUAGLIO, 2019). Kierkegaard considerava que, nessa representação intelectual da realidade de corte hegeliano, na qual a articulação dialética se mostra com força e vitalidade a ponto de poder submeter todas as realidades ao seu domínio, faltaria a consideração, para ele fundamental, da realidade singular do indivíduo como dado básico, primário, decisivo e irredutível. Se tal realidade não é levada efetivamente em consideração, as dimensões do individual e do singular se dissolveriam no universal.

A dimensão subjetiva da fé e as equações racionais. A verdade estaria, portanto, assentada também na subjetividade, porque nessa dimensão está o lugar da experiência vivida de modo concreto e singular. Assim, o que a visão dialética (hegeliana) ganharia em termos de ordenação lógica, perderia em termos de concretude. Nas palavras de Kierkegaard: "A angústia é a vertigem da liberdade, que surge no mundo quando o espírito quer estabelecer a síntese, e a liberdade olha para baixo, para sua própria possibilidade, e então agarra a finitude para nela firmar-se. No mesmo instante tudo se modifica, e quando a liberdade se reergue, percebe que ela é culpada. Entre esses dois momentos situa-se o salto, que nenhuma ciência explicou ou pode explicar" (KIERKEGAARD, 2010, p. 66). Na contramão do racionalismo de seu tempo, a filosofia de Kierkegaard, dentro da tradição agostiniana, é um esforço para assegurar a validade e a permanência do paradoxo absoluto. Para ele, os mistérios insondáveis da fé não se resolveriam nos moldes de nenhuma equação racional, ainda que dialética, pois eles não são verdades que possam ser reduzidas a silogismos ou a princípios que caibam facilmente na estrutura de um sistema. O ser humano, sobretudo quando se encontra com a possibilidade do eterno, deve estar preparado para se deparar com as tensões da existência nas suas mais variadas formas.

O choque existencial como estímulo ao pensar. Para Kierkegaard, existir significa assumir o paradoxo inerente à própria existência. Ela, em linhas gerais, é misteriosamente marcada por elementos polares como infinitude e finitude, temporalidade e eternidade, possibilidade e necessidade. Não se trata de desprezo da racionalidade nem de fuga do esforço de pensar, "pois o paradoxo é a paixão do pensamento, e o pensador sem um paradoxo é como o amante sem paixão, um tipo medíocre. Mas a potência mais alta de qualquer paixão é sempre querer a sua própria ruína, e assim também a mais alta paixão da inteligência consiste em querer o choque (*anstodet*), não obstante o choque, de uma ou de outra maneira, tenha de tornar-se a sua ruína. Assim, o maior paradoxo do pensamento é querer descobrir algo que ele próprio não possa pensar" (KIERKEGAARD, 1995, p. 61-62).

Os limites da autonomia da razão. Kierkegaard destaca a posição do indivíduo em sua absoluta singularidade, mas não deixa de realçar a solidão desse mesmo indivíduo diante daquele que é misterioso e distante em sua infinitude transcendente. Daí a noção de que o Absoluto é uma presença que pesa sobre o indivíduo, gerando ansiedade e angústia. Portanto, superando as críticas mais rasas que avaliam o pensamento kierkegaardiano a partir de estereótipos como irracionalista, solipsista e antinomista, podemos realçar o mérito dele em apontar os limites da autonomia da razão, em um contexto no qual o saber racional estava sendo progressivamente consagrado em sua tentativa de responder a todos os mistérios, dramas e dilemas da existência humana, incluindo os relativos à fé. Kierkegaard considerou esse caminho como arbitrário e reducionista e enfatizou a necessidade de se manter viva a noção de paradoxo absoluto, crucial para o tornar-se cristão, que contempla o temporal e o eterno, assim como as demais paradoxidades que articulam realidades finitas e infinitas (MARQUES; COSTESKI, 2018).

O temporal e o eterno. Kierkegaard refere-se a si mesmo como um pensador religioso. No entanto, não se trata de uma postura que contradiga o seu veio filosófico. Para ele, a religião, ou, em melhor expressão, a fé, não antecede nem sucede à razão. Elas se mantêm unidas paradoxalmente. As verdades da fé não são superiores às da razão. A fé possui bases e princípios misteriosos da singularidade da experiência subjetiva humana que somente podem ser explorados à medida que forem vividos de forma concreta e encarnada. A pressuposição é de que o ser humano é criação temporal, mas possui um constituinte eterno. Ele é uma síntese entre o temporal e o eterno. Por isso, para Kierkegaard a experiência da condição humana passa ou deveria passar por três estágios (ou "estádios" e também "estações", como alguns traduzem). Esses estágios foram interpretados diversamente, ora como etapas progressivas da vida, ora como esferas existenciais, estados psicológicos ou mesmo estilos de vida pessoal. Ao passar de um estágio para outro, o ser humano não simplesmente os deixa para trás, como se fossem degraus de uma escada, como também os absorve e os relativiza, visando a algo mais profundo (ROUANET, 2013). Aliás, Kierkegaard criticava a noção de que seria possível ao ser humano um caminho de ascendência na sua existência, como se, pelas próprias forças, pudesse subir uma escada. As diferenças entre os estágios são mais qualitativas do que de grau (QUAGLIO, 2019).

Estética, ética e religião. O primeiro estágio é denominado *estético*, no qual o indivíduo adota como critério da existência a busca de um prazer idealizado, imediato e irrealizável, em sua plenitude, no mundo. Nesse sentido, o ser humano vive um processo de aceitação e de recusa de tudo que lhe é oferecido e, assim, vê a realização do ideal se afastar cada vez mais. É um processo marcado pela exacerbação dos sentidos e pela dúvida. Não se trata de abdicar da reflexão filosófica ou teológica, mas de efetuá-la meramente como métodos sofisticados de evitar o medo do tédio, do absurdo e do confronto com a realidade ambígua da existência. Trata-se de uma negação romântica do mundo, que leva, não sem a presença de sentimento de culpa e de angústia, a uma experiência vivida na imediatidade e na fragmentação da vida. O segundo estágio é o *ético*. Nele, a vivência do imediato é substituída por uma forma de vida que visa conferir algo de universal e totalizante à descontinuidade e à fragilidade da experiência humana. Não mais a indiferença, mas o compromisso. Essa possibilidade, que implica um reconhecimento existencial, é marcada pela escolha de valores que conferem certa estabilidade à existência e pela opção por algo que seja mais que o meramente relativo a si mesmo, envolvendo uma dimensão mais global da vida, que inclui a relação e o viver com os outros. O conjunto de mudanças e a busca por perfeição ética geram no indivíduo sofrimento e dor, embora abram para ele a possibilidade de a realidade vivida ser duradoura e não apenas transitória, criando assim as bases de sua subjetividade, autoconfiança e autonomia. No entanto, na lógica dos estágios em Kierkegaard, essa racionalidade ética se mostra ainda insuficiente, porque o indivíduo sente que o Absoluto escapa às normas da razão e que a lógica, ainda que eticamente responsável, pode manifestar fragilidade, fruto da ambiguidade humana. Daí a ênfase no estágio *religioso*. Para Kierkegaard, a religião – e melhor seria dizer a "fé" – não se resume a normas que devam ser obedecidas como se fossem regras éticas, embora estas sejam de fundamental importância para o existir. O pressuposto é que a existência religiosa inclui a existência ética e também a estética, mas as transcende. Nesse sentido, "Kierkegaard pensa o cristianismo não como um conjunto de certezas metafísicas, mas como uma possibilidade de construção de sentido. O paradigma fundamental dessa possibilidade de construção é o paradoxo do Deus rebaixado, esvaziado, fraco, da *kénōsis*" (ROOS, 2014, p. 46).

A diferença qualitativa da fé. A fé que possui uma profundidade que vai além da perspectiva ética acontece, no tempo e na existência, em um contexto de superação do pecado, que não é compreendido como algo *relativo* a normas eventualmente não obedecidas, mas é uma espécie de *erro absoluto*, já que é cometido diante de Deus. Por isso, a necessidade de uma fé de transcendência absoluta e eterna vivida na interioridade humana em seu tempo e espaço. Trata-se de uma diferença qualitativa que possibilita ao ser humano passar da imanência das normas éticas à transcendência do Bem. Renascimento e instante, dois conceitos kierkegaardianos de destaque, estão conectados com esse novo estágio. O instante não é somente uma experiência transformadora da subjetividade, mas a experiência mais intensamente transformadora e profunda que o indivíduo pode passar. É o eterno que toca o temporal. "No *instante* o homem torna-se consciente de que nasceu, pois seu estado precedente, ao qual não deve reportar-se, era o de não-ser" (KIERKEGAARD, 1995, p. 41). A fé realiza esse estágio na medida em que coloca o ser humano, no seu tempo, diante de Deus, não como um absoluto pensado objetivamente, mas como uma aventura, uma experiência, um salto qualitativo da interioridade humana para o Absoluto (GOUVÊA, 2006).

Fé e ambiguidade humana. A fé, em perspectiva kierkegaardiana, é compreendida como um processo que envolve, pelo menos, dois movimentos complementares: o de resignação, caracterizado pelo abandono da realidade finita e temporal, e o de retomada em forma paradoxal dessa mesma relação entre finitude e temporalidade, entendida não como negação dessas realidades, mas como ressignificação delas. Trata-se de um "tornar-se cristão", expressão central no pensamento do autor. O paradoxo absoluto da fé cristã é justamente que a verdade eterna irrompe na história e na finitude. Portanto, trata-se de afirmação das dimensões históricas, humanas e corpóreas, não ancoradas em um conceito abstrato, mas em uma pessoa, uma vida concreta, encarnada, corporificada. Este é o sentido de Jesus Cristo para a fé. A verdade paradoxalmente cria corpo. A relação para com o paradoxo absoluto não pode se fundamentar em conhecimento objetivo, mas depende de uma atitude existencial, que é a fé. Jesus é o próprio paradoxo absoluto, e a fé, é dom da graça, provém do próprio absoluto, que é o paradoxo. A pessoa de Jesus resume o paradoxo da fé.

A figura bíblica de Abraão como protagonista da aposta existencial. Kierkegaard realça também a figura veterotestamentária de Abraão, que, diante da ordem de sacrifício do filho Isaac, decide obedecer, embora desde o início tivesse mantido a convicção de que voltaria com o filho do lugar destinado ao sacrifício. Abraão, figura emblemática no pensamento de Kierkegaard, é o paradigma daquele que crê absolutamente por ter colocado a fé acima de todas as certezas, mesmo aquelas mais moralmente arraigadas na natureza humana. Abraão é apresentado como protagonista da aposta existencial e da esperança, especialmente na obra *Temor e tremor*, publicada por Kierkegaard no ano de 1843, sob o pseudônimo de Johannes de Silentio. Trata-se da esperança que se fundamenta na aposta existencial e não na certeza objetiva. Resignação e retomada estão amalgamadas na fé. Abraão abandona o filho, dispõe-se a sacrificá-lo (resignação), mas mantém a esperança de retornar com ele (retomada) para desfrutar da relação filial amorosa, não no além, mas na concretude da temporalidade e da finitude da vida. Nesse episódio, todos os critérios humanos são invalidados, todas as leis são anuladas pela força da Palavra de Deus, sentida, expressa e decisivamente pela fé. Essa experiência vivida na solidão, no silêncio e na incerteza é o ponto mais alto que o ser humano pode atingir. Ele coincide com o sentimento de angústia diante do absoluto incompreensível. Mediação alguma pode superar essa distância, pois somente o *salto* no abismo insondável que separa o ser humano do infinito pode representar a vivência real da fé. O *instante* da decisão de Abraão não pode ser explicado racionalmente. Conceituar a subjetividade é torná-la abstrata e vazia; explicá-la é destruir a sua realidade profunda. Não são possíveis para aquele instante quaisquer mediações que o tornem racional ou susceptível de ser racionalmente incorporado em um sistema explicativo ou algo similar. Ele é único e irredutível, como a subjetividade. "Personificada em Abraão, a fé não é pensada como um conhecimento objetivo sobre determinadas proposições, mas como um pôr-se a caminho em uma atitude de envolvimento existencial e interioridade [...] A fé se articula na incerteza objetiva e, portanto, com a dúvida. [...] [Entre] 'várias imagens para representar a fé, é interessante notar que aquele que é o paradigma da fé não é descrito lendo um texto sagrado, em oração, em meditação ou refletindo. Ele é pintado nos diversos quadros de uma caminhada'" (ROOS, 2014, p. 50).

Existência e finitude. Kierkegaard, a partir de sua compreensão da tradição cristã, entende que a existência humana está ligada à finitude, ao histórico, ao corpóreo, e que tornar-se um indivíduo é um processo que envolve afirmativamente todos esses âmbitos. Para este filósofo, a fé não é a negação da realidade temporal ou da finitude, mas uma articulação de sentido para essa realidade. Nessa perspectiva, o ser humano é, em linhas gerais, fruto da relação de elementos polares como infinitude e finitude, temporalidade e eternidade, possibilidade e necessidade. No entanto, as situações concretas da existência levam o indivíduo a relacionar de maneira inadequada essas polaridades, ora absolutizando um lado, ora outro. Kierkegaard compreende que ambas as alternativas levam ao desespero. Conceber que tudo é necessidade e que toda a vida está determinada de antemão, sem possibilidades de abertura ao novo, é desespero, mas abrir-se às possibilidades sem qualquer garantia ou base de sustentação também o é. Neste segundo caso, a novidade que paira no ar, como um nada, um vazio, uma incerteza do vir-a-ser, é chamada de "angústia". O que angustia o ser humano não é o que foi efetivado, mas a sua possibilidade, o novo, o incerto. Daí a angústia ser vivida nesse paradoxo. E é nele que repousa a fé, uma vez que ela possibilita o retorno ao fundamento existencial, que é o reconhecimento do ser como criado por Deus, mas, ao mesmo tempo, como ser esgarçado, ambíguo e incompleto. Lembrando que o pressuposto dessa visão é que Deus é o fundamento da própria liberdade, de modo que a relação humano-divino não é vista como fator de restrição da liberdade, como ocorreu em outros círculos filosóficos existencialistas, mas como a relação fundamental que estabelece o pressuposto para toda liberdade posterior. Tornar-se si mesmo é tornar-se livre, e tornar-se cristão é tornar-se si mesmo. Nesse sentido, a fé é vista como modo de vida, fruto das opções livremente tomadas, e não como corpo de doutrinas a ser compreendido e aceito.

A fé como busca, vivida entre "temor e tremor". A institucionalização da comunidade cristã representa, na visão do filósofo, negação e infidelidade a Cristo. A experiência religiosa, vivida existencialmente, é solitária, angustiada e sem estabilidades e seguranças institucionais. A fé não traz certezas nem tranquilidades. Essa experiência significa *estar diante* do infinito, não como presença imediata, mas enquanto ausência, distanciamento, afastamento, estranhamento, porque a condição do ser humano, sendo marcada pelo pecado, o coloca distante da divindade. Nesse sentido, Deus como absoluto é sentido mais como distância absoluta do que como proximidade ou intimidade. A ausência e o afastamento definem a condição humana, da qual cada indivíduo faz a experiência, que se reveste, portanto, de dramaticidade e angústia a ser vivida singularmente. Todavia, paradoxalmente, toda essa experiência pode ser vivida justamente no instante, no momento em que o sujeito se abre para a fé e passa a se relacionar com o paradoxo de modo adequado e profundo. Ou seja, não com as forças do próprio intelecto, mas com a fé. Ela é escolha constantemente renovada por *tornar-se* aquilo que ainda não é. Uma busca, um salto. É fato que a fé contém proposições que lhe dão certa identidade, mas não pode ser reduzida a elas. Da mesma forma, a fé, que deve ser vivida no "temor e tremor", não é um conjunto de certezas que elimina a dúvida ou apresenta uma solução acabada para a existência, mas um movimento, uma proposição de sentido, um salto (GOUVÊA, 2006).

GARDINER, Patrick. *Kierkegaard*. São Paulo: Loyola, 2001. GOUVÊA, Ricardo Quadros. *A Palavra e o silêncio*: Kierkegaard e a relação dialética entre fé e razão em *Temor e Tremor*. São Paulo: Alfarrabio/Custom, 2002. GOUVÊA, Ricardo Quadros. *Paixão pelo paradoxo*: uma introdução a Kierkegaard. São Paulo: Fonte Editorial, 2006. KIERKEGAARD, Søren. *Migalhas filosóficas ou um bocadinho de filosofia de João Clímacus.* 2. ed. Petrópolis: Vozes, 2008. KIERKEGAARD, Søren. *Temor e tremor.* São Paulo: Hemus, 2008. KIERKEGAARD, Søren. *O conceito de angústia.* Petrópolis: Vozes, 2013. MARQUES, José da Cruz Lopes; COSTESKI, Evanildo. Existir no limiar do mistério: expressões do paradoxo da fé em Søren Kierkegaard. *PERI – Revista de Filosofia*, Florianópolis, v. 10, n. 1, p. 1-22, 2018. MACKINTOSH, Hugh R. *Teologia Moderna de Schleiermacher a Bultmann.* São Paulo: Novo Século, 2004. QUAGLIO, Humberto Araújo. *Fenomenologia da experiência religiosa em Kierkegaard e Rudolph Otto.* São Paulo: LiberArs, 2014. QUAGLIO, Humberto Araújo. *Tempo, eternidade e verdade*: pressupostos agostinianos da ideia de paradoxo absoluto em Kierkegaard. São Paulo: LiberArs, 2019. ROOS, Jonas. Filosofia da Religião em Kierkegaard depois do anúncio da morte de Deus. *Revista de Filosofia Moderna e Contemporânea.* Brasília: UNB, v. 2, n. 1, p. 43-53, 2014. ROOS, Jonas. *Tornar-se cristão*: paradoxo e existência em Kierkegaard. São Paulo: LiberArs, 2019. ROUANET, Sérgio Paulo. Adorno e Kierkegaard. *Estudos Avançados*, São Paulo, v. 27, n. 79, 2013. VALLS, Álvaro. Kierkegaard cá entre nós. São Paulo: LiberArs, 2012. VV.AA. Dossiê "Kierkegaard". *Revista de Filosofia Moderna e Contemporânea*, Brasília, UNB, v. 2, n. 1, 2014.

Cristianismo arreligioso

O uso da expressão. Trata-se da compreensão e da vivência dos conteúdos da fé cristã articulados em uma linguagem não metafísica, despidos da roupagem religiosa tradicional, e que foram indicados de maneira que pudessem ser mais bem compreendidos e aplicados como uma ética de responsabilidade, visando à justiça, à paz e aos processos de humanização. O termo ganhou expressão, especialmente, a partir da última fase das reflexões do teólogo alemão Dietrich Bonhoeffer (1906-1945), sobretudo em trechos das conhecidas "Cartas da Prisão", escritas enquanto ele estava encarcerado pelo regime nazista na cidade de Tegel, entre os anos de 1943 e 1945, e ganhou força em vários estudos que o sucederam, como as "teologias da ➜[1] secularização" de Friedrich Gogarten (1887-1967) e de Harvey Cox (1929-), e a "Teologia da Morte de Deus" ou "Teologia Radical", como também é chamada, cujos maiores representantes foram Thomas Altizer (1927-2018) e William Hamilton (1924-1998). O projeto de articular um cristianismo arreligioso não se constituiu como forma de desaparecimento ou desvalorização da fé cristã, mas, ao contrário, tratava-se de uma reinterpretação e preservação dessa fé em um mundo autônomo, como era o cenário do contexto europeu do século 20. Trata-se de certa radicalização das críticas à religião, feitas por Bonhoeffer e Karl Barth (1886-1968), com forte acento cristológico, visando a uma vivência cristã em um mundo que se tornara adulto e emancipado, ou seja, que se desvencilhara decisivamente dos elementos metafísicos para a explicação da realidade, tais como os que serviram de suporte para a linguagem teológica cristã durante muitos séculos.

O desafio eclesiológico em um mundo arreligioso. A perspectiva do cristianismo arreligioso confere ao dado eclesiológico fortes impactos, na medida em que se faz uma releitura do papel e sentido da Igreja e da forma como ela se relaciona com o mundo moderno. Não mais os aspectos formais, rituais e institucionais se sobressaem,

---

[1] A seta (➜) remete a um verbete próprio do Vocabulário.

mas, sim, os imperativos éticos da vida em comunidade, a noção de ser-igreja-para-mundo, e os desafios de visibilizar as dimensões mais vivas, dinâmicas e espontâneas da fé, com o foco na visão que concebe Cristo tomando forma no mundo ou, para usar a expressão que Bonhoeffer consagrou em sua obra clássica *Sanctorum Communio* (1930), "Cristo-existindo-em-comunidade". Cristo não seria objeto da religião ou foco de adoração íntima ou da interioridade humana, mas "Senhor do mundo". Nessa perspectiva, uma Igreja "sem religião", embora mantenha os sentidos neotestamentários de *ecclesia*, como reunião dos convocados e eleitos, não pode conceber que seus membros sejam considerados como "preferidos" em sentido religioso, mas, ao contrário, totalmente pertencentes ao mundo e integrados nas esferas seculares. "O amor pela vida humana santifica os atos mais profanos praticados pelos indivíduos" (BARCALA, 2010, p. 194).

"Cristo existindo em forma de comunidade". A proposição de um cristianismo arreligioso está assentada na visão cristológica de Dietrich Bonhoeffer e nas implicações dessa visão para a compreensão teológica e prática do sentido da Igreja. Tal proposição não foi motivada, a exemplo do que fizeram os teólogos chamados "liberais" que o precederam, por uma detalhada discussão histórica e dogmática sobre Jesus, sobretudo com o recurso da categoria do Jesus histórico, mas, sim, pelo interesse e crítica à Igreja, que, na visão do autor e de outros círculos teológicos de sua época, abandonara (ou estava prestes a isso) a autocompreensão de ser o espaço de manifestação concreta e visível da vida cristã. São compreensões teológicas forjadas em momentos de fortíssimas tensões e sofrimentos provocados pelo nazismo, pela prisão e pelos conflitos políticos da época, mas que já vinham em gestação desde os primeiros anos de reflexão teológica por parte do autor. A visão de "Cristo existindo em forma de comunidade", comum nas obras

do autor, é uma base da compreensão cristológica conectada com a eclesiologia. Tal perspectiva expressa uma dimensão prática da vivência cristã, firmada na necessidade de uma experiência de fé expressa no seguimento de Cristo, não de forma religiosa e ritualística, mas baseada em testemunhos concretos que revelem expressões da fé vivas e autênticas.

Fé e concretude histórica. Dentro da conceituação de fé acima referida, Bonhoeffer rejeita metodologias religiosas, ao afirmar: "O ato religioso sempre é algo parcial, a fé é algo inteiro, um ato de vida. Jesus não conclama para uma nova religião, mas para a vida" (BONHOEFFER, 2003, p. 491). É sempre importante realçar que, embora muito bem concatenadas em sua gênese e elaboradas de forma densa e precisa, em linhas gerais as concepções teológicas de Bonhoeffer, e aí se inclui a crítica da religião, ficaram inacabadas em função de sua morte prematura. Não se pode esquecer a natureza epistolar da última fase de sua reflexão teológica, que gerou certo caráter fragmentário para os temas abordados por seu pensamento nesse período. Seus melhores intérpretes, em geral, afirmam que, se ele tivesse mais tempo de vida e, consequentemente, de maturação, suas ideias acerca do cristianismo arreligioso seriam mais bem delineadas e exemplificadas. Isso redundou em algo que, por um lado, pela pujança da concepção, ganhou eco e ressonância nos diferentes movimentos teológicos que efervesciam na época, mas, por outro, o termo "arreligioso" se tornou um *slogan* não muito apurado, aplicado por diversas tendências teológicas, cada qual à sua maneira. Nem todas conseguiram interpretá-lo dentro do que poderíamos chamar de uma "Teologia da Vida", com o devido realce às situações-limite da existência humana, à concretude histórica, sobretudo quando vivida no ideário de ser-para-os-outros, próprios da visão teológica de Bonhoeffer.

Diferentes graus da crítica à religião. As variações de entendimento, com graus mais ou menos apurados, acerca da noção de cristianismo arreligioso se devem, em certa medida, à compreensão sobre os conteúdos da crítica à religião que a conhecida →Teologia Dialética estava delineando na época. Enquanto para Karl Barth a religião era, de modo geral, vista como resultado do esforço humano, Bonhoeffer a interpretava como um fenômeno ocidental que havia sido superado pela "maioridade" da humanidade que a cultura moderna havia alcançado. Ou seja, a interpretação religiosa do cristianismo de Bonhoeffer não era genérica, mas historicamente situada. Ele compreendia a religião como uma "roupagem" histórica do cristianismo, cujas características principais se expressavam na piedade, na individualidade, na consciência meramente moral, no pensamento metafísico e nos sentimentos de interioridade, privilégio e parcialidade. A crítica à religião também não era restrita ao campo dogmático, mas desenvolvida com maior amplitude, especialmente por ser delineada por intermédio de análises detalhadas da situação histórica concreta e com perspectivas e indicações práticas. Na mesma direção, se para Barth a religião era algo inerente ao ser humano, para Bonhoeffer ela pertencia a uma etapa histórica, o que reforçava a necessidade de análises críticas mais substanciais da condição social, cultural e política. Ainda nessa direção, é possível distinguir que, para Barth, a religião é, de certo modo, uma tentativa humana de apoderar-se de Deus, enquanto para Bonhoeffer se trata mais de uma visão de Deus como dominador da pessoa humana, podendo ser desideologizado ou mesmo desidolatrado (RODRIGUES, 2009).

A fé e a religião. As ênfases dadas por Bonhoeffer à crítica da religião, especialmente aos aspectos metafísicos, intimistas e individualistas dela, geraram a compreensão de cristianismo

Vocabulário teológico

arreligioso, que confere ao ser humano mais protagonismo social e político, especialmente se comparada às outras compreensões teológicas de sua época. Enquanto a interpretação religiosa do cristianismo de Bonhoeffer seria uma espécie de sistema de verdades abstratas, engendrado em esquemas formais e institucionais, sua interpretação não religiosa possui uma moldura cristológica. É dessa moldura que sobressai o traço antropológico da fé. A religião, para ele, não constitui algo intrisecamente antropológico, mas apenas o traço de um determinado período do mundo ocidental. Uma vez superada, seriam abertas as possiblidades para a fé, não mais fundamentada na fraqueza, infelicidade e culpa das pessoas, e, especialmente, na morte, como se dá na religião. Uma fé no Deus que se deixa empurrar para fora do mundo até a cruz, impotente e fraco, identificando-se com o humano. Assim, enquanto na religião o ser humano busca o poder de Deus, o cristão, na autenticidade de sua fé, busca a participação nos sofrimentos de Deus neste mundo. O cristianismo passa, então, a se caracterizar pelo "existir-para-os-outros". Ele, com suas bases teológicas e implicações práticas, se dirige das questões periféricas para as centrais, das realidades que são episódicas para aquelas constantes, da dimensão de parcialidade para a totalidade, da separação entre Igreja e mundo para a totalidade da Igreja e do mundo em Cristo, sem confundi-los, e do individualismo e do ambiente privilegiado para o "existir-para-os-outros". Trata-se da passagem crítica da interioridade e do subjetivismo humano para a responsabilidade na vida pública, e do pensamento metafísico alienante que projeta um Reino de Deus a-histórico para a vida responsável neste mundo.

"Disciplina arcana" e a tensão "último-penúltimo". Há dois elementos na teologia de Bonhoeffer que se destacam para melhor compreensão do cristianismo arreligioso: a "disciplina arcana" e

o conceito de tensão "último-penúltimo". "Disciplina arcana" foi uma prática da Igreja primitiva que surgiu com Orígenes e, por diferentes motivos, especialmente pelas incompreensões dos não iniciados na fé cristã, instituiu reuniões fechadas, dentro do significado latino de *arcanus* (misterioso, oculto), para que os crentes recebessem os sacramentos e fizessem a confissão de fé. A menção à disciplina arcana mostra que Bonhoeffer não pensava em termos de um abandono dos costumes mais tradicionais da Igreja cristã, ou mesmo desejava anular a identidade histórica da Igreja cristã. O cristianismo arreligioso seria, nessa perspectiva e sob este crivo, uma forma de atualização secularizada da fé, sobretudo os seus pilares fundantes, que parecem ter conexão histórica mais profunda e determinante. "Na última fase de seu pensamento, a ideia de uma 'disciplina arcana' ensina que a manutenção do significado litúrgico da pregação de Cristo pela Igreja não deve impedir que ela se identifique com o mundo. Pelo contrário, essa 'disciplina' representa a tensão que deve permanecer entre a identidade cristã da Igreja e sua identificação com o mundo" (BARCALA, 2010, p. 193). De forma similar, seu conceito de tensão "último-penúltimo" parece funcionar como elemento crítico de discernimento, não somente das realidades em torno de um cristianismo arreligioso como também de qualquer realidade sociocultural, incluindo a Igreja, como é comum para as teologias do seu tempo, como a barthiana e a tillichiana. Não se trata de impedir que o foco esteja no mundo arreligioso em si, mas, em vez disso, compreender que a preocupação teológica se ocupa com o mundo ("o penúltimo"), tendo, todavia, o foco naquele que é "último".

A importância da linguagem arreligiosa. A noção de cristianismo arreligioso está, obviamente, relacionada à crítica da forma religiosa de se falar sobre Deus. Não somente Dietrich Bonhoeffer como também diversos círculos teológicos de sua época se sentiam atraídos pelas substituições da terminologia religiosa sobre Deus e, ao mesmo tempo, questionavam o fato de as pessoas religiosas falarem de Deus, quando o conhecimento humano chega ao seu limite ou quando falham as forças humanas. No primeiro caso se poderia caracterizar a religião como um tipo de "preguiça" de pensar, o que contrariaria o espírito iluminista. No segundo, trata-se da noção do deus *ex machina*, mobilizado como solução mágica e aparente para problemas insolúveis ou como força para cobrir a fragilidade humana. A abordagem religiosa fala de um deus poderoso que, de forma compensatória à fraqueza humana, resolve as questões que o ser humano não pode resolver e revela conhecimento que a percepção humana não consegue obter. Porém, na avaliação da época, essa capacidade humana estava aumentando cada vez mais no mundo, a ponto de se atingir a "maioridade", na qual não haveria mais a necessidade de Deus. Assim, na religião, deus fica cada vez mais restrito aos limites da vida humana, e isso indicaria a disfuncionalidade de um cristianismo que está atrelado à religião. No entanto, em outra perspectiva teológica, realça-se a linguagem cristã arreligiosa. Ela superaria os limites humanos a partir da maioridade existencial do mundo moderno e dispensaria o *deus ex machina*. Ela não falaria de Deus em função dos limites e fraquezas humanas, como um "tutor" da infantilidade, mas da força, da vida e da capacidade das pessoas e do mundo. Nas palavras do teólogo: "Sempre tenho a impressão de que, com isso [com a terminologia religiosa], só estamos sempre ansiosamente tentando salvaguardar espaço para Deus; eu gostaria de falar de Deus não nos limites, mas no centro, não nas fraquezas, mas na força; portanto, não na morte e na culpa, mas na vida e no bem das pessoas. Nos limites, parece-me mais adequado calar e deixar que o insolúvel permaneça sem solução" (BONHOEFFER, 2003, p. 373). Nesse processo de mudança para um estágio entendido como de maturidade, sobretudo no movimento moderno em direção à autonomia humana expressa nas ciências, na relação entre sociedade e estado, nos campos das artes, da ética e também da religião, a linguagem não religiosa será vista como uma forma de expressão da Palavra de Deus. Seria como uma versão secularizada da Palavra, que teria poder para libertar e transformar as pessoas no mundo. "Será uma nova linguagem, talvez totalmente arreligiosa, mas libertadora como a linguagem de Jesus, diante da qual as pessoas se assustam e, ainda assim, são dominadas pelo seu poder; a linguagem de uma nova justiça e verdade, a linguagem que proclama a paz de Deus com as pessoas e a aproximação do seu Reino" (BONHOEFFER, 2013, p. 398).

A fraqueza de Deus em um mundo adulto. Para se compreender a fé cristã a partir da nova perspectiva engendrada pela linguagem arreligiosa, seria preciso inverter a concepção religiosa de Deus e do ser humano. Por intermédio da *theologia crucis*, é possível conceber a ideia de uma humanidade forte (o mundo que se tornou adulto) e um Deus fraco (o sofredor da cruz). Um Cristo sofredor e fraco anularia a visão de um deus poderoso e ao mesmo tempo afirmaria a força, as possibilidades e a autonomia humana. O Cristo fraco estimula as pessoas a usarem sua força de maneira responsável no mundo adulto, como testemunho da fé. Assim, o cristianismo e a religião em geral não desumanizariam ou alienariam as pessoas, roubando-lhes sua força e responsabilidade. Ao contrário, para a interpretação não religiosa dos conceitos cristãos, suprime-se a tradicional abstração religiosa nele presentes e se tenta trazê-los para a vida real e concreta. A implicação desse novo conceito de deus fraco é que a Igreja também deve se tornar fraca, despojada, destituída de posses ou poder, participante dos sofrimentos de Cristo e existindo para os outros e para o mundo. Trata-se "de um cristianismo não da fuga, mas da *fidelidade* ao mundo; de um cristianismo que deve ser vivido na *responsabilidade*, na *participação* e na *solidariedade*; de um cristianismo *universal* em processo de desocidentalização, que passa a outros povos e se torna capaz de novas palavras e novas ações" (GIBELLINI, 1998, p. 121).

A secularização como tema da teologia, em Gogarten. As ênfases e temáticas de um cristianismo arreligioso estiveram em conexão com os escritos do teólogo alemão Friedrich Gogarten e com o desenvolvimento da posteriormente chamada →Teologia da Secularização. Como se sabe, este autor teve fases distintas em seu pensamento, mas, em todas elas, as preocupações com a fé que se expressa no mundo secularizado estavam presentes. Em um primeiro momento, especialmente nas quatro primeiras décadas do século 20, ele esteve próximo dos ideais da Teologia Dialética, mantendo certa conexão com o pensamento de Karl Barth. No entanto, o debate provocado por Dietrich Bonhoeffer, especialmente a noção de "cristianismo arreligioso em um mundo tornado adulto", mobilizou Gogarten a aprofundar os temas da história, que em sua visão haviam sido desprezados por Barth, e a mergulhar nos temas que emergiam nos debates acerca do mundo moderno e da secularização. O tema central do autor é a "relação não esclarecida" entre fé cristã e secularização. Há um período controverso e de silêncio do autor, que durou quase toda a década de 1940, no qual, ao lado de enfermidades e de crises existenciais, ele teve de enfrentar as fortes críticas decorrentes de sua adesão, por um breve período, ao nazismo emergente. Gogarten, em sua análise teológica, distinguia as concepções de "secularização" e de "secularismo". Para o teólogo, a secularização é um processo necessário e legítimo, fruto, inclusive, da própria radicalização da fé cristã, enquanto o secularismo é a degeneração da secularização, com a supressão da dimensão da responsabilidade humana e com o reforço do individualismo. Secularização é um processo histórico complexo marcado pelas profundas transformações vividas pelo ser humano e o mundo, e pela forma como o humano se relaciona consigo mesmo e com o mundo ao seu redor. Não se trata de algo alheio à fé cristã, nem mesmo de uma oposição a ela. Ao contrário, a tematização teológica da secularização realça elementos da fé cristã como produtores dos processos de uma passagem da revelação à razão autônoma moderna, em especial: (a) a noção de que a fé cristã é justificante, o que possibilita ao ser humano as ações autônomas e responsáveis; (b) que o mundo é criação de Deus e habitado pelo domínio humano, fonte relacional que gera autonomia; (c) que o ser humano vive em relação de filiação com Deus, da qual deriva a responsabilidade humana com o mundo e seus projetos e destinos. Trata-se de uma visão teológica que, baseada na análise de um fenômeno pós-cristão e suscitado pela fé cristã, valoriza a autonomia e a responsabilidade humanas e compreende a Igreja não como agência de cristianização ou clericalização religiosa, mas como veículo de responsabilidade e solidariedade com o mundo.

Cristianismo arreligioso e a Teologia da Morte de Deus. Interpretando as concepções teológicas secularizantes de Bonhoeffer, mas de alguma forma ligadas também à Barth, Bultmann e Tillich, os teólogos estadunidenses William Hamilton e Thomas Altizer irão insistir na necessidade de um abandono radical das categorias conceituais e da linguagem religiosa do cristianismo, em função da defasagem delas em relação à sociedade secularizada. Tratava-se de um "ateísmo cristão", que se distinguia do ateísmo filosófico pelo fato de se apoiar no núcleo da fé cristológica, que requer a linguagem antropológica para viabilizá-lo e possui como paradigmática a exemplaridade de Jesus, devido à sua plenitude de humanidade. A radicalidade da reflexão teológica seguia o conhecido anúncio da morte de Deus baseado na filosofia nietzschiana, entendendo esse postulado como diagnóstico de um acontecimento histórico-cultural em curso na sociedade, com amplos sinais de intensificação, e o vendo como acontecimento teológico. A radicalidade se expressa na ideia da morte de Deus como pressuposto da teologia. "Não se trata de um problema conceitual ou linguístico, mas do reconhecimento de um fato: o próprio Deus cristão morreu ou, melhor dizendo, a experiência mais imediata que o ser humano moderno pode ter com Deus é a constatação da sua ausência no âmbito da existência cotidiana" (BARCALA, 2010, p. 177). Com isso, os teólogos da Morte de Deus conferem legitimidade teológica aos processos secularizantes que marcam a sociedade moderna e advogam que a teologia deve estabelecer, a partir de sua base cristológica, a ênfase radical na ética da responsabilidade humana nos destinos do mundo.

A "cidade secular" de Harvey Cox. O teólogo batista estadunidense Harvey Cox (1929-) também desenvolveu, sobretudo na primeira fase de seus escritos, nos anos de 1960, um esforço em articular as categorias da Teologia Cristã com as do pensamento secular, visando realçar a plausibilidade da fé cristã na sociedade moderna secularizada. Para o autor, os aspectos sociais e culturais na sociedade urbanizada e secularizada podem ser entendidos em conexão com a fé cristã, na linha dos postulados de um cristianismo arreligioso, como se referia Bonhoeffer. O aparecimento da "cidade secular" não implicaria necessariamente o fim da religião cristã presente na história do Ocidente, mas um novo horizonte interpretativo para esta, a partir de dados fundamentais da fé, como a centralidade do papel responsável do ser humano como agente cooperador de Deus no mundo. Para isso, não seria adequado indicar processos que pudessem ir à direção de dessecularizar e desurbanizar a cultura, a fim de que o ser humano moderno e autônomo pudesse compreender os conceitos da fé cristã, mesmo porque os processos de secularização pareciam, naquela época, irreversíveis. Também, em outro enfoque, não seria apropriado reavivar na sociedade os valores religiosos tradicionais. A tarefa de interação entre fé e urbanização não esvaziaria o sagrado da sua transcendência, mas, ao contrário, indicaria um caminho no qual a compreensão do mundo das pessoas e comunidades cristãs secularizadas pudessem encontrar um espaço mais efetivo e maduro para a formulação da teologia e para a vivência prática na vida da Igreja e do mundo. Décadas depois, Cox iria rever suas concepções, mantendo a tese da importância da ação cristã em linguagem secular e do desempenho de um papel positivo no mundo, mas reconsiderando a possibilidade de uma era pós-religiosa, apostando na responsabilidade humana, dessa vez ancorada na teologia de caráter libertador, e articulando as dimensões mística e política da fé cristã (GIBELLINI, 1998).

BARCALA, Martin. *Cristianismo arreligioso*: uma introdução à cristologia de Dietrich Bonhoeffer. São Paulo: Arte Editorial, 2010. BONHOEFFER, Dietrich. *Resistência e submissão*: cartas e escritos da prisão. São Leopoldo: Sinodal, 2003. BONHOEFFER, Dietrich. *Vida em Comunhão*. São Leopoldo: Sinodal, 2009. BONHOEFFER, Dietrich. *Ética*. São Leopoldo: Sinodal, 2011. BONHOEFFER, Dietrich. *Discipulado*. São Leopoldo: Sinodal, 2016. BONHOEFFER, Dietrich. *A comunhão dos santos*. São Leopoldo: Sinodal, 2017. COX, Harvey. *A cidade do homem*. Rio de Janeiro: Paz e Terra, 1968. COX, Harvey. *O futuro da fé*. São

Paulo: Paulus, 2015. GIBELLINI, Rosino. *A Teologia do século XX*. São Paulo: Loyola, 1998. RODRIGUES, Adriani Milli. *A crítica teológica da religião*: um estudo comparativo da crítica da religião nas teologias de Karl Barth e Dietrich Bonhoeffer. Dissertação de Mestrado. São Bernardo do Campo: Universidade Metodista de São Paulo, 2009. TADEU, José Batista; SILVA, Emerson. Religião e cultura urbana na Teologia da Secularização de Harvey Cox. *Revista de Teologia e Ciências da Religião da UNICAP*, Recife, v. 7, n. 2, p. 168-186, jul./dez. 2017.

Demitologização

Conceituação. Demitologização (ou desmitologização, ou ainda demitização, como a palavra alemã *Entmythologisierung* tem sido traduzida para o português) se constitui no programa existencialista de interpretação da mensagem bíblica elaborado pelo teólogo alemão Rudolf Bultmann (1884-1976), que gerou intensos debates em destacados círculos teológicos e eclesiásticos. É de Bultmann o destacado ensaio "Novo Testamento e Mitologia" (1941), que, somado a outros textos produzidos como desdobramentos, é conhecido como o "manifesto da demitologização". Nele, é feita uma avaliação da relação entre "crer e compreender", expressão que dá o título de um conjunto de obras entre as mais importantes do autor, que visa à articulação convincente e plausível da fé cristã para o ser humano contemporâneo. O programa de demitologização objetiva a superação da distância cultural, a fim de tornar o núcleo central da mensagem cristã, o querigma, elaborado com as roupagens culturais e com a estrutura mítica de pensamento da época, significativo para o ser humano moderno. Nas palavras de seu proponente, o projeto hermenêutico de demitologização é "uma interpretação existencialista, e de que faço uso das concepções desenvolvidas, sobretudo, por Martin Heidegger em sua filosofia existencialista" (BULTMANN, 2000, p. 37).

A interpretação existencial dos textos bíblicos. O existencialismo é, portanto, o referencial que orienta a hermenêutica dos textos bíblicos, especialmente, buscando desvencilhá-los da cosmovisão mítica que lhes deu origem. "Bultmann parte do pressuposto de que a forma como o Novo Testamento expõe o querigma é mitológica. Não se trata de relato histórico ou descrição de fatos acontecidos, mas de outra forma de linguagem, visto pressupor uma cosmovisão ainda não científica" (PIEPER, 2017, p. 94). Demitologizar significa interpretar existencialmente os textos bíblicos, de forma a realçar, uma vez despida das representações figurativas míticas, a mensagem decisiva de Deus pronunciada em Cristo e, assim, possibilitar uma existência autêntica do ser humano moderno, gestada "a partir do que é invisível e indisponível, renunciando a toda a segurança autocriada" (BULTMANN, 1999, p. 23).

Teologia da Existência. O programa de demitologização é devedor do avanço das pesquisas e das exegeses bíblicas, gestadas ainda no século 19 por teólogos liberais, e é, em certo sentido, um aprofundamento delas. No entanto, diferentemente da visão teológica liberal, a perspectiva demitológica propõe a interpretação do mito e não a sua eliminação. Seguiram nesse debate teólogos da envergadura de Ernest Käsemann (1906-1998), Günther Bornkamm (1905-1990), Ernest Fuchs (1903-1983) e Gerhard Ebeling (1912-2001). Em geral, tais autores são identificados com a corrente teológica existencialista, que aprofundou a conhecida relação "Jesus Histórico" & "Cristo da Fé", visando realçar, não a "biografia" de Jesus, pois esta tarefa já era dada como impossível, mas, sim, os traços fundamentais da pregação e da atuação dele. Esses autores, assim

Vocabulário *teológico*

como o pensamento teológico de Bultmann, estiveram associados ao que se denominou "Teologia Existencial". Ainda que cultivassem intenso e irrestrito rigor científico e colocassem em questionamento as concepções religiosas tradicionais já consagradas nos ambientes eclesiásticos, especialmente as bíblicas, esses pensadores sempre estabeleceram seus parâmetros de pesquisa bíblica mergulhados em uma profunda opção pessoal existencial em favor da fé. No caso de Bultmann, em estreita conexão com a filosofia analítica existencial de Heidegger, com quem trabalhara em conjunto, sua tarefa era entendida como uma extensão da Teologia da Justificação pela fé para dentro do campo epistemológico.

Existencialidade e escatologia. A perspectiva existencial se realçava na concepção de que era preciso crer para compreender, e não o contrário, e que o ser humano é visto como existência, historicidade e como abertura para o futuro, na medida em que dá vazão à sua capacidade de escolha, de poder-ser, de decisão e de ação. Trata-se de outra concepção da dimensão escatológica, expressão recorrente nos escritos de Bultmann. Não se trata de uma descrição, ou mesmo menção à uma realidade futura, que acontecerá no fim da história. Mas, sim, algo de significativo, de decisivo, que revela o sentido (fim) da história no presente, percebido pelo ser humano não como expectador, mas como aquele que realiza um autêntico e responsável estar-no-mundo. "Escatológico é o que é decisivo para a existência, e o 'decisivo já aconteceu'; aconteceu no evento Cristo e acontece todas as vezes no evento da palavra, que renova a existência. O acontecimento Cristo é escatológico; todo instante tem a possibilidade de ser escatológico" (GIBELLINI, 1998, p. 43).

A existência humana autêntica. Uma das proposições da hermenêutica existencialista é que a história está primariamente preocupada com possibilidades e está orientada para o futuro. Esta visão, em variados sentidos, está presente em diferentes categorias da filosofia de Heidegger. O processo de demitologização "visa libertar o querigma que desvela ao ser humano suas possibilidades, livrando-o do passado e o abrindo ao futuro" (PIEPER, 2017, p. 122). Bultmann estava convicto de "que a possiblidade de uma existência autêntica, assumida em fé no confronto existencial com a proclamação do evento salvífico na cruz de Cristo, tinha como reverso da medalha o abandono de todas e quaisquer falsas seguranças estabelecidas por sistemas eclesiásticos, doutrinários, ou mesmo da piedade cristã. Importava tão somente o confronto existencial com o único 'escândalo' verdadeiro, o escândalo da cruz de Cristo, o que representa simultaneamente a possibilidade de deixar de lado todos os falsos escândalos que se interpõem à fé, por demandarem da pessoa que crê o *sacrifício do intelecto*" (ALTMANN, 2001, p. 6).

Demitologização e modernidade. A proposta de demitologização é tornar o querigma, ou seja, o que é essencial à fé cristã, significativo, relevante e comunicável para o ser humano moderno, uma vez que ele vivencia a crítica histórico-científica das narrativas míticas e religiosas. Como os círculos filosóficos e teológicos ainda do século 19 haviam indicado, o conflito entre a fé e a linguagem mitológica é resultante de duas cosmovisões diferentes: a moderna, forjada no pensamento técnico, racional e científico, e a da mensagem cristã, atrelada a uma visão de mundo permeada pelo pensamento mítico vigente na Antiguidade. Como se sabe, no Novo Testamento o mundo é visto como um edifício de três patamares, sendo que o inferno embaixo e o céu em cima deixam o ser humano na terra, no meio, sem a direção da própria vida e destino, diante das forças sobrenaturais que intervêm no curso da natureza e da história. "O contraste entre a visão bíblica de mundo e a visão moderna é o que separa as duas maneiras de pensar, a mitológica e a científica" (BULTMANN, 2000, p. 31). Demitologizar seria, então, negar a vinculação entre a mensagem bíblica e, consequentemente, a da Igreja e uma cosmovisão antiga e tida como obsoleta. Trata-se de assumir a distinção moderna entre linguagem científica, que indica o caráter objetivo, preciso e verdadeiro dos fatos, e a linguagem mítica, entendida pela modernidade como inverossímil. "A cosmovisão científica moderna, baseada na lei de causa e efeito de todos os acontecimentos, teria como consequência que o ser humano moderno não pode mais aceitar as imagens provenientes de um mundo mitológico, não científico, que contava com milagres e intervenções sobrenaturais na história. Daí a tarefa de demitologização da mensagem bíblica, em que essas imagens são consideradas inaceitáveis em seu sentido histórico e literal" (ALTMANN, 2001, p. 12).

O que é mito. A compreensão de mito subjacente ao programa de demitologização de Bultmann é complexa e possui até mesmo certa ambiguidade. As várias faces dessa compreensão por vezes parecem paradoxais e, em outros momentos, complementares, o que dificulta uma definição precisa. É possível afirmar que, para Bultmann, o mitológico é a apresentação de realidades que não podem ser compreendidas, analisadas e vistas em termos de fenômenos observáveis. Mito é um modo localizado no tempo e no espaço cultural, portanto, finito, de dizer algo que excede os limites da própria finitude. Assim, tal visão contribui para estabelecer a diferença entre mito e ideias especulativas a respeito do que está além da experiência humana, e também para não se colocar personalidades, ideologias políticas ou nacionais na definição de mito, como a linguagem corrente por vez o faz (PIEPER,

2017). Em "Novo Testamento e mitologia", Bultmann afirma que "mitológica é a expressão conceptual, em que o transmundano, o divino, aparece como mundano e humano, o transcendente como imanente" (BULTMANN, 1999, p. 20). Dessa forma, para se falar de Deus, é preciso que seja a partir da existência humana, ou ainda, falar de Deus é, antes de tudo, falar do ser humano em sua experiência cotidiana.

O mito entre a transcendência e a imanência. A visão de se falar de Deus a partir da experiência humana é complementada pela visão *bultmanniana* de que "podemos dizer que os mitos dão à realidade transcendente uma objetividade imanente e intramundana. Os mitos atribuem uma objetividade mundana àquilo que é não mundano" (BULTMANN, 2000, p. 17). "Ou seja, o mito é a representação mundana do supramundano e, portanto, lida com o sagrado. Em alguma medida, ela se aproxima muito da noção de símbolo. O sagrado se manifesta por meio de um objeto/coisa do mundo ordinário. Mas, como se pode notar, essa definição é muita ampla. Ela não permite, por exemplo, que se distinga entre mito e símbolo" (PIEPER, 2017, p. 97). O mito, portanto, está na conformação dos textos bíblicos e não poderia ser eliminado. Ele deve, sim, ser interpretado, ou, em outras palavras, reinterpretado. Para isso, o programa de demitologização, com o recurso de categorias formais da filosofia existencialista, além da desconstrução necessária da linguagem mitológica, visando à comunicação do texto no contexto moderno, possui em sua dimensão construtiva a tarefa hermenêutica. "Bultmann advogou em favor da necessidade de uma interpretação existencialista, pois por detrás da linguagem mitológica encontra-se uma 'autocompreensão' do ser humano acerca de sua existência, sua relação com Deus e com o mundo" (ALTMANN, 2001, p. 12).

Mito e querigma. Outro aspecto fundamental para a compreensão do projeto de demitologização é a noção de "querigma". Este termo foi primeiramente utilizado por Martin Kähler (1835-1912), que desejava diferenciá-lo de outros sentidos do termo como "proclamação", por exemplo. O querigma não é o mero passado histórico que pode ser reconstruído pelo criticismo histórico. Ao contrário, o querigma está associado ao caráter fundamental da fé dos primeiros cristãos, o que mobiliza e incentiva ainda mais os estudos críticos dos textos bíblicos, uma vez que não afetaria a tarefa da proclamação. Ele é a verdade que a linguagem mitológica encobre; é o resultado da distinção entre o núcleo de verdade presente no texto bíblico e o pensamento mitológico que o reveste. E o chamado à decisão existencial da fé é intrínseco ao querigma. "A Palavra de Deus é querigma, apelo à decisão; acolhê-la na fé significa compreender-se a si mesma de modo radicalmente novo. Crer não é aderir a algo misterioso ou incompreensível, mas compreender-se a si mesmo; crer é compreender que não se pertence ao mundo, espaço de caducidade, do pecado e da morte (desmundização), e sim ao mundo do Deus da vida. Só na fé se chega à verdade da própria existência" (GIBELLINI, 1998, p. 37). E, ainda, o querigma "é a ação de Deus em Jesus que confronta o ser humano moderno com a pergunta pela sua existência. Ele oferece a possibilidade de nova autocompreensão e, portanto, de abertura ao futuro, bem como a transição da existência inautêntica para o existir autêntico. O objetivo da desmitologização é justamente recuperar esse querigma imerso na cosmovisão mitológica" (PIEPER, 2017, p. 115).

A dimensão existencial dos relatos bíblicos. O querigma estava, por assim dizer, inviabilizado no mundo moderno, uma vez que todos os esforços, incluindo os teológicos, estavam na direção de eliminar a linguagem mitológica. Ou, em outra visão, diluindo o querigma, na medida em que uma "aceitação do inaceitável [no caso, a linguagem mitológica] muda o acento da fé verdadeira e existencial para a fé como assentimento a uma série de proposições irracionais. Quando isso acontece, o crente tende a se esconder atrás de sua aceitação do mítico e a evitar o encontro existencial com o verdadeiro centro da mensagem do Novo Testamento" (GONZALEZ, 2004, p. 367). Daí a importância da demitologização. Essa perspectiva reforça a caracterização não somente da visão teológica de Bultmann, mas, também, os desdobramentos de Käsemann, Fuchs e Ebeling, como Teologia da Existência. Estes autores realçaram os marcos fundamentais da pregação e da ação de Jesus, os quais consideram "existencialmente históricos", portanto, relevantes para o presente e significativos para o futuro, distinguidos neste processo os "meramente históricos", que até podem ser objetos de reconstrução historiográfica, mas não têm poder-de-ser-além. Com tais marcos, no caso os existencialmente históricos, "a proclamação evangélica da comunidade eclesial posterior se encontra também em continuidade, não apenas em ruptura devido à natureza de novidade radical do evento pascal" (ALTMANN, 2001, p. 10).

As etapas do processo de demitologização. Como visto até aqui, o primeiro aspecto da demitologização é negativo, uma vez que se baseia em um esforço de desconstrução. É a crítica da imagem do mundo tal como expressa no mito e, consequentemente, na Bíblia. Nesse primeiro passo, a tarefa hermenêutica busca interpretar a linguagem mitológica que o Novo Testamento utiliza para expressar o querigma. Ela procura desvendar os significados encobertos e obstaculizados pela linguagem mitológica e, com isso, desmontar a cosmovisão em que o Novo Testamento foi escrito, a fim de que se possa discernir o querigma. A premissa é de que "o sentido verdadeiro do mito não é proporcionar uma concepção objetiva do universo. Ao contrário, nele se expressa como o ser humano se compreende em seu mundo. O mito não pretende ser interpretado cosmologicamente, mas antropologicamente – melhor, de modo existencialista" (BULTMANN, 1999, p. 20). Nessa perspectiva, a forma mais exitosa de captar o sentido do mito é aproximar-se dele existencialmente, possibilitando que ele revele a compreensão da existência humana, e não a descrição de realidades históricas ou da organização do mundo.

A força do querigma. A segunda etapa da demitologização consiste na significação dessa verdade para o ser humano moderno, em especial a mensagem querigmática da ação de Deus em Cristo, seu valor para o ser humano, em especial as possibilidades para ele de uma vida autêntica. Não se trata de um falar "sobre", mas sim "para" a existência humana. Esse caminho é feito por intermédio da interpretação existencialista do mito, privilegiando as categorias filosóficas heideggerianas. O ➜liberalismo teológico pretendeu demitizar eliminando o mito, caracterizado como um tipo de casca de um núcleo perene de assertivas éticas. Distinto dessa perspectiva, para o projeto bultmanniano, demitologizar "não significa fazer cortes ou escolhas dentro do Novo Testamento, pois a imagem mítica do mundo é um *a priori* que enquadra todo o conteúdo e envolve toda a mensagem, como se pode ver nas palavras-chave da Teologia Neotestamentária acima referidas" [a saber: encarnação de um ser preexistente, morte expiatória, ressurreição, descida aos infernos, ascensão ao céu, retorno no final dos tempos, escatologia dos acontecimentos finais] (GIBELLINI, 1998, p. 35). Portanto, na demitologização, não se elimina o mito, mas se efetua a tarefa hermenêutica de se desfazer da linguagem mitológica usada nos textos bíblicos e de procurar pelo sentido existencial que ele, o mito, expressa para que possa ser comunicado autenticamente (PIEPER, 2017).

As críticas ao projeto bultmanniano de demitologização. A demitologização, em função de sua complexidade e contundência, gerou diversas e variadas críticas nos círculos teológicos. A síntese dessas críticas não é de fácil realização. Há uma boa análise feita por Frederico Pieper, em *Linguagem mitológica & hermenêutica* (2017), sobretudo no terceiro capítulo, intitulado "A (im)possibilidade da desmitologização", que, entre outros aspectos, indica que Bultmann, ao adotar o existencialismo como referencial quase exclusivo na aproximação do mito, não se atentou devidamente para a oferta de sentidos, à semelhança do que fizeram pensadores como Paul Tillich (1886-1965) e Paul Ricoeur (1913-2005), ao distinguir signo e símbolo. Também na obra de Rosino Gibellini, *A Teologia do Século XX*, há dois capítulos, intitulados "Teologia da Existência" e "Teologia Hermenêutica", que detalham as reações ao programa de Bultmann. Nesses materiais há uma lista bastante extensa de autores, cada qual com suas argumentações próprias e distintas. Há os chamados "pós-bultmannianos", cuja expressão não está isenta de imprecisão, que assumiram o projeto de Bultmann, mas realçaram a necessidade de investigação mais cuidadosa, ou mesmo a retomada da pesquisa sobre o Jesus histórico, para que a fé cristã, por hipótese, não perdesse a sua historicidade. Aqui destacamos os já referidos Käsemann, Bornkamm, Fuchs e Ebeling. Outros, como Karl Barth (1886-1968), fazem a crítica ao projeto de demitologização por não aceitarem a absorção feita da filosofia existencialista heideggeriana. Há aqueles, como o filósofo alemão Karl Jaspers (1883-1969), que afirmam que a demitologização bultmanniana não foi suficientemente radical, pois, ao preservar e realçar o querigma, ainda permite nele a presença de resquícios mitológicos. E há, ainda, os que divulgam o projeto de demitologização nos mesmos moldes de Bultmann, mas com pequenas

Vocabulário *teológico*

nuances, como o teólogo estadunidense Schubert Ogden (1928-2019) e o escocês John Macquarrie (1919-2007). O intenso debate em torno da demitologização reforça a importância da proposta e o significado histórico-teológico dela. Trata-se de uma concepção que não pode ser ignorada, mas deve ser revisitada e atualizada, criticamente por suposto, pelos atuais estudos bíblicos e teológicos.

ALTMANN, Walter. Introdução (p. 5-19). In: BULTMANN, Rudolf. *Crer e compreender*: ensaios selecionados. São Leopoldo: Sinodal, 2001. BULTMANN, Rudolf. *Demitologização*. São Leopoldo: Sinodal, 1999. BULTMANN, Rudolf. *Jesus Cristo e mitologia*. São Paulo: Novo Século, 2000. BULTMANN, Rudolf. *Crer e compreender*: ensaios selecionados. São Leopoldo: Sinodal, 2001. CAVALIERI, Edebrande. A Teologia Existencialista de Bultmann como expressão do pensamento moderno (p. 101-136). In: HIGUET, Etienne (org.). *Teologia e modernidade*. São Paulo: Fonte Editorial, 2005. GIBELLINI, Rosino. *A Teologia do Século XX*. São Paulo: Loyola, 1998. GONZALEZ, Justo. A Teologia da Existência: Rudolf Bultmann (p. 363-374). In: MACKINTOSH, Hugh R. *Teologia Moderna de Schleiermacher a Bultmann*. São Paulo: Novo Século, 2004. PIEPER, Frederico. *Linguagem mitológica & hermenêutica*: o projeto de desmitologização de Rudolf Bultmann. São Paulo: Fonte Editorial, 2017. VELIQ, Fabrício. A revelação por excelência no paradoxo da presença de Deus na história: um possível diálogo entre Rudolf Bultmann e Karl Rahner. *Caminhando*, v. 22, n. 2, p. 177-185, jul./dez. 2017.

Economia e teologia

Fé e economia. Na Teologia Protestante Contemporânea, diversos círculos dedicaram esforços nas reflexões entre teologia e economia. As visões teológicas que priorizaram as análises da realidade social e política, quase sempre, mantiveram aguçada atenção para o dado econômico. Produções teológicas de relevância como as de Paul Tillich (1886-1965) e de Jürgen Moltmann (1926-), por exemplo, especialmente pela abrangência no tratamento dos temas, abriram caminhos de análise para interpretações teológicas da economia política. Também perspectivas teológicas críticas, como as →teologias feministas, ao menos em algumas de suas expressões, dedicam esforços para a compreensão dos dados econômicos no conjunto de questões que a sociedade apresenta para a reflexão teológica. São os casos das teólogas latino-americanas Elsa Tamez (1951-) e Marcella Althaus-Reid (1952-2009), que incorporaram, na perspectiva interdisciplinar de seus enfoques, os aspectos econômicos e as suas consequentes representações simbólicas. Vários outros nomes se destacam nestas temáticas. A produção do teólogo uruguaio Julio de Santa Ana (1934-) e dos alemães Ulrich Duchrow (1935-) e Joerg Rieger (1963-) são significativas. Boa parte dos grupos que tratam das questões que relacionam fé, economia e política possui atuação nas comissões de trabalho do Conselho Mundial de Igrejas, na Associação de Teólogos e Teólogas do Terceiro Mundo (ASETT) e no Departamento Ecumênico de Informação (DEI). Nesta última organização, a produção protestante foi efetuada em diálogo com os teólogos católicos Hugo Assmann (1933-2008) e Franz Hinkelammert (1931-).

A crítica teológica à economia política. Julio de Santa Ana é um dos teólogos que contribuíram significativamente para os fundamentos e o aprofundamento das reflexões em torno da relação entre teologia e economia. Na obra *O amor e as paixões* (1989), ele apresenta uma densa crítica teológica à economia política. Ela se efetua no contexto de confrontação entre dimensões que reivindicam sacralidade. O discurso e a prática do neoliberalismo econômico remontam a exigências de sacrifícios humanos, a perspectivas absolutistas e globalizantes, e a promessas de retribuição dos investimentos e de prosperidade, o que possibilitou aos estudiosos a criação da expressão "deus-mercado". Não há necessidade de legitimação religiosa para esse sistema, pois ele, em si, é religioso. Trata-se de "um deus que propõe como única moral aceitável o conjunto das leis que o regulam. Não há outra moral a ser aceita, senão a do mercado que transforma em competidores e inimigos aqueles que não participam nele (a menos que façam alianças e contratos). Nesta luta que caracteriza o mercado livre existem aqueles que ganham e perdem, que sacrificam ao ídolo e são sacrificados. O ídolo não se satisfaz sem esta violência" (SANTA ANA, 1989, p. 56). Em contraposição a essa lógica, urge, do ponto de vista prático, o reforço das ações de solidariedade e de afirmação da dignidade humana, uma vez que a lógica sistêmica considera tais ações como empecilho ao funcionamento autorregulador do mercado. Ou seja, as ações humanas de solidariedade e de luta pela dignidade dificultariam a "mão invisível" do sistema.

Globalização econômica e sustentabilidade da vida. Na consolidação de seu trabalho, especialmente no contexto das atividades no Instituto Ecumênico de Bossey, do Conselho Mundial de Igrejas, Julio de Santa Ana produziu valiosos textos sobre teologia e economia. Entre eles se destaca a edição dos livros *Sustainability and globalization* (Sustentabilidade e globalização) (1988) e *Beyond Idealism* (Para além do Idealismo) (2006), que apresentam aspectos cruciais da ética social ecumênica. Nesta última obra, há cinco textos de Julio de Santa Ana, cujos títulos são elucidativos de sua crítica teológica à economia política e aos processos de globalização: (a) *Contemporary challenges to Ecumenism: stating the problem* (Desafios contemporâneos ao ecumenismo: colocando o problema), com Bob Goudzwaard; (b) *On de meaning of "ecumenical"* (Sobre o significado de "ecumênico"), com Ninan Koshy; (c) *Forming frameworks that uphold life: an historical and social-ethical approach* (Estabelecendo bases que sustentam a vida: uma abordagem histórica e socioética); (d) *The modern roots of economic globalization* (As raízes modernas da globalização econômica), com Bob Goudzwaard; (e) *Following the way through the paths of the world* (Seguindo o caminho pelas trilhas do mundo).

Os processos de exclusão econômica. Em geral, as reflexões do conjunto de autores e autoras até aqui mencionados partem de um balanço crítico do desenvolvimento do neoliberalismo econômico. Os anos de 1990 foram marcados por sinais mais efetivos da globalização econômica e pela exclusão social. Novas fronteiras de uma ordem econômica foram estabelecidas, e essas fronteiras reforçaram a exclusão social. A força dominante no mundo é o mercado. Os países capazes de participar no mundo do mercado são aqueles aptos a produzir e consumir. Caso contrário, eles estão fora da dinâmica econômica. Os Estados têm sido incapazes de mudar as leis de mercado ou influenciar o sistema global. A ideologia neoliberal, disseminada por intermédio da globalização da informação, faz com que os povos acreditem que o mercado ou o consumo é a solução da humanidade. Isso leva as pessoas a não priorizarem os laços de solidariedade, tornando-as mais individualistas e fortalecendo, assim, preconceitos contra os pobres. A globalização econômica, por ser baseada em monopólios sustentados por grupos (e nações) dominantes, é, portanto, uma forma de um sistema assimétrico. As pessoas capazes de produzir e consumir estão dentro da lógica do mercado; aquelas tidas como incapazes, tornam-se obstáculos ao "sucesso" do sistema. Elas não

Vocabulário *teológico*

são "necessárias" e, dessa forma, são simplesmente excluídas. A tendência na sociedade é não se prover recursos financeiros nem mesmo tempo social para se dedicar à reflexão e ação sobre a situação na qual a massa crescente de pessoas pobres vive.

Neoliberalismo econômico e sociedade. Desde a derrocada do sistema socialista soviético, o neoliberalismo, o novo estágio que o capitalismo experimentou no final do século 20, tem sido apresentado como o único caminho para se organizar a sociedade. Nesse contexto, foram divulgadas as conhecidas e controvertidas teses que afirmam que o mundo teria alcançado o "fim da história" com o triunfo do capitalismo como um sistema político e econômico. Esse estágio do sistema capitalista acentua a desvalorização da força de trabalho em função da automação e da especialização técnica e em detrimento das políticas sociais públicas. Forma-se, portanto, um enorme contingente de massas humanas excluído do sistema econômico e destinado a situações desumanas de sobrevivência ou passível de ser eliminado pela morte. Os ajustes sociais e econômicos implementados pelas políticas neoliberais geram degradação humana, perda do sentido de dignidade e consequentes problemas sociais das mais variadas naturezas. Em meio ao processo de globalização da economia e da informação, emergem, com maior intensidade, os conflitos étnicos, raciais e regionais no mundo inteiro. Portanto, as análises sociais precisaram avaliar, mais detidamente, as mudanças no capitalismo internacional, em especial por suas propostas e ênfases totalizantes e hegemônicas que reforçam sobremaneira as culturas do individualismo e do consumismo exacerbados. Todos esses aspectos são arestas correlacionadas de uma mesma realidade e demarcam as discussões teológicas.

A complexidade e a força do sistema econômico. Entre os desafios metodológicos para as reflexões teológicas sobre a economia,

Economia e teologia

está a necessidade de identificação constante do "fato maior" que marca a conjuntura socioeconômica e política, que é descartabilidade das vidas humanas, para, a partir dele, refletir bíblica e teologicamente. Com isso, nas reflexões teológicas críticas e nas análises científicas da realidade é de vital importância o destaque para a economia e os efeitos dela nos processos sociais, culturais e políticos. A realidade precisa ser compreendida com profundidade, especialmente considerando a complexidade social. A visão bipolar "dominados x dominantes" se tornou insuficiente para se compreender as questões relativas ao contexto social, devido ao fascínio que as formas de consumo e os bens econômicos exercem nos imaginários humanos, incluindo os setores populares. Há que considerar os mecanismos internos do sistema econômico e como ele produz formas de atração e sedução nos agrupamentos humanos. No campo religioso, a discussão entre religião e neoliberalismo apresenta variadas questões. Destacam-se as práticas que enfatizam a "religiosidade de consumo", a visão social e política consumista, individualista e excludente reforçada pelo sistema econômico neoliberal, e o reflexo desse caráter no plano das práticas e das ideias religiosas, cristãs e não cristãs (SANTA ANA, 1989).

O lugar da economia na reflexão teológica. O surgimento da Teologia Latino-Americana da Libertação nas décadas de 1960 e 1970 pode ser sintetizado em, pelo menos, cinco pontos característicos. Em todos eles, a relação entre teologia e economia se destaca. O primeiro deles é a práxis de libertação dos pobres e o compromisso evangélico de outros setores sociais com eles. A consciência dessa práxis gerou uma nova linguagem religiosa e teológica, fruto da relação dialética entre práxis e teoria presente na metodologia desse novo pensar teológico. Um segundo aspecto foi a necessidade de análise científica da realidade social com o recurso da teoria da dependência e, posteriormente, com o que se denominou "mediações socioanalíticas". Um terceiro é a consciência do condicionamento socioeconômico da teologia e da Igreja e a crítica de ambos a partir da óptica da libertação histórica dos pobres. Um quarto é a perspectiva de a reflexão teológica estar a serviço da transformação da sociedade, com indicações práticas e concretas de caminhos históricos de libertação sociopolítica. Nesse sentido, a Teologia da Libertação não se esgota no âmbito acadêmico. E, por fim, o lugar central da economia na reflexão teológica para, entre outros aspectos, estabelecer uma crítica ao messianismo tecnologista, às relações entre capital e trabalho, e vislumbrar alternativas econômicas dentro dos parâmetros da justiça social (RIBEIRO, 2016).

Economia, teologia e justiça social. A "nova forma de ser Igreja", relacionada à Teologia da Libertação, está vinculada às possibilidades de transformação social e política evidenciadas, em especial, entre os anos de 1960 e 1980 e possui, como uma das referências centrais, a busca por uma sociedade igualitária, participativa e firmada nos princípios da justiça social. Tal proposta representa, desde os primórdios, uma contraposição ao modelo econômico capitalista, devido a seu caráter excludente e concentrador de riquezas para grupos minoritários – especialmente com a utilização dos países periféricos em relação aos centrais. Nesse sentido, historicamente, a perspectiva teológico-pastoral da Libertação representou também uma contraposição à visão desenvolvimentista surgida nos anos 1950. Tratava-se, nesse momento, de um novo referencial teórico de interpretação da realidade, baseado nos estudos científicos que emergiam especialmente no campo sociológico: a teoria da dependência. Nesse contexto, a Teologia da Libertação, como elaboração teórica, procura(va) compreender a realidade por meio de mediações científicas, julgá-la mediante a tradição bíblica, com destaque para o aspecto profético, e indicar uma nova inserção dos cristãos.

A Teologia da Libertação diante da conjuntura econômica e da estrutura social. Vários círculos teológicos, entre expressões católicas e protestantes, boa parte das vezes com trabalho conjunto, destacam questões oriundas da dimensão econômica. Tais círculos já indicavam, dentre diferentes aspectos, a dificuldade de os setores mais hegemônicos dessa corrente teológica compreender que o "fato maior" que originou e motivou as primeiras reflexões teológicas alterou-se significativamente a partir do final dos anos de 1980. A ênfase para se compreender a realidade era o esquema opressão-libertação, com um abismo cada vez maior entre ricos e pobres e entre países ricos e pobres. Esse esquema era identificado pelas análises ancoradas nas causas estruturais e contraposto pelos movimentos populares, a partir da concepção de que os pobres eram o novo sujeito histórico. Esse "fato maior" possuía uma versão eclesiológica evidenciada na irrupção da "Igreja dos Pobres". Boa parte dos teólogos da libertação não soube considerar devidamente o "fato maior" da realidade que se seguiu, em especial na apreciação das estratégias de confrontação, teórica e prática, com ele. As transformações no sistema econômico, com a força imperial e geradora de fascínio do neoliberalismo, não foram devidamente compreendidas pelos setores teológicos.

Limites e reducionismos metodológicos. Nesse conjunto de questões, identifica-se certo reducionismo antropológico que superestima a satisfação das necessidades elementares em detrimento da dinâmica dos desejos humanos, a visão política que mitifica a "força histórica dos pobres" e a "Igreja dos Pobres", o descuido das temáticas em torno da relação entre economia e teologia e as generalidades em torno da concepção de "Deus dos pobres", que permitiam a manutenção de ideologias machistas e patriarcais, entre outros aspectos. "As formulações teológicas sobre a prática econômica [muitas vezes] são feitas a partir de um ponto de vista que, geralmente, não leva em conta a realidade concreta da produção, consumo e distribuição dos bens materiais. Na maioria dos casos em que os teólogos falam sobre economia, o discurso é feito fora da vida econômica" (SANTA ANA, 1990, p. 143).

O valor da economia na concretude da vida. Ao lado das questões que dizem respeito especificamente à economia, há um aspecto conexo, que é a necessidade de revisão teológica a partir do "círculo hermenêutico". Julio de Santa Ana analisa certo enrijecimento metodológico em setores da Teologia da Libertação, especialmente por não implementarem devidamente o "círculo hermenêutico" proposto por Gustavo Gutiérrez (1928). Como se sabe, a Teologia da Libertação, em sua proposta metodológica, considerou um círculo hermenêutico a partir das perguntas oriundas da experiência prática dos cristãos. Estas deveriam passar pelo crivo da crítica para identificar sua validade e ajudar a enquadrá-las na realidade sociopolítica – que necessitava ser compreendida. Esse primeiro momento foi denominado como o das "mediações socioanalíticas", e foi privilegiado o marxismo como instrumental científico para as análises. Seguiam-se os momentos hermenêutico, prático/pastoral e de verificação na própria vida da comunidade dos pobres (a práxis). As reflexões em torno da relação entre teologia e economia contribuíram para a revisão desse caminho e o aprofundamento de questões de natureza teológica.

Pluralidade metodológica e teologia. Percorrer esse círculo hermenêutico só faz sentido a partir de uma postura de suspeita de que as respostas dadas em um momento anterior não necessariamente

Economia e teologia

sejam válidas no seguinte. Cabe perguntar, portanto, se o conjunto de questões e de respostas com o qual a Teologia da Libertação trabalhava na década de 1970 e início de 1980 é compatível com as necessidades da produção teológica nas décadas que se seguiram. As motivações utópicas inerentes à Teologia da Libertação, por exemplo – referenciadas indiretamente às experiências do socialismo –, indicavam uma articulação da esfera pastoral com a esfera política. Como decorrência, era formulada uma sequência de perguntas no campo das relações entre fé e política. Estarão tais perguntas, ainda hoje, em sintonia com a experiência dos cristãos pobres, ou são necessárias novas sínteses que levem em conta a dimensão da economia e as "práticas de reajuste" dela decorrentes? Sobre a compreensão da realidade, Julio de Santa Ana reafirma que as análises de corte teórico marxista demonstraram não ser suficientes para as mediações socioanalíticas da produção teológica. Tais análises, ao partir de contradições que se dão em plano socioeconômico, encontram dificuldades em desvelar outros aspectos da realidade, em especial os marcados pela dinâmica cultural. Soma-se a isso, na América Latina, o crescimento de importância dos conflitos sociais que não são de classes, como os étnicos, os raciais e os de gênero. Isso parece indicar a necessidade de se complementarem as análises marxistas com elementos da teoria sistêmica, das ciências antropológicas e da psicologia social (SANTA ANA, 1991).

Crítica teológica ao Império. O biblista argentino Néstor Miguez (1948-) e o teólogo alemão Joerg Rieger, ambos de tradição metodista, em parceria com o teólogo católico Jung Mo Sung (1957-), têm aprofundado, do ponto de vista bíblico-teológico, os temas que interligam religião, economia e política, sobretudo a lógica imperial presente na sociedade. Os autores realçam que é o poder econômico desigual e assimétrico que passa a determinar os rumos da sociedade. As organizações em rede, porque estão mais facilmente adaptadas ao novo ambiente social gerado pela globalização, criam e recriam valores e visões de mundo que podem tanto ameaçar a vida humana, a democracia e a participação das pessoas e grupos, quanto protegê-los. No entanto, não se pode esquecer que as redes que estão no segundo grupo, ou seja, aquelas que visam defender a vida e os valores humanos, estão em enorme desproporção de poder, se comparadas com as grandes corporações econômicas. Daí a noção de Império. Ele é compreendido a partir da identificação de um conglomerado de forças econômicas, políticas e simbólicas que converge para um domínio total na sociedade, exercido globalmente por elites de fortíssimo poder econômico e militar, sem fronteiras e sem limites. Não há no domínio imperial formas políticas institucionais específicas, um centro unificado, embora alguns países se destaquem pela assimilação da lógica do mercado financeiro, na qual o elemento da maximização do lucro, ao estar no centro do sistema de valores e de visões de mundo, encontra-se acima e, na maior parte das vezes, em contraposição ao sentido da vida humana, da natureza e dos direitos de ambos. Para isso, evitam-se formas de controle da economia e políticas que regulem os exercícios do poder. "Esse esvaziamento do democrático, que é no fundo a anulação do político, é justamente o espaço onde se insere a possibilidade imperial. O democrático fica sem fundamento, passa a ser um significante vazio, fica sem uma ancoragem na realidade" (MIGUEZ; RIEGER; MO SUNG, 2012, p. 27).

A crítica bíblica à economia. Entre várias contribuições para as temáticas que relacionam teologia e economia, há um destaque para a teóloga Elsa Tamez, que oferece perspectivas críticas e dialógicas bastante sólidas ao processo teológico latino-americano.

O cruzamento dessas duas perspectivas – a crítica feminista aos processos sociais e eclesiais e a crítica teológica à economia política –, somado às experiências da autora no campo ecumênico, criou as bases do pensamento de Elsa Tamez. Tais bases coincidiam com a efervescência da produção teológica latino-americana, em especial o aprofundamento bíblico da Teologia da Libertação. As vivências pessoais, sempre acompanhadas de uma profunda reflexão teológica, que a autora experimentou durante os anos tensos de guerras civis na Nicarágua, em El Salvador e na Guatemala contribuíram para sua reflexão sobre a vida como tema teológico fundamental. Dentro dessa perspectiva, no final dos anos de 1970, a teóloga publicou seus primeiros livros sobre hermenêutica bíblica contextual, com destaque para *A hora da vida: leituras bíblicas* (1985), *A carta de Tiago numa leitura latino-americana* (1985) e *A Bíblia dos oprimidos: a opressão na Teologia Bíblica* (1980). Nesse último, explicitam-se aspectos cruciais do método teológico latino-americano: "A história narrada pelos diversos relatos bíblicos é uma história de opressão e de luta – como o é a história de nossos povos latino-americanos: na nossa história atual também podemos discernir a continuidade da revelação divina. Por isso, cremos que refletir sobre opressão/libertação não significa abordar um tema bíblico a mais: trata-se da medula de todo o contexto histórico onde se desenrola a revelação divina; e só a partir deste centro podemos compreender os significados de fé, graça, amor, paz, pecado e salvação. Aí está a grande importância desta tarefa" (TAMEZ, 1980, p. 7-8).

Justificação pela fé e projetos de libertação. Associada à perspectiva dos pobres, marca fundante da Teologia da Libertação, a reflexão bíblica de Elsa Tamez foi centrada no contexto das mulheres, à luz de uma realidade mais inclusiva e justa e em sintonia

Vocabulário *teológico*

com o espírito dos textos bíblicos, no qual o amor e a graça de Deus estão acima e em contraposição aos valores culturais patriarcais. A autora analisa, desde uma perspectiva bíblica, a hegemonia do modelo econômico capitalista e as influências dela para a vida cotidiana. Vários de seus livros expressam tal preocupação, de maneira especial: *Cuando los horizontes se cierran: relectura del libro de Eclesiastés o Qohéle't* (1998), *Bajo un cielo sin estrellas: lecturas y meditaciones bíblicas* (2001) e *Contra toda condenação: a justificação pela fé partindo dos excluídos* (1995). Esse último retrata uma perspectiva teológica que oferece bases bíblicas sobre a justificação pela fé que podem – não obstante as distinções de época e cultura – servir de parâmetro hermenêutico para o discernimento da realidade socioeconômica e cultural, incluindo o dado religioso, em geral marcadamente desigual e injusto.

Gratuidade, justiça e senhorio de Deus. A concepção da gratuidade, que inclui aquelas pessoas que estavam em condição de exclusão por motivos de lei religiosa, a visão da justiça de Deus como segurança e empoderamento dos pobres, que os leva a perceber a Boa-Nova da justiça de Deus como contraponto à realidade opressiva vivida, e a noção de senhorio de Deus, que não se trata de relações assimétricas e de escravidão entre o divino e o humano, mas de ver a justificação pela fé como reorganização da vida, de tal forma que as pessoas se sintam libertas e guiadas por Deus para viver justa e dignamente e superem o sentimento de impotência diante do poder dos ídolos, são três elementos importantes do parâmetro bíblico da Teologia da Libertação. Soma-se a isso a crítica ao Império, que se justifica, entre outros fatores, pela lógica da justificação por méritos, que fundamenta sistemas orientados pelo critério de rentabilidade, o qual apregoa a salvação por meio do lucro, da privatização e da submissão à lei, de acordo com os recursos próprios, simbólicos ou materiais, o que gera a exclusão de parcelas consideráveis de pessoas do processo salvífico e de perdão das dívidas.

A justificação pela fé como Boa Notícia para os pobres. A justificação pela fé constitui-se em Boa-Nova para as pessoas pobres, porque elimina o peso que está sobre elas, gerado pelo sentimento de culpa imposto pelas ideologias religiosas e socioeconômicas, segundo as quais elas próprias são responsáveis pelo sofrimento em que vivem. A justificação pela fé também se constitui fonte de Boa-Nova devido ao elemento da solidariedade divina, raiz da justificação, diante do sofrimento humano, expresso, sobretudo, naquele que na fé cristã é o "excluído por excelência", Jesus Cristo. Outro aspecto é que a justificação ocorre pela fé e não pela lei, o que remete as pessoas pobres a outro patamar de vida, não mais como objeto de leis ou sistemas, religiosos ou econômicos, mas como sujeitos históricos que praticam a justiça, não obstante as contradições e ambiguidades que todos os humanos carregam (TAMEZ, 1995).

DUCHROW, Ulrich; HINKELAMMERT, Franz. *Transcending greedy Money*: interreligious solidarity for just relations. New York--EUA: Palgrave Macmillan, 2012. MIGUEZ, Néstor; RIEGER, Joerg; MO SUNG, Jung. *Para além do espírito do Império*: novas perspectivas em política e religião. São Paulo: Paulinas, 2012. REIMER, Ivoni Ritcher (org.). *Economia no mundo bíblico*: enfoques sociais, históricos e teológicos. São Lepoldo: Sindoal/CEBI, 2006. RIBEIRO, Claudio de Oliveira. *Testemunho e libertação*: a Teologia Latino-Americana em questão. São Paulo: Fonte Editorial, 2016. RIEGER, Joerg. *No rising tide*: Theology, economics and the future. Minneapolis-EUA: Fortress Press, 2009. SANTA ANA,

Julio de. *O amor e as paixões*: crítica teológica à economia política. Aparecida: Santuário, 1989. SANTA ANA, Julio de. Economia e teologia. In: SILVA, Antonio Ap. (org.). *América Latina: 500 anos de evangelização* – Reflexões teológico-pastorais. São Paulo: Paulinas, 1990. p. 140-153. SANTA ANA, Julio de. Questões atuais da reflexão pastoral e teológica da Libertação. *Papos*, Rio de Janeiro: CEDI, 3(5), jan. 1991. SANTA ANA, Julio de (ed.). *Sustainability and globalization.* Genebra-Suíça: WCC Publications, 1998. SANTA ANA, Julio de et al. *Beyond Idealism*: a way ahead for ecumenical social ethics. Cambridge-Inglaterra: Wm. B. Eeerdmans Publishig Co, 2006. TAMEZ, Elsa. *A Bíblia dos oprimidos*: a opressão na Teologia Bíblica. São Paulo: Paulinas, 1980. TAMEZ, Elsa. *A carta de Tiago numa leitura latino-americana.* São Bernardo do Campo: Imprensa Metodista, 1985. TAMEZ, Elsa. *A hora da vida*: leituras bíblicas. São Paulo: Loyola, 1985. TAMEZ, Elsa. *Contra toda condenação*: a justificação pela fé partindo dos excluídos. São Paulo: Paulinas, 1995. TAMEZ, Elsa. *Cuando los horizontes se cierran*: relectura del libro de Eclesiastés o Qohélet. San José-Costa Rica: DEI, 1998. TAMEZ, Elsa. *Bajo un cielo sin estrellas*: lecturas y meditaciones bíblicas. San José-Costa Rica: DEI, 2001.

Ecoteologia

Justiça, paz e integridade da criação. Parcela considerável das reflexões teológicas protestantes sobre ecologia é devedora do Programa "Justiça, paz e integridade da criação" (JPIC), do Conselho Mundial de Igrejas (CMI). "A partir dos anos de 1970, com o conceito de comunidades sustentáveis, o qual ajudou a construir, o CMI trouxe as noções inseparáveis de justiça e paz para a relação com o meio ambiente, atribuindo-lhe o conceito teológico da criação" (CUNHA, 2016, p. 119). O CMI "reconhece que os impactos ambientais são históricos na trajetória da humanidade, mas a casa comum vive um momento mais grave do que nunca. Um novo e grande mal que afeta a criação é a cultura global do consumo exacerbado, amplamente vivido e estimulado por países ricos e para países em desenvolvimento" (CUNHA, 2016, p. 123). Isso explica por que a vida vem sendo fortemente afetada. Teólogos e teólogas de diferentes tradições confessionais deram e dão contribuições substanciais para os temas ecológicos. As indicações a seguir, entre variadas possibilidades, priorizam uma dessas tradições, a metodista/wesleyana, somada às reflexões do teólogo reformado alemão Jürgen Moltmann (1926-) e a aspectos da produção teológica protestante latino-americana sobre as temáticas ecológicas. Esta última visão abre possibilidades para uma ecodiaconia, cujas bases teológicas realçam o testemunho profético, os serviços sociais cristãos e inter-religiosos e as ações ecumênicas conjuntas para o enfrentamento das raízes da crise ambiental global, da destruição da biodiversidade e das ameaças à saúde relacionadas às mudanças climáticas em nível local, regional e global.

A ecoteologia wesleyana. Um dos caminhos bastante frutíferos para o despertar de uma ecoespiritualidade firmada no compromisso com a vida, a partir do encontro do humano com a natureza, em geral, e com a história, é o que se pode trilhar a partir do pensamento teológico metodista, elaborado dentro da visão de John Wesley (1703-1791). A Teologia Wesleyana – entendida aqui tanto em relação à totalidade dos escritos de John Wesley como no que tange às indicações de seus melhores intérpretes – corrige, por exemplo, as compreensões restritas sobre a salvação. Wesley, em consonância com os escritos bíblicos e até mesmo com as reflexões teológicas atuais mais consistentes, não se refere à salvação individual, mas sim às dimensões pessoal, social e cósmica da salvação. Ele e o movimento metodista inicial na Inglaterra do século 18 tiveram especial sensibilidade com as questões sociais e econômicas que afligiam o povo, em especial, a pobreza e a escravidão. Essa visão está em sintonia com o profetismo bíblico e as noções de *diakonia* e da justiça do Reino de Deus. Isso faz com que a Teologia Wesleyana possa dialogar com bastante propriedade com diversas correntes teológicas e pastorais, sobretudo com a Teologia Latino-Americana desenvolvida na segunda metade do século 20. Dentro do escopo desse diálogo se formula uma ecologia wesleyana.

A responsabilidade ecológica das igrejas. Os temas básicos da Teologia Wesleyana que fundamentam e motivam uma inserção social dos cristãos – e a responsabilidade ecológica das igrejas está aí inserida – estão relacionados ao "homem novo" (*sic*), à conversão e à santidade social. Eles representam a justificativa bíblico-teológica do grande plano da salvação da humanidade. Os aspectos sociais da santidade cristã devem ser concretizados não apenas ou meramente por simpatia ou concordância filosófico-ideológica, mas, sobretudo, por ser exercício da graça e da misericórdia de Deus. Da mesma forma, como se sabe, a Teologia Wesleyana possui uma perspectiva ampla da salvação, que não se reduz à salvação individual, mas, como já referido, refere-se também às dimensões social e cósmica. Daí a noção de uma ecoteologia metodista. No entanto, diferente da Teologia Latino-Americana, Wesley não observou atentamente o caráter estrutural dos males sociais denunciados, inclusive porque as reflexões teóricas e políticas mais críticas lhes são posteriores. Para a atualização do pensamento teológico-pastoral de Wesley não bastaria, portanto, a noção de santidade social, mas seria necessária a crítica às estruturas sociais e políticas com raízes no liberalismo econômico (JENNINGS, 2007). O tema da responsabilidade ecológica das igrejas, dentro dos marcos que estabelecem a relação entre ecologia e missão, precisa ser aprofundado com base nessa perspectiva.

A importância da criação no método teológico. A Teologia Wesleyana afirma o metodismo como forma de cristianismo vital, que vai além do literalismo bíblico e do racionalismo doutrinário, ao realçar a graça de Deus como fato supremo da experiência religiosa humana e da sustentabilidade da vida. Em plano similar, a concepção metodista é a de um cristianismo equilibrado, que possui a Bíblia como fonte para evitar o fanatismo e outras formas de distorção da fé, a educação como instrumento de desenvolvimento da conversão, a ênfase social para evitar o individualismo e a vocação ecumênica para não permitir o fechamento no denominacionalismo. Nessa perspectiva, a substancialidade da fé cristã advém da leitura e da valorização da Bíblia na vida da comunidade, devidamente lida e articulada com a amplitude da experiência humana, com os elementos da tradição, com os princípios básicos da racionalidade e com a valorização da dimensão global da criação do mundo, conforme atestam as reflexões mais atuais sobre o que se denominou "quadrilátero wesleyano" (experiência, razão, tradição e criação).

Espiritualidade ecológica e escatologia. Os compromissos éticos e políticos decorrentes da ecoteologia estão ancorados na espiritualidade trinitária. Ela, como vocação do Pai destinada a toda a criação, é a presença do Espírito Santo na vida humana, que faz com que as pessoas, comunidades e instituições caminhem, a partir das referências do ministério de Cristo, em direção ao estabelecimento do Reino de Deus. A escatologia wesleyana, seguindo essa perspectiva, possui íntima relação com a doutrina da salvação e com o interesse pela vida humana em sua sustentabilidade e integridade. Nesse sentido, na ecoteologia wesleyana não há lugar para rupturas apocalípticas, mas, sim, para a compreensão de que a existência tem uma dimensão eterna sempre presente e de que o cuidado com a criação é um aspecto crucial da fé.

Ecologia e a renovação da imagem política de Deus. A reflexão teológica sobre ecologia encontra no pensamento wesleyano um frutífero caminho na distinção feita por ele da imagem de Deus na humanidade, nos termos da imagem natural, política e moral. Ao lado disso, a renovação da imagem de Deus na humanidade é tema central na Teologia Wesleyana, especialmente no tocante ao tema da salvação, conforme atestam os seus mais apurados leitores. A obra que de maneira mais substancial tem apresentado tal preocupação é *A nova criação: a Teologia de John Wesley hoje* (2002), de Theodore Runyon (1930-2017). Nessa obra, o pensamento de Wesley é apresentado sistematicamente, em especial, a associação necessária entre criação, salvação e escatologia, além da renovação da criação em seu sentido amplo, a partir da renovação da imagem de Deus na humanidade e no cosmos. A imagem natural é, sobretudo, marcada pela capacidade humana de entendimento (razão), vontade e liberdade. Ela se dá em maior grau na humanidade, mas também se revela nos animais. A vivência autêntica da fé, o exercício da vida comunitária dela decorrente e a reflexão bíblica e teológica, entre outros aspectos, cooperam com a necessária e urgente renovação da imagem de Deus na humanidade. A imagem política está relacionada à capacidade de comunicação entre o Criador e o conjunto da criação. Não se trata de antropocentrismo, mas de destacar o caráter da mordomia cristã, da responsabilidade do ser humano com o cosmos. A relação entre humanidade e meio ambiente, portanto, depende diretamente da renovação da imagem política de Deus na humanidade.

Ecologia e salvação. No tocante à reflexão teológica sobre ecologia, a imagem política de Deus no ser humano, por estar corrompida, necessitaria passar por um processo de renovação. Trata-se de questão eminentemente salvífica, que não pode ficar desfocada pelas novas formas de pietismo e de intimismo religioso. A responsabilidade ecológica da Igreja e todas as questões relativas aos desafios pastorais do tema ecologia e missão requerem uma profunda reconstituição da compreensão teológica sobre a salvação. Relacionadas à temática da salvação estão as reflexões sobre santificação, das quais fazem parte os compromissos ecológicos e as responsabilidades cristãs com o meio ambiente. As interpretações mais competentes do pensamento de Wesley o compreendem a partir da associação necessária entre criação, salvação e escatologia. Nessa perspectiva, a Teologia Metodista é abordada em um quadro novo, estruturado a partir de uma visão global da criação e de sua renovação, tendo a escatologia como eixo dinâmico que perpassa a compreensão de toda a teologia (RUNYON, 2002).

A contribuição ecoteológica de Jürgen Moltmann. A atual crise ecológica tem despertado a atenção de variados setores, e Moltmann, ao lado de renomados teólogos católicos como Hans Küng (1928-2021) e Leonardo Boff (1938-), direciona o foco teológico para essa tensão no mundo. Moltmann, conhecido pela sua Teologia da ➔Esperança, enfatiza em sua teologia a fé no Deus-Criador de todas as coisas e a crença na criação como um espaço para o ser humano vivenciar a comunhão com Deus. Em oposição a isso, encontra-se a concepção que vê Deus como um sujeito absolutista e que, por conseguinte, entende a sua criação como mero *objeto*. Nessa visão, a divindade encontra-se totalmente distante e mesmo fora da possibilidade de uma relação amorosa com a criação. Como consequência, tal entendimento tem levado o

Vocabulário teológico

ser humano, secularizado pelo fato de Deus "estar longe" ou "fora", a se "autodivinizar". Com isso, ele se torna supostamente seu *deus*, o senhor e o dono de seu objeto: o mundo, a criação. Daí resultam diversas formas de exploração do cosmos. Moltmann refuta tal perspectiva, baseado em sua compreensão de Deus a partir da Trindade, na qual, por intermédio do Pai, do Filho e do Espírito Santo, é expressa e testemunhada a comunhão como principal atributo da divindade. Nesse sentido, o teólogo afirma que, "se não mais compreendemos Deus de forma monoteísta como sujeito único e absoluto, mas de forma trinitária como a unidade do Pai, do Filho e do Espírito Santo, então não mais podemos entender a sua relação com o mundo por ele criado como sendo uma relação unilateral de *domínio*, mas temos que entendê-la como uma *relação* variada e multiforme de *comunhão*. Esta é a ideia básica de uma teologia não hierárquica, descentralizada e cooperativista" (MOLTMANN, 1993, p. 18).

O humano como coparticipante do ato divino da criação. A Teologia de Moltmann destaca vários aspectos ecoteológicos, como, por exemplo, a noção do ser humano como coparticipante do ato criador contínuo de Deus, o conceito bíblico de transcendência, a santificação da vida em sua integralidade, a possibilidade da renovação eclesial e da vida como um todo, a presença do Espírito Santo na criação e o prazer e descanso como expressão da vontade de Deus. O autor realça que Deus é o autor da criação e atua continuamente nela. O ser humano, como ser criado, também se transforma e participa dessa evolução. Ele, nesse sentido, não é consequência de uma evolução sem propósitos, mas foi criado à imagem e semelhança de Deus, com a vocação de ser coparticipante de sua obra criadora e com a responsabilidade de zelar pela mesma. Isso significa reafirmar que entre criação e evolução não

Ecoteologia

há contradição. Nessa perspectiva, a criação é ato contínuo de Deus, como vocação para o Reino (Isaías 65,17-25), manifestada na vontade do Pai, firmada na síntese da nova criação reconhecida em Jesus como o ser messiânico (base cristológica), redimensionada no poder do amor, como comunicação e fonte de comunhão (base pneumatológica). A criação, portanto, ainda não está concluída. Deus prossegue seu caminhar com a criação, o que abre possibilidades de novas e plurais realidades.

A dimensão salvífica da criação. As noções do humano como coparticipante da criação, e esta como ato divino contínuo, realçam a fidelidade de Deus a seu mundo e ao ser humano, pois, quando o criou a sua imagem e semelhança, manteve também o compromisso de caminhar junto a ele, ou seja, junto a sua criação. Trata-se da fidelidade de Deus a sua promessa, em Gênesis 8,22: "Enquanto durar a terra, não cessará semeadura e colheita, frio e calor, verão e inverno, dia e noite". Deus faz os seres participantes de sua atividade criadora e atualizadora da vida e os deixa com a liberdade de aceitar ou não essa tarefa. Em seu ato criador, Deus convoca o ser humano a ser coparticipante de sua atividade criativa (Gênesis 1,28-30). Nesse sentido, a criação revela uma dimensão eminentemente salvífica, uma vez que, a partir da relação com Deus, abre-se para o ser humano a oportunidade de ir além de suas limitações e, para o cosmos, abre-se a possibilidade de um sentido transcendente. A doutrina cristã da criação, em sua vocação ecumênica, é, sobretudo, uma concepção de mundo à luz do Reino. Nisso reside a forte perspectiva escatológica da criação. A Teologia da Criação "está orientada para a *libertação* das pessoas, para a *satisfação* da natureza e para a *salvação* da comunhão entre pessoa e natureza das forças do negativo e da morte" (MOLTMANN, 1993, p. 22).

Vocabulário teológico

Criação e transcendência. A criação é consequência do amor transbordante de Deus, que não somente cria como também permanece como que "colado", ao sustentar e ao se relacionar com a obra criada. Desse modo, toda a criação está orientada para uma relação de interdependência, na qual os seres criados (humanidade e natureza) dependem uns dos outros e do seu criador. Não obstante o apelo à participação humana no processo de recriação do mundo, as tarefas educativas, políticas e de reflexão teológico-pastoral em geral devem contribuir para a superação do centralismo do ser humano na criação, para não reforçar justificativas de formas de domínio destrutivas da natureza. A Teologia Cristã indica também o conceito teológico de "transcendência". Este valoriza e se efetua nas dimensões corpóreo-material, histórica e cósmica da vida, mas vai *além* delas, transcendendo-as. Trata-se de uma perspectiva teológica em contraposição à visão sobrenaturalista, que descarta ou desvaloriza as referidas dimensões, e, também, ao meramente natural e histórico, que não aponta para possiblidades de superação dos limites. O Reino de Deus, por exemplo, é transcendente porque não se esgota na dimensão histórica, mas ele já está "dentro" (e não "fora", como nas visões fundamentalistas) da história. O Reino está "no meio de vós", afirma o Evangelho. Deus é transcendente porque se revela na criação, mas não se esgota nem se restringe nela. Ele é maior.

O sentido bíblico da nova criação. O ser humano, como imagem de Deus, também possui uma dimensão transcendente, porque vai além de sua historicidade e de suas limitações corpóreo--temporais. A ressurreição de Cristo, por exemplo, representa a nova criação e a esperança de libertação presente em nossa realidade. "A esperança cristã é uma esperança de ressurreição e demonstra a sua verdade pela contradição entre o presente e o futuro por

Ecoteologia

ela visualizado, futuro de justiça contra o pecado, de vida contra a morte, de glória contra o sofrimento, de paz contra a divisão" (MOLTMANN, 2003, p. 25). A concepção da ressurreição, entendida como nova criação (*big-crunch*, na linguagem científica), faz parte do plano salvífico de Deus para recriar a condição humana. A ressurreição de Cristo é a nova criação da parte de Deus, que se estende a todas as pessoas que se abrirem para crer. Com ela, duas referências humanizadoras são recuperadas: (a) a postura de reverência e de gratidão ao Criador, que é a única adequada em relação a quem nos agraciou com a vida; (b) a postura solidária baseada na justiça, que é a única adequada em relação à criação na qual estamos inseridos. Isso oferece base para afirmar que a perspectiva *cósmica* e ecológica da salvação se encontra ao lado e integrada às dimensões salvíficas *pessoal* (e não individual) *e coletiva*. As dimensões pessoal, coletiva e cósmica da salvação sintetizam o sentido bíblico da *nova criação*.

O Espírito e a nova criação. As reflexões teológicas sobre a criação, em geral, e sobre o ser humano, em particular, devidamente articuladas com a escatologia, direcionam o olhar humano para a vida, tanto em sua positividade como nas limitações e dores. A missão do Espírito Santo é trazer vida plena a toda a criação, mobilizando tudo aquilo que está vivo, lembrando que desde a fundação do mundo o Espírito "se movia sobre a face das águas" (Gênesis 1,2) e pela força de sua virtude trouxe forma e vida para a terra. A função do Espírito é recriar a criação corrompida. O plano divino de redenção é proporcionar a alegria de viver na liberdade do amor de Deus e, sobretudo, receber vida que supere os poderes que geram o sofrimento humano, as enfermidades, a morte e a aflição humana e de toda a criação. A graça é um aspecto primordial para que se possa compreender o propósito divino de redenção. A missão de Deus "constitui o convite ao futuro de Deus e à esperança pela nova criação de todas as coisas (Apocalipse 21,5)" (MOLTMANN, 2002, p. 29). A vinda do Espírito, ou seu derramamento sobre toda carne, é a antecipação escatológica da nova criação.

A santificação da vida. As reflexões históricas e teológicas de Moltmann suscitam a compreensão de que, não obstante as barreiras e as reações humanas e institucionais contrárias, o Espírito *age* na vida nos aspectos pessoal, coletivo e cósmico; *testifica* a obra de Jesus, tendo o Reino como referência; *recria* a vida humana – pessoal, coletiva e institucional –, possibilitando novidade e diversidade em conformidade com o testemunho bíblico; *renova* as estruturas do pensar e do agir humanos, tanto individuais como institucionais; e *promove* a vida em sentido amplo, sendo o responsável pela motivação da consciência humana, do desenvolvimento do bem-estar e da justiça social, conforme atesta a experiência bíblica. O Espírito Santo não é somente o lado subjetivo da autorrevelação de Deus, nem a fé é apenas o elo da Palavra de Deus no coração humano. Mais do que isso, ele é a força da ressurreição dos mortos e da nova criação de todas as coisas. O Espírito Santo santifica a vida e renova a face da terra (MOLTMANN, 1998). A visão trinitária é o melhor caminho para que se possa compreender a presença de Deus na criação. O testemunho de comunhão nos leva a entender e a amar o Deus Uno e Trino, que está aberto ao relacionamento com todo o cosmos, descaracterizando o pensamento de sujeição absoluta que coloca a criação como objeto de exploração e de hierarquização.

A dimensão cósmica da ação do Espírito. Moltmann expõe a ideia da ação direta do Espírito no ato da criação, pois é nele que tudo é planejado e consumado. A compreensão que se tem é de que o mundo foi formado trinitariamente, ou seja, o Pai cria

Ecoteologia

por meio do Filho no Espírito: "Tudo o que é, existe e vive graças ao constante fluxo de energias e possibilidades do Espírito cósmico. Por isso, toda a realidade criada tem de ser compreendida de forma energética e entendida como possibilidade realizada do Espírito divino. Através das energias e possibilidades do Espírito, o próprio criador está presente na sua criação. Ele não está somente contraposto a ela de uma forma transcendente, mas entra nela e nela está de forma imanente" (MOLTMANN, 1993, p. 27). O Espírito mantém a criação levando-a a uma plenitude cheia das virtudes de Deus. Pelas energias de sua *ruah*, presente "em tudo e em todos", o Espírito age e conduz a presença divina no mundo. Portanto, mediante esse ato contínuo, percebe-se a importância que o Criador de todas as coisas transmite para sua criação. Uma relação de profunda comunhão e amor na qual, pelo poder do Espírito, tudo se renova e se santifica.

O sábado como festa da criação. Outro aspecto da ecoteologia moltmanniana é a compreensão do prazer e do descanso como expressão da vontade de Deus. A visão bíblica enfatiza o *sábado* como "festa da criação", uma vez que este plenifica, santifica e revela o mundo como criação de Deus (MOLTMANN, 1993). O *ano sabático* possibilita o restabelecimento das relações humanas fundamentais (com o outro, com a natureza, consigo mesmo e com Deus) e antecipa a esperança escatológica e messiânica simbolizada na ressurreição. O *Shabat*, como momento final da criação, aponta para o fato de toda a criação ter sido feita para a festa e para o descanso. O *ano sabático* também sinaliza para as práticas cristãs o desejo de igualdade, de alegria e de fruição da criação (BASTOS; MOLTMANN, 2011). Assim se ressaltam o ideal de harmonia e a busca da superação das diferenças socioeconômicas e outras nos diferentes níveis da vida. Na prática, a ênfase no serviço e nos esforços humanos não deve inibir a perspectiva do descanso e do prazer inspirada nos relatos bíblicos da criação. O prazer pela vida deve ser incentivado, e, também, o descanso (compreendido como "cessar de fazer"), uma vez que ele contribui para o resgate do sentido da existência, abrindo, assim, possibilidades de realidades novas e plurais (MOLTMANN, 2007).

Ecoteologia latino-americana. Nas últimas décadas, há no campo protestante latino-americano uma emergente e crescente reflexão ecoteológica. Ela tem sido forjada no diálogo ecumênico, sobretudo, com os católicos Leonardo Boff (1938-) e Ivone Gebara (1944-). O quadro das reflexões ecoteológicas tem sido pensado dentro dos parâmetros das crescentes análises sobre a condição humana, em especial no tocante ao dilema de ela poder alcançar a profundeza da vida ou de estar sendo reduzida a formas de alienação, de escape e de comercialização. A perda de sentido da existência e os riscos planetários hoje têm consequências visíveis. Em linhas gerais, é possível indicar alguns fatores: (a) um esvaziamento da profundidade do ser, especialmente fruto do consumismo, da religiosidade fácil e massificada e da descartabilidade das massas populares em relação aos processos sociais e econômicos; (b) o predomínio da dominação e do preconceito contra os pobres, o racismo na sociedade e nas igrejas, as relações injustas entre homem e mulher, a violência e a discriminação contra os grupos LGBTI+, a precariedade de vida de populações migrantes, a xenofobia etc.; (c) a manipulação despersonalizadora do ser humano e o fortalecimento dos processos de massificação; (d) o triunfo do cálculo frio dos dados sobre a graciosa consideração da pessoa; (e) e o barateamento do Evangelho, uma vez que a esfera religiosa, antes orientadora da atividade humana, tem sido privatizada e relegada ao campo individual ou canalizada para expressões públicas violentas, sectárias e fundamentalistas. Além disso, na diversidade de explicações sobre o ser humano a partir de simplificadas formulações filosóficas gregas, ele é exposto a uma divisão que não corresponde aos propósitos do Criador em relação a sua criação. O ser humano é completo, holístico e não pode ser dividido em partes; terá que ser compreendido em suas mais diversas manifestações, que traduzem uma individualidade que, por sua vez, deve refletir a comunhão transcendente do Criador com sua criação. De forma similar, Deus não pode ser visto como aquele que abandona sua criação e que oferece espetáculos teofânicos na história. Ele precisa ser compreendido como participante do eterno recriar (RIBEIRO, 2012). Tal perspectiva desafia as diferentes práticas eclesiais e políticas e o interesse pela ecoteologia no contexto latino-americano.

A tarefa ecoteológica no mundo dos pobres. O ser humano, ainda que visto como coparticipante, é parte da criação e participa em Deus que a tudo envolve. A criação, em certo sentido, completa a existência divina, o que torna o ser humano participante com Deus de todo o seu ser. Não obstante o apelo pela participação humana no processo de recriação do mundo, as tarefas educativas, políticas e de reflexão teológico-pastoral em geral devem contribuir para a superação do centralismo do ser humano na criação, a fim de não reforçar justificativas de formas de domínio destrutivas da natureza. "A compreensão da criação como uma totalidade e o conceito da solidariedade entre ser humano e criação levam, por princípio, a uma postura crítica diante da dominação a que o humano sujeita a natureza criada" (SCHNEIDER, 1999, p. 186). Contraditoriamente, o ser humano, mediado por estruturas econômicas e políticas geradoras de injustiças, tem-se colocado em postura agressiva e destrutiva. A multiplicidade do humano se intensifica com a diversidade das culturas, com as diferentes formas de compreensão do biológico e suas múltiplas relações com dimensões da subjetividade, dos sentimentos e dos sentidos e, sobretudo, com a relação com as dimensões cósmicas. Embora de forma não hegemônica, há na comunidade teológica latino-americana um esforço teórico em desconstruir imagens e sistemas para propor algo inovador e diferente, a saber, uma nova epistemologia a partir das experiências de comunidades pobres (KERBER, 2006).

A dimensão da relacionalidade. A produção teológica ecofeminista tem tido destaque no contexto latino-americano. Ela, por exemplo, entre os seus muitos desafios, visa questionar as universalidades teológicas, em geral falsas ou ideológicas, e também estabelecer bases teóricas que facilitem conexões práticas entre os seres humanos e o cosmos. A perspectiva ecofeminista realça a dimensão coletiva presente da realidade de vida de cada pessoa, que não consiste em sua mera autonomia, mas, fundamentalmente, em sua relacionalidade (ROESE, 2008). Esta não é apenas antropológica, mas também cósmica, uma vez que é baseada no fato de que todos somos parte do mesmo mistério da vida. A expressão "relacionalidade" se refere às forças vitais que determinam a mútua conexão humana e a dos humanos com a terra. Ela é uma condição fundamentalmente humana e cósmica, age como uma força que nos une à terra, como uma realidade que nos impulsiona para ações éticas e experiências religiosas autênticas. A relacionalidade está em um nível mais profundo do que a consciência humana. A relacionalidade e a interdependência entre as pessoas e entre elas e a terra devem ser reconhecidas como variáveis importantes no surgimento de ações éticas. Por intermédio das formas de aprendizado experiencial em torno da interdependência humana e cósmica, é possível redescobrir a relacionalidade de toda a vida, o que fortalece as atitudes éticas de respeito com as outras pessoas, grupos e o grande corpo do cosmos. Esse conjunto de experiências pode representar um impulso para mudanças sociais qualitativas, começando com a formação de novas formas de vida comunitária, marcadas por felicidade e justiça ecossocial. "A nova autocompreensão do ser humano tem de emergir desta inter-relacionalidade e interdependência de natureza, pessoa, outras pessoas e Deus, através dessa profunda contemplação do transcendente na natureza" (PEREIRA, 2011, p. 219).

Uma espiritualidade ecológica. Para se reverter o cenário da destruição ambiental, é necessária a elucidação de uma perspectiva salvífica mais substancialmente bíblica, que realce a dimensão ampla e integral que a salvação possui. Obviamente, vários esforços teológicos precisam ser feitos e devidamente articulados com aspectos práticos, que possibilitem essa nova visão. Essa perspectiva está baseada na visão, imprescindível para o futuro da humanidade, de uma espiritualidade que seja valorizadora da vida. Tal perspectiva revela abertura à sensibilidade com os outros e à cooperação e respeito à vida humana e à natureza. Com isso, pode-se perceber o mundo natural, material e humano como fontes vivas de energia e caminhar em direção à resposta ao chamado à comunhão entre eles. A contribuição da fé cristã à ecoespiritualidade, como visto, é fundamental para as dimensões de integração pessoal, comunitária e ecológica, assim como é vital para a sobrevivência da biosfera (RIBEIRO, 2020). Trata-se de uma espiritualidade ecológica, que tem como consequência "o reencantamento da natureza. A racionalidade moderna tentou excluir a fantasia, o desejo, a inventabilidade da experiência religiosa. [...] Esta celebra a integração entre o ser humano e a natureza, a comunhão entre os gêneros e uma pericorese entre Deus e a humanidade" (COSTA JUNIOR, 2011, p. 65).

Ecoteologia como pensamento crítico. A ecoteologia latino-americana vislumbra uma espiritualidade que realce o valor da vida e seja sensível ao cuidado com a natureza, percebendo nela o lugar de salvação, da mesma forma como se olha para o humano. Trata-se de uma espiritualidade que, por ser ecológica, defende os pobres e aprende com eles e que se coloca aberta aos mistérios do universo e do mundo, relacionando-os com os desafios sociais e políticos que a vida nos apresenta. Trata-se de uma espiritualidade plural, ou, mais precisamente, espiritualidades plurais, fomentadas por uma perspectiva antropológica relacional e pluralista. Se do ponto de vista da ética e da ecologia é necessário não se deixar escravizar pelas formas de consumismo e propaganda, do ponto de vista religioso algo semelhante precisaria ser buscado. Um novo modelo de sociedade exigiria uma nova compreensão do ser humano e de suas necessidades e uma nova expressão de Deus (SOUSA, 2012). A submissão ao padrão patriarcal e excludente da sociedade, o apego aos mitos criacionistas e à vontade autoritária dos deuses e deusas das muitas religiões, criados, muitas vezes, à própria imagem humana, geram posturas acríticas, acomodadas e inertes ante as formas ideológicas do religioso, formas seculares de consumo e políticas exclusivistas e de destruição da natureza. A pluralidade das experiências humanas e a alteridade presente nas relações interpessoais e do humano com a natureza possibilitam uma fé livre e autêntica, não obstante as ambiguidades humanas.

Ecologia e libertação. Essa espiritualidade se expressa em aspectos práticos e concretos da vida social e política, como os processos de defesa da vida, da justiça social e econômica, dos direitos humanos e da terra, da cidadania e da dignidade dos pobres, e do combate ao domínio da lógica do egoísmo tanto em esferas macro e sistêmicas quanto no cotidiano e na vida pessoal. Tal perspectiva espiritual gera espaço de consciência social, alteridade, coexistencialidade, cordialidade, humanização e integração cósmica. Ela é o empoderamento da vida, não somente humana, mas em todas as suas mais diversas formas de manifestação, e se revela imprescindível para o futuro da humanidade e da Terra, sobretudo em face da comercialização, financeirização e exploração inconsequente da natureza. Trata-se de uma abertura à sensibilidade com os outros e à cooperação e respeito à vida humana e à natureza, bem como de perceber o mundo natural, material e humano como fontes vivas de energia e de responder ao chamado à comunhão entre eles, em espiritualidade comunitária e ecológica, vital para a sobrevivência da biosfera (RIBEIRO, 2020).

BASTOS, Levy; MOLTMANN, Jürgen. *O futuro da criação*. Rio de Janeiro: Instituto Mysterium/Mauad X, 2011. COSTA JUNIOR, Josias. *O Espírito criador*: teologia e ecologia. São Paulo: Fonte Editorial, 2011. CUNHA, Magali. *Laudato Si'*: o eco papal de uma busca ecumênica. In: MURAD, Afonso; TAVARES, Sinivaldo (org.). *Cuidar da casa comum*: chaves de leituras teológicas e pastorais da *Laudato Si'*. São Paulo: Paulinas, 2016. p. 115-128. JENNINGS, Theodore. *Wesley e o mundo atual*. São Bernardo do Campo: Editeo, 2007. KERBER, Guillermo. *O ecológico e a Teologia Latino-Americana*: articulação e desafios. Porto Alegre: Sulina, 2006. MOLTMANN, Jürgen. *Deus na criação*: a doutrina ecológica da criação. Petrópolis: Vozes, 1993. MOLTMANN, Jürgen. *O Espírito da vida*: uma pneumatologia integral. Petrópolis: Vozes, 1998. MOLTMANN, Jürgen. *A fonte da vida*: o Espírito Santo e a Teologia da Vida. São Paulo: Loyola, 2002. MOLTMANN, Jürgen. *Teologia da Esperança*: estudos sobre os fundamentos e as consequências de uma escatologia cristã.

São Paulo: Ed. Teológica, 2003. MOLTMANN, Jürgen. *Ciência e sabedoria*: um diálogo entre ciência natural e teologia. São Paulo: Loyola, 2007. PEREIRA, Marlene. "Cada parte dessa terra é sagrada para o meu povo". In: SUSIN, Luiz Carlos; MARÇAL DOS SANTOS, Joe (org.). *Nosso Planeta, nossa vida*: ecologia e teologia. São Paulo: Paulinas, 2011. p. 215-222. RIBEIRO, Claudio de Oliveira. Por uma Teologia da Criação que supere os fundamentalismos. In: GARCIA RUBIO, Afonso; AMADO, Joel Portela (org.). *Fé cristã e pensamento evolucionista*. São Paulo: Paulinas, 2012. p. 133-154. RIBEIRO, Claudio de Oliveira. *O princípio pluralista*. São Paulo: Loyola, 2020. ROESE, Anete. Ecofeminismo e sustentabilidade. In: SOTER (org.). *Sustentabilidade da vida e espiritualidade*. São Paulo: Paulinas, 2008. p. 135-172. RUNYON, Theodore. *A nova criação*: a Teologia de John Wesley hoje. São Bernardo do Campo: Editeo, 2002. SCHNEIDER, Nélio. Solidariedade no sofrimento e na esperança em busca da relação justa entre o humano e o criado *coram Deo*. In: SUSIN, Luiz Carlos (ed.). *Mysterium creationis*: um olhar interdisciplinar sobre o universo, p. 177-188. São Paulo: Paulinas, 1999. SOUZA, Daniel. Danças cotidianas: movimentos teopoéticos sobre a questão socioambiental. In: SOUZA, Daniel (org.). *Juventude e justiça socioambiental*: perspectivas ecumênicas. São Leopoldo: CEBI/CLAI/REJU, 2012.

Esperança, Teologia da

Ênfases de uma Teologia Pública. A expressão "Teologia da Esperança" está identificada com a produção do teólogo alemão Jürgen Moltmann (1926-), que tem sido um dos mais destacados pensadores no campo teológico da atualidade. A produção dele,

Esperança, Teologia da

desde a década de 1960, fortemente marcada pelo diálogo com o "princípio esperança" de Ernst Bloch (1880-1959), tem sido aceita e refletida em diferentes continentes e contextos eclesiais e acadêmicos. Ela se destaca pela forma com a qual a teologia se envolve com questões relacionadas ao contexto vigente, principalmente nas questões ligadas ao ecumenismo, à área política e social, aos direitos humanos e à ecologia, entendidas como objetos de uma Teologia Pública. As lógicas de dominação que ganharam força no período moderno, não obstante todos os avanços nos processos de humanização, de consciência social e política críticas e de despertamento para as questões ecológicas que afetam a vida, geraram culturas autoritárias, pouco dialógicas e legitimadoras das formas de exclusão social. Tais lógicas, como se sabe, afetaram e foram afetadas pelas experiências religiosas. Entre diversos pensadores que buscam reflexões de caráter mais global e público, que busquem responder tais questões, Moltmann é um dos nomes que mais se destaca.

Entre a cruz e a ressurreição. Em linhas gerais, a Teologia da Esperança realça a preocupação ecumênica em torno da sustentabilidade e garantia salvífica da vida, uma pneumatologia integral que articula a vida e a fé, o humano e o divino e uma visão escatológica compromissada com os destinos de Deus para a história. Moltmann apresenta uma escatologia que realça a mensagem cristã como resposta às possibilidades históricas. A Teologia da Esperança forjada nos anos de 1960 se viu compelida a uma complementariedade teológica com a "Teologia da Cruz". Na obra *O Deus Crucificado*, de 1972, Moltmann afirma que "[...] a Teologia da Cruz não é nada mais do que o outro lado da Teologia Cristã da Esperança, se esta chega ao seu cerne na ressurreição do Crucificado de maneira diferente. Conforme está escrito lá, a própria

'Teologia da Esperança' já havia sido idealizada como *eschatologia crucis*. [...] Uma vez que a 'Teologia da Esperança' começou com a *ressurreição* do crucificado, agora voltamos nossos olhos para a *cruz do Ressuscitado*" (MOLTMANN, 2011a, p. 21). Nesse sentido, não haveria uma compreensão da Teologia Cristã sem o evento da cruz. A morte de Jesus na cruz é o centro de toda a Teologia Cristã.

A morte de Jesus como fruto do seu agir. "O evento da cruz não é o único tema da teologia, porém ele se constitui algo como a porta de entrada dos problemas e respostas da teologia na terra. Todas as manifestações cristãs sobre Deus, a criação, pecado e morte estão sinalizando o Crucificado. Todas as afirmações cristãs sobre a história, Igreja, fé e santificação, o futuro e a esperança vêm do Crucificado" (MOLTMANN, 2011a, p. 283). A morte e o sofrimento de Cristo não são acontecimentos aleatórios e involuntários. A morte de Jesus "é incompreensível sem a vida apaixonada de Jesus. E essa vida é absurda sem aquele para quem ele viveu, seu Deus e seu Pai, e sem aquilo para o que ele viveu, o Evangelho do Reino para os pobres" (ALMEIDA, 2006, p. 62). Esse posicionamento enriquece o ser histórico e concreto de Jesus, já que sua morte é consequência de todo o seu agir. "Nenhuma interpretação de sua morte [de Jesus] pode prescindir de sua pessoa e atividade" (MOLTMANN, 2011a, p. 178). Porém, os sofrimentos de Jesus se dão em solidariedade com os sofredores do mundo e com toda a criação.

Ecologia e esperança. A Teologia da Esperança trata dos mais diversos temas da atualidade, baseada em diferentes questões e contextos sociopolíticos, e contribui com referenciais teóricos para a fundamentação de mensagens teológicas que visem ser uma resposta escatológica para as crises presenciadas no cotidiano da sociedade. A experiência do ser humano, em comunhão com toda a criação, a partir de uma perspectiva escatológica, leva em conta os âmbitos sociais, políticos e econômicos e deve ser o reflexo do Reino (vontade) de Deus e da visibilidade dele nas estruturas sociais, visando à superação salvífica da corrupção do mundo pelo pecado e pela alienação. Uma questão que se revela crucial para a Teologia da Esperança são os temas ecológicos. Tal preocupação, fundamental para o diálogo ecumênico, perpassa também textos sistemáticos de Moltmann, tais como *Deus na criação: doutrina ecológica da criação* (1993), *Ciência e sabedoria: um diálogo entre ciência natural e teologia* (2007) e *O espírito da vida: uma pneumatologia integral* (1998). Essa visão impulsiona a reflexão sobre a paz mundial e o diálogo entre as religiões. Em *Experiências de reflexão teológica: caminhos e formas da Teologia Cristã* (2004), Moltmann articula, assim como em quase todo seu trabalho intelectual, as perspectivas do seu método teológico com a sua trajetória de vida, especialmente os temas e caminhos teológicos marcados pelas experiências de diálogo e de aproximação ecumênica.

Uma pneumatologia integral. A Teologia da Esperança possui fortes bases trinitárias. Moltmann aprofunda a visão trinitária em várias obras, como, por exemplo, *Trindade e Reino de Deus: uma contribuição para a teologia* (1980), *O espírito da vida: uma pneumatologia integral* (1998), *A fonte da vida: o Espírito Santo e a Teologia da Vida* (2002) e *Deus na criação: a doutrina ecológica da criação* (1985). Nas palavras do autor: "Com o título *Deus na criação* pensei em Deus como Espírito Santo. Ele é o 'amante da vida' e seu Espírito está *em* todas as criaturas" (MOLTMANN, 1993, p. 20). Nessa perspectiva se destaca a noção de santificação da vida. Moltmann utiliza a metáfora do nascimento de uma criança para mostrar a ação do Espírito na vida humana e no conjunto da criação. Todo ser que nasce tem a vontade de se desenvolver.

Quando a vida de uma criança tem início, seu objetivo é aguçar os sentidos, experimentar o novo, a luz, o ar e crescer gradativamente até chegar ao seu alvo. Assim, a vida que "nasce do Espírito" quer se desenvolver e ganhar formato. "A vida que nós dizemos que 'renasceu' do eterno Espírito de Deus quer crescer e ganhar forma. Nossos sentidos também renascem. Os olhos iluminados da razão despertam para o conhecimento de Deus, para perceber a claridade de Deus sobre a face de Cristo. A vontade libertada avalia nas diretrizes da vida suas novas forças. O coração palpitante experimenta o amor de Deus e se aquece para o amor à vida, tornando-se vivo a partir de sua origem" (MOLTMANN, 1993, p. 156). À medida que a pessoa cresce biologicamente, assim, também, cresce na fé. A vida cristã, segundo Moltmann, é norteada pelas experiências da vida e pelas etapas da fé que vão se desenvolvendo. Nesse aspecto, o alvo é o acabamento. Ou seja, o ser humano, um ser inacabado, está à procura da "perfeição". No entanto, essa meta não terá um alcance histórico. "O que aqui é experimentado como amor de Deus é apenas o início daquilo que se há de experimentar como glória de Deus. A santificação é o começo da glória, a glória o começo da santificação" (MOLTMANN, 1993, p. 158).

Santificação, autorrealização e felicidade. A Teologia da Esperança relativiza as perspectivas mais "horizontalizantes" de santificação. "A palavra santificação designa primeiramente uma ação do próprio Deus santo. Deus escolhe algo para si e o transforma em sua propriedade, ou seja, permite que participe de sua natureza, de maneira que lhe corresponda. Dessa maneira ele o santifica e, na relação com o próprio Deus, torna-se ele santo" (MOLTMANN, 2002, p. 53). No entanto, tal perspectiva não desvaloriza a história. A santificação está plenamente ligada à vida. Ela é gradual e vai se desenvolvendo à medida que as pessoas correspondem ao chamado de Deus para a santificação. O Espírito Santo é elo e *concordância* entre o ser humano e Deus: "A concordância com Deus chama-se santificação. A concordância consigo próprio como imagem e filho de Deus chama-se felicidade. Nesse sentido, a santificação leva à verdadeira autorrealização. Quem está em consonância com Deus e consigo mesmo é santo e feliz" (MOLTMANN, 2002, p. 55-56). A concordância com Deus e consigo próprio – e poderíamos acrescentar com o destino de toda a criação – leva à discordância das realidades nas quais a vontade de Deus e a do ser humano se contrapõem.

Santificação e amor. A noção de santificação gera a crítica a todas as formas de dominação e de destruição da vida. Ela, ao contrário, se resume em apenas uma palavra: amor. O amor é o que completa os seres humanos. Eles recebem esse amor que é derramado pelo Espírito. "E a esperança não decepciona, porque o amor de Deus foi derramado em nossos corações pelo Espírito Santo que nos foi dado" (Romanos 5,5). Dessa forma, as pessoas, em função do processo de reciprocidade, se tornam aptas a amar. "Se santo é aquilo que Deus criou e ama, então a própria vida já é santa, e santificá-la significa vivê-la com amor e alegria. Não a santificamos apenas por aquilo que fazemos de nossa vida, mas já o fazemos através de nossa existência. 'Estou alegre porque existes, porque tu és', diz o amor. Ele olha para a pessoa e não para as obras. Portanto, a santificação da vida significa não sua manipulação religiosa ou moral, mas sim o tornar-se livre e justificado, amado e afirmado, sempre mais vivo" (MOLTMANN, 1999, p. 170). A criação de Deus, portanto, se torna santa porque o próprio Deus ama a sua criação. Com isso, a criação santifica-se ao amar e ao valorizar a si; ou seja, amar o que Deus ama é valorizar o que Deus quer santificar. Amar e viver a vida com dignidade é o resultado de uma vida santa e conduzida pelo Espírito Santo.

O poder de renovação eclesial e da vida como um todo. A Teologia da Esperança enfatiza que, na comunidade primitiva, o Espírito e a Igreja se entrelaçaram. Trata-se do *pneuma* que está presente no testemunho vivo da comunidade: "Onde está presente o Espírito Santo, ali há vida, como relatam os Atos dos Apóstolos e as cartas apostólicas, pois existe alegria pela vitória da vida sobre a morte, são experimentadas as forças da vida eterna" (MOLTMANN, 2002, p. 27). O poder renovador do Espírito transformou o cotidiano das pessoas e grupos: Pedro refaz suas reações diante das situações adversas (cf. Atos 1,13), os discípulos falam com intrepidez e coragem (cf. Atos 2,14-36), o perdão é vivenciado (cf. Atos 2,37), a vivência da fé é voltada para fora da comunidade (cf. Atos 2,38-46), a convivência gera simpatia e alegria e a comunidade se multiplica (cf. Atos 2,47). O Espírito Santo "é o próprio Deus em pessoa. Ele entra em comunhão com os fiéis e os acolhe em sua comunhão. Ele é capaz de comunhão e desejoso de comunhão" (MOLTMANN, 2002, p. 95). "A Igreja de Cristo é uma comunhão de pessoas livres e iguais (cf. Gálatas 3,28s), que vivem uns pelos outros e uns para os outros, e que conjuntamente servem ao Reino de Deus no mundo com a pluralidade carismática de seus dons e suas profissões, na unidade do Espírito Santo" (MOLTMANN, 2002, p. 102). Participando de uma comunidade que, guiada pelo Espírito, caminha ao futuro de Deus, com autenticidade pública e vivência ativa e positiva na sociedade, será impossível deixarmos de ser sensíveis aos dramas do mundo. Por isso se afirma que o "Pentecostes é alvo da história de Cristo, e não simplesmente um apêndice" (MOLTMANN, 2002, p. 100).

O entrelaçamento das histórias de Cristo e do Espírito. O Espírito que trabalha na origem da Igreja e no chamado ao serviço é o mesmo que leva as pessoas à unidade. Tal expressão de comunhão se baseia no amor que vai além das diferenças religiosas, doutrinárias ou ideológicas. Toda renovação no Espírito vai em direção à unidade. O Espírito Santo, como força vital de Deus, promove, em seu "derramamento sobre toda carne" – e isso quer dizer sobre tudo o que é vivo –, uma divinização de todas as coisas. Onde o Espírito está presente é perceptível a presença da vida, ou seja, a presença de Deus com sua eternidade. Essa designação para o Espírito divino é caracterizada pela palavra hebraica *ruah*. O sentido dela exprime todo o significado bíblico para o Espírito Santo: "Sempre se está pensando em alguma coisa viva, que se opõe ao que é morto, em algo que está em movimento e que se opõe ao que é rígido. Aplicado a Deus, o vento impetuoso passa a ser uma parábola para descrever os efeitos irresistíveis da força criadora, da ira exterminadora e da graça vivificante de Deus (cf. Ezequiel 13,13s; 36,26s)" (MOLTMANN, 1999, p. 49-50). No Novo Testamento, o alvo da entrega e ressurreição de Cristo é o envio e a descida do Espírito Santo. Dentro da tradição da Igreja cristã, especificamente em seu calendário litúrgico – Natal, Sexta-Feira da Paixão, Páscoa, Ascensão, Pentecostes –, o alvo a que se direciona é a grande festa de Pentecostes. Para Moltmann, a história de Cristo está "imbricada", "entrelaçada", com a história do Espírito, ou seja, totalmente interligada, e, sobretudo, compromissada com ela: "*A história de Cristo com o Espírito* começa com seu batismo e termina em sua ressurreição. Então a história se inverte: Cristo envia o Espírito sobre sua Igreja e está presente no Espírito. *Esta é a história do Espírito com Cristo.* O Espírito de Deus torna-se o Espírito de Cristo. O Cristo enviado no Espírito torna-se o Cristo que envia o Espírito" (MOLTMANN, 2002, p. 23-24).

A missão como movimento de restauração da vida. O plano redentor de Deus é consumado no envio do Espírito. Nesse propósito, o Espírito Santo é enviado com uma missão: trazer vida a tudo aquilo que está inerte, acabado e sem vida. Para a Teologia da Esperança, a missão de Deus é caracterizada pelo envio do Espírito em harmonia com seus seguidores no propósito de salvar o mundo do poder da morte e de sua destruição: *"Missio Dei* nada mais é que o envio do Espírito Santo do Pai por intermédio do Filho a este mundo, para que este mundo não se arruíne, mas viva. O que é trazido por Deus ao mundo por intermédio de Cristo, isto é, dito na simplicidade do Evangelho de João, é *vida*: 'Vivo, e vós também vivereis' (João 14,19). Pois o Espírito Santo é a 'fonte da vida', trazendo vida para dentro do mundo: vida total, vida plena, irrestrita, indestrutível, *vida eterna"* (MOLTMANN, 2002, p. 27). A missão do Espírito Santo, portanto, é trazer vida plena a toda a criação, mobilizando tudo aquilo que está vivo, lembrando que desde a fundação do mundo o Espírito "se movia sobre a face das águas" (Gênesis 1,2) e pela força de sua virtude trouxe forma e vida para a terra. A função do Espírito é recriar a criação corrompida.

O Espírito e a nova criação. O plano divino de redenção é proporcionar a alegria de viver na liberdade do amor de Deus, sobretudo receber vida que supere os poderes que geram o sofrimento humano, as enfermidades, a morte e a aflição humana e de toda a criação: "Nesse sentido divino, missão, portanto, nada mais é que *movimento de vida e movimento de restauração*, que espalham consolo e coragem de viver, soerguendo o que está prestes a morrer. Jesus não trouxe ao mundo uma nova religião, mas nova vida. O que resulta daí para o entendimento da missão cristã?" (MOLTMANN, 2002, p. 27-28). A responsabilidade da Igreja na missão de Deus é se sentir chamada a ser cooperadora no plano divino da redenção do cosmos. Como a missão do Espírito é trazer vida ao mundo, a da Igreja, portanto, é assumir o mesmo desafio

Esperança, Teologia da

e trabalhar para tornar manifesto o Reino de Deus. O propósito eclesial, para Moltmann, não é expandir uma "civilização cristã" sobre a face da terra, mas promover, na realidade desordenada e caótica do mundo, um espaço onde a graça de Deus se manifeste trazendo vida e restauração. A missão de Deus não tem o caráter de "forçar" qualquer pessoa ou grupo a entrar ou fazer parte do Reino de Deus. Ao contrário, a graça é um aspecto primordial para que se possa compreender o propósito divino de redenção. A missão de Deus "constitui o convite ao futuro de Deus e à esperança pela nova criação de todas as coisas (Apocalipse 21,5)" (MOLTMANN, 2002, p. 29). A vinda do Espírito, ou o seu derramamento sobre toda carne, é a antecipação escatológica da nova criação.

Escatologia e compromisso. A expressão "escatologia", como se sabe, está relacionada a dois vocábulos gregos: *éscathos* (último, fim) e *logia* (discurso, tratado "conhecimento"). Na visão bíblica, a pregação escatológica deve ser associada à mensagem da Boa--Nova. Ela deve gerar esperança para a vida das pessoas e grupos. Não se trata de algo que vá impor medo ou fazer com que as pessoas "escapem" da realidade da vida. O Apocalipse (revelação) é base da esperança e não do medo. A esperança "é chamada e capacitada para a transformação criadora da realidade, pois possui uma perspectiva que se refere a toda a realidade. Tudo considera-do, a esperança da fé se pode tornar uma *fonte inesgotável* para a imaginação criadora e inventora do amor. Ela provoca e produz perenemente ideais antecipatórios de amor em favor do homem e da terra, modelando ao mesmo tempo as novas possibilidades emergentes à luz do futuro prometido, e procurando, na medida do possível, o melhor mundo possível, porque o que está prometido é possibilidade total" (MOLTMANN, 2003, p. 43). "O cristianismo é total e visceralmente escatologia, e não só a modo de apêndice;

Vocabulário teológico

ele é perspectiva e tendência para a frente, e, por isso mesmo, renovação e transformação do presente" (MOLTMANN, 2003, p. 22).

O Reino em sua dimensão ecológica, cósmica e norteadora da vida. Com a visão moltmanniana, é possível afirmar que, dependendo da visão escatológica, o conceito de missão, por exemplo, se altera profundamente. Uma pregação que aponte simplesmente para o fim iminente do mundo não tende a gerar mais comprometimento com a integralidade da missão, com a responsabilidade social da Igreja e com uma atuação mais eficaz e positiva no mundo. A escatologia da Teologia da Esperança, ao contrário, entende onde Deus está atuando no mundo e procura sinalizar uma esperança e um caminho a ser seguido. Ao mesmo tempo, essa visão escatológica relativiza (ou seja, não coloca como algo absoluto) o valor da história, no sentido de sempre apresentar um valor mais elevado e que vai além da realidade. A Teologia da Esperança analisa a criação, a relação do ser humano com a natureza, e atesta o mundo como habitação de Deus para, com isso, indicar aspectos que contribuam para a construção de uma teologia que alcance os sistemas de vida em sua integralidade e justiça. A preservação da vida, dentro das mais complexas relações humanidade-natureza, é fundamental para o Reino (vontade) de Deus. O Reino inclui a dimensão ecológica e cósmica, igualmente salvífica, a qual deve integrar o pensar teológico e a prática das igrejas e das religiões em geral.

A recepção da Teologia da Esperança no Brasil. As principais obras de Moltmann estão traduzidas para o português e encontram nos espaços teológicos brasileiros uma boa recepção. O teólogo Rubem Alves, em sua tese de doutorado *Por uma Teologia da Libertação*, obra que foi publicada nos Estados Unidos no final dos anos de 1960 como *Teologia da Esperança Humana* e conhecida no

Brasil com o título *Da esperança* (1987), havia feito uma análise da Teologia da Esperança de Moltmann, apontando algumas deficiências epistemológicas no seu sistema. Tendo como ponto de partida uma concepção aberta da história e o humanismo político, Rubem Alves formula críticas ao sistema moltmanniano, ao entender que Moltmann, ao se apropriar do conceito aristotélico do *primum movens* (primeiro movimento), concebe um Deus "que arrasta a história para o futuro sem nela se envolver" (ALVES, 1987, p. 108). A história não estaria aberta, mas, em certo sentido, determinada pela superação da cruz pela ressurreição. O humanismo político de Alves, de forma diferente, entendia que "a história não está fechada devido a realidades orgânicas, e sim devido a poderes ativos de natureza política" (ALVES, 1987, p. 113). Alves é contrário à concepção do *primum movens*, uma vez que, para ele, o que coloca a história em movimento é a "dialética da liberdade enquanto encarnada no sofrimento do mundo e que, em consequência, faz nascer a negação, a esperança e a ação" (ALVES, 1987, p. 114). Moltmann recebeu respeitosamente as críticas à sua Teologia da Esperança, de modo que procurou respondê-las na obra *Experiências de reflexão teológica: caminhos e formas da Teologia Cristã* (2004). Depois disso, o teólogo alemão veio várias vezes ao Brasil e estabeleceu diálogos frutíferos com vários círculos acadêmicos. Em uma dessas oportunidades, ele recebeu o título de *Doutor honoris causa* pela Universidade Metodista de São Paulo. Nesse contexto ele apresentou conferências às quais denominou *Vida, esperança e justiça: um testamento teológico para a América Latina* (2008), e nas quais faz um balanço teológico autobiográfico e da Teologia da Esperança.

ALMEIDA, Edson F. *Do viver apático ao viver simpático*: sofrimento e morte. São Paulo: Loyola, 2006. ALVES, Rubem. *Da esperança*. Campinas: Papirus, 1987. BLOCH, Ernst. *O princípio esperança*. Rio de Janeiro: Contraponto/EdUERJ, 2006. GIBELLINI, Rosino. *A Teologia do Século XX*. São Paulo: Loyola, 1998. GONÇALVES, Alonso. *Jürgen Moltmann e a Teologia Pública no Brasil*. São Paulo: Garimpo, 2017. MOLTMANN, Jürgen. *Deus na criação*: doutrina ecológica da criação. Petrópolis-RJ: Vozes, 1993. MOLTMANN, Jürgen. *O espírito da vida*: uma pneumatologia integral. Petrópolis-RJ: Vozes, 1999. MOLTMANN, Jürgen. *A fonte da vida*: o Espírito Santo e a Teologia da Vida. São Paulo: Loyola, 2002. MOLTMANN, Jürgen. *Teologia da Esperança*: estudos sobre os fundamentos e as consequências de uma escatologia cristã. São Paulo: Teológica, 2003. MOLTMANN, Jürgen. *Experiências de reflexão teológica*: caminhos e formas da Teologia Cristã. São Leopoldo-RS: Unisinos, 2004. *Ciência e sabedoria*: um diálogo entre ciência natural e teologia. São Paulo: Loyola, 2007. MOLTMANN, Jürgen. *Vida, esperança e justiça*: um testamento teológico para a América Latina. São Bernardo do Campo: Editeo, 2008. MOLTMANN, Jürgen. *O Deus Crucificado*: a cruz de Cristo como base e crítica da Teologia Cristã. Santo André: Academia Cristã, 2011a. MOLTMANN, Jürgen. *Trindade e Reino de Deus*: uma contribuição para a teologia. 2. ed. Petrópolis: Vozes, 2011b. RIBEIRO, Claudio de Oliveira (org.). *Jürgen Moltmann em foco*. São Paulo: Fonte Editorial, 2015.

Evangelho Social

Contexto e proposição. No final do século 19, nos Estados Unidos, depois da Guerra de Secessão (1864), se configurou, especialmente nos estados do Norte, mas com reflexos também nos estados do Sul, um novo movimento religioso à procura de respostas práticas e teológicas às demandas sociais dos processos de industrialização e de urbanização crescentes. Trata-se de um movimento formado em torno de um fenômeno predominantemente urbano, com centros como Chicago e Nova York, que foi vigoroso até a Primeira Guerra Mundial, mas com desdobramentos em todos os continentes até os dias de hoje. O movimento – mais tarde intitulado "Evangelho Social" (*Social Gospel*) – reuniu representantes de diversas confissões e denominações protestantes, especialmente congregacionais, presbiterianas, anglicanas, metodistas e batistas.

A vocação prática da fé. A proposta do Evangelho Social, cuja expressão de maior destaque é o teólogo batista Walter Rauschenbusch (1861-1918), se baseava nas ideias a favor de uma presença pública das igrejas, focada no desenvolvimento do bem comum, na promoção da cidadania, nos direitos das classes operárias urbanas e rurais, na defesa do direito das mulheres e das etnias. O movimento, em linhas gerais, esteve comprometido com a reflexão e com o combate a problemas sociais como a pobreza, a desigualdade econômica, níveis baixos de qualidade de vida e tensões raciais; para isso, articulou-se a partir de bases práticas de trabalhos sociais e de visões teológicas sensíveis aos desafios provenientes da realidade política e social. Os cristãos, segundo o Evangelho Social, possuem a tarefa de interpretar profeticamente o tempo presente, em todas as suas áreas, facetas e dimensões, e viverem com a mesma compaixão dos exemplos retirados da tradição profética e das narrativas de Jesus nos Evangelhos, sinalizando dessa forma o Reino de Deus.

O Evangelho Social e a Teologia Liberal. Essa corrente teológica se desenvolveu no contexto de abertura da fé cristã aos princípios modernos, que marcara o século 19, tanto nos Estados Unidos como também na Europa. Como se sabe, no campo da experiência

Vocabulário *teológico*

judaico-cristã, as tensões entre fé e razão estão presentes desde os primórdios. Cada momento histórico expressou formas diferenciadas de tensão, mas foi, sobretudo, no século 19, após os impactos do Racionalismo e do Iluminismo na civilização ocidental, que a teologia precisou enfrentar mais detidamente as questões relativas ao método científico e ao encontro com a modernidade e suas derivações. No referido século, o ➡liberalismo teológico de Friedrich Schleiermacher (1768-1834), Albrecht Ritschl (1822-1899), Adolf von Harnack (1851-1930) e outros foi a expressão que mais fortemente demonstrou interesse pela articulação entre fé e ciência, entre teologia e história e entre Igreja e sociedade. O movimento do Evangelho Social é devedor desses desenvolvimentos teológicos, que indicaram novas formulações para as relações das igrejas com os processos que as sociedades modernizadas demandavam. Ele está em conexão com as ênfases da Teologia Liberal e os aspectos metodológicos principais dessa corrente, que paralelamente se formavam no contexto das discussões teológicas.

Uma teologia aberta para uma prática compromissada. Entre as ênfases do liberalismo teológico, que podem ser lembradas como interpelação mais próxima com o Evangelho Social, estão: a busca de aproximação entre teologia e ciências e entre fé e racionalidade moderna; visão antropológica positiva, com forte expectativa em relação à educação como possibilidade de promoção humana; relativização das perspectivas cristocêntricas e eclesiocêntricas, com vistas a perspectivas universalistas e seculares; abertura para as questões próprias da relação entre Igreja e sociedade e a valorização do mundo como espaço do Reino de Deus; valorização da exegese bíblica e uma consequente visão histórico-crítica da Bíblia; aceitação dos valores culturais modernos; e, sobretudo, a interpretação predominantemente ética do cristianismo, em especial em relação ao dado salvífico. Essa plataforma teológica reforçou várias das visões do Evangelho Social, especialmente a prioridade do trabalho social em relação a dimensões eclesiásticas, formais e doutrinárias, e à necessidade de articulação ecumênica para responder às demandas sociais da fé cristã. Nesse sentido, pode-se afirmar que o Evangelho Social, como movimento, não somente antecede o →movimento ecumênico moderno como também o inspira e estabelece bases teológicas e práticas para ele.

O cenário e protagonistas. É importante lembrar que os Estados Unidos, após o período da Guerra de Secessão, tornaram-se um centro de efervescência social e religiosa. Lá, surgiram as chamadas igrejas de santidade e, posteriormente, na virada do século, o pentecostalismo. Concomitantemente, em outras partes do globo se fortaleciam os movimentos de operários contestatórios da ordem social e círculos socialistas e comunistas. Não isentos desse contexto, diversos movimentos religiosos, cujas ênfases estavam em torno da responsabilidade social cristã, se fortaleciam, ora em diálogo com os movimentos trabalhistas, ora em oposição ou alternativa a eles. Nesse período, ocorreu da parte do incipiente movimento do Evangelho Social certo diálogo com os movimentos religiosos sociais europeus, como o cristianismo social inglês e o socialismo religioso francês, suíço e alemão. O cristianismo social inglês, que desde o século 17 fora marcado por práticas sociais relevantes, sobretudo entre os puritanos e, posteriormente, com os metodistas, tivera no século 19 a contribuição de práticas e concepções teológicas de anglicanos como John Frederick Denison Maurice (1805-1872) e Charles Kingsley (1819-1875), e do metodista Hugh Price Hughes (1847-1902). O socialismo religioso, que mais tarde mobilizaria teólogos da envergadura de Karl Barth (1886-1968) e Paul Tillich (1886-1965), possui nas

Vocabulário teológico

figuras dos luteranos Johann Christoph Blumhardt Jr. (1842-1919) e Eberhard Arnold (1883-1935), e dos reformados Leonhard Ragaz (1868-1945), Hermann Kutter (1863-1938), Wilfred Monod (1867-1943) e Elie Gounelle (1865-1950), suas mais destacadas expressões. Semelhante a esses movimentos, o Evangelho Social era bastante diversificado em suas bases denominacionais ou confessionais. Entre uma considerável lista de pastores, leigos, leigas e lideranças eclesiásticas diversas, estão, além de Rauschenbusch, os nomes dos congregacionais Washington Gladden (1836-1918), Josiah Strong (1847-1916), Charles Monroe Sheldon (1857-1946); dos batistas Emma Rauschenbusch-Clough (1859-1940), Samuel Zane Batten (1859-1925); e dos metodistas John Marshall Barker (1849-1928), Harry Frederick Ward (1873-1966) e Frank Mason North (1850-1935).

A preocupação com os pobres e com a justiça social. A origem do Evangelho Social é encontrada nos vários conceitos bíblicos de justiça social para o apoio dos pobres. O movimento promoveu projetos dedicados às classes urbanas empobrecidas, como os voltados a condições educacionais e de moradia mais justas e formação profissional qualificada. Como a maioria dos movimentos, ele possuía forte heterogeneidade e reunia pessoas e grupos com visões políticas diversas. No interior do Evangelho Social houve grupos que atuavam em atividades assistenciais e cuidado com os mais pobres e havia também, por exemplo, os que abraçaram propostas socialistas de organização política, com uma abrangência desde a idealização do modelo de cooperativas até a defesa da União Soviética, como é o caso, minoritário, por suposto, da metodista, já referida, Harry F. Ward. Ao contrário dessa última visão, havia outras, como a de Josiah Strong, também atuante na fundação do Evangelho Social, que entendia que as raças poderiam ser "elevadas" por intermédio da conversão religiosa a Cristo, fazendo coro com a ideologia do "Destino Manifesto", que acreditava que os Estados Unidos, em função de sua supremacia branca e protestante, estavam destinados a estabelecer o Reino de Deus em todo o mundo. E havia aqueles que defendiam a instituição de sindicatos e lutas trabalhistas, a participação política plena por parte da população, e questionavam a corrida armamentista das nações e as guerras como meios de se fazer política. "Em termos teológicos, o movimento tinha diversas bandeiras, entre elas a Teologia dos Profetas Bíblicos, a Teologia do Reino de Deus como anúncio principal de Jesus de Nazaré e a Teologia da Amizade – como eco da Teologia da Reconciliação –, no sentido da superação da inimizade humana pela amizade divina" (RENDERS, 2018, p. 72).

A contribuição de Walter Rauschenbusch. Este teólogo e pastor batista, reconhecido como a mais destacada personalidade do Evangelho Social, esteve presente em diversas iniciativas ecumênicas, acadêmicas e pastorais. A sua teologia, fortemente marcada pela noção bíblica do Reino de Deus, se baseava no compromisso do ser humano com a crítica e com a mudança da ordem formada em uma sociedade dominada pelo egoísmo e pela ganância, responsáveis, na visão do autor, por gerar o caos social. Rauschenbusch realçava em suas obras que a superação do individualismo característico das formas eclesiais protestantes poderia gerar uma nova geração de cristãos comprometidos com a transformação do mundo, segundo os princípios do Reino de Deus. Ele atuou como professor de Novo Testamento e História da Igreja no *Rochester Theological Seminary*. Em 1882, ele formou a associação cristã *Brotherhood of the Kingdom* (Irmandade do Reino), com a adesão de pastores e líderes de diferentes igrejas, que se uniram no propósito de debater e implementar as perspectivas do Evangelho Social.

Vocabulário teológico

A centralidade do Reino de Deus. Em 1907, Rauschenbusch publicou o livro *Christianity and the Social Crisis* (Cristianismo e a crise social), que influenciaria as ações de vários atores do movimento social evangélico, em especial os de perfil ecumênico. Em 1917, a publicação de outro livro, *A Theology for the Social Gospel* (Uma Teologia para o Evangelho Social) realçaria as perspectivas teológicas de trabalho social presentes em várias igrejas e grupos protestantes. Nesse trabalho, o autor demostra que os cristãos devem, a exemplo de Deus, que se tornou humano em Jesus, também humanizar-se e que Jesus esteve e se relacionou igualmente com todas as pessoas, e as considerava como alvo de amor e serviço, sendo esse o exemplo por excelência a ser seguido. Nessa visão, a obra ressalta que a Igreja possui papel essencial na luta contra as injustiças sistêmicas que atingem as pessoas, sobretudo as mais pobres, e precisa estar centrada na visão bíblica do Reino. Naquela época, o autor já se referia a temas políticos e econômicos complexos, realçando a necessidade de se renovar a visão do Reino de Deus, a fim de se combater: *lobbies* que buscavam eliminar legislações que regulavam a acumulação de propriedade; a guerra, cujo interesse é lucrar sobre países empobrecidos; e interesses privados, que desequilibram a balança comercial, resultando em desigualdade social.

O Reino, as igrejas e a sociedade. A ideia do Reino de Deus, portanto, é crucial para a teologia proposta por Rauschenbusch. Trata-se de uma visão com certo acento intra-histórico, que vê o progresso do Reino no "fluxo da história" e "na adoção de novos valores de julgamento", em consonância com as "forças históricas da redenção", colocadas em ação na história por Cristo. O autor criticava que tal perspectiva, fortemente presente nos discursos neo-testamentários de Jesus, foi gradualmente substituída pela visão da

Igreja. Na visão do teólogo, essa substituição custou caro à teologia e aos cristãos, uma vez que a maneira reducionista como Jesus e os evangelhos sinóticos são vistos afeta os princípios éticos da fé cristã e também os rituais de culto e adoração, todos marcados por essa substituição. Rauschenbusch apresenta vantagens práticas para a fé cristã ao se enfatizar o Reino de Deus, e não a Igreja: o Reino de Deus não está sujeito às armadilhas da Igreja; pode testá-la, admoestá-la e corrigi-la; é uma perspectiva profética voltada para o futuro e uma força revolucionária, social e política que entende toda a criação como sagrada; e pode ajudar a salvar a ordem social vista como injusta, problemática e pecaminosa.

A espiritualidade do compromisso social. Rauschenbusch também publicou livros de espiritualidade cristã, procurando articular a devocionalidade da fé e o compromisso social. Um exemplo é *For God and the People. Prayers of the Social Awakening* (Para Deus e o povo: orações para um avivamento social), de 1910, traduzido para o português como *Preces fraternais.* O título original é bastante emblemático e, certamente, foi criado para motivar as igrejas nos Estados Unidos a exercitarem formas mais densas e profundas de espiritualidade, que estivessem em sintonia com os esforços de transformação das realidades alienantes e opressoras que marcavam o contexto social da época. Tratava-se de uma narrativa teológica-pastoral protestante que fundamentava práticas de espiritualidade socialmente engajada e atenta aos desafios que a realidade social revelava, e, provavelmente, era também uma busca da superação das ambiguidades e contradições das espiritualidades do próprio protestantismo, com suas marcas conservadoras, intimistas e supersticiosas. Rauschenbusch valoriza o ceticismo gerado pelo Iluminismo e pela ciência moderna, pois, com ele, a humanidade foi salva da fúria das teologias dualistas, sobretudo a crença em

Vocabulário *teológico*

um reino satânico que tende a desviar a atenção da culpa humana pelo mal prevalecente no mundo, transferindo-a para poderes espirituais imaginários. Assim, o autor, na introdução de sua obra, afirma: "[...] mais uma contribuição feita em benefício da cultura espiritual de nosso povo, e com o intuito de despertar a atenção para o aspecto social da religião do grande Crucificado. [...] São orações atraentes na forma, cheias de sentimento, inspiradas em um largo e profundo amor à humanidade; orações que provocam séria meditação e despertam um novo sentimento de amor e justiça" (RAUSCHENBUSCH, 1936, p. 18).

A incorporação do Evangelho Social nos credos e documentos eclesiásticos. A dimensão prática do Evangelho Social e a força política desse movimento possibilitaram que suas visões bíblicas, teológicas e práticas básicas fossem acolhidas por diferentes igrejas, não sem reações e tensões, por suposto. Nessa direção, várias denominações eclesiásticas protestantes reformularam os seus credos e documentos, em geral associando as expressões "vida e ação" ou "vida e missão". Um trecho do Credo Social do Conselho Federal de Igrejas dos Estados Unidos, aprovado em 1908, é exemplar dessa perspectiva: "Nós julgamos como dever de todo o povo cristão preocupar-se diretamente com certos problemas industriais práticos. Para nós, parece que as igrejas devem lutar: por direitos iguais e justiça completa para todos os homens em todas as posições da vida; pelo direito de todos os homens à oportunidade de autossustento, um direito que deve ser sempre, sábia e fortemente assegurado contra usurpações de todo tipo; pelo direito dos trabalhadores a certa proteção contra as privações resultantes da repentina crise da mudança industrial; pelo princípio de conciliação e arbítrio nos conflitos industriais; pela proteção do trabalhador contra máquinas perigosas, doenças ocupacionais, enfermidades e mortalidade; pela abolição do trabalho infantil; pela regulamentação das condições de trabalho para mulheres como salvaguarda necessária à saúde física e moral da comunidade; pela supressão do 'sistema de exploração'; pela redução gradual e racional das horas de trabalho ao ponto prático mais baixo e para aquele grau de lazer para todos, que é condição para a vida humana mais elevada; pela liberação de um dia de trabalho em sete; por um salário suficiente à vida, como o mínimo em toda indústria, e pelo mais elevado salário que cada indústria possa pagar; pela divisão mais equitativa dos produtos da indústria que puder, enfim, ser divisada; pela provisão apropriada para trabalhadores idosos e para aqueles incapacitados em acidentes; pela redução da pobreza. Aos trabalhadores da América e àqueles que, pelo esforço organizado, estão buscando aliviar as cargas esmagadoras dos pobres e reduzir as privações e sustentar a dignidade do trabalho. Esse conselho envia a saudação de fraternidade humana e a penhora de simpatia e de ajuda a uma causa que pertence a todos que seguem a Cristo" (RENDERS, 2018, p. 73-74).

O Evangelho Social no Brasil. Nas igrejas evangélicas tradicionais no Brasil, como as metodistas, batistas, presbiterianas, congregacionais e luteranas, se encontram ecos do Evangelho Social. Alguns representam formas mais organizadas de trabalho social ou de formulação de credos e programas teológicos; outras, apenas inspiração e/ou compartilhamento de perspectivas para ações de solidariedade e promoção humana. Um histórico exemplo foi a fundação do trabalho educacional e de assistência social, organizado ainda na primeira década do século 20, na zona portuária do Rio de Janeiro, denominado "Instituto Central do Povo", idealizado pelo missionário metodista Hugh Clarence Tucker (1857-1956). Também no contexto metodista, houve na década de 1970 a aprovação do "Credo Social" da Igreja e, na década seguinte, de seu "Plano para a Vida e Missão", ambos com uma plataforma pastoral e teológica diretamente ligada à corrente do Evangelho Social.

O testemunho ecumênico de Erasmo Braga. Um segundo exemplo são iniciativas culturais e ecumênicas de personalidades marcantes como o pastor presbiteriano Erasmo Braga (1877-1932), cujo nome foi homenageado em uma destacada avenida da cidade do Rio de Janeiro. Elas contribuíram para o estabelecimento de práticas e de espaços de reflexão na linha do Evangelho Social. A visão de Erasmo Braga reflete um universo teológico e missionário marcado por percepções e ações socioeconômicas e políticas, que representam as indicações feitas pela corrente do Evangelho Social. Ao utilizar um conhecido lema, em amplo uso desde o fim do século 19 no protestantismo anglo-saxão, a saber "Amigos de todos, inimigos de ninguém", Braga mostra que a sua Teologia Ecumênica da Amizade expressa uma compreensão soteriológica da missão, vista como ações efetivas que representem a superação da inimizade humana pela amizade divina, a partir de uma compreensão humanizadora do aspecto salvífico expresso na fé em Cristo. Tal perspectiva reforçou a compreensão sobre a importância da cooperação entre igrejas em prol do mundo, como se deu na conhecida Conferência Missionária de Edimburgo, de 1910, um dos eventos que marcaram o movimento ecumênico do século 20, oferecendo a ele uma visão teológica da missão com perfil mais amplo e consistente. Isso se refletiu na formulação, ainda na metade do século 20, de vários credos e posicionamentos de igrejas evangélicas nos Estados Unidos e no Brasil, contribuindo, inclusive, para os processos de autonomia das igrejas brasileiras em relação às ações missionárias estadunidenses.

"Cristo e o Processo Revolucionário Brasileiro". Um terceiro exemplo da ressonância do Evangelho Social no Brasil vem do Setor de Estudos e Responsabilidade Social dos Cristãos, da Confederação Evangélica Brasileira, que congregava as igrejas protestantes e cujo nome revela os seus objetivos e propósitos. O desenvolvimento dessas ações redundou na organização de conferências nacionais na segunda metade dos anos de 1950, que destacavam a responsabilidade social da Igreja ante as rápidas mudanças sociais. A última e mais destacada delas foi a conhecida "Conferência do Nordeste", cujo título "Cristo e o Processo Revolucionário Brasileiro", inspirado na Teologia da Revolução de Richard Shaull, é emblemático. Posteriormente, a Confederação Evangélica Brasileira, assim como outras organizações e espaços similares, teve seu trabalho inviabilizado pelas forças repressivas dos governos militares. O ➔movimento ecumênico brasileiro, mas também expressões de outros países latino-americanos, são, em certo sentido, devedores das fontes do Evangelho Social que jorraram nos ambientes da Confederação Evangélica Brasileira e espaços coirmãos e similares.

DORNELLES, Vanderlei. O reino norte-americano: a escatologia do Evangelho Social de Rauschenbusch e o Destino Manifesto. *Estudos de Religião*, São Bernardo do Campo, v. 32, n. 2, p. 117-138, maio/ago. 2018. RAUSCHENBUSCH, Walter. *Preces fraternais*. Rio de Janeiro: Centro Brasileiro de Publicidade, 1936. RAUSCHENBUSCH, Walter. *Uma teologia para o Evangelho Social*. Vitória: FUV; São Paulo: ASTE, 2019. RENDERS, Helmut. "Amigos de todos/as, inimigos de ninguém": a Teologia Panprotestante e o Evangelho Social no Brasil. In: RIBEIRO, Claudio de Oliveira. *Teologia Protestante Latino-Americana*: um debate ecumênico. São Paulo: Terceira Via, 2018. p. 63-88. RODRIGUES, Nelson Lellis Ramos. Resenha: uma teologia para o Evangelho. *Estudos de Religião*, São Bernardo do Campo, v. 33, n. 3, p. 367-373, set./dez. 2019.

Fundamentalismo teológico

Fundamentalismos, no plural. As definições em torno do termo "fundamentalismo" não se constituem em tarefa fácil. A utilização demasiada do termo e os diferentes contextos nos quais é aplicado requereriam uma longa descrição. A síntese a seguir pressupõe tipos de fundamentalismos mais associados a certa refutação religiosa das perspectivas antropológicas, que levam em conta as formas de evolução do universo e da vida humana, a explicações mais racionais da vida e à possibilidade de visões plurais. As formas de fundamentalismo se dão em diferentes níveis. Dentro do fundamentalismo religioso, podemos identificar expressões religiosas judaicas, islâmicas, cristãs, tanto evangélicas como católicas, entre outras. Além do religioso, há também o científico e o político-filosófico. Para elucidar este último elemento, basta lembrar as dificuldades no campo das relações humanas e institucionais em conviver com formas distintas de pensar. Daí que o termo "fundamentalismo" seja até mesmo utilizado na política para situar práticas que podem se configurar dentro dos radicalismos usualmente conhecidos como "de direita" ou "de esquerda", e, quando se associam com a religião, tornam-se ainda mais elucidativos. No caso da referência a um fundamentalismo científico, ele em geral tem sido caracterizado pelas concepções de caráter mais positivista que marcaram o cenário do século 20 e que, em geral, são refratárias às visões científicas que consideram que elementos subjetivos (e a religião tem aí o seu forte) possam fazer parte do processo científico criativo. Tratar de fundamentalismos no plural, portanto, "indica a necessidade de fugirmos à homogeneização, pois eles podem se expressar no âmbito religioso em toda a sua diversidade e para além dele. Os fundamentalismos estão espalhados e constituem-se não necessariamente em um movimento institucionalizado" (SOUZA, 2013, p. 8).

A refutação do pluralismo. Na atualidade, trata-se de um oposicionismo de grupos que travam no espaço público combates a inimigos comuns, reais ou imaginários. Isso é realizado dentro de "uma visão de mundo, uma interpretação da realidade, com matriz religiosa, combinada com ações políticas decorrentes dela, para o enfraquecimento dos processos democráticos e dos direitos sexuais, reprodutivos e das comunidades tradicionais [como as afro-indígenas], políticas de valorização da pluralidade e da diversidade, num condicionamento mútuo" (CUNHA, 2020, p. 26). No quadro das igrejas, a referida refutação religiosa das visões mais plurais e que valorizam a autonomia humana, o pluralismo e as explicações científicas se deu fortemente na virada do século 19 e 20, especialmente nos contextos teológicos norte-americanos e europeus.

As reações ao evolucionismo de Darwin. As perspectivas teológicas mais abertas ao debate científico e aos processos modernizadores, de fato, encontraram-se em choque frontal com visões religiosas que se aglutinaram no contexto das igrejas evangélicas norte-americanas na virada para o século 20 que, em linhas gerais, se contrapuseram às teorias de Charles Darwin (1809-1882) e a outras formas de concepção teológica, herdeiras do Iluminismo moderno. O ➜liberalismo teológico foi considerado, como já referido, elemento desagregador da fé e, em função do seu avanço, se buscou retomar em vários e influentes círculos religiosos os fundamentos da fé. Daí a expressão "fundamentalismo". Diversos grupos evangélicos reagiram à Teologia Liberal, ao ecumenismo, à aplicação das ciências na interpretação bíblica, em especial às teses evolucionistas de Darwin, e adotaram uma postura anticatólica. Era uma reação à modernidade, mas contraditoriamente utilizando o racionalismo moderno de comparação como método de interpretação da Bíblia. Embora militante, não se trata de um movimento unificado e denomina diferentes tendências no campo protestante do século 20.

A coleção "The Fundamentals" como referência histórica. Em geral, as análises associam a expressão "fundamentalismo" à famosa série de doze livros editados por dois teólogos evangélicos norte-americanos: Amzi C. Dixon (1854-1925) e Reuben A. Torrey (1856-1928). Os volumes, amplamente divulgados e distribuídos gratuitamente para variados setores das igrejas e da sociedade estadunidense, trazem contribuições de diversos teólogos com caráter apologético, sempre em refutação aos temas da Teologia Moderna, especialmente aqueles ligados ao evolucionismo darwinista. Coletivamente, foram intitulados *The Fundamentals: a testimony to the truth*, e publicados sucessivamente entre 1910 e 1915 nos Estados Unidos. No Brasil, tais ideias foram disseminadas a partir dos trabalhos de grupos missionários norte-americanos. Os textos foram traduzidos para o português somente em 2005, pela editora Hagnos, sob o título: *Os Fundamentos: a famosa coletânea das verdades bíblicas fundamentais* (2005). O ponto central desses escritos é a defesa da inerrância e da infalibilidade da Bíblia, somada a outros aspectos como o nascimento virginal de Jesus, o sacrifício expiatório de Cristo e a historicidade da ressurreição, a doutrina da salvação individual e a crença na volta iminente de Cristo.

A reação ao liberalismo teológico. A divulgação nos Estados Unidos dos textos com teor fundamentalista intensificou o debate e as reações às proposições do liberalismo teológico no campo protestante, como a abertura ao diálogo entre fé e ciências, o estudo histórico e crítico da Bíblia e a relação mais propositiva das igrejas com a sociedade. Nesse mesmo contexto se davam as posições oficiais da Igreja Católica Romana, especialmente no período do Pontificado de Pio X (1903-1914), refratárias à emancipação da razão e aos principais aspectos da cultura moderna. Anteriormente, o Papa Pio IX também havia combatido os ideais da modernidade com a Carta Encíclica *Quanta Cura* e o *Syllabus Errorum* (1864). No campo protestante, as ideias de natureza fundamentalista foram divulgadas em vários círculos eclesiásticos e acadêmicos ainda no século 19. Um dos espaços destacados foi o Seminário de Princeton, nos Estados Unidos, especialmente por intermédio de Charles Hodge (1797-1878). Esse autor retomava as ideias do teólogo reformado ítalo-suíço Francis Turretin (1623-1687), o qual foi um defensor do que se denominou "ortodoxia protestante", que, no século 17, defendia a inerrância das Escrituras. A Universidade de Princeton se tornaria um dos principais espaços de difusão do fundamentalismo estadunidense, que teve seu auge na década de 1920, reforçando a reação à chamada "Teologia Liberal". Isso se deu não somente no bojo de questões doutrinárias como também nas esferas da educação, da cultura e da política e na defesa dos chamados "valores familiares tradicionais".

O movimento fundamentalista. Não é tarefa simples identificar o primeiro uso do termo "fundamentalismo". Entre várias hipóteses, aceita-se que o termo foi cunhado por Curtis Lee Laws, editor do jornal batista *Watchman Examiner*, em 1920, durante a Convenção Batista do Nordeste dos Estados Unidos, visando valorizar e ressaltar positivamente os que lutavam pelos fundamentos da fé (SOUZA, 2013). Todavia, mais de dez anos antes, na mesma época da divulgação da coleção *The Fundamentals*, se destacava a publicação, em 1909, da *Bíblia de Referência Scofield*, uma tradução de caráter dispensacionalista, cujas notas foram feitas pelo pastor Cyrus Ingerson Scofield (1843-1921). Essa versão, e especialmente os comentários e notas de referência, parte da pressuposição de que a Bíblia revela de forma fixista e predeterminada, gradual e progressiva a história da redenção da humanidade. "Scofield colocou em suas anotações a doutrina das sete dispensações de [Nelson] Darby (1800-1882): inocência, consciência, governo humano, abraâmica, lei, graça e milênio" (CARVALHO, 2013, p. 57). No campo prático, um nome de destaque do fundamentalismo é o do pregador estadunidense Dwight Moody (1837-1899). Ele fundou em Chicago o *Moody Bible Institute*, que, embora com ênfases teológicas antiliberais, mantinha atividades de assistência social. Moody, em suas atividades evangelísticas, divulgava as doutrinas pré-milenaristas, considerando que as ideologias ateias de sua época acarretariam a destruição do mundo. Em 1930, já funcionava nos Estados Unidos cerca de cinquenta centros de formação teológica e pastoral com ênfase fundamentalista.

Fundamentalismo e engajamento sociopolítico. Na década de 1950, o movimento fundamentalista ganhou mais força e visibilidade com o trabalho de pregadores conservadores nos meios de comunicação, como foi o caso de Oral Roberts (1918-2009), Pat Robertson (1930-), Jimmy Swaggart (1935-), Jerry Falwell (1933-2007), Rex Humbard (1919-2007) e Billy Graham (1918-2018). A década seguinte, em função da reação aos movimentos de revolução sexual e à luta pelos direitos civis dos negros e mulheres, foi marcada pela presença de grupos fundamentalistas em vários setores eclesiásticos e sociais. No fim da década de 1970, os grupos fundamentalistas protestantes estadunidenses, motivados por variados processos, reconhecem que não deveriam se afastar dos destinos da sociedade, como vinham fazendo havia cinquenta anos, mas era preciso um engajamento social e político, tendo em vista outro tipo de sociedade organizada de acordo com os padrões de interpretação bíblica próprios desses grupos. Como exemplo dessas iniciativas, no final da referida década, foi criada a articulação "Maioria Moral" – uma instituição com foco na política. As atividades desses grupos e outros similares passaram a caracterizar a "Nova Direita Cristã", que se estende até a atualidade, com as conhecidas ênfases contra os movimentos feministas, LGBTI+, direitos reprodutivos e civis de modo geral, flexibilização do uso de drogas e outros aspectos que reforçam a secularidade. Também era forte a pressão para que o criacionismo fosse estudado nas escolas (CUNHA, 2020).

O fundamentalismo no ambiente católico-romano. O quadro do desenvolvimento das ideias fundamentalistas é mais amplo e está presente em todos os ramos do cristianismo e em vários setores das demais religiões. No catolicismo romano, por exemplo, a posição anticientífica e de reação aos avanços da modernidade esteve presente fortemente no século 19, como já referido, também nas primeiras décadas do século 20 e até mesmo no processo de renovação eclesial – por oposição, é claro –, que culminou com o Concílio Vaticano II (1962-1965). Como se sabe, o Vaticano II, em especial pelo seu caráter pastoral, foi um significativo marco de renovação da Igreja Católica Romana no seu diálogo com a sociedade e com os tempos modernos. Não obstante isso, as visões anticientíficas mantiveram-se sempre em posição refratária às mudanças em curso e encontraram guarida institucional nos setores que a partir dos anos de 1990 passaram a interpretar as referidas decisões conciliares em chave mais cuidadosa. Assim se deu, por exemplo, com o esforço da Carta Apostólica *Fides et Ratio*, do Sumo Pontífice João Paulo II aos bispos da Igreja Católica, sobre as relações entre fé e razão, promulgada em 1998. O fato é que, após a realização do Concílio, houve retrocessos e até omissões em relação às suas próprias deliberações e posicionamentos. As visões doutrinárias de caráter fundamentalista, desde os seus primórdios com o impacto da publicação de *The Fundamentals*, nos Estados Unidos, e as atividades e perspectivas a ela conectados, tiveram forte presença na Europa, no Brasil e em outras partes do globo. Diversos movimentos e articulações similares ocorreram e têm se firmado, com ênfases e práticas variadas e campos religiosos distintos, até os dias de hoje.

Bases teológicas. Embora diverso, é possível classificar como fundamentalismo qualquer corrente, movimento ou atitude de cunho conservador e integrista, que enfatize a obediência rigorosa e literal a um conjunto de princípios básicos, desprovidos de visão dialógica. Em linhas gerais, as posturas e visões fundamentalistas se caracterizavam em seus primórdios por: (a) uma inerrância da Bíblia, popularizada na expressão "ler a Bíblia ao pé da letra", que não favorece uma leitura bíblica articulada com "o contexto do texto e o contexto da vida"; (b) uma escatologia milenarista, que, em certo sentido, nega o sentido salvífico descoberto e vivido na dinamicidade da história, e um dispensacionalismo, que prevê a história em etapas fixas, distintas e predeterminadas; (c) e uma concepção unilateral e absoluta da verdade que tende ao dogmatismo, o que inibe, entre outras coisas, o diálogo entre a fé e as ciências e entre grupos religiosos distintos. Na atualidade, tais ideias são recompostas com novas ênfases, mas mantêm resguardada certa oposição às formas de autonomia humana. No campo cristão, tanto católico-romano como evangélico, são visíveis, por exemplo, as reações contra posturas mais abertas no campo da sexualidade, especialmente no que se refere ao direito das mulheres ao próprio corpo e ao prazer e também à homoafetividade. As visões fundamentalistas, em geral, tendem a gerar formas dualistas e maniqueístas de ver o mundo, a separar fácil e artificialmente o sagrado e o profano e a não aprofundar as explicações racionais dos dilemas e vicissitudes da vida, atribuindo, por vezes, explicações religiosas descontextualizadas de seus princípios fundantes.

Milenarismo, pré-milenarismo e pós-milenarismo. Os aspectos doutrinários, teológicos e práticos do fundamentalismo em questão estão associados diretamente ao debate sobre as crenças do milenarismo e às diferentes reações a elas. As visões milenaristas podem ser seculares ou religiosas. Em geral, no cristianismo, se denomina "milenarismo" a crença em uma etapa histórica de um reino terrestre que, com duração exata ou simbólica de mil anos, estabeleceria toda sorte de tribulações e violência, seguida de outra etapa, breve e escatologicamente decisiva de paz, felicidade e de libertação das forças demoníacas (DELUMEAU, 1997). Tais visões estão igualmente presentes nos grupos adventistas, mórmons e testemunhas de Jeová. O fundamentalismo evangélico estadunidense da virada do século 19 para o 20, mas também nas primeiras décadas do novo século, devido aos acontecimentos trágicos da Primeira Guerra Mundial, baseado em uma interpretação da história que previa o seu fim apocalíptico, abrupto e tenebroso, ressaltou fortemente a crença de que Jesus voltaria à terra para arrebatar as igrejas (os "salvos") antes da inauguração do milênio. Daí a expressão "pré-milenarismo". O desenlace seria uma intervenção sobrenatural divina, com a separação definitiva entre "salvos", que estariam na 'Jerusalém Celeste", e os "ímpios", que sucumbiriam às ruínas das guerras, a doenças e catástrofes naturais. Contrariando essa visão, o postulado da Teologia Liberal realçava a efetivação do Reino de Deus na terra, marcado por expressões de paz, superação das desigualdades sociais, sofrimentos diversos e um processo evolutivo engendrado por esforços educativos e de promoção humana. É o que se entende por posição pós-milenarista. Assim, as guerras e os sinais de destruição da vida humana eram compreendidos na visão fundamentalista pré-milenarista como confirmação da ação divina, incluindo o aspecto punitivo aos infiéis, refutando, inclusive, os projetos e organismos internacionais de promoção da paz, enquanto a visão teológica liberal, em alguns ambientes marcados pelo pós-milenarismo, advogava os esforços de construção de novas possibilidades de vivência humana nos parâmetros da justiça, da paz e da integridade da criação. A perspectiva dispensacionalista da visão pré-milenarista nos Estados Unidos redundou, até as primeiras décadas do século 20, em certo afastamento da esfera pública, uma vez que se acreditava em um fim iminente da história. No entanto, com os crescentes debates em torno da responsabilidade social cristã, presentes em diferentes tendências eclesiais, a oscilação de períodos de guerra e de reconstruções e as disputas geopolíticas foram geradas novas concepções igualmente fundamentalistas, mas que passaram a defender a disputa de espaços na sociedade. Isso se deu com o recurso das mídias, dos currículos escolares, das ações parlamentares e de governos e outras esferas públicas. Esse quadro diverso de ações está presente até os dias de hoje em diferentes países e contextos sociais, com variados enfoques e práticas.

Fundamentalismos e modernidade. Uma dimensão importante encontrada nos percalços do confronto entre uma teologia

Fundamentalismo teológico

crítica e aberta aos postulados científicos e as visões fundamentalistas é o descompasso vivido na atualidade entre o que vários autores têm chamado de "verdade modesta" ou líquida, própria da cultura pós-moderna, e a "verdade forte" do pensamento moderno. O fundamentalismo, contraditoriamente, é fruto do pensamento moderno, ainda que muitos o considerem pré-moderno, e, por isso, exacerba o antagonismo em relação a pensamentos de caráter relativista, como se espera de uma teologia em diálogo com as ciências e com os aspectos da sociedade moderna. Tanto o fundamentalismo quanto o pluralismo representam, em certo sentido, duas faces de uma mesma moeda que é a modernidade. Ela engendrou processos de decomposição e recomposição das identidades individuais e coletivas que fragilizaram os perfis e os limites dos sistemas de crença e de pertença. Tais fenômenos devem ser compreendidos como uma reação religiosa aos efeitos da globalização.

A tensão entre a demarcação rígida de identidade e processos dialógicos. Não obstante esses processos de decomposição-recomposição, dois desdobramentos podem ocorrer: um deles é o processo rígido de demarcação de identidades particulares, em geral associadas ao refúgio em universos simbólicos que oferecem a impressão da realidade social como uma unidade coerente, compacta e definida; e o outro é a abertura ao diálogo, à "mestiçagem cultural", às formas e aos processos de negociação cultural e intercâmbio cognitivo, dentro de um horizonte de alteridade e respeito. Desse modo, em um contexto mundial globalizado, as identidades religiosas são instadas a se posicionar criticamente acerca de si mesmas, não obstante serem provocadas a se declararem como tais, a fim de darem razão de si a este "outro" que constantemente as interpela. Como um fenômeno exclusivamente moderno, os fundamentalismos surgem então como uma reação à secularização, à laicização e à consequente fragmentação identitária imposta pela globalização em curso, que tende a aproximar as fronteiras até então distantes umas das outras. Diante da pluralidade cultural contemporânea, as pessoas ficam divididas entre o diálogo de caráter mais cosmopolita e democrático e a redução fundamentalista.

Fundamentalismo e possiblidades de diálogo. As posturas fundamentalistas podem ser sinteticamente compreendidas como tentativas de defesa da tradição. A identidade fundamentalista, como recusa das possibilidades de diálogo, pode se caracterizar em esforços que vão do isolacionismo à beligerância contra tudo o que lhe é diferente e se apresentar a partir da imagem de um ego ferido e amedrontado, arredio e até mesmo violento. É na interdição da potencialidade comunicativo-dialogal do fundamentalismo que se revelam os limites da proposta de fé fundamentalista. A dinâmica de globalização e de pluralismo por que passa a sociedade contemporânea afetou vários segmentos da sociedade e, de forma especial, a religião. Os fundamentalismos, por exemplo, encontram-se diante de um desafio: dialogar com outros grupos e rever conceitos que já não fazem sentido no contexto atual. A tendência tem sido afirmar que, tanto para as práticas religiosas como para as análises científicas sobre a religião, a comunicação dialógica se faz necessária e o alargamento das fronteiras é imprescindível. Ainda que de forma polarizada, pode ser que em perspectiva não haja espaços na sociedade para interpretações singulares e herméticas, que privilegiem determinadas tradições.

Os fundamentalismos como respostas à fragilidade humana. Uma das tendências na sociedade é que o diferente pode e deve ser alcançado, respeitado e incluído em uma nova configuração plural ao invés de exclusivista. Diante disso, o quadro social requer permanentes e mais aprofundadas avaliações. O fortalecimento de perspectivas fundamentalistas no campo religioso se dá, em geral, em contextos de crescimento do sofrimento humano e da degradação da vida, resultantes da inadequação de políticas públicas que gerem o bem-estar social, a sustentação e a dignidade da vida. Diante de quadros muitas vezes desoladores, emergem com intensidade as perguntas pela realidade do mal e do sofrimento. É fato que os fundamentalismos religiosos e políticos crescem nos setores médios e altos da sociedade, ou mesmo nas camadas escolarizadas e círculos universitários, tanto de países pobres como os latino-americanos quanto nos Estados Unidos e na Europa. Mas as respostas de caráter unívoco e imediatas, em geral, são mais prontamente acolhidas nos momentos de fragilidade social.

Fundamentalismos e intolerância religiosa. Proliferam, no Brasil e em outras partes do globo, grupos religiosos marcados por intensa visão dogmática, que entendem a conversão do outro à sua própria religião como mandato divino direto e inquestionável, e, por intermédio de formas contundentes de proselitismo, se manifestam como únicos e exclusivos detentores da verdade universal. Arvorados na premissa religiosa de estarem cumprindo a vontade de Deus, muitos grupos religiosos assumem a intolerância como ato de coragem e de entrega. Por intermédio do cumprimento literal de seus princípios religiosos, descartam todo pensamento divergente como heresia a ser combatida. Dessa maneira, "converter o outro é uma exigência divina. É uma maneira de salvar a pessoa da perdição eterna. Ao fazer isso, ele ou ela se sente um verdadeiro profeta moderno que detém sua missão" (SILVA, 2015, p. 76). Há grupos evangélicos com tendências fundamentalistas que, ao reivindicarem o direito à liberdade de expressão e de culto, "têm contribuído para demonizar as religiões de matriz africana, fazendo que essa tradição seja alvo das principais ações de intolerância" (SILVA,

2015, p. 70). Ao lado disso, para a maioria desses grupos, os males sociais e individuais possuem raízes sobrenaturais e são causados por entidades demoníacas que atuam especialmente por intermédio das religiões de matriz afro. Uma vez que tudo se resume a problemas de ordem sobrenatural, as práticas religiosas denominadas "batalhas espirituais" e exorcismo seriam a única maneira de fazer o bem triunfar sobre o mal. Mesmo sendo as religiões de matrizes africanas historicamente perseguidas e principal alvo no Brasil, a intolerância não é privilégio dos setores religiosos evangélicos. Na atualidade, "relatórios internacionais demonstram que hostilidades e intolerâncias têm atingido praticamente todos os grandes grupos religiosos no mundo inteiro" (SILVA, 2015, p. 73), o que faz com que a intolerância religiosa seja compreendida como o novo racismo.

O desafio da conversão. Por eclipsar a possibilidade de reconhecimento mútuo, pelo fato de não identificar o outro com o sujeito de direito, a postura intolerante representa, sobretudo, uma ameaça à democracia. Nesse sentido, devido à atual pluralidade de tendências culturais, a incapacidade de reconhecimento da pluralidade muitas vezes se torna um obstáculo à paz. É importante dizer que a intolerância atinge todas as camadas da sociedade, e não se restringe apenas àquelas ligadas a esferas religiosas. Em se tratando de religião, a questão do reconhecimento se torna um tanto quanto mais complexa e delicada, pois a própria religiosidade poderia funcionar tendencialmente como um catalisador de exclusivismos, preconceitos e violência, seja ela física ou simbólica. "Na base da intolerância atual está o processo histórico com a ideia de conversão, a visão monoteísta e a defesa de uma única verdade" (SILVA, 2015, p. 77). "A tradição cristã passou por muito tempo a ideia de que ter inimigo religioso é algo normal" (SILVA, 2015, p. 71). O conversionismo não é um problema em si – até porque não são todos os indivíduos que se convertem a determinada religião monoteísta que se tornam intolerantes. A dificuldade "se dá quando o grupo se apresenta como a única via para a verdade, não aceitando as demais, travando uma perseguição e promovendo a extinção dos oponentes" (SILVA, 2015, p. 80). Com isso, ao excluir ou obstaculizar a possibilidade de diálogo por meio do recrudescimento da intolerância, o conversionismo proselitista se erige como uma barreira a ser transposta em um Estado autenticamente democrático.

CAMPOS, Breno Martins (org.). *Fundamentalismo*: terminologia, hermenêutica e apontamento. São Paulo: Recriar, 2020. CAMPOS, Breno Martins. Fundamentalismo (p. 84-92). In: RIBEIRO, Claudio de Oliveira; ARAGÁO, Gilbraz; PANASIEWICZ, Roberlei (org.). *Dicionário do pluralismo religioso*. São Paulo: Recriar, 2020. CAMPOS, Breno Martins; SALLES, Walter Ferreira (org.). *Fundamentalismos religiosos*: três abordagens distintas e complementares. São Paulo: Fonte Editorial, 2017. CARVALHO, Oziel Lourenço de. Fundamentalismo protestante. In: SOUZA, Sandra Duarte de. *Fundamentalismos religiosos contemporâneos*. São Paulo: Fonte Editorial, 2013. p. 45-72. CUNHA, Magali do Nascimento. *Fundamentalismos, crise da democracia e ameaça aos direitos humanos na América do Sul*: tendências e desafios para a ação. Rio de Janeiro: Koinonia, 2020. DELUMEAU, Jean. *Mil anos de felicidade*: uma história do paraíso. São Paulo: Companhia das Letras, 1997. DIXON, Amzi C.; TORREY, Reuben A. *Os Fundamentos*: a famosa coletânea das verdades bíblicas fundamentais. São Paulo: Hagnos, 2005. SILVA, Clemildo Anacleto. Desafios e propostas para promoção do reconhecimento da diversidade religiosa no Brasil. *Estudos de Religião*, v. 29, n. 2, p. 68-85, jul./dez. 2015.

SOUZA, Sandra Duarte de (org.). *Fundamentalismos religiosos contemporâneos*. São Paulo: Fonte Editorial, 2013.

Hermenêutica e teologia

A modernidade e o campo da interpretação de textos. O termo "hermenêutica" é derivado do nome Hermes, mensageiro dos deuses na mitologia grega, a quem se atribuía a origem da linguagem e da escrita. O termo está relacionado à arte e à técnica de interpretação, dentro de regras próprias, das quais se destacaram os campos da filosofia e das artes, em especial as que lidam com os textos clássicos, o campo religioso, sobretudo o tratamento dado aos textos bíblicos, mas também aos doutrinários e tratados teológicos. Ele também está relacionado ao campo legislativo, com seus cânones e instrumentos institucionais, conferindo, assim, uma variedade de enfoques, como a hermenêutica literária, filosófica, bíblica, teológica, jurídica, entre outros. Ao longo dos séculos, a tarefa hermenêutica teve diversas variações e ênfases, mas foi a partir do pensamento moderno que ela ganhou configuração mais nítida. A ênfase na gramática do texto e no seu aspecto histórico de surgimento e desenvolvimento, já engendrada no século 16 no contexto do Renascimento, do Humanismo e da Reforma, em certo sentido, antecipou um tipo de exegese que prevaleceria na interpretação bíblica até o século 20.

A hermenêutica como teoria geral de análise. O conjunto de pesquisas bíblicas na lógica moderna, em geral denominado "método histórico-crítico", aplica à Bíblia a estratégia de suspeita e dúvida própria da concepção e das práticas científicas iluministas. No campo da teologia, atribui-se ao teólogo alemão Friedrich Schleiermacher (1768-1834), considerado o precursor da ➜Teologia

Liberal, o papel distintivo de conceber a hermenêutica não como disciplina auxiliar de determinadas ciências, mas como teoria geral para se compreender uma proposição ou texto em questão. Essa herança filosófica, reinterpretada por diferentes interlocuções que se seguiram no campo da filosofia, ofereceu aos círculos teológicos que emergiram no século 20, sobretudo na Europa, forte densidade existencial e instrumental crítico. Destacam-se, na primeira metade do século 20, os teólogos Rudolf Bultmann (1884-1976) e Paul Tillich (1886-1965), mas o campo de influência do debate sobre as questões hermenêuticas é amplíssimo nessa época.

A hermenêutica existencial. Os debates teológicos sobre as temáticas existenciais se tornaram vigorosos, especialmente por dois motivos: o primeiro, pelos debates protagonizados pela →Teologia Dialética de Karl Barth (1886-1968), que, em certo sentido, reagia à ênfase existencialista de Bultmann; e o segundo, pelas fronteiras criativas com o pensamento filosófico, a partir dos caminhos trilhados por Wilhelm Dilthey (1833-1911), Martin Heidegger (1889-1976), Hans-George Gadamer (1900-2002) e, posteriormente, por Paul Ricoeur (1913-2005). Os debates mais vigorosos sobre a hermenêutica existencial se deram na década de 1960. Foram, sobretudo, teólogos como Ernst Fuchs (1903-1983), Gerhard Ebeling (1912-2001), Günther Bornkamm (1905-1990) e Ernst Käsemann (1906-1998) que realçaram, com revisões críticas e proposições próprias, as noções bultmannianas de pré-compreensão existencial, de →demitização e de interpretação existencial. Tais contribuições, especialmente por certo retorno às dimensões históricas da fé, sobretudo a retomada do valor das pesquisas bíblicas sobre o "Jesus histórico", abriram caminhos de conexão com outros temas teológicos que realçavam aspectos sociais e políticos da fé cristã. "No campo teológico, um dos fatos mais importantes dos decênios posteriores – inclusive em consequência da mudança do contexto filosófico, cultural e social – será a passagem de uma hermenêutica existencial ou personalista, na qual a teologia se constituía em teoria da existência cristã como existência autêntica, para uma hermenêutica política do Evangelho e do acontecimento cristão, em que a teologia se reflete no contexto mais amplo da história do mundo e se constitui como teoria de uma práxis crítica e libertadora, como aparece na guinada política da teologia, verificada nos anos 60" (GIBELLINI, 1998, p. 81). Foram muitos os passos do processo de consolidação da hermenêutica existencial, e alguns deles merecem atenção.

O legado de Schleiermacher. A compreensão da vida, expressa e estabelecida em documentos escritos, pode ser realizada na medida em que, para se exercer a tarefa de compreensão e de interpretação, se toma por base as expressões linguístico-literárias e se passa por um processo de identificação dos sentidos, com método próprio e adequado, chegando assim ao pensamento do autor. Essa individualização do hermeneuta posteriormente rendeu críticas a Schleiermacher, por possuir um método marcado por psicologismos. No entanto, o mérito inegável desse teólogo é que ele dá início à transição de uma hermenêutica fundada em regras voltadas para disciplinas específicas, como a teologia, o direito e a filologia, para uma hermenêutica mais abrangente. Esta deixa de ser simples técnica de compreensão de vários textos, como os bíblicos, por exemplo, e passa a ser vista como compreensão geral da estrutura de interpretação que caracteriza o conhecimento enquanto tal. A existência de hermenêuticas particulares em diferentes âmbitos, como o da filosofia, da filologia, da teologia e do direito, era apenas derivação de algo maior. "Até então, a ideia prevalecente era a de que a necessidade da hermenêutica surgia diante da dúvida ou da não compreensão ante determinado texto. Ela emergia quando algo de estranho ocorresse. Schleiermacher inverte essa assertiva. Para ele, o mal-entendido é a regra. Com essa inversão, além da proposição de uma hermenêutica universal, Schleiermacher amplia a tarefa da hermenêutica" (SALES, 2018, p. 105-106).

A hermenêutica como tarefa contínua e inacabada. A busca por essa arte universal, que pudesse abranger o todo, é o desafio que Schleiermacher se propôs enfrentar. Trata-se da conhecida virada hermenêutica. A hermenêutica não é particular, mas sim universal, e o mal-entendido não é exceção, mas regra. Assim, outro elemento importante nessa construção é a visão de Schleiermacher de que a incompreensão pode ser reduzida, mas jamais eliminada. Há uma tarefa contínua da hermenêutica. Schleiermacher mostra que não é possível chegar a uma compreensão plena e acabada de um discurso. Ainda que haja êxito na tarefa hermenêutica, continuará a existir algum ponto de não compreensão. Essa tarefa sempre inacabada de descobrir os pensamentos de um autor reforçou o valor da linguagem no programa hermenêutico. Para Schleiermacher, "não há pensamento sem palavra" (2010, p. 44) e "no final de tudo o que é pressuposto e tudo o que se encontra é linguagem" (2010, p. 69). Esse programa hermenêutico era portador de uma dupla marca – romântica e crítica. Romântica por seu apelo à relação viva com o processo de criação e crítica por seu desejo de elaborar regras universalmente válidas da compreensão.

O texto e a autoria. Firmada na dupla base, romântica e crítica, a hermenêutica seria a arte de descobrir os pensamentos de um autor a partir do registro deixado em sua obra. A preocupação de Schleiermacher era encontrar um fundamento geral na tarefa hermenêutica, embora seu foco fosse a compreensão do Novo Testamento, e, para tanto, buscava alcançar um equilíbrio entre extremos interpretativos, seja a "morte do autor", seja o "apelo isolado à sua intenção", comuns em tantos esforços hermenêuticos. Assim, ele "procura reter a intencionalidade do autor no texto a partir de uma reconstrução do significado, ainda que de forma aproximada, tomando-se como suporte uma crítica histórico-gramatical" (SALES, 2018, p. 118). O objetivo final de sua hermenêutica é possibilitar compreensões mais amplas e apuradas da vida como um todo.

O caminho trilhado por Dilthey. A partir desses postulados, Dilthey fundamentou a hermenêutica como a arte de compreender as expressões da vida deixadas nos mais diferentes registros, em especial, os escritos. Ela deveria se voltar para as regras e os métodos das ciências do entendimento, gerando os fundamentos metodológicos para as chamadas "ciências humanas". Entre esses fundamentos está a vinculação dos avanços na reflexão sobre hermenêutica à História. Tal vinculação possibilitava a realização da tarefa de compreender sob a ótica metodológica própria das ciências humanas e passou a ser o ponto crucial para diferenciá-las das ciências naturais. A relação entre individualidade e totalidade marca o pensamento de Dilthey, que, por sua vez, é vinculado ao de Schleiermacher. A "crítica da razão histórica" seria a tarefa capaz de solucionar o problema acerca de como a construção do mundo histórico torna possível um saber sobre a realidade. Ao lado disso, está a importância da linguagem como expressão plena da vida, que, a partir dela mesma, permite sua apreensão objetiva, uma vez que a escrita deixa resíduos da existência humana. A tarefa da exegese é interpretar tais registros.

Compreensão e explicação como tarefas distintas. Esse conjunto de reflexões foi utilizado por Martin Heidegger, em sua analítica existencial, definida como uma fenomenologia hermenêutica. A compreensão, tarefa distinta da explicação, é o modo que o ser humano encontra para se ver como raiz de todo o conhecimento. O humano, diferente das coisas, constituído como ser-no-mundo, é, sobretudo, resultado da compreensão da sua existencialidade. Nesse sentido, ele é possibilidade, poder-ser, projeção. Não é mero reflexo de algo dado, mas, sim, abertura e *projetualidade*. A hermenêutica recorre a esse processo de compreensão não como aprendizagem neutra de algo dado, mas como promotora de nova compreensão, a partir de pré-compreensões discernidas em um movimento circular permanente. O aprofundamento dessas questões levou o filósofo a fazer o caminho que vai da visão que identifica o problema crucial como sendo a conexão entre *o ser e o tempo*, sendo o modo de existir humano compreendido como lugar privilegiado do Ser, à noção que pensa esse lugar como sendo o da linguagem. Daí a importância da linguagem para os estudos sobre a hermenêutica.

A polaridade entre familiaridade e estranheza, em Gadamer. Na trilha – crítica e construtiva, por suposto – de Schleiermacher, Dilthey e especialmente Heidegger, Gadamer sistematizará o debate sobre o programa hermenêutico, buscando um entremeio para a tarefa de interpretação que possa articular estranheza e familiaridade como elementos possibilitadores da realização efetiva e exitosa da tarefa hermenêutica. Ela é o movimento fundamental da existência, em sua finitude e historicidade, e que abarca o conjunto da experiência da vida humana no mundo. Na obra *Verdade e método*, publicada em 1960, Gadamer afirma que "a hermenêutica precisa partir do fato de que aquele que quer compreender deve estar vinculado com a coisa que se expressa na transmissão e ter ou alcançar uma determinada conexão com a tradição a partir da qual a transmissão fala. Por outro lado, a consciência hermenêutica sabe que não pode estar vinculada à coisa em questão ao modo de uma unidade inquestionável e natural, como se dá na continuidade ininterrupta de uma tradição. Existe realmente uma polaridade entre familiaridade e estranheza, e nela se baseia a tarefa da hermenêutica. Só que essa não pode ser compreendida no sentido psicológico de Schleiermacher como o âmbito que abriga o mistério da individualidade, mas em um sentido verdadeiramente hermenêutico, isto é, em referência a algo que foi dito (*Gesagtes*), a linguagem em que nos fala a tradição, a saga (*Sage*) que ela nos conta (*sagt*). Também aqui se manifesta uma tensão. Ela se desenrola entre a estranheza e a familiaridade que a tradição ocupa junto a nós, entre a objetividade da distância, pensada historicamente, e a pertença a uma tradição. E esse entremeio (*Zwischen*) é o verdadeiro lugar da hermenêutica" (GADAMER, 2008, p. 390-391).

A hermenêutica existencial de Bultmann. No campo teológico, Rudolf Bultmann, com seu programa de demitologização, foi um dos pensadores que se destacaram pelo diálogo com as novas perspectivas hermenêuticas, as quais se consolidaram com Schleiermacher, Dilthey, Gadamer e especialmente Heidegger. A contribuição bultmanniana, sobretudo as obras sobre hermenêutica publicadas na década de 1960, são marcos decisivos da hermenêutica teológica. Isso se expressa especialmente no tocante à afinidade entre leitor e autor, como base de compreensão do texto, pressuposições que os referidos autores, cada um a sua maneira, trabalharam. Tal visão pode ser resumida na afirmação de que "a relação entre autor e intérprete torna-se relação de ambos com a coisa de que se trata. Pode-se entender um texto musical se e na medida em que mantém uma relação vital com a música; pode-se entender um texto histórico se e na medida em que se tem uma relação com aquilo que significa existência histórica, e assim por diante. A relação vital com a coisa, da qual, direta ou indiretamente,

Hermenêutica e teologia

se trata no texto configura-se como uma *pré-compreensão* (*Vorverständnis*) da coisa em questão. O pressuposto da compreensão é a pré-compreensão da coisa" (GIBELLINI, 1998, p. 60-61). Isso se aplica especialmente na interpretação de textos filosóficos, religiosos e poéticos. Trata-se de um interesse existencial, voltado para a concepção da existência expressa no texto, oferecida ao intérprete e captada por ele.

O intérprete entre a sua subjetividade a objetividade do texto. A perspectiva hermenêutica bultmanniana não se constitui em subjetivismo ou arbitrariedade. A pré-compreensão, impossível de ser eliminada, está associada e colocada no interesse que o texto gera e pode não coincidir exatamente com a intenção do texto. Tal perspectiva não gera entraves para a compreensão; ao contrário, ela redimensiona o sentido do texto, dando-lhe bases existenciais sólidas para que ele "fale". A pré-compreensão, uma vez assumida criticamente, torna-se um elemento subjetivo importante para, em sintonia com os problemas expressos pelo texto, captar a objetividade dele. O intérprete que assume a própria subjetividade, entendida como compreensão-de-si, que envolve a leitura do texto, possui melhores condições de alcançar a objetividade da tarefa hermenêutica. Trata-se de uma pré-compreensão que possui valor provisório e aberto a retificações em relação ao conteúdo do texto, especialmente quando se trata do texto bíblico, uma vez que este, por suposto, é uma resposta divina aos anseios humanos e que não pode ser atingida pelos seres humanos por suas próprias estruturas do pensar. As exegeses bíblicas, portanto, são sempre realizadas com pressupostos, e não de forma neutra; e eles, uma vez explicitados, cooperam com a interpretação adequada e autêntica do texto. Estes são os aspectos centrais da hermenêutica existencial de Bultmann.

Vocabulário teológico

A hermenêutica teológica de Ernst Fuchs. As pesquisas bíblicas realizadas por Bultmann encontraram eco e aprofundamento no trabalho de vários teólogos. Um deles que se destacou nessa tarefa foi Ernst Fuchs. Esse biblista alemão realçou, com tons e características próprios, as noções bultmannianas de pré-compreensão existencial, de demitização e de interpretação existencial. Como elemento diferencial, ele deu maior destaque para a importância da linguagem no processo hermenêutico e para o papel dela no princípio hermenêutico, entendido como movimento e força que surge no processo real de compreensão da verdade. É a linguagem que nomeia a verdade. Em termos de interpretação bíblica, o princípio hermenêutico se dá com a pergunta em relação a "nós mesmos"; ele é ancorado na pergunta que expressa o problema crucial da existencialidade. Não é algo especulativo, mas prático e decisivo para a existência humana. Para captar a mensagem bíblica, na qual o ser humano está sempre "a caminho", ou seja, "em busca" da verdade divina, o intérprete deveria, então, se mover a partir do movimento similar possibilitado pela pergunta existencial. "A escuta do texto acontece no interior dessa pergunta; intérprete e texto formam um *círculo hermenêutico*. O intérprete jamais é um sujeito que se acha diante de um objeto que deve ser interpretado, no qual acaba por introduzir 'seu angustiante poder'; interpretar não significa trafegar por uma via de mão única, determinada pelo intérprete, como se toda atividade proviesse do intérprete: o intérprete deve deixar-se guiar pelo texto e deixar-se conduzir para onde o texto quer conduzi-lo. O círculo hermenêutico define a correta relação entre intérprete e texto: o intérprete interroga o texto e se deixa, por sua vez, ser interrogado por ele, e isso é possível se o intérprete é movido pela pergunta sobre o fundamento da própria existência" (GIBELLINI, 1998, p. 66).

A circularidade da linguagem da fé. Para Fuchs, na Bíblia é Deus quem toma a palavra. Daí a expressão "Palavra de Deus". Ela é a linguagem que abre para o ser humano a possibilidade de percepção da graça, da liberdade e do amor. Com o correspondente da fé, o humano responde à Palavra. Como a fé se nutre da linguagem bíblica, fica, então, evidenciada uma circularidade: ela vem (da Palavra) e vai (mediada pelo humano) à Palavra. Discernir essa circularidade é a tarefa da hermenêutica teológica, que é a teoria da linguagem da fé. Dada a centralidade cristológica dos escritos bíblicos, a nova hermenêutica protagonizada por Fuchs procura recuperar a linguagem de Jesus, destacando, diferentemente de Bultmann, a importância dos estudos sobre o Jesus histórico. Fuchs, em sua produção teológica, buscou nos relatos acerca do comportamento ou conduta de Jesus algo que fosse histórico e relevante para a fé, especialmente em sua graciosa e concreta comunhão com as pessoas e grupos marginalizados, a sua convivência humanizadora que incluía comer e beber com os pecadores, e uma série de atitudes que expressava a presença e a intimidade redentora de Deus, revelada nos atos de Jesus. Assim, realçava-se a conduta de Jesus como chave para a sua autocompreensão como representante escatológico de Deus. Nessa direção, o evento pascal ganha forte relevo. Ele é um evento linguístico que redimensiona a pregação fundada em Jesus, com os conteúdos associados à cruz e à ressurreição. Essa linguagem se constitui em canal de equacionamento e de interpretação dos problemas da vida, desde os mais singelos e cotidianos até aos mais decisivos, como o enfrentamento existencial diante da morte.

Gerhard Ebeling e a nova hermenêutica. Outro teólogo que se destacou na chamada "nova hermenêutica", aprofundando criticamente os caminhos abertos por Bultmann, foi o biblista

Vocabulário teológico

alemão Gerhard Ebeling. Assim como Fuchs, Ebeling realça as concepções básicas do programa de demitologização bultmanniano, em especial a interpretação existencial que, para Ebeling, deve ser ancorada na linguagem. Daí seu interesse pela filosofia analítica de Ludwig Wittgenstein (1889-1951). A interpretação do texto deve se dar em relação íntima com o evento da palavra. A existência somente pode ser interpretada e compreendida por meio da palavra, em especial a do Evangelho. No entanto, para este teólogo, entre a Palavra de Jesus e a Palavra da Igreja existe uma unidade objetiva – diferentemente de Bultmann, que pensava em termos de descontinuidade em função do querigma pascal –, o que o levou a se identificar com o movimento de uma nova busca do Jesus Histórico. Nas décadas de 1960 e 1970, Ebeling, que havia sido pastor da Igreja Confessante no período da Segunda Guerra Mundial, dedicou suas pesquisas à tarefa hermenêutica, procurando equacionar a tensão forjada entre o pensamento de Karl Barth (1886-1968), que acentuava a Palavra e o seu conteúdo cristológico, e o de Bultmann, que realçava a hermenêutica existencial, podendo assim colocar em risco o fundamento histórico da fé.

A integração das tarefas histórica e dogmática da teologia. Ebeling compreendia que a nova hermenêutica havia ampliado os horizontes teológicos, não somente ao superar dicotomias internas como também ao encontrar mediações filosóficas importantes para a teologia, como as das perspectivas filosóficas de Heidegger, Gadamer e Wittgenstein. No tocante à unidade teológica interna, muitos foram os esforços visando à articulação entre a dimensão histórica (o que foi o anúncio, como ele aconteceu) e a dogmática (como e sobre quais bases o anúncio deve ocorrer). O trabalho hermenêutico integra as tarefas histórica e dogmática da teologia, dando-lhe, ao mesmo tempo, relevância e possibilidades de conexão com a realidade, por um lado, e consistência e densidade, por outro. Esse empreendimento interpretativo é realizado na verificação da Palavra de Deus nas situações fundamentais do ser humano. Este é um ser dotado de linguagem. Ela chega até ao humano por longos e complexos processos culturais e vai à direção de outros, nos mais diversos contextos comunicacionais, indicando que o ser humano é capaz e dotado de linguagem e vive em uma realidade que o transcende. A palavra "Deus" é exemplar nesse processo de construção linguística. Para além da gramática, da retórica e da dialética, a hermenêutica, como arte da compreensão, é a "teoria da linguagem vista a partir do horizonte mais amplo possível, pois tende a alcançar o próprio horizonte da experiência humana e ensina a superar as perturbações linguísticas, que são indícios de perturbações da vida" (GIBELLINI, 1998, p. 78). A teoria linguística teológica se fundamenta na linguagem da fé. Ela, devido à sua força comunicativa, é crucial para os processos hermenêuticos que envolvem a variedade – e, em certo sentido, a confusão – das línguas na atualidade. Daí a linha tênue que divide a hermenêutica teológica e a teologia fundamental.

ADRIANO FILHO, José. O método histórico-crítico e seu horizonte hermenêutico. *Estudos de Religião*, São Bernardo do Campo, ano XXII, n. 35, p. 28-39, jul./dez. 2008. BULTMANN, Rudolf. *Crer e compreender*: ensaios selecionados. São Leopoldo: Sinodal, 2001. GADAMER, Hans-Georg. *Verdade e método*: traços fundamentais de uma hermenêutica filosófica. 10. ed. Petrópolis: Vozes, 2008. GIBELLINI, Rosino. *A Teologia do Século XX*. São Paulo: Loyola, 1998. SALES, José Edvaldo Pereira. A universalidade da hermenêutica e o projeto de F. D. E. Schleiermacher. *Peri – Revista de Filosofia*, Florianópolis, v. 10, n. 1, 2018, p. 96-121. SCHLEIERMACHER,

Friedrich D. E. *Hermenêutica*: arte e técnica da interpretação. 8. ed. Petrópolis: Vozes; São Paulo: Universitária São Francisco, 2010.

História da Salvação (Teologia da) I

Teologia da História. O tema e a expressão "História da Salvação" foram e são recorrentes em variados autores e autoras das mais distintas correntes teológicas. No entanto, alguns deles são identificados mais de perto com a noção de uma Teologia da ➜História da Salvação, como uma caracterização básica de suas visões teológicas. Não se trata estritamente de uma escola ou grupo particular de pensamento teológico, mas, sim, da ênfase que alguns teólogos deram às próprias produções. Rosino Gibellini, na obra *A Teologia do Século XX* (1998), por exemplo, ao apresentar as principais correntes teológicas, identifica na produção de Oscar Cullmann (1902-1999) e Wolfhart Pannenberg (1928-2014) a "Teologia da História". Outros autores, como Paul Tillich (1886-1965), por exemplo, dada à amplitude de sua produção, não restrita à ➜Teologia da Cultura, também se dedicaram a reflexões teológicas sobre ➜história e teologia. O foco a seguir será na contribuição do teólogo franco-alemão Oscar Cullmann, pois uma Teologia da História da Salvação encontra na contribuição dele suas principais bases. Ele priorizou em suas pesquisas as noções de tempo e de história no cristianismo primitivo, motivado pela ideia de Cristo como ponto central (e não inicial nem final) da história. A visão de Cullmann, em reação aos paradigmas da ➜Teologia Liberal que prevalecera no século 19, oferece pontos de equilíbrio e de articulação em diferentes níveis do pensar teológico. A sua obra mais conhecida, por exemplo, *Cristo e o tempo*, publicada em 1946, se caracteriza "pela tensão dialética entre o secular e o sagrado, entre a história bíblica da salvação e a história da humanidade, entre os atos de Deus e os atos do ser humano [...] evitando tanto o ascetismo sectarista que isola a Igreja da sociedade quanto a secularização relativizadora do sentido místico da história" (GOUVÊA, 2003, p. 18).

O tempo e o plano salvífico divino. Em conexão com a crítica aos absolutismos efetuada pela ➜Teologia Dialética, de Karl Barth (1886-1968) e outros, Cullmann constrói sua teologia com forte acento cristológico, questionando assim as formas idolátricas comuns nos tempos do nazismo. "A extensão da soberania de Cristo suplanta infinitamente os limites da Igreja. Nenhum elemento da criação lhe escapa. '*Todo* o poder lhe foi dado no céu e na terra' (Mateus 28,19); '*toda* criatura no céu e na terra confessa que Cristo é o Senhor' (Filipenses 2,10); '*tudo* o que está sobre a terra e nos céus foi reconciliado por Jesus Cristo com Deus' (Colossenses 1,14ss). O senhorio presente de Cristo é exercido não só sobre o mundo visível como também sobre as potestades invisíveis, presentes por detrás dos dados empíricos e de maneira grandiosa e principalmente sobre as potestades invisíveis ocultas por detrás do Estado" (CULLMANN, 2001, p. 297).

O valor da eclesialidade e do acento cristológico. Outro aspecto da perspectiva dialética da Teologia de Cullmann é o questionamento das visões eclesiocêntricas, sem desvalorizar a eclesialidade. Isso se dá, especialmente, na articulação criativa do autor entre o acento cristológico e a defesa que faz da redenção da criação como um todo. "O Senhorio de Cristo há de se estender a todos os âmbitos da criação. Se houvesse um só onde esse senhorio fosse excluído, não seria total, e Cristo deixaria de ser o *Kyrios*. Por isso a esfera do Estado também, e ela principalmente, tem de estar incluída em sua soberania. A confissão de fé *Kyrios Christos*, que se opõe ao *Kyrios Kaisar*, prova quão central é essa ideia para a fé na soberania de Cristo" (CULLMANN, 2001, p. 298). Cullmann, em oposição à interpretação existencial do Evangelho tal como realizou Rudolf Bultmann (1884-1976) em seu programa de ➔ demitologização, compreendia que a História da Salvação constitui a essência do cristianismo neotestamentário. Para ele, o essencial é justamente o que Bultmann excluía, ou seja, a história real, plena de conteúdo e continuamente progressiva.

A dimensão histórica da salvação. Cullmann, semelhante ao que fizeram outros autores, também desenvolveu seu pensamento em contraposição crítica à herança filosófica grega, ante visões metafísicas dualistas que tanto marcaram a Teologia Cristã. Cullmann demonstra o enfrentamento de dois conceitos de tempos contrapostos. Primeiro está o pensamento com influência grega, que, em linhas gerais, compreende o tempo de modo cíclico: o tempo é um círculo fechado e, por conseguinte, refém de um eterno retorno. Isso faz com que o tempo deva ser entendido negativamente como escravidão, maldição ou precariedade. Nesses termos, pensar na possibilidade de buscar a salvação no tempo torna-se inviável. Ela só se tornaria possível se escapasse do círculo do tempo. A busca da salvação fora do tempo se torna uma negação do tempo e, justamente por isso, se encontra em contraposição a uma visão fundamental da fé cristã, que é a dimensão histórica da salvação. Ela se expressa no pensamento bíblico que dá ao tempo uma interpretação linear. Ou seja, o tempo é visto no conceito ascendente entre ontem, hoje e amanhã. Essa concepção oferece o espaço no qual se pode verificar a realização de um plano salvífico divino, de temporalidade infinita, que se realiza dentro de coordenadas temporais. Nessa perspectiva, tempo e salvação se relacionam mutuamente.

O "já e ainda não". Cullmann também aprofundou a reflexão sobre o paradoxo temporal, bastante difundido na teologia, conhecido por "já e ainda não" do Reino de Deus. Foi a maneira de se equacionar a histórica polarização da temporalidade escatológica entre visões futuristas e "para fora" da história e as que se concentram em questões históricas e terrenas. A partir da exegese do Novo Testamento, esse teólogo vê como o Reino de Deus e suas promessas reivindicam uma dupla aplicação temporal: um aspecto já inaugurado na pessoa e obra de Jesus Cristo, já presente na história, e outro ainda não consumado, o qual é esperado para o futuro, para a parusia. O cristianismo primitivo, como expressam as fontes do Novo Testamento, revela a tensão entre um "já realizado" e um "não ainda plenamente realizado". Assim, foi formulada de maneira mais consistente a noção do "já e ainda não". "A espera cristã dos eventos futuros encontra assim 'garantia' nos eventos cristológicos do passado. [...] O passado da História da Salvação torna-se preparação para o acontecimento central do Cristo; o futuro será a plena realização daquilo que já se cumpriu; o presente remete ao passado e ao futuro. [...] O presente da História da Salvação é o tempo da Igreja como tempo da missão, que deve ser situado na 'linha ascendente' da História da Salvação, de acordo com a dialética do 'já' e do 'ainda não'" (GIBELLINI, 1998, p. 257-258). Ou, nas palavras de Cullmann: "Quanto à tensão entre o 'já' e o 'ainda não', ela se dá com a presença do Espírito Santo que constitui a Igreja. O Espírito Santo é ele mesmo as primícias do fim" (CULLMANN, 2001, p. 297).

A salvação "no" tempo. Na perspectiva dialética do "já" e do "ainda não", a eternidade não se opõe à temporalidade. Dessa forma, Cullmann rompe com o dualismo neoplatônico. Para ele, a salvação compreendida do ponto de vista autenticamente bíblico não é a salvação "do" tempo, mas salvação "no" tempo. Assim fica mantida a tensão dialética entre o secular e o sagrado, não no sentido hegeliano segundo o qual a tese e a antítese chegam a uma síntese, porém, no sentido judaico-cristão, em que a dialética se torna paradoxo. Na cosmovisão judaico-cristã, a relação entre tempo e eternidade está vinculada à revelação. Nela, o caráter temporal é comum tanto ao tempo quanto à eternidade. Nesse sentido, para que seja possível uma compreensão adequada da noção de tempo na concepção neotestamentária e da Igreja primitiva é necessário um distanciamento de filosofias dualistas. "A chamada ortodoxia cristã, que se baseia na metafísica platônica, acabou por inspirar uma teologia na qual o indivíduo busca uma redenção particular, na qual ele mesmo se coloca desconectado do resto da humanidade e da história e, consequentemente, descompromissado com estas; uma redenção cujo objetivo é a fuga da materialidade e da temporalidade em direção a uma dimensão espiritual e imaterial na qual se escapa da história. Cullmann sugere que nada poderia estar mais distante da visão neotestamentária de redenção do que uma teologia desse tipo" (GOUVÊA, 2003, p. 17).

O método histórico-soteriológico. Em perspectiva interdisciplinar, a visão de Cullmann, marcada pelas suas pesquisas na área da história da Igreja, além dos estudos bíblicos, ecumênicos e sistemáticos, procurava demonstrar a discussão entre querigma e história. Tal discussão se dava não somente em relação à interpretação do cristianismo, mas também no tocante às diferenças de opinião que já existiam na época do Novo Testamento, as quais reapareciam em variadas formas no decorrer da história da teologia. O trabalho exegético neotestamentário de Cullmann, assim como boa parte das pesquisas bíblicas efetuadas por renomados teólogos do século 20, é devedor dos avanços conquistados pelo conhecido "método histórico-crítico". No entanto, esse teólogo indicava que sua metodologia não era dependente de tal sistema interpretativo, pelo menos não na forma como utilizavam os teólogos das escolas liberais e das existencialistas.

A crítica à visão liberal e à existencialista. Os primeiros eram questionados devido aos limites da ênfase racionalista em captar os aspectos fundamentais da fé bíblica. "A cristologia do Novo Testamento foi concebida na perspectiva da salvação. Ela é essencialmente soteriológica, e não um mito que teria sido imposto de fora a um querigma alheio à História da Salvação" (CULLMANN, 2001, p. 413). Os teólogos das escolas existencialistas também foram questionados em função dos limites que a noção que valorizava os encontros individuais e a resposta humana ao chamado escatológico possui. Para Cullmann, o fluxo dos eventos salvíficos, antes de qualquer compromisso pessoal, é imprescindível para melhor compreensão da fé. Para isso, ele utiliza primeiramente o método histórico das formas (*Formgeschichte*), incluindo a valorização da explicitação da fé em Cristo como canal de acesso à tradição cristã. No entanto, no debate com a Teologia Dialética de Barth e com o programa de demitologização de Bultmann, Cullmann especificou ainda mais o seu método, dando-lhe o nome de "método histórico-soteriológico" ou "método da História da Salvação". Essa perspectiva se fundamenta no princípio de que os aspectos históricos e soteriológicos são inseparáveis na revelação cristã. Deus se revela na história. Ela não pode ser desprezada, vista como algo sem profundidade ou sem força salvífica, assim como os atos salvíficos não podem ser desprovidos da concretude do caráter histórico. Trata-se de um amálgama: é a História da Salvação. A leitura dos textos bíblicos deve manter esse duplo foco: a direção histórica e a soteriológica.

Vocabulário *teológico*

Existencialidade e materialidade. A metodologia empregada por Cullmann em suas pesquisas bíblicas o levou a afastar perspectivas especulativas em suas conclusões. Para ele, "o Novo Testamento não pode, nem quer, instruir-nos sobre o 'ser' de Deus, considerando-o à parte do ato pelo qual se revela; as investigações sobre o 'ser', em sentido filosófico, lhe são totalmente alheias. Seu propósito é proclamar as *magnalia Dei*, as grandes obras reveladoras de Deus feitas em Cristo. E se o Novo Testamento faz algumas tímidas alusões a uma realidade situada além da revelação, é só chamar nossa atenção no mesmo tempo para a distinção e a unidade entre o Pai e o Filho, e para nos recordar que toda cristologia é uma *história de salvação*" (CULLMANN, 2001, p. 426). A História da Salvação é "elemento central na fé cristã, que faz parte de um núcleo essencial sem o qual ela se descaracteriza e torna-se irreconhecível. Este elemento central histórico-redentivo (*Heilsgeschichtliche*), segundo Cullmann, não deixa de contemplar a existencialidade, mas satisfaz também a faceta material, sócio-histórica e política inerente à mensagem neotestamentária" (GOUVÊA, 2003, p. 15).

Cristo e o tempo. Cullmann demonstra, sobretudo em sua obra *Cristo e o tempo*, que Cristo é o centro da história, na medida em que ele se coloca nos limites entre o período da promessa e o período da realização final, distinguindo-se, assim, das teses de Bultmann que realçavam Cristo como o fim da história. "A esperança da vitória final é igualmente tão mais intensa à medida que ela está sobre a convicção inabalável de que a vitória decisiva já foi alcançada" (CULLMANN, 2003, p. 126). Trata-se do *éschaton* como salvação atualizada no tempo. Em Cristo, está manifesta a soberania de Deus sobre o tempo: Deus entrou no tempo limitado. O autor explica "as consequências conflitantes de uma perspectiva linear da história, como é a que caracteriza a fé cristã neotestamentária,

História da Salvação (Teologia da) I

em oposição à visão cíclica da história que caracterizava a metafísica grega. Indo além, Cullmann explica a chocante radicalidade da fé cristã de que existe um ponto focal na história, a saber, o evento Jesus Cristo, a partir do qual toda a história humana pode e deve ser entendida. Em outras palavras, a ideia de que a partir deste único evento que envolve o processo salvífico, da encarnação à ressurreição, todos os demais eventos da história recebem seu sentido e devem ser entendidos e julgados. Indo ainda mais além, Cullmann demonstra, em *Cristo e o tempo*, por que se pode concluir que, à luz do Novo Testamento, a temporalidade e a história humana são a arena em que Deus opera sua obra de redenção, e que, portanto, a redenção proposta pela fé cristã não é uma redenção etérea, fantasmagórica e extramundana, mas a redenção temporal e material da criação de Deus, e da humanidade como parte e coroa desta mesma criação" (GOUVÊA, 2003, p. 16-17).

História da Salvação. O interesse de Cullmann na pessoa e na obra de Jesus não se daria apenas em sua figura histórica, mas, especialmente, em Jesus como *Kyrios*, que representava a crença da Igreja primitiva. A História da Salvação, com a centralidade cristológica que lhe é peculiar, é o núcleo básico da mensagem cristã, sendo vista como norma para a Igreja e para o mundo. Ela não pode ser relativizada como elemento de superestrutura mítica, como afirmara Bultmann, pois forma com a existência cristã uma realidade conjunta e inseparável. A História da Salvação expressa a noção de que Deus se revela na história por intermédio de uma série de atos redentores, no centro dos quais está a encarnação, a crucificação e a ressurreição de Jesus Cristo. A ressurreição é objeto de fé e esperança para aquele que crê. Conforme a esperança escatológica dos primeiros cristãos, o futuro do ser depende absolutamente de toda a História da Salvação. No Novo Testamento,

Vocabulário *teológico*

toda esperança na ressurreição está fundada sobre a fé em um fato do passado, quer dizer, o fato central da linha da salvação e objeto do testemunho dos apóstolos: a ressurreição de Cristo. Esses fatos salvíficos são *kairoi*, ou seja, tempos propícios escolhidos por Deus para a ação em favor do ser humano e do mundo.

A interpretação cristológica da história. O acento cristológico da visão de Cullmann está relacionado a uma interpretação teológica da totalidade da história ou história do mundo. Portanto, não são duas histórias, mas dois planos que se interpelam mutuamente. A História da Salvação transcorre, faz parte e se desenrola no plano da totalidade da história e, ao mesmo tempo, a possui no horizonte, "na medida em que Cristo, como Senhor do tempo, é o centro de toda a realidade temporal, possuindo força de irradiação sobre toda a totalidade da história" (GIBELLINI, 1998, p. 258). Daí se depreende a dimensão cósmica do processo salvífico. "A formulação cristocêntrica das mais antigas confissões de fé nada sabe de uma distinção entre Deus como Criador e Cristo como Redentor, já que criação e redenção são inseparáveis, por serem ambas atos pelos quais Deus se revela ao mundo. Se partirmos da obra humana de Jesus e formos até o fim da reflexão sobre o problema da revelação, fica impossível separar redenção de criação. A morte expiatória de Cristo tem consequências cósmicas (Colossesnses 1,20; Mateus 27,51), e o *Kyrios Christos* presente não se manifesta somente como Senhor da Igreja, mas também como Senhor do universo" (CULLMANN, 2001, p. 302). O tempo histórico inaugurado por Jesus não só confere sentido ao passado e ao presente como também constitui uma realização antecipada do Reino na história, que somente se tornará plena em dimensão escatológica.

Salvação e Cristo. A perspectiva da História da Salvação se distingue de outras concepções teológicas que marcaram a moldura dos debates enfrentados por Cullmann. A Teologia da História da Salvação desenvolvida por ele se diferencia, entre outros aspectos e autores, "(a) tanto de Kierkegaard, que, com sua teoria da fé como contemporaneidade com Cristo, acaba dando um salto para trás, no passado; (b) como da escatologia subsequente de Schweitzer, para quem tanto Jesus como o cristianismo primitivo viviam na expectativa da *parusia*, projetados apenas para o futuro; (c) como da escatologia realizada de Dodd, para quem, com sua ressurreição, e, portanto, no presente salvífico, Jesus realiza o advento do Reino; (d) como ainda da Teologia Existencial de Bultmann, que reduz a 'História da Salvação' (*Heilsgeschichte*) a 'evento da salvação' (*Heilsgeschehen*). Em todas essas posições perde-se a tensão entre o 'já' e o 'ainda não', que, para Cullmann, continua a ser o elemento neotestamentário específico" (GIBELLINI, 1998, p. 260). A História da Salvação, como desígnio de Deus, está ligada ao evento cristológico, ímpar e singular, no qual todo o passado tende e conflui a essa intervenção salvífica, e dela se origina a realidade presente que, uma vez discernida, remete ao futuro redentor.

CULLMANN, Oscar. *Cristologia do Novo Testamento*. São Paulo: Liber, 2001. CULLMANN, Oscar. *Cristo e o tempo*. São Paulo: Custom, 2003. GIBELLINI, Rosino. *A Teologia do Século XX*. São Paulo: Loyola, 1998. GOUVÊA, Ricardo Quadros. Prefácio à edição brasileira: Oscar Cullmann e o retorno à temporalidade (p. 11-22). In: CULLMANN, Oscar. *Cristo e o tempo*. São Paulo: Custom, 2003.

História da Salvação (Teologia da) II

Da Teologia da Palavra à Teologia da História. O tema e a expressão "História da Salvação" foram e são recorrentes em variados autores e autoras das mais distintas correntes teológicas, sobretudo nas produções sistemáticas. No entanto, alguns deles são identificados mais de perto com a noção de uma Teologia da →História da Salvação, como uma caracterização básica de suas visões teológicas. Não se trata estritamente de uma escola ou grupo particular de pensamento teológico, mas, sim, da ênfase que alguns teólogos deram às próprias produções. Rosino Gibellini, na obra *A Teologia do Século XX* (1998), por exemplo, ao apresentar as principais correntes teológicas, identifica na produção de Oscar Cullmann (1902-1999) e Wolfhart Pannenberg (1928-2014) a "Teologia da História". O foco a seguir será na contribuição do teólogo alemão Pannenberg.

Pannenberg e Cullmann. A perspectiva histórica de Pannenberg se aproxima razoavelmente daquela presente na obra de Cullmann, sobretudo por eles terem realizado um deslocamento do eixo na Teologia Protestante Contemporânea, indo da palavra à história. Ambos procuraram também superar o que compreendiam ser um reducionismo da Teologia Existencial, uma vez que, na visão deles, ela menosprezava a História da Salvação (enfatizada por Cullmann) ou a história universal (enfatizada por Pannenberg), realçando mais as histórias individuais e o papel decisivo delas no processo hermenêutico. As diferenças entre estes dois autores também contribuem para melhor compreensão da concepção de uma Teologia da História em Pannenberg. Enquanto Cullmann aceitava que a revelação acontece em eventos históricos, mas também em palavras, articulando acontecimentos históricos e linguísticos, Pannenberg considera que a estrutura da revelação se dá fundamentalmente na história, que Deus se revela em fatos históricos, que são e permanecem como fatos, embora cheguem ao conhecimento humano mediado por tradições históricas. "Pannenberg prefere

História da Salvação (Teologia da) II

falar de história universal (*Universalgeschichte*), porque teme que a posição de Cullmann leve a conceber a História da Salvação como uma espécie de *cripto-história*, que, embora conferindo sentido à história universal em seu conjunto, não seja acessível aos princípios gerais da investigação histórica, mas só possa ser afirmada mediante a decisão da fé" (GIBELLINI, 1998, p. 277).

Superando a visão barthiana. Pannenberg, em vários sentidos, contribuiu para a revisão da "Teologia da Palavra", na linha da →Teologia Dialética de Karl Barth (1886-1968). A partir de suas pesquisas com forte acento interdisciplinar, Pannenberg "desloca", como já referido, o *locus* da revelação divina da palavra para a história. A sua proposição destaca o lugar primordial da revelação em sua historicidade e contingência. Se a visão barthiana "respondia que Deus se revela diretamente em sua Palavra: revelação como autorrevelação *verbal direta*; revelação como palavra, Pannenberg, ao invés, baseado numa nova documentação exegética e histórica preparada em estudos apresentados pelos membros do círculo [de Heidelberg], formula a tese de que Deus se revela indiretamente mediante a proeza que ele realiza na história: revelação como autorrevelação *histórica* indireta; revelação como história" (GIBELLINI, 1998, p. 271). Ao contrário de pensar a revelação como um conjunto de doutrinas e ensinos divinamente autorizados, ela é vista como um evento histórico. Embora crítico da visão barthiana, Pannenberg possui muitas conexões com esse pensamento, especialmente a noção da soberania de Deus, a singularidade de sua revelação em Cristo e a universalidade do pensar teológico. O autor retrabalha esses conceitos em uma perspectiva própria, sempre ressaltando a importância da história para a compreensão do processo revelatório. O pensamento acerca da soberania de Deus sobre o mundo, por exemplo, não pode encontrar aplicação na forma de uma contraposição dualista de Deus à realidade natural, mas, se Deus é o Criador de todas as coisas, então as interpretações teológicas devem partir da confiança de que a presença de Deus constitui tudo o que é; ela é o fundamento da realidade, assim como outros teólogos também afirmaram. Pannenberg entendia que "a história universal, compreendida como história das tradições, permite a compreensão dos eventos particulares e da linguagem à qual esses eventos estão unidos de maneira indissolúvel" (ZEUCH, 2006a, p. 16).

A crítica à perspectiva bultmanniana. Pannenberg também se tornou conhecido pela crítica ao programa de ➔demitologização de Rudolf Bultmann (1884-1976), ao defender a noção de que a revelação e a história são categorias teológicas significativas e, portanto, não deveriam ser reféns dos subjetivismos que a ênfase no papel do querigma oferecia, e que a ressurreição de Jesus, associada a toda a dimensão histórica de sua vida e morte, é o eixo em torno do qual o cristianismo gira. Para Pannenberg, a Teologia da Palavra, seja na versão cristológica de Barth, seja na versão querigmática de Bultmann, se constituía em uma perspectiva autoritária sem conexão e possibilidades de aceitação no contexto pós-iluminista moderno. Ele critica a visão bultmanniana que compreende o evento da salvação somente como algo específico, que acontece e se consuma na interioridade das consciências individuais, com a acolhida do querigma na fé. Mesmo a Teologia ➔ Hermenêutica de Ernst Fuchs (1903-1983) e Gerhard Ebeling (1912-2001), críticos de Bultmann, representa apenas uma atenuação do caráter autoritário da palavra, mas não sua superação, pois mantém o foco na teoria linguístico-teológica, que se fundamenta na linguagem da fé, não considerando devidamente o papel e o lugar da história no processo da revelação.

Revelação como história. Pannenberg propõe, nos anos 1960 e 1970, perspectivas alternativas que se realçavam no contexto de uma evolução do pensamento teológico, em que a hermenêutica da história havia conquistado seu lugar. Tratava-se de um movimento não centralizado, nem mesmo articulado organicamente, de um grupo de teólogos que desde o fim dos anos 1950, preocupado com a credibilidade da fé e da Teologia Cristã para o ser humano contemporâneo no contexto de secularização, buscava uma nova compreensão teológica de caráter mais holístico. "A fórmula 'revelação como história' (*Offenbarung als Geschichte*) não deve ser confundida com a fórmula de caráter idealista, sobretudo hegeliana, de 'história como revelação'. Não é a história como tal que é revelação do absoluto: a revelação acontece em fatos históricos, em fatos realizados por Deus na história, em fatos que manifestam o sentido da história e o destino do homem. Não história como revelação, e sim revelação como história" (GIBELLINI, 1998, p. 275).

A revelação como automanifestação de Deus na história. Em termos de uma Teologia da História, Pannenberg se baseava na afirmação da história como sendo um processo de revelação divina, reconhecível de maneira ampla, acessível e plural, que de forma antecipada (proléptica) encontra seu fim último em Jesus Cristo Ressuscitado, e que não se distingue dicotomicamente entre história sacra ou da salvação e história profana, mas sim em uma dimensão integrada. A revelação é a automanifestação de Deus na história, expressa como evento histórico interpretado pela fé como ação divina. Não se trata de um conhecimento esotérico reservado a poucos, mas, sim, de uma autodemonstração de Deus na história para a compreensão humana. Na visão de Pannenberg, "não se pode falar de revelação como palavra, mas sim de revelação como história; Deus não se autorrevela diretamente por sua palavra endereçada ao homem, mas sim indiretamente na língua dos fatos, isto é, por meio de suas intervenções na história, entre as quais a ressurreição de Cristo – vista em suas ligações com o passado da história de Israel e em seu caráter proléptico do fim e da consumação da história em dimensão cósmica, constitui o fato histórico revelador, decisivo e definitivo da história universal e do destino do homem" (GIBELLINI, 1998, p. 273).

Teologia e verdade histórica. A pressuposição de uma Teologia da História da Salvação é a inexistência de fatos brutos, que existem por si mesmos, mas, ao invés, fatos que sempre devem ser interpretados. Os fatos e os eventos sempre são vividos em um contexto no qual eles têm um significado. Portanto, para Pannenberg, distanciando-se da abordagem hermenêutica, não há separação possível entre o evento histórico e o significado ou interpretação do evento. Ele até concorda que se possa descrever essa diferença de maneira abstrata, mas não na prática. O que é crucial para seu pensamento teológico é que o significado e o sentido dos eventos são inerentes aos próprios eventos (ZEUCH, 2006b). Pannenberg "vê a teologia como uma disciplina pública relacionada com a busca da verdade universal. Para ele, a questão da verdade deve ser respondida no processo de reflexão e de reconstrução teológica. Ele critica qualquer tentativa de dividir a verdade em esferas autônomas ou defender o conteúdo de verdade da tradição cristã contra a investigação racional. As afirmações teológicas devem ser sujeitas ao rigor da investigação histórica no que diz respeito à realidade histórica na qual se baseiam. A teologia, em outras palavras, deve ser avaliada com base em cânones críticos, exatamente como as outras ciências, pois ela também lida com a verdade" (GRENZ; OLSON, 1992, p. 189).

O evento de Jesus Cristo ressurreto. Devido ao interesse fundamental pela história, sobretudo a valorização da historicidade da revelação, Pannenberg elaborou uma cristologia "de baixo para cima", baseada na compreensão de que a divindade de Jesus se revela na real e concreta humanidade do "homem de Nazaré". Esse método consiste, basicamente, em partir da história de Jesus para, então, dela deduzir sua importância para os que nele creem como sendo o Cristo (ungido) de Deus e salvador, evitando assim abordagens de caráter subjetivista. Seria, portanto, necessário fazer o trabalho de perceber o que está por trás das narrativas bíblicas para descobrir o querigma. Trata-se de descobrir o evento histórico subjacente ao querigma, ou seja, descobrir a história que dá origem a ele. Um fato histórico, ainda que visto como revelação divina, tem de ser analisado em continuidade com o conjunto geral da história. Os mesmos métodos científicos e rigor analítico aplicados à história secular devem ser efetuados em relação à História da Salvação ou da revelação divina.

A ressurreição como antecipação do fim da história. A história da redenção não é supra-histórica, mas, devido a sua tendência universal, ela inclui e sintetiza todos os eventos. "A revelação de Deus não existe em um domínio de eternidade separado e distinto do fluxo da história, ou nos recessos do coração humano separadamente da visão pública. Em vez disso, a revelação de Deus é histórica" (HIGGINS, 2009, p. 211). Pannenberg destaca em sua teologia o evento de Jesus Cristo ressurreto como eixo universal proléptico de conhecimento da realidade. "A ressurreição é um fato 'proléptico', isto é, uma antecipação do fim da história e da revelação definitiva. [...] a revelação plena de Deus não é possível senão na totalidade da história, que é concebida em si mesma como revelação. Dessa forma, a revelação plena de Deus coincidirá com o término da história. E a ressurreição de Cristo foi uma antecipação do fim da história" (OLIVEIRA, 2014, p. 126). Ou, em outras palavras, a ressurreição "é um vislumbre ou adiantamento (2Cor 1,22; Ef 1,14). Os cristãos caminham pela fé (2Cor 5,7) em que o fim da história foi visto previamente em Cristo" (HIGGINS, 2009, p. 219). Esse evento é compreendido a partir do contexto judaico de expectativa apocalíptica. A apocalíptica judaica tem como uma de suas bases a noção da humanidade como a abertura infinita do ser humano para realidades que estão para além do seu mundo.

História e transcendência. A visão bíblica apocalíptica não foi muito bem desenvolvida pelas teologias modernas, devido à perspectiva evolutiva que compreende o presente mundo como estando em curso gradual de transformação. Na tradição apocalíptica, enfatizada por Pannenberg, o mundo, ao contrário, se encerra de maneira dramática pela ação unilateral de Deus. "A apocalíptica judaica teve um papel fundamental quando revelou ou desvendou à humanidade essa abertura infinita do homem [*sic*] para coisas além do seu mundo, para o que lhe transcende, o que é a característica distinta e identificativa do homem. Assim, mesmo sendo característico do judaísmo, a apocalíptica corresponde a algo que é universalmente humano. Por isso seu significado essencial não é alheio a nenhuma cultura. Viver como um ser que está aberto a coisas que vão além do mundo significa esperar coisas além deste mundo. A forma do pensamento apocalíptico corresponde, assim, à forma da verdadeira existência humana" (ZEUCH, 2006b, p. 18). Trata-se da dimensão da transcendência, que não se confunde com sobrenaturalismo, que se caracteriza por uma plenitude humana e sua radical autenticidade.

Jesus Cristo, história e mediação salvífica. Pannenberg apresenta uma percepção integrada do ser humano, superando, assim, os dualismos oriundos do pensamento platônico e da visão moderna. Ele enfatiza os conteúdos bíblicos com os quais se reforça o enfoque do ser humano visto de forma integral, conectando com a salvação humana revelada em Jesus Cristo. Para o autor, não há como falar de revelação e salvação sem considerar a história humana. A mediação da revelação divina se dá em Jesus Cristo, que viveu no mundo, na concretude histórica, na dinamicidade da vida. E porque "em Jesus emergiram e foram inaugurados o destino escatológico e o futuro da humanidade que ele pode ser considerado o centro que a tudo recapitula, sem prejuízo da abertura de tal humanidade ao futuro"; e, em diálogo crítico com a visão de Cullmann, Pannenberg mostra que "a ideia de prolepticidade subordina a si a de centralidade. O evento do Cristo é centro unificador da história da humanidade e do processo do mundo, enquanto prolepse do fim e da conclusão da história" (GIBELLINI, 1998, p. 276). A ressurreição de Jesus teve um caráter revelador e universal, devido ao fato de ela ter antecipado o fim da história universal. A dimensão histórica se realça, uma vez que o anúncio de que Jesus é o ressurreto não está dissociado de sua vida e missão e de sua paixão e morte de cruz. Além desse aspecto, a ressurreição é vista como evento histórico na medida em que se trata de uma realidade que permeia o universo da tradição apocalíptica da fé judaica. "Esse acontecimento – realizado por Deus em Jesus Cristo – seria histórico, porque responde inicialmente aos anseios mais profundos do ser humano (argumento antropológico), que comporta uma tradição (argumento da tradição) e pode ser expresso a partir de uma metalinguagem, possibilitando a compreensão de sua realidade (argumento de linguagem)" (SANTANA, 2003, p. 201).

A vocação histórica do ser humano. A perspectiva teológica de Pannenberg acerca da antropologia se articula com base na

Vocabulário *teológico*

inserção do ser humano na natureza, na sociedade e na história. Ela estabelece um debate crítico com as novas antropologias, em especial com os acentos próprios das pesquisas biológicas, sociológicas e históricas, uma vez que tais visões pouco ou quase nada valorizam o aspecto teológico. É desse contexto que se espera que a dimensão teológica possa emergir. Em relação ao primeiro aspecto, o ser humano na natureza, Pannenberg mostra que "Deus não poderia ser a realidade que tudo determina, se não fosse também o senhor da natureza. Além disso, mesmo na época tecnológica, a vida do próprio ser humano ainda depende, em grande medida, das condições naturais. Mesmo que, na modernidade, a antropologia tenha se tornado o ponto de partida das questões sobre Deus, Deus pode ser pensado como Deus apenas sob a condição de que Deus, isto é, a realidade que tudo determina, seja pensado como aquele que cria e dá cumprimento ao mundo da natureza com a inclusão do ser humano. Certamente, a problemática ecológica, especialmente sob o perfil ético, é urgente, mas, para uma doutrina teológica da criação, são fundamentais, em primeiro lugar, a física, a cosmologia física, a biologia teórica e a doutrina da evolução. [...] dispomos de uma fundamentação antropológica na doutrina cristã, segundo a qual o ser humano como imagem de Deus é destinado a ser o representante da autoridade e do senhorio do Criador do mundo. A vocação ao domínio não significa que o ser humano possa exercê-la à vontade. Isso é simplesmente a perversão da tarefa atribuída por Deus ao ser humano, que foi operado pelo secularismo da cultura moderna. Desse modo, o ser humano moderno fracassou no seu encargo para o senhorio do mundo como representante da vontade criadora de Deus, justamente por não ter sabido conservar a criação, assim como corresponde à vontade do seu Criador. A uma compreensão cristã do encargo, confiado

História da Salvação (Teologia da) II

ao homem, de domínio sobre o mundo da natureza, pertence também a responsabilidade pela manutenção e pelo cuidado da criação" (PANNENBERG, 2014).

A importância da dimensão religiosa da vida humana. A noção de revelação como história "tornou possível um falar responsável de Deus, que permite superar a antítese de racionalismo, que exclui Deus do discurso humano, e sobrenaturalismo, que fala de Deus sem tomar conhecimento dos problemas levantados pelo pensamento moderno" (GIBELLINI, 1998, p. 277). Pannenberg "propõe a reivindicação de que somente uma concepção da realidade humana que inclua também a dimensão religiosa da vida humana está à altura da humanidade do ser humano. Se o tema religião se torna um tema conexo à natureza do ser humano, então ele não pode ser reprimido, assim como não se pode reprimir a sexualidade, sem provocar com isso graves consequências, capazes de ferir e de prejudicar a realidade da vida humana" (PANNENBERG, 2014).

O Reino de Deus para além da história. A noção de revelação como história realça também a visão escatológica que atribui ao Reino de Deus certo destaque na compreensão teológica. Pannenberg é bastante crítico às visões que possuem uma ênfase acentuadamente intra-histórica do Reino. Isso não o identifica com perspectivas escapistas, que negam o mundo e que, em geral, estão associadas à indiferença social e à não valorização dos esforços humanos e dos processos históricos como engendramento escatológico do Reino de Deus. Ao contrário, a visão de uma irrupção divina do Reino, em uma visão de além-mundo, possibilitaria a valorização crítica dos projetos políticos, uma vez que revelariam as suas fragmentações e impossibilidades e a fragilidade do trabalho progressista do ser humano. "O caráter de além-mundo da escatologia religiosa questiona a alegada autossuficiência do mundo secular. Ao declarar que a consumação da existência humana é uma questão de esperança para além da morte, a escatologia religiosa denuncia as ilusões da crença secular na natureza alcançável de uma felicidade perfeita e sem ambiguidade neste mundo. Ao proclamar que o Reino escatológico de Deus é o lugar da conquista da paz e da justiça verdadeiras entre os seres humanos, a escatologia cristã ao mesmo tempo denuncia as pretensões dos políticos que afirmam que, sendo tomadas as medidas que defendem, a justiça final e a paz perfeita podem ser alcançadas em nossas sociedades seculares" (PANNENBERG, citado por HIGGINS, 2009, p. 222).

As funções crítica e construtiva da visão escatológica. A ênfase teológica no Reino de Deus confere a *função crítica* para a escatologia cristã, vital para uma Teologia da História que responda aos desafios do tempo presente. A ela se conjuga a *função construtiva*, que desperta nas pessoas e comunidades o senso responsável na organização dos esforços para se enfrentar os desafios advindos das necessidades humanas, injustiças endêmicas e problemas sociais mais diversos. "Um compromisso com o provisório é essencial à fé cristã do Reino de Deus. Recusar tal compromisso, porque o absoluto permanece fora do alcance dos esforços humanos, significaria trair o Reino. E, no entanto, é contribuição especial da compreensão escatológica do Reino que ela não permita que nenhum programa social específico seja erroneamente tomado como o Reino" (PANNENBERG, citado por HIGGINS, 2009, p. 220). Trata-se do padrão pelo qual as condições do mundo são medidas e realisticamente realizadas.

GIBELLINI, Rosino. *A Teologia do Século XX*. São Paulo: Loyola, 1998. GRENZ, Stanley; OLSON, Roger. *Twentieth-Century*

Theology. Downers Grove: InterVarsity Press, 1992. HIGGINS, Gregory. *A tapeçaria da Teologia Cristã*. São Paulo: Loyola, 2009. MARCOS, Evaristo; BRANCO, Judikael Castelo. *Kairós – Revista Acadêmica da Prainha*, Fortaleza, ano VII/1, jan./jun. 2010, p. 1-23. PINAS, Romildo Henriques. *A salvação para todos*: a Teologia de W. Pannenberg. Curitiba: Prismas, 2015. OLIVEIRA, David Mesquiati. A ressurreição de Jesus na visão de WP: uma análise do discurso religioso. *Unitas – Revista Eletrônica de Ciências das Religiões*, Vitória, v. 1, p. 122-132, jan./jun. 2014. PANNENBERG, Wolfhart. *Teologia Sistemática*. Santo André: Academia Cristã; São Paulo: Paulus, 2009. 3 vols. PANNENBERG, Wolfhart. O desafio das novas antropologias. *Revista IHU On-line*, São Leopoldo, jun. 2012. Entrevista para Rosini Gibellini. PANNENBERG, Wolfhart. Entrevista teológica. *Revista IHU On-line*, São Leopoldo, set. 2014. Entrevista para Rosini Gibellini. SANTANA, Marcos Antônio de. *Verdadeiro homem e verdadeiro Deus*: fundamentos Cristológicos da Antropologia Cristã na reflexão de Wolfhart Pannenberg. Rio de Janeiro, 2003, 330p. (Tese de doutorado)–Faculdade de Teologia, PUC-Rio. ZEUCH, Manfred. A teologia na universidade do século XXI segundo Wolfhart Pannenberg – 1ª parte. *Cadernos de Teologia Pública – IHU*, São Leopoldo, n. 19, 2006a. ZEUCH, Manfred. A teologia na universidade do século XXI segundo Wolfhart Pannenberg – 2ª parte. *Cadernos de Teologia Pública – IHU*, São Leopoldo, n. 20, 2006b.

História e teologia

Teologia da História. A relação entre história e teologia foi e tem sido tratada por variados autores e autoras das mais distintas correntes teológicas. Alguns deles foram identificados pela pesquisa

Vocabulário *teológico*

e sistematização que fizeram sobre uma Teologia da História da Salvação, como uma caracterização básica de suas visões teológicas. Não se trata estritamente de uma escola ou grupo particular de pensamento teológico, mas, sim, da ênfase que alguns teólogos deram às próprias produções. Rosino Gibellini, na obra *A Teologia do Século XX* (1998), por exemplo, ao apresentar as principais correntes teológicas, identifica na produção de Oscar Cullmann (1902-1999) e Wolfhart Pannenberg (1928-2014) a "Teologia da História". Paul Tillich (1886-1965), por exemplo, dada a amplitude de sua produção, que não se restringe à sua ➔Teologia da Cultura, também se destacou pelas reflexões teológicas que fez sobre história e teologia. O foco a seguir estará sobre a contribuição da Teologia Sistemática deste teólogo alemão.

A relação entre Reino de Deus e história. Um aspecto que se tem revelado crucial no desenvolvimento da história do pensamento teológico é a relação entre Reino de Deus e história. Todas as teologias que tentaram compatibilizar o Reino com uma visão linear da história perderam substância e relevância. Quando, ao contrário, os grupos religiosos estabelecem suas metas para além da história, podem trazer para o interior dela um conteúdo de maior radicalidade. O Reino de Deus é incompatível com uma visão linear da história, seja ela de motivação científica, capitalista ou socialista. Reconhecer a impossibilidade da construção histórica de uma sociedade igualitária sem exploração, alienação e dominação não significa refutar essa utopia ou abandonar as lutas e a opção pela justiça social e pelos empobrecidos. Significa, por um lado, o reconhecimento dos limites humanos na realização dos sonhos e, por outro, a possibilidade de sonhar para além das capacidades humanas. Essa perspectiva encontra-se profundamente arraigada na postura do "servo sofredor" e na experiência de Jesus, em especial

História e teologia

na fragilidade da cruz, radicalmente diferente do imobilismo que as situações de perplexidade e de crises possam gerar.

A criatividade da providência histórica. A tarefa de anúncio do Reino de Deus que reconheça a transcendência dele, que fortaleça a fé escatológica de que o próprio Deus realizará em plenitude os sonhos humanos e que dimensione a ação humana ativa e solidária no mundo, constitui elemento fundamental para a crítica das pretensões idolátricas que, por vezes, se achegam às propostas religiosas. Para Tillich, embora sempre presentes no decurso histórico, o Reino de Deus e a presença espiritual nem sempre são experimentados como fatores determinantes. Isso confere à história um ritmo singular, repleto de "altos e baixos" e de avanços e retrocessos. Por vezes, experimenta-se a criatividade – humana, filosófica e teológica – e, em outras, a prisão conservadora à tradição. A experiência bíblica veterotestamentária, em especial no seu período tardio, demonstrou por parte das pessoas e grupos um sentimento de ausência do Espírito. O mesmo se deu em diversos momentos da história das igrejas. Isso significa afirmar que o Reino de Deus está sempre presente, mas nem sempre o seu poder de comover a história (TILLICH, 1963). A providência histórica abre perspectivas de futuro, ainda que imponderáveis, para a história. A providência histórica não permite que tais perspectivas de futuro tenham, ao menos, três aspectos: uma visão determinista (em função da liberdade humana em aceitar ou rejeitar o amor divino), um otimismo progressista e utópico (em função da contingência humana e da manifestação demoníaca na história) e uma plenitude humanamente realizável (em função do domínio universal e misterioso da ação divina).

A história e a visão teológica de "Kairós". A convicção da iminência de um *Kairós* na história dependerá sempre da percepção que se possa ter do destino e da realização do próprio tempo. Essa percepção, para Tillich, pode ser encontrada no desejo apaixonado das massas; pode ser clarificada e mais bem formulada nos pequenos círculos de consciência intelectual ou espiritual; pode adquirir poder na palavra profética; mas não poderá ser demonstrada ou realizada forçosamente. A percepção do *Kairós* é de liberdade e ação, assim como é realidade e graça. A ideia de *Kairós* une crítica e criação. Ele questiona os absolutismos históricos, previne contra idealismos na prática política, supera os individualismos na vivência religiosa, possibilita uma consciência e motiva a ação para o surgimento do novo na realidade histórica. Ao estudar a relação entre história e Reino de Deus, Tillich mostra mais uma vez que o Novo Testamento utilizou por diversas vezes a expressão *Kairós*. Com ela, Jesus referiu-se ao seu tempo de sofrimento e de morte, por vir. Jesus e João Batista a utilizaram para anunciar a plenitude do tempo com relação à proximidade do Reino de Deus. Os escritos paulinos usam *Kairós* para referirem-se à visão histórico-universal do momento exato do tempo no qual Deus poderia enviar seu Filho. Trata-se do momento que deveria ser o centro da história.

A necessidade de discernimento histórico. A mensagem neo-testamentária é um convite à percepção desse "grande *Kairós*". Para isso, é necessário identificar os sinais dos tempos, conforme a crítica de Jesus àqueles que não foram capazes de fazê-lo. Essa mensagem colocou sob juízo tanto o paganismo como o judaísmo (cf. escritos paulinos) e possibilitou uma crescente visão histórico-universal e cósmica de Cristo (cf. literatura dêutero-paulina). *Kairós* é o momento de maturidade, de decisão, de recebimento do dom de Cristo, mas também pode ser identificado com o momento no qual se manifestam forças poderosas para resisti-lo. É o tempo pleno vivido na crise, pois a maturidade representa seriedade radical com o cumprimento da lei. Ou seja, ao aprofundar-se no sentido da lei, termina por anular a própria lei, ao dar lugar às Boas-Novas. A história das igrejas vivificou permanentemente a experiência *kairótica*. O aparecimento do centro da história foi e tem sido reexperimentado em situações de *Kairós* relativas ao evento central, Jesus Cristo. Essa compreensão possibilita uma visão dinâmica da história e é crucial para sua interpretação teológica.

Movimento e instituição. Os momentos de *Kairós* são historicamente acompanhados de pregações proféticas que advogam um estágio iminente caracterizado por uma realidade oposta à das igrejas, na qual a crítica e o juízo se destacam. A rejeição dessa crítica por parte das igrejas gera cisões a partir de movimentos sectários. O espírito profético acompanha tais grupos até o momento em que se tornam outras igrejas, quando, então, aquele espírito passa novamente a estar latente. Isso significa que o espírito profético está sempre presente e a consciência de um *Kairós* é uma questão de visão. Não se trata de uma avaliação científica, calculista, analítica. A atitude requerida é de abertura ao *Kairós*, de sensibilidade e de comprometimento. Essa postura não elimina a observação e a análise. Elas contribuem para uma objetivação e clarificação do *Kairós,* mas elas não o produzem.

A avaliação teológica permanente da história. O espírito profético atua independentemente de argumentação e da boa vontade humana. Por outro lado, o espírito que confere, a um determinado momento histórico, um valor espiritual especial está conectado com o "grande *Kairós*". Por isso, cada momento que reivindica ser espiritual deve ser testado; e o critério é confrontá-lo com o *Kairós* por excelência. Tillich indicou que "todo momento que reivindique ser Espiritual deve ser testado, e o critério é o 'grande *kairós*'. Quando o termo *kairós* foi usado para a situação crítica e criativa

Vocabulário *teológico*

após a Primeira Guerra Mundial na Europa central, ele foi usado não apenas pelo movimento socialista religioso em obediência ao grande *kairós* – pelo menos em intenção –, mas também pelo movimento nacionalista que, usando a voz do nazismo, atacou o grande *kairós* e tudo o que ele representava. Esse último era uma experiência demoniacamente distorcida de um *kairós* e levava inevitavelmente à autodestruição. O Espírito reivindicado pelo nazismo era o espírito dos falsos profetas, profetas que falavam a um nacionalismo e racismo idólatras. Contra eles a cruz de Cristo foi e continua a ser o critério absoluto" (TILLICH, 1963, p. 371). O movimento entre o julgamento dos *kairoi* – os quais são raros – e o "grande *Kairós*" – que é único – possibilita a dinâmica da história.

Vida eterna: o Reino de Deus como fim da história. A expressão "fim da história" possui duplo significado. Em primeiro lugar, como término, como finalização da dinâmica intra-histórica, como ponto final da existência histórica no tempo e no espaço. O segundo sentido é o de finalidade, de *telos*, de alvo transcendente do processo temporal, meta da dinâmica trans-histórica. Os dois significados estão presentes na escatologia. Esta, como tarefa teológica, relaciona o Reino de Deus como fim da história, tanto no sentido espaço-tempo como no valorativo-qualitativo. A articulação desses dois sentidos revela a "transição" do temporal ao eterno. Processo semelhante ocorre na doutrina da criação, em que há a transição do eterno ao temporal. A reflexão escatológica representa, portanto, um modo de relacionar o presente com o futuro, assim como a reflexão teológica sobre a criação é um modo de referenciar o presente ao passado. "Passado e futuro se encontram no presente, e ambos estão incluídos no 'agora' eterno" (TILLICH, 1963, p. 395). A escatologia, assim, não é um apêndice dos tratados teológicos, mas parte fundamental, uma vez que representa uma questão da experiência histórica presente, sem perder, contudo, a dimensão do futuro. O ser humano encontra-se *agora* diante do eterno e vislumbra nele o fim da história e o fim de tudo o que é temporal.

O temporal e o eterno. O estado humano diante do eterno possibilita a realização da história. Trata-se da elevação do que é temporal para dentro da eternidade. Isso se dá pelo fim da história permanentemente presente, ou seja, pela vida eterna, que é o aspecto transcendente do Reino de Deus. O conteúdo da vida eterna tem sido apresentado a partir de, ao menos, três respostas. A primeira é caracterizada pela "recusa em responder", por se tratar de um mistério inacessível ao ser humano. Tillich questiona tal postura por entender que vida e Reino são símbolos concretos que possuem, portanto, possíveis respostas. A segunda resposta é de caráter supranatural e está presente na imaginação popular. A vida eterna, nessa visão, não mantém relação direta com a história e com o desenvolvimento do universo. Ela seria as projeções inversas de todos os materiais ambíguos da vida temporal; uma reduplicação idealizada da vida na história, sem, todavia, os elementos de finitude, do mal e da alienação. Tillich também questiona tal concepção ao mostrar que a história se reduziria à salvação de indivíduos e não teria o caráter de atualização do Novo Ser. O autor apresentará uma terceira resposta à questão da relação entre história e a vida eterna. A vida eterna "inclui o conteúdo positivo da história, liberado de suas distorções negativas e plenificado em suas potencialidades" (TILLICH, 1963, p. 397). O fim permanentemente presente na história eleva os conteúdos históricos positivos à dimensão de eternidade. Ao mesmo tempo, a vida eterna exclui os conteúdos negativos da história e nega-os como elementos criativos e realizadores do fim da história. Entretanto, essa reflexão requer uma discussão sobre os critérios de definição daquilo que seja positivo ou negativo. Urge a compreensão do fim da história como "juízo último".

O juízo último. Para Tillich, a distinção entre o positivo e o negativo necessita de análise teológica abrangente e que contemple uma articulação do sistema teológico como um todo. Nesse sentido, é preciso considerar os conceitos principais como ser, não ser, essência, existência, finitude, alienação, ambiguidade, assim como os símbolos centrais como criação, queda, demoníaco, salvação e Reino de Deus, dentre outros. Este é um primeiro critério. Um segundo critério encontra-se na análise do negativo na história. O símbolo do juízo final não exclui e aniquila o negativo, uma vez que este faz parte do positivo como distorção. Eliminar o negativo, nessa perspectiva, seria também eliminar o positivo, o que negaria o valor da história para o Reino de Deus. O que o juízo se propõe é frustrar a reivindicação do negativo em ser positivo, em misturar-se ambiguamente ao positivo. O juízo último, na permanente transição do temporal ao eterno, revela o negativo e o destitui de valor criativo e eterno. Ele não é o fim da história. Uma terceira possibilidade é a "essencialização", não obstante as formas platonizantes de se compreender o termo. "Essencialização também pode significar que o novo que foi atualizado no tempo e no espaço acrescenta algo ao ser essencial, unindo-o ao positivo que é criado dentro da existência, produzindo assim o novo de forma última, que é o Novo Ser, não fragmentariamente como na vida temporal, mas totalmente como uma contribuição ao Reino de Deus em sua plenitude" (TILLICH, 1963, p. 400-401). Portanto, o discernimento das realidades temporais que são elevadas ao eterno como conteúdos da vida eterna e consequentemente do Reino de Deus necessita de avaliação teológica global, de explicitação de suas ambiguidades e de atualização do Novo Ser no tempo e no espaço.

A conquista das ambiguidades da vida. Outra questão relativa ao fim da história é a conquista final das ambiguidades. A vida eterna encontra-se em relação com as funções da vida (autointegração, autocriatividade e autotranscendência) e as funções do espírito (moralidade, cultura e religião). Ela possui como características a autointegração, autocriatividade e autotranscendência não ambíguas, assim como representa o fim da moralidade, da cultura e da religião. A centralidade divina possibilita um perfeito balanço entre as polaridades de individualização e participação, sem aniquilá-las. O sentido da vida eterna encontra-se na condição não ambígua e não fragmentária do amor, o que caracteriza a plenitude do Reino de Deus. A criatividade divina, por sua vez, possibilita um perfeito equilíbrio entre a dinâmica e a forma do ser, conservando, todavia, na plenitude do Reino, o "eu" próprio da autocriatividade. Quanto ao sentido da autotranscendência não ambígua como característica da vida eterna, a resposta é o equilíbrio perfeito entre liberdade e destino, possibilitado pela liberdade divina que, nesse caso, é idêntica ao destino divino.

A vida eterna como fim da moralidade, da cultura e da religião. Quanto às funções do espírito, a vida eterna significa o fim da moralidade porque satisfaz o que é exigido pela moralidade. Da mesma forma, significa o fim da cultura, uma vez que essa é uma tarefa humana independente, que, ao tornar-se automanifestação divina, forma uma só realidade com a plenitude do Reino de Deus. A vida eterna significa também o fim da religião. Trata-se da superação da alienação humana, na "volta a Deus", na medida em que na vida eterna Deus "é tudo em tudo". A perspectiva do Reino de Deus para além da história refuta a concepção da felicidade (ou beatitude) eterna (*eternal blessedness*) como um estado de perfeição imutável. A vida eterna, como fim da história, possibilita a vitória ao ser humano em suas lutas cotidianas. Trata-se da conquista eterna do negativo. É nas "situações-limite" vivenciadas pelo ser humano que se pode experimentar o poder onipotente e o amor onipresente de Deus. A felicidade, portanto, pode estar unida ao risco e à incerteza, próprias da vivência humana, assim como ocorreu com Jesus em suas tentações. A comunhão com Deus é a "negação da negatividade", e não a fuga ou eliminação dela. Não só a humanidade participa da felicidade eterna como também toda a criação. O símbolo bíblico de "um novo céu e uma nova terra" indica, portanto, a universalidade da felicidade eterna na plenitude do Reino de Deus (TILLICH, 1963, p. 401-406).

Plenitude universal e individual. O imaginário escatológico historicamente reforçou o aspecto do ser humano individual em relação às questões do destino eterno. As bases bíblico-teológicas do cristianismo, de fato, possuem tal ênfase personalista, porém ela se encontra relacionada à participação universal na plenitude do Reino de Deus. Dessa articulação dependem as avaliações teológicas sobre a pessoa em sua individualidade e o destino eterno dela. O ser humano como liberdade finita possui uma relação com a vida eterna, cujas bases são diferentes das condições dos seres que estão sob o domínio da necessidade. O ser humano aspira à vida eterna, mas, ao mesmo tempo, se volta contra ela. O *telos* do ser humano como indivíduo é determinado por suas decisões (liberdade) tomadas à base das potencialidades a ele conferidas (destino). Essa relação entre liberdade e destino possibilita a cada pessoa graus diferentes do já referido processo de "essencialização". A concepção da existência de tais diferentes graus questiona, portanto, os absolutismos dualistas que opõem completamente o "salvo" e o "perdido", o "céu" e o "inferno", a "morte eterna" e a "vida eterna" e outros símbolos e conceitos religiosos similares.

A crítica às formas idolátricas. Julgamentos absolutos convertem o finito em infinito e, portanto, tornam-se idolátricos. Tanto do ponto de vista da automanifestação divina como da natureza humana, não se pode absolutizar o "destino eterno duplo". Como poderiam as realidades finitas criadas por Deus, incluindo cada ser humano individual como sendo algo bom, tornar-se completamente más? Deus deixaria de incluir algo ou alguém em seu amor divino e criativo? Tillich afirma que "a doutrina da unidade de tudo no amor divino e no Reino de Deus despoja o símbolo do inferno de seu caráter de 'condenação eterna'. Essa doutrina não elimina a seriedade do aspecto condenador do juízo divino, o desespero em que a exposição do negativo é experienciada. Mas ela elimina os absurdos de uma compreensão literal do inferno e céu e também recusa a permitir a confusão do destino eterno com um estado duradouro de dor e prazer" (TILLICH, 1963, p. 408).

O humano e suas ambiguidades. Quanto à natureza humana, ao menos dois aspectos contribuem para se refutar o absolutismo idolátrico presente na perspectiva dualista do destino eterno. O primeiro é que pessoa humana alguma vive sem ambiguidades, e o segundo é a influência das condições sociais na capacidade de decisão humana, tornando impossível a separação entre liberdade e destino. A relativização das perspectivas absolutistas de condenação ou de salvação eterna é possível na medida em que o processo de essencialização reúna a plenitude individual no Reino de Deus com a plenitude universal. A participação do ser humano na vida eterna se dá em unidade com todos os indivíduos e seres, não obstante o maior ou menor grau de plenitude atingido por estes. Nesse sentido, Tillich afirmou que "quem quer que condene a outrem à morte eterna, condena-se a si mesmo, porque a sua essência e a do outro não podem ser separadas de forma absoluta" (TILLICH, 1963, p. 409).

Vocabulário teológico

O movimento entre início, finalidade e destino da história.
Ao se rejeitar a concepção de uma eternidade sem tempo e de um tempo sem fim, torna-se mais evidente a noção de movimento. O eterno não é constituído nem da negação nem da continuação da temporalidade. Nesse sentido, a representação da linha reta do tempo formulada desde Agostinho torna-se insuficiente e precária para se pensar a eternidade e o movimento do tempo. Tillich sugere uma curva que una as qualidades de início ("proveniente de"), finalidade ("encaminhando-se para") e destino ("subindo de volta"). A curva "vem de cima, encaminha-se simultaneamente para baixo e para a frente, atinge seu ponto mais baixo que é o *nunc existentiale*, o 'agora existencial', e volta de forma análoga àquilo de que proveio, caminhando para a frente e simultaneamente para cima" (TILLICH, 1963, p. 420). Deus não está sujeito ao processo temporal, ele é eterno. Todavia, não existem dois processos paralelos de vida eterna – o divino e o humano. Há um só processo e este é caracterizado pela vida no eterno, ou seja, pela vida humana em Deus. Tudo o que é temporal provém do eterno e a ele retorna ("pan-en-teísmo"). Ou como na linguagem bíblica que afirma a plenitude última como Deus sendo tudo em tudo.

Simbolismo trinitário e a beatitude divina. A concepção da vida eterna como vida "em" Deus possui, ao menos, três sentidos: o de origem criativa dos seres humanos e do mundo ("uma presença que está na forma de potencialidade"), o de dependência ontológica ("a incapacidade de tudo o que é finito de existir sem o poder sustentador permanente da criatividade divina") e o de plenitude última ("o estado de essencialização de todas as criaturas") (TILLICH, 1963, p. 421). Todavia, esse tríplice sentido ainda não esgota a pergunta de como a vida divina se relaciona com a vida da criatura no processo de essencialização. Para isso, é preciso apresentar aspectos relativos ao conteúdo e à forma de resposta a essa questão decisiva. Duas discussões respondem ao conteúdo da pergunta sobre a relação de Deus com a criatura na vida eterna: o simbolismo trinitário e a beatitude divina. "O símbolo trinitário do *Logos* como princípio da automanifestação divina na criação e salvação introduz o elemento de alteridade na vida divina, sem a qual não seria vida. [...] O processo do mundo significa algo para Deus. Ele não é uma entidade separada, autossuficiente, que, dirigido por um capricho, cria aquilo que quer e salva quem quer. Antes, o ato eterno da criação é dirigido por amor que encontra realização somente através do outro, daquele que tem liberdade de rejeitar ou aceitar o amor. Deus, por assim dizer, conduz a atualização e essencialização eterna de tudo o que tem ser. Pois a dimensão eterna do que ocorre no universo é a própria vida divina. Ela é o conteúdo da beatitude divina" (TILLICH, 1963, p. 421-422).

Deus, o ser humano, o mundo e a vida eterna. A forma de responder às questões que emergem da relação entre história e teologia, não obstante parecer humanamente impossível, deve ser constituída de três aspectos – todos eles sem negar uma metodologia teológica que se inicia com uma análise da condição humana. O primeiro, como linguagem simbólica, para evitar o perigo idolátrico de "sujeitar o mistério último ao esquema sujeito-objeto, que distorceria Deus, transformando-o num objeto a ser analisado e descrito" (TILLICH, 1963, p. 422). O segundo, como afirmação da seriedade última da vida à luz do eterno, para refutar a tentação igualmente idolátrica de relegar a Deus um lugar externo e separado das lutas e dos esforços humanos. O terceiro, por fim, como caminho de Deus em relação ao ser humano e ao seu mundo, como expressão da graça, para evitar a visão, por vezes idolátrica e reducionista, de tratar sempre do ser humano e do seu mundo em relação a Deus (TILLICH, 1963).

GIBELLINI, Rosino. *A Teologia do Século XX*. São Paulo: Loyola, 1998. RIBEIRO, Claudio de Oliveira. *Quando a fé se torna idolatria?* A atualidade para a América Latina da relação entre Reino de Deus e história em Paul Tillich. Rio de Janeiro: Mauad, 2010. RIBEIRO, Claudio de Oliveira. História e libertação: contribuições de Paul Tillich para o contexto latino-americano (p. 81-114). *Revista de Cultura Teológica*, ano V, n. 21, out./dez. 1997. TADA, Elton; CHAVES DE SOUZA, Vitor (org.). *Paul Tillich e a linguagem da religião*. Santo André: Kapenke, 2018. TILLICH, Paul. *Systematic Theology III*. Chicago: The University Press, 1963. TILLICH, Paul. *A coragem de ser*. São Paulo: Paz e Terra, 1976. TILLICH, Paul. *Teologia Sistemática*. São Leopoldo: Sinodal, 2005.

Leitura popular da Bíblia

A articulação latino-americana de leitura popular da Bíblia. Não se pode descartar a importância dos movimentos bíblicos latino-americanos no contexto da Teologia Protestante dos séculos 20 e 21. Eles semearam, em diferentes países da América Latina, novas perspectivas bíblicas, teológicas e pastorais, com diferentes formas de organização e com metodologias inovadoras. Na trajetória do ➔movimento ecumênico latino-americano, um dos elementos facilitadores e motivadores da fermentação de novos ideais teológicos foi e tem sido o movimento bíblico. Organizações ecumênicas tais como o Centro de Estudos Bíblicos (CEBI), no Brasil – e várias iniciativas similares em outros países –, possibilitaram produção de material, releituras criativas e indicação de caminhos práticos para a vivência cristã. A contribuição de biblistas protestantes foi considerável nesse processo. Nomes como o da mexicana Elza Tamez (1951-), do chileno Dagoberto Ramirez (1936-2003), do argentino Néstor Miguez (1948-), do estadunidense Jorge Pixley (1937-), com intensa atuação em países da América Central, e dos brasileiros Milton Schwantes (1946-2012), Martin Dreher (1945-) e Haroldo Reimer (1959-), e das brasileiras Nancy Cardoso Pereira (1959-), Ivoni Richter Reimer (1959-), Tania Mara Vieira Sampaio (1960) e Odja Barros (1970-), além de uma geração de novos biblistas, homens e mulheres, marcaram e marcam os processos de formação bíblica e de debate de temas candentes da conjuntura sociopolítica, vista na perspectiva libertadora da tradição bíblica.

Os pobres e o movimento bíblico. Diversas organizações de formação bíblica, nos diferentes países, têm contribuído nesse processo e uma lista considerável de mulheres e homens de diferentes gerações têm protagonizado reflexões críticas e propositivas. Em linhas gerais, esse grupo prioriza em suas reflexões a tensão entre os pobres e as instituições eclesiais, a tensão entre as dimensões popular e acadêmica no tocante à leitura bíblica e a tensão entre racionalidade e subjetividade que marca o debate teológico até os dias de hoje. Esses movimentos realçam, nos textos bíblicos, os empobrecidos como sujeitos, que falam, eles mesmos, da vida e do direito e dedicam esforços para interpretar os sinais dos tempos e para articular a Bíblia e as dimensões concretas da vida. Para exemplificar a produção em torno da leitura popular da Bíblia, o foco a seguir, por diferentes motivos, será na contribuição do teólogo Milton Schwantes.

Leitura bíblica e racionalidade teológica. O casamento entre a espiritualidade bíblica e a teologia, historicamente, foi marcado mais por dissabores e conflitos do que por uma aproximação harmoniosa. A primeira – a espiritualidade – sempre mais livre e espontânea, tendo a defesa da vida como preocupação última, desinteressada e doadora de sentido à fé, nem sempre tem sido como a segunda – a teologia –, repleta de critérios racionais, por vezes orientada mais pelos interesses institucionais do que pela manifestação viva do amor e da vontade de Deus, profissional, e nem sempre articulada com os desafios que a vida traz. Não foram poucos os grupos que, também ao longo da história, estiveram preocupados com esse distanciamento e tensão. Os grupos ligados aos movimentos bíblicos tiveram destaque nesse processo.

O valor da Bíblia em várias reformas teológicas. A popularização da leitura bíblica é antiga. A centralidade da Bíblia na reflexão teológica, por exemplo, é devedora dos reformadores, que, no século 16, em uma conjunção de esforços e de desenvolvimento cultural próprios do início da era moderna, possibilitaram mais acesso de pessoas à leitura da Bíblia. O encontro de vários elementos do itinerário espiritual de reformadores da época – como a ânsia por liberdade, a busca de uma expressão de fé espontânea, o desejo de poder obter a salvação gratuitamente – retomou princípios bíblicos fundamentais, em especial o dom gratuito de Deus, revelado em graça e em amor, tais como os escritos bíblicos anunciam. Passaram-se os séculos, numerosas experiências de cultivo espiritual da vida e da fé foram vivenciadas, mas permaneceram as tensões entre as formas mais vivas de espiritualidade e a racionalidade teológica secular moderna. Os séculos 19 e 20 levaram ao auge tais tensões e abriram um horizonte significativo de melhor compreensão racional e exegética da Bíblia, livrando-a das prisões dogmáticas erguidas ao longo de muitos séculos. Vários teólogos dessa época deram passos largos na valorização do estudo crítico da Bíblia, mas precisaram que outros, como Karl Barth, por exemplo, voltassem aos princípios da Reforma ao destacar, dentre outros tópicos, a centralidade da Bíblia na vida da Igreja e na vivência da fé.

O florescimento dos grupos bíblicos. Mesmo com todo o relevo concedido à Bíblia, a racionalidade e o formalismo tão presentes nas teologias e experiências religiosas do início do século 20 não impediram que reações fortíssimas surgissem e fossem apresentadas como defesa da fé e da espiritualidade. Os fundamentalismos do final do século 19 e início do século 20 até que falaram com ênfase sobre a Bíblia, mas não parecem ter favorecido a manifestação da espiritualidade bíblica, tal como podemos ver nos escritos dos autores e autoras que se destacam no processo latino-americano de leitura popular da Bíblia, como Milton Schwantes e outros já referidos. Com a chegada do século 20, com suas muitas mudanças e movimentações sociais, políticas, culturais e religiosas, houve um florescimento de grupos de leitura bíblica na Europa. No continente europeu, os grupos e os movimentos bíblicos, ainda na primeira metade do século trouxeram vitalidade eclesial e novas formas de espiritualidade. Os grupos bíblicos católico-romanos desembocaram com vigor nas preparações do Concílio Vaticano II (1962-1965) e se constituíram em interpelação legítima para que uma nova compreensão eclesiológica florescesse. Os grupos protestantes ofereceram inspiração de fé para diversos empreendimentos missionários, para a cooperação ecumênica e tantas formas de "Evangelho Social", espalhadas no mundo inteiro.

A articulação entre a Bíblia e a vida. Em terras latino-americanas, multiplicaram-se, desde o início da segunda metade do século 20, as iniciativas de renovação bíblica. O contexto era de perplexidade e de busca de novos referenciais e coube ao exercício teológico ouvir as perguntas da fé e procurar explicitar o conteúdo dela, vivenciada por milhões de pobres e marginalizados

– conforme é a vocação da Teologia Latino-Americana. Surgem, então, ainda nos anos de 1950, os questionamentos do teólogo protestante Richard Shaull (1919-2002), um dos precursores da Teologia da Libertação, pessoa que Milton Schwantes sempre procurou lembrar em seus trabalhos. A pergunta de Shaull é capital e também está presente no pensamento de Schwantes: "Onde Deus está agindo, hoje?". Nessa época surgem círculos bíblicos no contexto da pastoral popular católica, com a mesma pergunta ("Deus, onde estás?"). O teólogo católico Carlos Mesters (1931-) apresenta, em um significativo livro com esse mesmo título, os conteúdos da Bíblia, fontes de uma nova espiritualidade (MESTERS, 1971). Milton Schwantes, amante da Bíblia e da defesa dos direitos dos pobres, está nessa longa caminhada e apresenta nos textos bíblicos os empobrecidos como sujeitos da vida e do direito.

As igrejas, a Bíblia e o despertar dos pobres. Ao interpretar os sinais dos tempos e articular a Bíblia e a vida, como lhe era peculiar, Schwantes constantemente afirmava que "entre nós, na América Latina, esta função questionadora da Bíblia recebe um realce especial. E este advém da situação histórica que vivemos. Acontece que novas leitoras e leitores estão anunciando seu interesse em participar da intervenção bíblica. Por assim dizer, há novos 'candidatos'. São os pobres. Sua palavra se vai fazendo presente nas igrejas. Este é um fenômeno novo. Está relacionado com um despertar mais amplo, um reerguimento social e político dos povos latino-americanos, dispostos a pôr um basta na história da exploração. Esse novo sujeito histórico ainda é frágil. Mas já se faz presente. Multiplicam-se os grupos de mulheres que propõem um outro projeto social, onde haja espaço para elas. Os camponeses sem terra já não se deixam mais iludir pelos propósitos capitalistas. Os

Leitura popular da Bíblia

sindicalistas afirmam sua autonomia diante do Estado que costumeiramente os atrelava. A própria sociedade civil quer constituir sua cidadania. As igrejas são parte deste todo. Seus integrantes vão à Bíblia cheios desta aversão cada vez mais arraigada contra a exploração e cheios desta esperança de pão para todos. Estas novas leitoras e leitores inquietam as igrejas. Exigem maior coerência com testemunho bíblico da vida plena, da existência abundante para todos" (SCHWANTES, 1988d, p. 34).

A crítica social e política. A perspectiva teológica latino-americana alimentou e foi alimentada pela produção de Milton Schwantes. Trata-se de uma teologia fincada no tempo e produzida em resposta a ele. A forma criativa e popular de seus escritos aliada à sua perspicácia para o uso de uma linguagem que pudesse estar profundamente conectada com o presente, ainda que estivesse baseada nos escritos bíblicos, revela expressões que quase exigem um tipo de "exegese", tamanha era a relação que ele fazia com expressões e situações do tempo de cada um de seus escritos. São inúmeros os exemplos. O primeiro, contextualiza os desastres sociais do governo Fernando Collor (1990-1991), no Brasil, na vida da população: (a) "As igrejas como que *coloriram*... Não viam o que estavam vendo. Os índios foram massacrados. Foram vitimados por um monstruoso genocídio. Os escravos negros foram esgotados em suas forças. Foram açoitados, difamados pela cor. Operárias e operários estão sendo submetidos à crescente exploração. E as igrejas quase que se apartam desta violência toda, desta brutalidade monstruosa, como se não fosse de sua alçada, como se não dissesse respeito a seu ministério" (SCHWANTES, 1989c, p. 30, grifo nosso). A crítica social está bem delineada e compreensível no texto em questão, mas a expressão "como que coloriram" é lapidar e, talvez, comunique muitíssimo mais do que o restante.

175

Quem viveu a época saberá dizer do impacto negativo do referido governo na vida do povo mais pobre.

A Bíblia e a leitura do contexto histórico. Outro exemplo de contextualização da leitura bíblica está no uso da conhecida frase "Tudo pelo social", que marcou o governo brasileiro do presidente José Sarney (1985-1989). A sensibilidade profética de Milton Schwantes fazia com que ele introduzisse as perspectivas bíblicas em profunda conexão com os quadros conjunturais. No artigo que usa o *slogan* governamental, mas em tom de questionamento: "Tudo pelo social?", o autor ambienta a reflexão bíblica afirmando: (b) "Há momentos em que tudo fica mais claro, mais nítido. Por certo, não faltam momentos de nebulosidade. A vista não se parece clarear. Eclesiastes escrevia a respeito. São aqueles períodos em que tudo parece se repetir, em que não se enxerga o novo. Em todo caso, estes não são os nossos dias. O novo está aí à vista de todos. Quem tem olhos para ver, vê. A cada dia, as coisas ficam mais claras. Aumenta a transparência. Dissipa-se a névoa. Some o que é nebuloso. E aí, diante de nós, tudo fica nítido. Não era assim há tempos atrás. Pelo contrário, quando se discutia em torno do projeto militar, como era difícil convencer alguém que aquilo não daria em nada. Era 'milagre' para cá, promessas desenvolvimentistas para lá. E a neblina era tamanha que muita gente se deixava iludir. Acreditava... Os tempos mudaram. A gente nem acredita mais. A cada dia que passa, nossa experiência é a de que a miséria aumenta. Os militares nos empobreceram, e o 'tudo pelo social' nos tornou miseráveis" (SCHWANTES, 1989a, p. 33).

A contundência da crítica bíblica aos processos políticos. E a crítica de Schwantes aos políticos permanece e é, além de nítida para quem viveu a época, bastante contundente: "As próprias elites não alcançam ater-se aos seus propósitos. Circunscrevem as rezas às sacristias. Mas, quando se trata de garantir o seu poder, não hesitam em afirmar-se como 'cristãs'. Propugnam a defesa dos valores religiosos. Peregrinam a Roma e, na volta, se reúnem com pastores evangélicos. Promovem a religião e marcham por 'deus, propriedade e família'" (SCHWANTES, 1989d, p. 33). Os círculos bíblicos e a vivência das Comunidades Eclesiais de Base e de grupos evangélicos ecumênicos construíram uma história e desenvolveram uma espiritualidade própria. Em todos esses espaços, Milton Schwantes esteve como pastor e teólogo. Na situação eclesial de hoje, a presença das pessoas pobres é intensa, ora com expressão social e eclesiástica mais nítida, ora "escondidos em três medidas de farinha", como está expresso no Evangelho. Há, como qualquer movimento, certas limitações e simplificações pastorais, mas há também uma riqueza espiritual profunda que perpassa as décadas e alimenta práticas sociais consistentes, como a dos trabalhadores rurais sem-terra, por exemplo, ou novas formas de cultivar a espiritualidade bíblica de grupos, por vezes, em dispersão e diáspora na gigantesca e assustadora realidade urbana.

A tensão entre os pobres e as instituições eclesiais. O movimento de leitura popular da Bíblia relaciona o poder vivido pelo povo de Deus na Bíblia, guardadas obviamente as limitações do contexto da época, com as expectativas e possibilidades das comunidades na atualidade. Para Schwantes, "na Bíblia o poder é posto em crise. É questionado em sua raiz. A mística bíblica não se ajusta aos interesses de monarcas e imperadores. Está, por assim dizer, na contramão" (SCHWANTES, 1988c, p. 33). E o autor oferece, com a densidade exegética que lhe é peculiar, diversos exemplos. Ele compreende que "a Bíblia pratica o poder de outro jeito. Exercita-o a partir do serviço ao mundo. Compreende-o como resultado do trabalho. Na medida em que o trabalho é

Vocabulário *teológico*

substituído pela exploração, a própria vida é transformada em morte. Percebe-se assim que o projeto do povo de Deus é diferente. Podemos também constatar que no processo de formulação de decisões aparecem novidades. Lógico, não se poderá dizer que este seja democrático, no sentido atual. Afinal, em tempos bíblicos prevalecia a autoridade dos mais idosos. A sociedade era patriarcal. Os homens detinham uma palavra mais decisiva para as mulheres. Ainda que no geral existissem tais usos, observa-se que estes são questionados e superados em diversos episódios. Pensemos, por exemplo, nas primeiras comunidades cristãs. Mulheres eram missionárias. Profetizavam nas assembleias. Oravam nos cultos. Tudo isso representa grandes avanços. Pensemos também nos episódios da vida de Sara e Abraão. Por mais importante que fosse Abraão, Sara também tinha sua parcela de participação nos destinos do grupo. Partilhava das decisões. Por fim, pensemos nas profetisas, em Miriã, Ana, Hulda e outras. Em meio ao povo, deram contribuições decisivas. Anunciaram tempos novos, em que o 'cavalo e seu cavaleiro serão precipitados ao mar' (veja Êxodo 15,21)" (SCHWANTES, 1988c, p. 34).

A tensão entre o popular e o acadêmico. Schwantes sempre enfatizou a necessidade de os setores acadêmicos aprenderem da lógica popular para a leitura da Bíblia. Em sua reflexão sobre "Escravidão na Bíblia", ele responde a João Antônio, operário e participante de sua comunidade no tocante ao referencial utópico da Bíblia. Aprendendo com o referido irmão que afirmara que "uns leem a Bíblia pra frente, outros pra trás", Schwantes afirma que, "de fato, na Bíblia prevalece a óptica da promessa. Sob essa perspectiva é proclamada a ação de Deus no mundo. Já nos primeiros livros do Antigo Testamento, vive-se de olhos postos na terra prometida. Para os profetas, lanças ainda hão de virar

Leitura popular da Bíblia

podadeiras. O Novo Testamento insiste em ler o Antigo à luz das promessas. Iminente é a vinda do Reino. A Bíblia tem gosto pelo porvir. Agrada-lhe ser lida para a frente. Utopia chama-se seu desaguadouro" (SCHWANTES, 1988a, p. 32).

Os pobres como leitores e leitoras da Bíblia. A perspectiva popular para a leitura da Bíblia não transformara a visão de Schwantes em algo populista ou basista, para usar expressões que marcaram sua época. Ao contrário, o autor via nas pessoas pobres leitoras e pregadoras por excelência da novidade do Evangelho. Compreendia tal perspectiva dentro das noções dialéticas que prevaleciam em seu tempo, mas que, por vezes, eram esquecidas. Daí seu constante alerta para que articulássemos sempre duas vertentes fundamentais: "De um lado está o estudo da Bíblia. Faz-se necessário para captar a profundidade de sua história. É imprescindível, porque a Escritura é exigente. De outro lado, está a leitura popular. A resistência dos empobrecidos de hoje sintoniza com a da Bíblia. O labor dos estudiosos e as necessidades concretas das maiorias subjugadas vão de mãos dadas. Complementam-se. Estudo da Bíblia e prática popular se completam. Interagem" (SCHWANTES, 1988b, p. 34). A temática do papel do povo nos processos de interpretação bíblica foi recorrente em Schwantes. O autor colocava tal questão ao lado de outras, igualmente importantes e desafiadoras, como: (a) as implicações metodológicas da correlação entre a Bíblia e a vida para que simplificações fossem evitadas; (b) e o fato de se fazer a leitura da Bíblia a partir de novos lugares sociais, especialmente os contextos de lutas sociais e políticas.

As disputas de interpretação. Pode o povo explicar a Bíblia? Milton Schwantes indicara que "novos intérpretes da Bíblia vão aparecendo à porta de nossas igrejas e até já em seu interior. E isso alegra a uns, mas entristece a outros. Põe às claras o conflito de

179

interpretações, no qual nos encontramos. O estudo acadêmico e o poder eclesiástico já não resultam mais como plenamente suficientes. Não que não fossem importantes! Não que estivessem sendo negados. Nada disso! O que se passa é que estão sendo questionados. Aparecem em seus limites e precariedades. Isso é duro para o acadêmico. Os estudiosos tendem a distanciar-se das dores do povo. Sobem mais alto. Tendem à autossuficiência, quando a inserção popular deixa de ser uma de suas marcas. Isso é duro para o poder eclesiástico. Não é fácil pôr-se na escuta. Servir complica. O exercício da disciplina é mais óbvio, está mais à mão. E aí fica difícil experimentar e admitir que, em nossa América Latina, o povo dos pobres está assumindo papel decisivo na interpretação da Bíblia" (SCHWANTES, 1989b, p. 35).

Entre o Êxodo e a Sabedoria. A contribuição que Milton Schwantes oferece reforça a ideia de que a referência bíblica do Êxodo (em profunda sintonia com os movimentos de libertação social e política, próprios dos anos de 1960 a 1980) deve hoje estar ao lado, em sentido de alargamento hermenêutico, das referências bíblicas em torno dos escritos sapienciais (Sabedoria). Isso é urgente devido à necessidade de sintonia mais profunda com as questões suscitadas pela situação de degradação humana vivida em meio aos processos socioeconômicos do contexto de exclusão social, próprio da realidade do neoliberalismo econômico que enfrentamos. Nas palavras de Schwantes, ditas há mais de trinta anos – o que difere em muito em termos de análise, se fossem ditas hoje –, encontra-se o alerta: "Por certo, a experiência real não pode faltar em nossos estudos bíblicos latino-americanos, mas, se for tomando conta dos encontros, se o círculo bíblico 'só' for política, tenderá a se esgotar. Primeiro, porque o círculo bíblico não é instrumento suficiente para enfrentar e mudar a realidade, para a atuação política. Há outros

Leitura popular da Bíblia

instrumentos mais capazes, experimentados, como a associação do bairro, o sindicato etc. O círculo bíblico terá que remeter para estas entidades, encorajar a participação. Ele não poderá querer substituí-las. Segundo, porque as pessoas que vão ao estudo bíblico, ainda que não queiram se isolar da realidade que vivem em seu dia a dia, querem expressar-se também em termos de cantos, orações, em nível religioso. Se a gente não respeitar esse anseio dos participantes do círculo bíblico, se não ajudar a desenvolver a linguagem da fé, da religião, então o círculo tende a se atrofiar, tende a se esgotar" (SCHWANTES, 1990, p. 25).

A tensão entre racionalidade e subjetividade. A temática da sabedoria redimensiona aspectos que a dimensão da responsabilidade social e política da fé cristã poderia, em tese, tornar alvo de pragmatismos e de instrumentalizações sociopolíticas indevidas. Política e poder são dimensões e realidades muito positivas para a fé, mas às vezes a corrompem. Aí é preciso: sabedoria. Além disso, o caráter bíblico-teológico sapiencial realça as dimensões profundas da existência humana, tal como se encontra ressaltado em várias visões teológicas de forte cunho existencial em diferentes épocas. A articulação das dimensões sociopolítica e existencial no exercício da fé cristã constitui, portanto, um imperativo. Não se trata de colocar uma dimensão ao lado da outra, mas de articulá-las, integrá-las, torná-las irmãs. Trata-se de um serviço que a teologia precisa prestar à experiência cristã no sentido de contribuir para que a vivência da fé seja, ao mesmo tempo, consistente (ou seja, fiel à realidade do Evangelho) e envolvente (assimilada por parcelas significativas da população). Essa dupla tarefa de crítica e anúncio, que historicamente deu sinais de cansaço e esvaziamento, especialmente pelos encontros e conflitos da fé cristã com as diferentes formas do pensamento humano, reafirma-se como tarefa teológica de fundamental importância, considerados os aspectos da realidade social e religiosa atual.

A comunidade eclesial como espaço lúdico. O movimento de leitura popular da Bíblia tem permanentemente apresentado novos e diferentes desafios à reflexão teológica cristã, e a contribuição oferecida por Milton Schwantes com suas obras será por demais útil e prazerosa nos processos de valorização da leitura bíblica. Schwantes indicara que, "nestes últimos tempos, nem sempre temos avaliado as chances do estudo bíblico na comunidade com o devido cuidado, com o devido discernimento. Não raro nós, agentes de pastoral, talvez tenhamos exagerado na acentuação da realidade. Motivados pelo que a própria comunidade trazia à tona em cenas, casos e fatos do cotidiano, possivelmente enveredamos, em demasia, pelos trilhos da realidade" (SCHWANTES, 1990, p. 25). Para as reflexões acerca de uma eclesiologia e de uma pastoral popular e sobre os modelos de ação pastoral entre os empobrecidos, um fato que tem chamado à atenção é certa violência do discurso pastoral politizado, diante da expectativa religiosa dos que vão à igreja. Quanto a isso, mesmo ante referências teológicas que defendem uma fé inculturada e marcada pelos compromissos sociopolíticos, pode-se advogar, sem receios, que a comunidade local seja uma "bolha" na qual os membros podem sentir-se "bem em flutuar um pouco acima de sua realidade" (SCHWANTES, 1989c, p. 29).

A comunidade, a Bíblia e a superação da violência. A compreensão da comunidade eclesial como espaço lúdico, em função das referências teológicas latino-americanas, requer necessariamente a distinção sobre o limite entre essa perspectiva e as práticas alienantes que marcam as vivências no interior das igrejas, especialmente as relacionadas com as formas religiosas intimistas e sectárias. Schwantes, inspirado na leitura popular da Bíblia, destaca

Leitura popular da Bíblia

o valor da vida em comunidade como algo que, em si, é gerador de formas de superação das crises sociais, embora tal vivência não esteja desvinculada dos compromissos sociais e políticos. A violência e a miséria estão no dia a dia das igrejas. Por isso, as comunidades são o espaço de *diakonia*, que surge da negação humana, semelhante à experiência de Estêvão e de outros cristãos do Novo Testamento (cf. Atos 6 e 7). Dessa negação irrompe a nova experiência de amor e serviço: "Experimenta-se a superação da violência através da solidariedade. A comunidade é este espaço novo e concreto para a redenção. A Bíblia não se cansa de insistir neste seu projeto. A comunidade, a Igreja da base, viabiliza momentos de superação das opressões. Aí as crianças são acolhidas: 'Deixai vir a mim os pequeninos'. As mulheres também testemunham, assumem sua palavra. Os escravos são integrados como irmãos. Nascem novas relações. E assim a violência é contida, de jeito concreto, pé no chão" (SCHWANTES, 1989c, p. 30).

A Bíblia e as expressões de solidariedade e serviço. Outro aspecto que pode ser útil no equacionamento das tensões entre racionalidade e subjetividade presentes na pastoral é a dimensão bíblica da gratuidade nos esforços políticos e sociais, fortemente realçada nos escritos do autor. A tradição bíblico-teológica cristã apresenta a experiência de *diakonia* como síntese entre as ações humanas destituídas de interesse político objetivo (como a caridade bíblica) e aquelas que, por serem globalizantes e com ênfase na alteridade, sinalizam a compreensão utópica do Reino de Deus (como as ações de solidariedade). A solidariedade caracteriza-se por ter o seu horizonte de resultados no tempo presente. A *diakonia*, como ação comunitária e participativa, inclui e ultrapassa a solidariedade, pois o seu horizonte de resultados encontra-se no tempo utópico, ou seja, subordina-se a Deus e ao seu Reino.

CESAR, Ely Eser Barreto. *A fé como ação na história*: hermenêutica do Novo Testamento no contexto da América Latina. São Paulo: Paulinas, 1987. DREHER, Martin N. *Bíblia*: suas leituras e interpretações na história do cristianismo. São Leopoldo: Sinodal/CEBI, 2006. MESTERS, Carlos. *Deus, onde estás?* Belo Horizonte: Vega, 1971. REIMER, Haroldo; SILVA, Valmor da (org.). *Libertação e liberdade*: novos olhares. São Leopoldo: Oikos; Goiânia: UCG, 2008. SCHWANTES, Milton. Escravidão na Bíblia. *Tempo e Presença*, Rio de Janeiro, n. 227, p. 32-34, 1988a. SCHWANTES, Milton. Afluiu para ele grande multidão. *Tempo e Presença*, Rio de Janeiro, n. 228, p. 32-34, 1988b. SCHWANTES, Milton "Entre vós não será assim", *Tempo e Presença*, Rio de Janeiro, n. 234, p. 33-34, 1988c. SCHWANTES, Milton. Uma Bíblia que inquieta. *Tempo e Presença*, Rio de Janeiro, n. 235, p. 33-34, 1988d. Tudo pelo social? *Tempo e Presença*, Rio de Janeiro, n. 239, p. 33-34, 1989a. SCHWANTES, Milton. No conflito das interpretações. *Tempo e Presença*, Rio de Janeiro, n. 242, p. 34-35, 1989b. SCHWANTES, Milton. Toda a criação geme e suporta angústias. *Tempo e Presença*, Rio de Janeiro, n. 246, p. 29-30, 1989c. SCHWANTES, Milton. O direito do órfão. *Tempo e Presença*, Rio de Janeiro, n. 247, p. 33-34, 1989d. SCHWANTES, Milton. Movimento bíblico e pastoral. *Tempo e Presença*, Rio de Janeiro, n. 253, p. 23-25, 1990.

Liberalismo teológico

As tensões entre fé e racionalidade. Não obstante a natureza da teologia como conhecimento crítico, metódico e sistemático da fé e como disciplina científica – especialmente em função de sua presença nos espaços universitários e sua relação com a filosofia e

Liberalismo teológico

com as ciências humanas –, há forte tendência de se compreender a teologia como linguagem e interpretação da vida humana e da sociedade. Tal perspectiva não elimina o caráter científico da teologia, uma vez que seu próprio surgimento e desenvolvimento, desde o período bíblico, revelam-na como uma estrutura e método de pensar os conteúdos da fé cristã. O caráter hermenêutico da teologia revela-se fundamentalmente na concepção que a compreende como um pensar que se faz e se modifica no tempo a partir de fontes mais permanentes. Nesse sentido, articulam-se o rigor metodológico e científico, de um lado, e, de outro, certa liberdade e intuição – não arbitrárias – que diferentes grupos possuem em suas avaliações crítico-religiosas de cada momento e circunstância histórica. No campo da experiência judaico-cristã, as tensões entre fé e razão estão presentes desde os primórdios. Cada momento histórico expressou formas diferenciadas de tensão, mas foi, sobretudo, no século 19, após os impactos do Racionalismo e do Iluminismo na civilização ocidental, que a teologia precisou enfrentar mais detidamente as questões relativas ao método científico.

Principais protagonistas. No século 19 e nas primeiras décadas do século 20, diante do legado dos ideais kantianos e hegelianos, o pensamento de Friedrich Schleiermacher (1768-1834), Ferdinand Christian Baur (1792-1860), David Strauss (1808-1874), Albrecht Ritschl (1822-1899), Ernst Troeltsch (1865-1923), Adolf von Harnack (1851-1930), Albert Schweitzer (1875-1965) e outros foi a expressão que mais fortemente demonstrou o interesse pela articulação entre fé e ciência e teve o foco de sua visão na defesa das liberdades individuais e na busca da autonomia humana, próprias do contexto da época. Tais compreensões, gestadas em conexão com o Iluminismo, foram convencionadas no campo teológico com a expressão "Teologia Liberal" ou "Liberalismo Teológico", como também é conhecida. Trata-se das reflexões sobre a fé em diálogo com as conquistas do conhecimento efetuadas marcadamente pelo uso da razão, dentro dos parâmetros da racionalidade filosófica, técnica e científica moderna, que se destacou no contexto europeu, sobretudo na virada para o século 20. Descrevendo a reflexão teológica liberal daquele período, Rosino Gibellini apresenta uma definição bastante sucinta, mas muito precisa, afirmando que a Teologia Liberal "nasce do encontro do liberalismo – como autoconsciência da burguesia europeia do século 19 – com a Teologia Protestante" (GIBELLINI, 2010, p. 19).

Teologia e modernidade. A Teologia Liberal, herdeira do humanismo renascentista e também dos ideais de liberdade da Reforma Protestante, surge no contexto do pensamento cristão moderno, sobretudo protestante e europeu, marcado pelas perspectivas empiristas, racionalistas e iluministas que prevaleceram nos círculos científicos e intelectuais e nas elites culturais do século 17 e 18. Essa corrente teológica possui diversificadas visões, sendo que uma das mais destacadas bases era a ênfase no direito do indivíduo de definir os termos de sua fé, sem ser tutelado ou constrangido por autoridades externas, reforçando, assim, processos de emancipação. A visão teológica liberal seguia, dessa forma, a noção, já estabelecida desde John Locke, no século 17, de que a defesa da liberdade individual pressupõe a possibilidade de decisões morais dos indivíduos, de tal forma que possam agir eticamente a partir do uso da razão. Nesse sentido, foi dado especial valor às experiências humanas, sejam elas de caráter mais empírico ou subjetivo. Elas foram mais incisivamente reconhecidas como caminho de conhecimento, distanciando-se da simples aceitação de verdades impostas. As formas de arbítrio do Estado e da religião passam com mais intensidade a ficar sob discernimento crítico, reforçando

Liberalismo teológico

valores como tolerância e autonomia para o exercício da vida social e uma visão otimista em relação à natureza humana. É fato que a visão teológica liberal, em consonância com formas similares de pensamento da época, considerou a defesa da liberdade na ação econômica como uma consequência da liberdade individual, o que não permitiu uma contribuição desse pensamento teológico às possibilidades de equacionamento dos problemas decorrentes da desigualdade de poder econômico na sociedade.

O legado de Schleiermacher. Há um elemento complexo e de não fácil compreensão no interior do liberalismo teológico, que é a consideração da religião como sentimento íntimo e pessoal que deve ser valorizado, mas não necessariamente submetido ao crivo da razão. Assim, a religião pode ser aceita e praticada, mesmo por círculos intelectualizados, e deixa de ser contraditória em relação à racionalidade moderna. Friedrich Schleiermacher, considerado iniciador do liberalismo teológico, insistiu que a essência da religião não está em argumentos racionais, dogmas revelados, rituais e formalidades eclesiásticas, mas em um sentimento profundo de total dependência humana em relação a uma realidade infinita. A consciência de Deus se efetivaria por intermédio do sentimento de dependência absoluta e radical do humano em relação ao universo, expressão do infinito. Tal base, que reforça as dimensões da individualidade e da subjetividade e, em certa medida, reduz a religião à esfera dos sentimentos, possui variadas implicações. Uma delas é favorecer os avanços do conhecimento científico e filosófico, na medida em que a compreensão da religião como sentimento íntimo e pessoal inibe que ela venha a ter uma intervenção social coercitiva e castradora nas esferas científicas e da cultura. Outra implicação foi reforçar, direta ou indiretamente, a separação entre Igreja e Estado, na medida em que retira a religião do espaço público e destrava a força interventiva dela. É de ressaltar que essa concepção não foi acolhida por todos os segmentos que moldaram o liberalismo teológico, sobretudo aqueles que desenvolveram compreensões e práticas sociais decorrentes do Evangelho.

A leitura liberal da Bíblia. A Teologia Liberal representou forte renovação na tradição teológica que a antecedeu, especialmente por sua abertura à discussão com os temas e questões que marcavam o pensamento moderno, à acolhida da crítica à religião no âmbito da própria teologia e à tentativa de superação de dogmatismos que marcaram, em certo sentido, parte da reflexão teológica dos séculos anteriores. A expressão "Teologia Liberal", em certo sentido, ganhou forma na medida em que indicou um livre método de investigação histórico-crítico das fontes da fé e da teologia, que não se colocasse direta e exclusivamente vinculado aos dados da tradição dogmática. Nesse sentido, foram sendo estabelecidas determinadas características básicas, sobretudo a leitura predominantemente ética do cristianismo e o estabelecimento de bases para os estudos bíblicos do método histórico-crítico e de seus resultados. O método histórico-crítico, em linhas gerais, se caracteriza pelo recurso aos conhecimentos históricos, literários e linguísticos para a interpretação dos textos bíblicos. Estes, ao passarem pela análise engendrada por critérios externos, poderiam ser lidos sem o peso de bases tradicionais ou dogmáticas.

Reações ao liberalismo teológico. A aplicação do método histórico-crítico está em sintonia com a força que os métodos científicos objetivantes, próprios do contexto filosófico positivista, ganharam. Tal compreensão gerou e, ao mesmo tempo, reforçou o que foi denominado como "historicismo", que busca explicar textos e concepções, culturais ou religiosas, a partir de

Liberalismo teológico

seus contextos históricos. Para as dimensões práticas da vida das igrejas, tal visão provocou diferentes formas de relativismo, o que conferiu ao pensamento teológico liberal um intenso potencial para controvérsias e acalorados debates. As reflexões em torno dos milagres descritos na Bíblia, por exemplo, marcam esse cenário. Havia a tendência de compreendê-los como produto da mentalidade mágica e supersticiosa dos primeiros discípulos. O surgimento do →Fundamentalismo e de outras correntes como a →Teologia Dialética (ou Neo-ortodoxia Teológica, como ficou conhecida em alguns ambientes), na virada para o século 20, se dá como reação a esse contexto.

A relação entre o "Jesus histórico" e o "Cristo da fé". Como caminho para cumprir a tarefa de melhor adaptação da mensagem cristã ao mundo moderno, a Teologia Liberal procurava identificar os elementos presentes nessa mensagem que, devido ao peso mítico ou tradicionalista contido neles, deveriam ser desconsiderados ou colocados em segundo plano nas interpretações. Assim, a exegese bíblica se centraria em uma base considerada "essencial" ou vista como núcleo central da fé e os elementos considerados como supérfluos ou mera roupagem seriam descartados. Dessa distinção surgiu a conhecida relação entre o "Jesus histórico" e o Cristo da fé". Ela é fruto de um otimismo em relação aos métodos histórico--científicos, que marcara fortemente a segunda metade do século 19. Por outro lado, como estudos posteriores concluíram, tal visão foi refém de certa compreensão ingênua e pouca atenta às dimensões da subjetividade humana, que não considera adequadamente o lugar do intérprete no processo de reconstrução histórica. Duas obras foram balizadoras desse debate: *A essência do cristianismo*, de Adolf von Harnack, publicada em 1900, e *A busca do Jesus histórico*, de Albert Schweitzer, de 1906.

Vocabulário teológico

O caráter não absoluto do cristianismo. O conjunto de perspectivas que advêm do pensamento teológico liberal demarcou caminhos significativos para o debate cristológico e, em especial, o confronto do cristianismo com outras religiões. Foi, sobretudo, Ernst Troeltsch quem realçou o cristianismo como fenômeno histórico, com sua concretude e caracterização particular, não podendo ser compreendido como a realização absoluta, incondicionada e exaustiva da universalidade da religião. O próprio fato de a religião ser analisada historiograficamente já confere a ela, a qualquer uma das muitas tradições religiosas, um caráter relativo. Ao mesmo tempo, a visão teológica liberal, por enfatizar o valor das individualidades nos contextos dos fenômenos históricos, apontou para a normatividade do cristianismo, distinguindo o caráter absoluto histórica e institucionalmente autoatribuído. A dimensão normativa do cristianismo é fruto de uma decisão existencial de seus fiéis, uma forma de caráter absoluto prático resultante de fortes e legítimas convicções e certezas. Esse legado liberal marcou, em diferentes medidas, as reflexões em torno do estudo comparado das religiões e as teologias ecumênicas das religiões, nas diferentes perspectivas conceituais dessas duas áreas do conhecimento.

Religião como ética. As ênfases teológicas liberais, sobretudo as críticas às especulações metafísicas e às formas de dogmatismo presentes no contexto religioso, mas também o valor dado às experiências como forma de legitimação da vivência religiosa, geraram um vínculo mais acentuado entre a religião e o comportamento pessoal dos fiéis. Assim, a religião, mais do que cultivo racional de doutrina e concepções dogmáticas, passa a ter as suas dimensões mais concretas e práticas valorizadas. Dessa forma, a moralidade ganha destaque na vida religiosa e também nos estudos bíblicos, nos quais a "essência" do cristianismo se expressa nos conteúdos éticos da vida de Jesus e demais personagens bíblicos. Jesus é apresentado como o exemplo moral por excelência. Este elemento foi crucial para o posterior desenvolvimento de teologias ecumênicas e de vivências inter-religiosas, uma vez que ressaltava um critério com certa objetividade, a ética, como aspecto primordial de discussão sobre temas complexos como a salvação humana e outros. De forma similar, o destaque do elemento ético como fundamento da fé favoreceu o desenvolvimento de movimentos religiosos que se preocupavam com a responsabilidade social, como a corrente do →Evangelho Social, forte nos Estados Unidos, já nas primeiras décadas do século 20. Uma das figuras de destaque desse processo é o pastor batista Walter Rauschenbusch (1861-1918), que, tanto do ponto de vista prático quanto do teológico, refletiu sobre as tensões entre cristianismo e a crise social que o desenvolvimento industrial forjava e abriu portas para diversas articulações do →movimento ecumênico. O movimento do Evangelho Social, em certo sentido, trazia em sua concepção religiosa e teológica a pretensão de acelerar a vinda do Reino de Deus pela melhoria das condições de vida e de trabalho dos operários. Tais possibilidades reforçaram as relações entre "vida e ação" e formas de "cristianismo prático", que historicamente marcam a trajetória ecumênica.

A "mão invisível" da educação. Na esteira da crença excessiva no progresso social, firmada em uma perspectiva histórica linear, progressiva e irreversível, os postulados teológicos liberais foram reforçando e sendo reforçados por diferentes fatores. Não é tarefa fácil sintetizá-los, mas algumas de suas principais ênfases não podem ser esquecidas: (a) a forte expectativa na capacidade humana de autonomia e de realização, fruto de uma visão antropológica positiva; (b) a aposta nas possibilidades e triunfo das análises racionais de todos os fenômenos da natureza e da sociedade; (c) a convicção em torno da condução humana para solução dos problemas sociais, a partir dos avanços técnicos e científicos que marcaram a virada para o século 20, conhecida como *Belle Époque*; (d) a acolhida dos processos de secularização da sociedade e de emancipação dos sujeitos e das esferas da cultura (como as artes, a política, a economia, a ciência, a moral, a educação) em relação às estruturas religiosas e hierárquicas; (e) os impactos das teses evolucionistas, como as de Charles Darwin, e a valorização da evolução científica e de perspectivas metodológicas positivistas.

A lógica evolucionista. A estrutura de pensamento da época incentivou e possibilitou novas formas de processos educacionais e obteve no ambiente das igrejas, especialmente de suas instituições europeias e estadunidenses que promoviam ações missionárias, boa recepção. Nesse contexto ocorreram, na virada para o século 20, em diferentes continentes, densas e profícuas experiências missionárias no campo da educação, com a formação de escolas com propostas humanistas para diferentes classes sociais. O liberalismo teológico pregava o futuro que se avizinhava ao presente. Nos círculos em que os postulados liberais encontraram ressonância, acreditou-se, de fato, que "o Reino de Deus está próximo". Enfatizava-se que era possível construí-lo, e a interpretação de alguns dados do contexto mundial da virada para o século 20, como o desenvolvimento da medicina e das formas de comunicação e transporte, confirmava que estavam sendo mostrados sinais cada vez mais nítidos e crescentes da implantação do Reino. Nessa concepção, orquestrada pelo projeto utópico subjacente à razão iluminista, o ser humano era visto como bom, realizador, capaz, e o mundo parecia caminhar para a paz tão sonhada; a educação, uma vez propiciada a todos, possibilitaria evolução social, conscientização ética e justiça social.

Liberalismo teológico

Principais ênfases. As bases da Teologia Liberal e os aspectos metodológicos principais dessa corrente formaram, no debate que efetivaram, tanto nos contextos pastorais e teológicos internos das igrejas quanto nos setores sociais e científicos seculares da segunda metade do século 19 e primeiras décadas do 20, um criativo amálgama, no qual houve uma dupla interação e influência mútua. Entre as ênfases do liberalismo teológico podem ser listadas, em síntese: a busca de aproximação entre teologia e ciências e entre fé e racionalidade moderna; visão antropológica positiva, com forte expectativa em relação à educação como possibilidade de promoção humana; relativização das perspectivas cristocêntricas e eclesiocêntricas, com vistas a perspectivas universalistas e seculares; abertura para as questões próprias da relação Igreja e sociedade e a valorização do mundo como espaço do Reino de Deus, com uma relação mais propositiva das igrejas com as diferentes esferas sociais; valorização da exegese bíblica e a consequente visão histórico-crítica da Bíblia; aceitação dos valores culturais modernos; reforço das dimensões da individualidade e da subjetividade, reduzindo a religião à esfera dos sentimentos; interpretação predominantemente ética do cristianismo, em especial em relação ao dado salvífico.

Reflexos do liberalismo teológico no século 20. Os objetivos dessa nova teologia que marcara o século 19, especialmente por procurar harmonizar o máximo possível a religião cristã com a consciência cultural da época, não era negar certas crenças, como a crítica de setores conservadores enfatizaram e ainda enfatizam, mas transformar o pensamento teológico cristão à luz da filosofia, da ciência e da erudição bíblica modernas. As expressões de um protestantismo liberal clássico se consolidaram na metade do século 19, especialmente na Alemanha, em meio à crescente

193

percepção de que a fé e a Teologia Cristã necessitavam ser revistas à luz do conhecimento que a estrutura do pensamento moderno oferecia. Nesse sentido, em vários campos do pensamento teológico, procurava-se construir pontes e caminhos de interação para suprir a lacuna que havia entre a fé cristã e o conhecimento moderno. Esse caminho exigia um programa de flexibilidade em relação às teologias tradicionais e uma reinterpretação doutrinária de vários aspectos da fé cristã, como a cristologia, a soteriologia e a doutrina da criação, por exemplo. A densidade com a qual os temas foram tratados por essa corrente teológica e a relevância deles para o contexto social da virada para o século 20 produziram um expressivo impacto no debate teológico e em determinados setores da sociedade, bem como em círculos intelectuais e filosóficos da época.

Teologia e secularidade. A vitalidade do liberalismo teológico fez com que algumas correntes teológicas do século 20 mantivessem linhas de continuidade com boa parte do legado liberal. Exemplos disso são: a plataforma de →demitologização das narrativas e cosmologias bíblicas e uma interpretação existencial do Novo Testamento, proposta por Rudolf Bultmann (1884-1976), que procurou mediar a mensagem cristã por intermédio de categorias filosóficas *heideggerianas*; o método de correlação de Paul Tillich (1886-1965), que relaciona criticamente as questões filosóficas e existenciais apresentadas pela situação moderna e a mensagem cristã entendida como resposta simbólica à referida situação; e a Teologia da →Secularização, de Friedrich Gogarten (1887-1967), Harvey Cox (1929-) e outros, que procurava dar respostas aos processos de modernização e de urbanização da sociedade e colocava para si a tarefa de falar de Deus e reinterpretar os conteúdos da fé cristã no contexto da secularidade.

Liberalismo e os estudos de religião. Há fora do campo especificamente teológico uma gama variada de pensadores de tradição protestante que analisou o protestantismo do ponto de vista das ciências sociais, como Ernst Troeltsch (1865-1923), Max Weber (1864-1920), Rudolf Otto (1869-1937) e Richard Niebuhr (1894-1962), cujos referenciais teóricos estão ligados direta ou indiretamente aos avanços do pensamento teológico liberal. E mais do que isso: não é equivocado afirmar que as teologias políticas e da cultura que emergiram na segunda metade do século 20, em diferentes contextos e continentes, como as ecumênicas, as feministas e da Libertação, são, direta ou indiretamente, conectadas com as concepções que o liberalismo teológico forjou. Além desse aspecto, há autores como George Lindbeck (1923-2018) e Hans W. Frei (1922-1988) que aprofundam a relação entre teologia e modernidade e são, usualmente, conhecidos como pós-liberais. Eles realçam a importância da linguagem, da perspectiva semiótica da cultura e do papel fundamental da narrativa. Algo similar se dá com a Teologia da Contramodernidade de John Milbank (1952-), embora com caráter mais ortodoxo e reativo às perspectivas modernas das ciências sociais.

GIBELLINI, Rosino. *Breve história da Teologia do Século XX.* Aparecida: Santuário, 2010. GROSS, Eduardo. Liberalismo teológico (p. 573-571). In: ASTE (org.). *Dicionário Brasileiro de Teologia.* São Paulo: ASTE, 2008. MACKINTOSH, Hugh R. *Teologia Moderna de Schleiermacher a Bultmann.* São Paulo: Novo Século, 2004. VV. AA. *Teologia e modernidade.* São Paulo: Fonte Editorial, 2005.

Missão e diálogo inter-religioso

Sensibilidade humana e aprendizado. O tema da missão é algo crucial na prática da fé cristã e tem sido, em alguns ambientes,

Vocabulário *teológico*

em geral restritos, analisados e reinterpretados diante do horizonte de uma cultura religiosamente plural. Trata-se de tema desafiador, pois a perspectiva do diálogo pode ser interpretada em diferentes sentidos, incluindo o receio pela perda da identidade religiosa e da assimilação de práticas consideradas sincréticas, além do temor em relação ao fato de a missão ser inviabilizada pelo diálogo inter-religioso. Daí ser fundamental refletirmos sobre ele no contexto das teologias ecumênicas das religiões. A perspectiva do diálogo leva os grupos cristãos a repensarem a missão que se centrou em um mero exercício de tentar convencer as pessoas com crenças distintas ao cristianismo para se converterem à religião cristã e aos seus princípios e crenças tradicionalmente construídos. No espaço do diálogo, as tradições religiosas interpelaram-se, levando as suas vivências para caminhos mais profundos. Trata-se de uma abertura para a escuta, para a mudança e para uma maior compreensão do próprio espaço de fé, pois, no diálogo, há mudança e criação de um lugar fértil para a espiritualidade.

O desenvolvimento das reflexões sobre missão em chave pluralista. Historicamente, a segunda metade do século 19 e a primeira do 20 foram marcadas nos ambientes eclesiásticos por calorosos debates sobre a missão cristã. O movimento missionário contribuiu significativamente para a introdução dos temas relativos ao pluralismo na agenda das igrejas, principalmente ao chamar a atenção para a relação evangelho-culturas e para as reflexões em torno da salvação. Missionários de destaque, como os metodistas John Mott (1865-1955) e Stanley Jones (1884-1973), deram substanciais contribuições, inclusive no plano da reflexão missiológica, para perspectivas mais abertas, dialógicas e de construção de relações respeitosas entre grupos religiosos distintos. No âmbito dos movimentos ecumênicos, em especial os missionários, que deram

Missão e diálogo inter-religioso

base para a formação do Conselho Mundial de Igrejas, variadas e densas reflexões foram oportunizadas. Posteriormente, ganharam certo destaque as reflexões de David Bosch (1929-1992), teólogo sul-africano, em especial com a sua obra *Missão transformadora* (2002), que faz um balanço das mudanças de paradigmas na Teologia da Missão, considerando as transformações sociais do século 20. No contexto latino-americano, profícuos debates e reflexões ocorreram, em especial nos movimentos ecumênicos e evangelicais e em suas interfaces (LONGUINI NETO, 2002). Para Miguez Bonino (1924-2012), que também analisa a missão em chave ecumênica, é preciso falar dela como "princípio material" da Teologia Protestante Latino-Americana. Para ele, "esse princípio não se apresenta como uma formulação teológica explícita, mas, antes, como um *éthos* que impregna o discurso, o culto, a própria vida da comunidade evangélica, uma autocompreensão que se manifesta em suas atitudes, seus conflitos e suas prioridades" (MIGUEZ BONINO, 2003, p. 117). Para as indicações a seguir, por variadas razões, teremos, entre tantos outros autores e autoras, as reflexões dos teólogos metodistas Wesley Ariarajah (1941-) e Inderjit Bhogal (1951-) e da teóloga reformada Christine Lienemann-Perrin (1946-).

A crítica ao proselitismo cristão. Wesley Ariarajah elabora uma Teologia da Missão dentro do horizonte da Teologia das Religiões e a partir de sua vivência missionária inter-religiosa. O autor procura fazer uma releitura dos textos bíblicos relacionada com as pessoas de outras fés e pesquisa, entre outros temas, o diálogo entre o Evangelho e as culturas. Em *Repensando a missão para os nossos dias: a propósito do centenário da Primeira Conferência Missionária Mundial em Edimburgo* (2011), o autor parte da seguinte pressuposição: "A área mais difícil para o diálogo e missão tem a ver com a nossa compreensão de Cristo e de sua relação com o mundo. Muito do pensamento da missão se baseia em três ou quatro versos-chave na Bíblia. Estes incluem a chamada Grande Comissão de Mateus 28, de 'ir por todo o mundo e pregar o Evangelho a todas as nações', a afirmação de João 14,6, de que Jesus é o 'caminho, a verdade e a vida, e ninguém vem ao Pai exceto por mim', e as afirmações de Atos dos Apóstolos de que Jesus é o único mediador entre Deus e os seres humanos. Muitas vezes, estes versos são isolados de seus contextos imediatos e isolados de todo o restante da mensagem da Bíblia para argumentar que cada ser humano deve aceitar Jesus Cristo como seu salvador para ser salvo" (ARIARAJAH, 2011, p. 34).

Diálogo e missão. Uma das principais premissas da concepção missionária pluralista é de que "aqueles que dialogam demonstraram que a mensagem geral da Bíblia é muito mais complexa do que se presume por uma leitura seletiva da Bíblia. Ela começa com Deus como criador de todo o mundo; que Deus é alguém que cuida e nutre a todos. Nas Escrituras hebraicas, mesmo que Israel seja escolhido como 'luz para as nações' e para 'viver a justiça de Deus entre as nações', Deus permanece sendo o Deus de todas as nações. Nenhuma nação e ninguém estão fora do amor providencial de Deus" (ARIARAJAH, 2011, p. 34). O autor afirma que "a missiologia continua a ser um dos campos menos desenvolvidos da Teologia Cristã, porque nunca houve a coragem de pensá-lo de maneira nova" (ARIARAJAH, 2011, p. 60). Ao reorientar a missiologia, o teólogo metodista relaciona diálogo e missão. Para tanto, procura se afastar de uma prática missionária – e de uma teologia que a sustente – profundamente relacionada com a colonização, a ocidentalização e a cristianização. Ao se falar em diálogo no horizonte missionário, Ariarajah não entende como negativa

Missão e diálogo inter-religioso

a presença de um sincretismo entre as diferentes religiões. Para o autor, o diálogo evoca a aceitação e o respeito à alteridade da sua fé e crença. Constrói-se, aqui, um "encontro de comprometimentos". Assim, o diálogo provoca um crescimento mútuo, com correção e autocrítica, e a compreensão do significado da própria fé.

A crítica ao colonialismo. Além dessas considerações, outro tema importante na produção deste autor se dá a partir de uma questão bem presente nas comunidades de fé: "O diálogo solapa a missão?". Como se sabe, o termo "missão" pode ser carregado de distintos conceitos e interpretações. Por essa razão, Ariarajah caminha com certa cautela, propondo, antes de uma resposta rápida, *sim* ou *não*, a clareza na compreensão que se tem do conceito de missão e de sua implicação para o diálogo. Como interpelação, o diálogo "questiona a ênfase excessiva sobre o 'converter o mundo todo a Cristo', e coloca mais ênfase no testemunho e vida cristãos e no serviço ao mundo" (ARIARAJAH, 2011, p. 35). A chave não está em uma missão com bases coloniais de *encobrimento* do outro em sua fé e cultura, mas no testemunho do Evangelho, que é Boa Notícia. Wesley Ariarajah, em função das diferentes visões missionárias que marcam o cenário missionário das igrejas, muitas até mesmo antagônicas, e a partir das experiências inter-religiosas, traz algo novo e criativo, repensando a missão e confrontando-se com seus dilemas mais comuns, tais como a singularidade de Jesus e a comissão de fazer discípulos por todo o mundo. Confronta-se, ainda, com a visão de uma cultura ocidental marcadamente superior.

Religiões e conflitos. Na atualidade, "conflito e violência são grandes preocupações. Infelizmente, há muitos conflitos em diferentes partes do mundo nos quais a identidade religiosa desempenha um papel direto ou indireto. Muitos desses conflitos não são 'guerras religiosas', como eram no passado; são provocados por outras questões sociais, políticas e econômicas" (ARIARAJAH, 2011, p. 37). E o autor realça que "os sentimentos religiosos, as identidades e os ensinamentos são, frequentemente, como forças de mobilização em certo tipo de situação de conflito. Como resultado, há um sentimento generalizado em nossos dias de que as religiões estão contribuindo para os conflitos. Alguns pesquisadores argumentaram que não deveríamos excluir tão rapidamente as tradições religiosas e insistir que os ensinamentos de algumas religiões, de fato, constroem muros de separação, exclusivismo e, de qualquer modo, não promovem paz e harmonia através das fronteiras religiosas" (ARIARAJAH, 2011, p. 38).

Missão, globalização e diálogo. O autor aponta também para o processo de globalização como elemento que leva as religiões ao diálogo. As questões sociais, econômicas e políticas atravessam todas as fronteiras. Paralelamente a isso, as situações que interferem na construção da paz e da justiça, sobretudo as questões econômicas e ambientais, afetam as pessoas de todas as religiões. Além disso, a globalização e o avanço tecnológico no campo das comunicações aproximam todos os grupos. "Não há mais apenas questões cristãs que requeiram respostas cristãs. Há também outras, que só poderão ser resolvidas trabalhando para além de barreiras religiosas ou de outros tipos. Essa realidade tem levado muitos cristãos a trabalhar em colaboração com outros. Até agora, só puderam encontrar bases seculares para fazer isso por medo de que as crenças religiosas introduzissem conflitos. Precisamos prosseguir na busca de uma base religiosa para tal engajamento" (ARIARAJAH, 2011, p. 38). Ao repensar a missão, o autor compreende o testemunhar como algo basilar na fé cristã, o testemunho das "boas-novas aos pobres, a libertação dos cativos..." (Lucas 4). Assim, portanto, "considera o diálogo como a missão de que precisamos em nossos dias. Porque por meio dele é que nos engajamos na tarefa curativa e reconciliadora que Deus tem empreendido no mundo" (ARIARAJAH, 2011, p. 38).

Abertura e escuta como ações missionárias. Para Christine Lienemann-Perrin, a relação entre missão e diálogo inter-religioso requer uma articulação "recíproca de tensão e intercâmbio" e uma interação mútua necessária diante de um contexto religioso plural. Assim, a reflexão sobre uma Teologia da Missão no contexto de pluralismo religioso envolve as relações externas do cristianismo: "De como ele *percebe* outras religiões, se *encontra* com as pessoas de outras religiões e se *modifica* pelo contato com elas" (LIENEMANN-PERRIN, 2005, p. 10), que implica em sua própria concepção interna. Como reinterpretar a missão no espaço intracristão e inter-religioso? Como as comunidades cristãs precisam agir nesse ambiente de diversidade e novas experiências de fé? A proposta de Christine Lienemann-Perrin é, pois, a compreensão da *oikoumene* como casa de encontros inter-religiosos, de abertura e escuta a vivências de fé. Assim, a relação entre missão e diálogo necessita ser constantemente construída, elaborada, revisitada, repensada. Não é algo estático, mas uma articulação em constante movimento de "tensão e intercâmbio", de percepções e mudanças, de encontros e parcerias. "A *ecumene* necessita do diálogo inter-religiosos, porque este a abre para as pessoas de outras religiões, resguardando-a de preocupar-se somente consigo própria" (LIENEMANN-PERRIN, 2005, p. 164).

Fé cristã e pluralismo. "Na *ecumene* das igrejas, o diálogo com as religiões mantém viva a lembrança da não rescindida aliança de Deus (aliança de Noé) com todo o gênero humano. Inversamente, o diálogo também precisa da comunhão de igrejas que em seu engajamento inter-religioso lembrem umas às outras os seus fundamentos. Somente em conjunto é que a *ecumene* das igrejas e seu diálogo com outras religiões terão futuro" (LIENE-MANN-PERRIN, 2005, p. 164). A pressuposição da autora de que o cristianismo é *uma* religião entre *muitas outras* leva-nos ao reconhecimento do ambiente plural em que distintas experiências de fé se encontram e se relacionam em um quadro plural que vai além das fronteiras estabelecidas em cada limite de espiritualidade. Para a autora, isto não é novo. Desde o início, a fé cristã é *uma* vivência de fé *entre muitas* outras. O seu nascimento não se dá em um espaço monolítico. Além disso, o desenvolvimento histórico da fé cristã se deu em contextos muito variados e boa parte deles conflitivos e marcados por violência concreta ou simbólica. Nesse sentido, a vivência missionária precisa "aprender dos erros do passado; encontrar-se de forma respeitosa com pessoas de outras religiões; tentar entender outras religiões; submeter os conteúdos da fé cristã a uma nova reflexão no encontro com as pessoas de outras religiões, verificando o que liga as diferentes religiões, onde estão as suas diferenças e onde há incompatibilidade entre elas" (LIENEMANN-PERRIN, 2005, p. 11).

Repensar as práticas missionárias. Há algo significativo para pensar a relação entre a missão e o diálogo inter-religioso: a importância da memória, colocando a prática atual diante de espelhos do passado para um reorientar da prática; e a relevância do encontro com outras fés, com respeito e aprendizado com a alteridade. As experiências contextuais apresentadas pela autora, além da releitura bíblica e as vozes das comunidades de fé, apontam para uma reinterpretação da missão e estabelecem "*um* princípio que precisa vigorar independente do contexto e da situação: a renúncia à violência, coação, pressão, doutrinação para fins de difusão da fé" (LIENEMANN-PERRIN, 2005, p. 161). Esse princípio

Missão e diálogo inter-religioso

estruturador da prática missionária adquire relevância no espaço da *ecumene* e sinaliza a efetivação do direito à liberdade religiosa e a superação de variadas maneiras de intolerância e de violência. A autora nos lembra de que "as experiências feitas até aqui na história da missão necessariamente ditam um princípio que precisa vigorar independentemente do contexto e da situação: a renúncia à violência, coação, pressão e doutrinação para fins de difusão da fé. Isso constitui, por assim dizer, o duplo mandamento do amor para a missão, no qual estão compreendidos todos os demais requisitos" (LIENEMANN-PERRIN, 2005, p. 161).

Respeito aos pobres, às outras religiões e a toda criação. Inderjit Bhogal, a partir da sua experiência de *sikh*-cristão, reflete sobre a construção de uma "teologia em trânsito", em geral utilizando crônicas de suas experiências cotidianas e de suas vivências e viagens, em contextos diferentes e diversificados. Em seus relatos, observa-se a intuição de um Deus que é "imenso, insondável e não confinado", não conhecendo limites em sua graça e amor. Bhogal envereda-se para compreender a missão da Igreja diante do pluralismo religioso. Em português, temos o registro desse testemunho ecumênico em *Pluralismo e a missão da Igreja na atualidade* (2007). Para o autor, diante do pluralismo religioso, a missão reconstrói-se a partir de um triplo compromisso. O *respeito* como elemento central na Teologia Cristã, com a importância do relacionamento com pessoas excluídas, empobrecidas; com pessoas de outras confissões de fé, outras culturas e etnias; e com o meio ambiente: "Isso significa que a criação é sagrada, que deve ser tratada com respeito e que todas as pessoas são sagradas e abençoadas, de igual dignidade e valor" (BHOGAL, 2007, p. 115).

Aceitação do outro e promoção da vida. O segundo compromisso da visão pluralista de missão é a *aceitação*, cruzando fronteiras, construindo espaços de encontro e relação, na experiência de escuta e aprendizado com o outro. Há uma voz que interpela e um corpo que se coloca frente a frente em diálogo. Por último, a *vida*, a busca por uma vida abundante, não consentindo com as realidades que provoquem a morte, como a pobreza imposta, a intolerância religiosa e o fundamentalismo e a degradação ambiental. A promoção da vida, considerando todas as implicações práticas e políticas decorrentes dela, é o critério central da missão. No contexto das práticas missionárias, surgem perguntas tais como: "Nossa decisão priorizará os mais pobres e ajudará na erradicação da pobreza? Ajudará a promover boas relações entre pessoas de diferentes credos, culturas e etnias? Protegerá e acrescentará qualidade à vida, inclusive ao meio ambiente?" (BHOGAL, 2007, p. 118).

Missão e dignidade humana. Entre os tantos desafios que uma visão ecumênica e plural possibilita para a missão, Inderjit Bhogal destaca os seguintes questionamentos que, na verdade, representam perspectivas bíblicas de fundamental importância para a prática missionária: (a) "Se todos somos feitos à imagem de Deus e, portanto, de uma só raça, o que precisa acontecer para que cresçamos no respeito um ao outro, qualquer que seja a cor de nossa pele, o nosso credo ou a nossa cultura? (b) Se Deus é um só, que precisa acontecer para que cresçamos no respeito à iluminação, ao entendimento e à experiência de Deus que cada um tem? (c) Se o Deus Único se relaciona com todos nós, o que precisa acontecer para que cresçamos no respeito ao compromisso salvador de Deus nas histórias de cada um? (d) Se Jesus é o dom especial das igrejas aos mundos das religiões, o que precisa acontecer para que possamos compartilhar sua história e reconhecer os dons especiais de Deus por meio das outras religiões? (e) Se o desejo de Deus para toda a criação e para todas as pessoas é que todos tenham vida e a

Missão e diálogo inter-religioso

tenham em abundância, como podemos trabalhar em parceria com cristãos e com pessoas de diferentes expressões de fé para cumprir o propósito de Deus?" (BHOGAL, 2007, p. 85-86).

A vida como critério ético para a ação missionária. As contribuições de teólogos, teólogas e pastoralistas, como as descritas acima, com as diferentes ênfases na interpretação teológica da diversidade de expressões religiosas, intra e extracristãs, tornam-se fundamentais para o tempo presente. A humanidade vive um momento histórico em que a pluralidade das confissões de fé é cada vez mais evidente por conta do fenômeno da globalização, concretizado não só por meio das mídias como também dos fluxos migratórios, das diásporas contemporâneas. Vive-se hoje no mundo um significativo intercâmbio de fés não planejado, na medida em que um cristão europeu, por exemplo, assiste a um documentário na TV sobre um grupo religioso asiático. Instantes depois, esse mesmo cristão dobra a esquina e passa em frente a uma mesquita, na mesma calçada em que há um cartaz-convite para participação em uma igreja pentecostal com cultos em língua espanhola, que fica a cem metros de um templo hindu. Essa realidade, que se compõe também com a explosão de guerras religiosas e étnicas, ao lado de discursos religiosos que reforçam a violência, demanda de todos os segmentos sociais, e muito especialmente das igrejas, que o tema do pluralismo religioso tenha espaço privilegiado nas agendas de reflexão e ação de quem lida com a reflexão e a prática sobre missão.

Missão, comunhão e reconciliação. A realidade latino-americana é similar a esta descrição. Em um mundo plural e diverso, as perspectivas ecumênicas do respeito e do diálogo são fundamentais para qualquer esforço missionário. Nesse sentido, tais posturas devem se reverter em atitudes concretas em relação a culturas diferentes daquela hegemônica, ocidental, e a experiências religiosas diferentes do padrão estabelecido pelo cristianismo anglo-saxão. A missão deve ser realizada e o cristianismo precisa ser vivido entre essas culturas, que carecem de solidariedade, respeito e tolerância – e aqui o critério ético é a vida. Da mesma forma, a missão precisa estar articulada com a compaixão. Tal perspectiva "é uma tentativa de demostrar que a missão diz respeito ao ser inteiro das pessoas e da Igreja de Deus. Missão com-paixão é um lema e um programa, um alerta e um desafio. É também um reconhecimento e uma esperança. Com-paixão pode ser uma autêntica reinterpretação do Evangelho para o século 21..." (ZWESTSCH, 2008, p. 402). Comunhão e reconciliação são fundamentos da perspectiva ecumênica que, com as dimensões do diálogo e do serviço, representam a compreensão da unidade cristã com a qual o movimento ecumênico, nascido no século 20, sempre trabalhou e estimula que se trabalhe, motivado pela leitura do Evangelho de João e da clássica oração de Jesus: "Que todos sejam um para que o mundo creia" (João 17,21).

ARIARAJAH, Wesley. *Repensando a missão para os nossos dias*: a propósito do centenário da Primeira Conferência Missionária Mundial em Edimburgo (1910). São Bernardo do Campo: Editeo, 2011. BHOGAL, Inderjit. *Pluralismo e a missão da Igreja na atualidade*. São Bernardo do Campo: Editeo, 2007. BOSCH, David. *Missão transformadora*: mudanças de paradigma da Teologia da Missão. São Leopoldo: Sinodal/EST, 2002. LIENEMANN-PERRIN, Christine. *Missão e diálogo inter-religioso*. São Leopoldo: Sinodal, 2005. LONGUINI NETO, Luiz. *O novo rosto da missão*: os movimentos ecumênico e evangelical no protestantismo latino-americano. Viçosa: Ultimato, 2002. MIGUEZ BONINO, José. *Rostos do protestantismo latino-americano*. São Leopoldo: Sinodal/EST,

2003. RIBEIRO, Claudio de Oliveira Ribeiro; SOUZA, Daniel Santos. *A Teologia das Religiões em foco*: um guia para visionários. São Paulo: Paulinas, 2012. RIBEIRO, Claudio de Oliveira; ARAGÃO, Gilbraz; PANASIEWICZ, Roberlei (org.). *Dicionário do pluralismo religioso*. São Paulo: Recriar, 2020. ZWESTSCH, Roberto. *Missão como com-paixão*: por uma Teologia da Missão em perspectiva latino-americana. São Leopoldo: Sinodal/Clai, 2008.

Missão Integral

Bases históricas. "Missão Integral" é uma expressão relacionada aos movimentos evangélicos que se fortaleceram no contexto do chamado "Pacto de Lausanne", forjado no distanciamento desses grupos em relação às proposições evangelísticas de caráter mais conservador, protagonizadas pelo evangelista Billy Graham (1918-2018), com uma consequente inclinação para perspectivas missionárias de caráter mais holístico, valorizando a articulação de práticas religiosas evangelísticas e o serviço social a camadas mais pobres da população. Isso se deu no Congresso Internacional de Evangelização Mundial, *Lausanne I* – um dos eventos de destaque do mundo evangélico –, que contou com a participação de 150 países, representados por líderes evangélicos cristãos e mais de 2.700 pessoas, no ano de 1974, em Lausanne, na Suíça, com o tema "Para que o mundo ouça a voz de Deus". Esse evento foi realizado em continuidade com o primeiro encontro, realizado em Berlim (Alemanha Ocidental), em 1966, copatrocinado e convocado pela Associação Evangelística Billy Graham e pela revista *Christianity Today*. Esses congressos foram motivados pela articulação de pessoas e grupos que participavam das tradicionais conferências missionárias internacionais até 1961, promovidas pelo

Conselho Missionário Internacional, mas se tornaram insatisfeitos com a integração desse conselho missionário ao Conselho Mundial de Igrejas (CMI), especialmente com os rumos que as articulações mundiais em torno do tema da missão tomariam com proposições vistas como excessivamente sociais. No entanto, o Pacto de Lausanne trouxe rumos alternativos. Ele é o documento final produzido no referido Congresso de Lausanne.

Eventos e personalidades de destaque. Um dos teólogos de destaque desse processo foi John Stott (1921-2011), que presidiu o comitê de redação, somado ao grupo de teólogos latino-americanos participantes do referido congresso. Paralelamente a essas experiências, havia o fortalecimento do ➜movimento ecumênico desde a primeira metade do século 20 e também os processos de renovação eclesial da Igreja Católica, motivados pelas mudanças promovidas e indicadas pelo Concílio Vaticano II (1962-1965). O movimento evangelical, como ficou conhecido, situava-se, em certo sentido, em uma linha média entre o fundamentalismo da Fundação Billy Graham e os setores evangélicos e católicos orientados pela emergente Teologia da Libertação. Esse reposicionamento se deu, em parte, pelo interesse dos teólogos evangelicais latino-americanos pelos processos de renovação eclesial tanto no ambiente católico quanto em setores evangélicos ecumênicos. Lideranças como o equatoriano René Padilla (1932-2021), o peruano Samuel Escobar (1934-) e o porto-riquenho Orlando Costas (1942-1987) tiveram interesse, por exemplo, em conhecer o trabalho e as ênfases pastorais das Comunidades Eclesiais de Base, da Igreja Católica, e se esforçaram em difundir a dimensão da solidariedade e do serviço social nas comunidades evangélicas. A ênfase era reforçar os compromissos eclesiais com a pregação do Evangelho e com o bem-estar do ser humano, como um ser integral. Daí o mote "O Evangelho todo, para o homem todo, para todos os homens" presente no Pacto de Lausanne.

O Pacto de Lausanne. O documento enfatizava o fortalecimento da renovação espiritual ("novo nascimento"); o fervor avivalista e emocional na devocionalidade dos crentes; o empreendimento de práticas evangelísticas com assistência social ("missão holística" ou "integral"); e reafirmava a importância da unidade entre os cristãos evangélicos. O Pacto de Lausanne foi redigido por um grupo de líderes evangélicos, em sua maioria da América Latina, e seu conteúdo e propostas retratam a realidade teológica, política e social do momento religioso latino-americano e as demais transformações econômicas da época. Tais visões teológicas e pastorais ganharam apelo em certos setores das igrejas evangélicas em diferentes continentes. O movimento teve continuidade e, com mais autonomia, realizou o Congresso Internacional de Evangelismo de Manila-Filipinas, 1979, conhecido como Lausanne II, embora nem todas as ênfases teológicas da Missão Integral fossem desenvolvidas. Outros eventos e articulações deram continuidade ao movimento.

O movimento evangelical na América Latina. Como se sabe, o "termo 'evangelical' vem sendo usado na língua portuguesa como um anglicismo. Utiliza-se no português a mesma palavra do inglês *evangelical*, cuja tradução seria evangélico ou poderia ser entendida como sinônimo de protestante" (LONGUINI NETO, 2002, p. 41). Na América Latina, esse movimento começou a ganhar expressão com a realização do Congresso Latino-Americano de Evangelização (CLADE), na cidade de Bogotá, na Colômbia, em 1969, ainda sob os influxos do Congresso de Berlim (1966) e da Associação Billy Graham. O tema "Ação em Cristo para um continente em crise" foi tratado na perspectiva fundamentalista do

Vocabulário *teológico*

evangelismo internacional. Ao mesmo tempo, a ambientação e os desdobramentos do congresso explicitaram "a polarização existente dentro do setor conservador entre fundamentalistas e evangelicais. Foi um marco porque serviu como 'útero' para a gestação de uma fraternidade de teólogos latino-americanos" (LONGUINI NETO, 2020, p. 158). O quadro começou, então, a se alterar com a formação da Fraternidade Teológica Latino-Americana (FTL), em 1970, e a realização do II Congresso Latino-Americano de Evangelização, o CLADE II, na cidade de Lima, Peru, em 1979, já sob os impactos renovadores do Pacto de Lausanne.

CLADE II. Com o tema "Para que a América Latina ouça a voz de Deus", o evento foi organizado e dirigido pela FTL, diferenciando-se assim de forma significativa do primeiro CLADE, uma vez que este havia sido dirigido por missionários estadunidenses. Buscou-se uma visão de evangelização mais coerente com os desafios sociais do continente, com reflexões mais participativas e focadas na realidade latino-americana. Isso se deu, especialmente, devido à atenção ao Pacto de Lausanne e à necessidade de colocá-lo em prática em solo latino-americano. A liderança de René Padilla, Samuel Escobar e Orlando Costas, somada à de Juan Stam (1928-2020), de Robinson Cavalcanti (1944-2012), de Pedro Arana Quiroz (1938-) e outros, se reforçou, com reflexões teológicas densas e comprometidas com a realidade social latino-americana.

O Evangelho desde e para a América Latina. Seguiram-se os congressos de Quito-Equador, em 1992 (CLADE III), com o tema "Todo Evangelho para todos os povos", realçando a dimensão holística da missão; e em 2000 (CLADE IV), com o tema "O testemunho evangélico para o terceiro milênio: palavra, espírito e missão", e outro realizado em São José-Costa Rica, em 2012 (CLADE V), com o tema "Seguir Jesus em seu Reino de vida.

Guia-nos, Espírito Santo". Com a realização dos CLADES "se consolidou a tarefa teológica de refletir sobre o Evangelho desde e para o contexto latino-americano. Desenvolveu-se uma Teologia do Evangelho como uma clara Teologia da Encarnação ou da Contextualização, que deveria transformar as culturas na ordem de uma humanidade redimida representada na Igreja" (SANCHES, 2010, p. 81). Várias articulações ocorreram com uma profícua produção de material e formulação de novas concepções missionárias.

Missão na íntegra. No Brasil, o movimento evangelical se destacou inicialmente por eventos como o Congresso Brasileiro de Evangelização (Belo Horizonte, MG, 1983), com caráter interdenominacional. Ao longo das décadas, ainda que se vivenciassem dificuldades de alcance do conjunto dos evangélicos, destacou-se o trabalho: da Associação Evangélica Brasileira (AEvB), surgida em 1991 e constituída por líderes e comunidades evangélicas autônomas; da Visão Mundial e da VINDE (Visão Nacional de Evangelização), com amplas frentes de serviço social e comunitário; da Aliança Bíblica Universitária (ABU); da Rede Miqueias de Organizações Globais; e da Fraternidade Teológica Latino-Americana (FTL-B). Além de Robinson Cavalcanti, já referido, nomes como Valdir Steuernagel (1950-), Darcy Dusilek (1943-2007), Caio Fábio de Araújo (1955-), Julio Zabatieiro (1958-), Ricardo Gondim (1954-), Ariovaldo Ramos (1956-), David Mesquiati (1978-), Irênio Chaves (1959-), Sidney de Moraes Sanches (1959-) e Regina Sanches (1963-) têm divulgado a visão da Missão Integral, por vezes também chamada, em alguns setores, de "Missão na Íntegra".

A continuidade do "espírito de Lausanne". As organizações referidas acima desenvolveram o trabalho com maior ou menor alcance, e outras vezes com descontinuidades, mas se mantêm ainda na atualidade, seja com seus próprios nomes, seja com novos desdobramentos institucionais, recriando suas ênfases a partir do que se denominou "espírito de Lausanne". A FTL, por exemplo, é o canal mais significativo de articulação da reflexão teológica. Ela se pauta, como organismo protagonista da Teologia da Missão Integral, por ser um movimento cristão evangélico de reflexão e práxis teológica que se propõe, por meio de suas atividades, a causar impactos positivos, tanto eclesiais, missionais como sociais, a partir da integralidade do Evangelho, contribuindo, dessa forma, para a manutenção e a preservação integral da dignidade da vida humana.

Ênfases principais da Missão Integral. O foco dessa perspectiva teológica é a tarefa da evangelização, a partir de um equilíbrio entre atividades explicitamente religiosas, como a pregação e o incentivo à conversão, e esforços sociais e educativos em âmbito comunitário. Conforme expressa o Pacto de Lausanne: "Deus é tanto o Criador como o Juiz de todos os homens. Devemos, portanto, compartilhar sua preocupação pela justiça e reconciliação em toda a sociedade humana e pela libertação dos homens de todo tipo de opressão [...] expressamos penitência tanto por nossa negligência como por ter considerado o evangelismo e a preocupação social como mutuamente exclusivos". A missão é desenvolvida a partir da compreensão de que o Evangelho é transformador e resgata e reconcilia o ser humano e Deus. A Missão Integral tem a função de restabelecer o equilíbrio, respeitando o ser humano, entendendo-o como um todo sem subtrair a direção do Espírito Santo e a fé. Uma segunda característica importante é a unidade da Igreja para o desenvolvimento de uma teologia e prática solidárias que alcancem as pessoas, a fim de torná-las um só corpo, cuja cabeça é Cristo. Para a Missão Integral, a unidade ajuda a Igreja a caminhar a partir da realidade dos povos e de sua cultura, em que todas as pessoas, de certa forma, sofrem com todo esse relacionamento virtual do mundo globalizado, que hoje faz parte desse contexto, onde quer que a missão esteja instalada.

A missão a serviço do Reino. Outro marco da Missão Integral é a construção do conceito de *cristãos compromissados com o Reino de Deus.* Tal perspectiva convoca todas as pessoas para serem úteis para o Reino de Deus. Essa dimensão de integralidade diz respeito tanto aos protagonistas da tarefa missionária quanto aos destinatários. A expressão recorrente "'para todo o homem' significou o alcance de todas as pessoas, sem distinção de gênero, cultura ou etnias e condição econômica. 'Em toda a sua realidade' [outra expressão usual], significou que a evangelização e o envolvimento sociopolítico são partes do mesmo dever cristão" (GONDIM, 2010, p. 68). A missão está a serviço do Reino e de sua concretização histórica e do seu anúncio escatológico. A missiologia do Reino de Deus é cristológica, sensível para com as necessidades humanas e sociais. "Por meio da Igreja e de suas boas obras, o Reino de Deus se torna historicamente visível como uma realidade presente. As boas obras, portanto, não são um mero apêndice da missão, mas uma parte integral da manifestação presente do Reino" (PADILLA, 2005, p. 23).

A perspectiva multifacetada da missão. Relacionados à visão que destaca o Reino como foco da missão estão a compreensão de desenvolvimento social e justiça e a compreensão de que Deus compartilha sua tarefa com seu povo, além de convidá-lo à participação do trabalho da redenção do ser humano. Assim, a proposta da Missão Integral, como agenda ministerial para a Igreja, é mais do que evangelismo pessoal e assistência social. Ela é a convocação para rendição ao senhorio de Cristo e perdão dos pecados associada à responsabilidade comunitária e social. A vida não se restringe a egocentrismos, mas ao valor da outra pessoa, em especial os que sofrem. "A missão é indispensável para a fé cristã em seu nível mais profundo. Nesta perspectiva, a missão é aquela dimensão da nossa fé que se recusa a aceitar a realidade como se apresenta, a fim de transformá-la. 'Transformadora' é, por conseguinte, um adjetivo que descreve uma característica essencial do que significa missão cristã" (BOSCH, 2002, p. 11). A missão da Igreja deve se constituir de um ministério multifacetado. Essa missão deve estar imbricada com tudo que abrange a responsabilidade da Igreja e com o serviço ministerial que a Igreja foi chamada a realizar no mundo. A missão está associada aos conceitos bíblicos de *martyria* (testemunha), *querigma* (proclamação), *koinonia* (comunhão), *diakonia* (serviço) e *leitougia* (liturgia).

Evangelismo e responsabilidade social. Na história da Igreja é possível observar a inter-relação entre as bases acima indicadas, que valorizam tanto a ação social da Igreja quanto sua tarefa de evangelização. Trata-se de reinado de justiça e retidão (BOSCH, 2002). A identidade da missão segue em direção à responsabilidade social e à educação para o desenvolvimento da cidadania e do bem-estar social. Adequando-se às necessidades básicas e assistenciais que foram geradas em função da pobreza e da injustiça social, a Missão Integral requer uma teologia autóctone, a fim de se desenvolver com estratégias adequadas, além de propiciar mudanças na educação teológica e na sociedade por meio da reflexão bíblica e da preservação do Evangelho. O conceito de "responsabilidade social" vai muito além dos serviços de capelanias, ambulatoriais ou do fornecimento de alimentos a grupos empobrecidos. É necessário ampliá-lo para a abordagem das questões políticas e econômicas que estão no contexto da geração da pobreza. A Missão Integral expressa a consciência de que o Evangelho ultrapassa a fronteira do evangelismo pragmático e une-se à responsabilidade social. O

Missão Integral

desafio é a construção de um novo paradigma missionário, fundamentado não só na espiritualidade da missão como também em formas éticas e políticas de estímulo à sobrevivência da humanidade e à coexistência pacífica.

Ministério amplo, participativo e integral. Todas as pessoas devem ter oportunidades de participar e de construir uma sociedade mais solidária e justa, que produza bem-estar e qualidade de vida para todas as pessoas e segmentos sociais. "Faz parte da história da Missão Integral conscientizar as comunidades a respeito dessa responsabilidade planetária. Nesse sentido, a Missão Integral, para cumprir sua agenda ministerial, saiu da verticalidade comum de se fazer missão para a identificação com a própria natureza transversal da missão, a *Missio Dei*" (MARINGOLI, 2018, p. 156). A Teologia da Missão Integral gerou, em diferentes setores evangélicos, a visão de um "ministério integral que transformaria as condições de vida dos mais pobres entre os pobres. A transformação exigiria, desde dentro da Igreja evangélica, a atenção contra a discriminação ao marginalizado, à mulher, aos indígenas, aos afrodescendentes, às crianças, aos jovens, aos idosos, às pessoas com alguma deficiência, aos imigrantes e a outros grupos" (SANCHES, 2010, p. 81).

A missão de Deus, as igrejas e o Reino. A Teologia da Missão Integral, como perspectiva evangélica contextual latino-americana, é orientada principalmente para a prática; uma atitude em relação à ação da Igreja no mundo. O termo "integral" é o qualificador dessa visão. Ele pode ser substituído por vários outros, como "viver plenamente o Evangelho ou proclamá-lo em sua totalidade ao povo latino-americano" (CLADE I); e a noção de "todo" e "toda" (repetidas vezes encontrada nos documentos do CLADE III). "O uso específico do termo aparece no CLADE II, quando se refere à salvação integral. E no CLADE IV, quando serve para designar a missão como integral, sempre indica a resposta evangélica ao contexto latino-americano" (SANCHEZ, 2010, p. 83). Nessa direção de integralidade e de contextualidade da missão, o Reino de Deus é o critério, e a Igreja, por intermédio de suas obras, busca torná-lo concreto na história. As boas obras "apontam para o Reino que já veio e para o que está por vir" (PADILLA, 2005, p. 23).

BOSCH, J. David. *Missão transformadora*: mudanças de paradigma na Teologia da Missão. São Leopoldo: Sinodal, 2002. ESCOBAR, Samuel. *Desafio da Igreja na América Latina*. São Paulo: Ultimato, 1997. GONDIM, Ricardo Rodrigues. *Missão Integral em busca de uma identidade evangélica*. São Paulo: Fonte Editorial, 2010. LONGUINI NETO, Luiz. *O novo rosto da missão*: os movimentos ecumênico e evangelical no protestantismo latino-americano. Viçosa: Ultimato, 2020. MARINGOLI, Ângela. A Teologia da Missão Integral. In: RIBEIRO, Claudio de Oliveira (org.). *Teologia Protestante Latino-Americana*: um debate ecumênico. São Paulo: Terceira Via, 2018. p. 147-160. PADILLA, C. René. *Missão Integral*: ensaio sobre o Reino e a Igreja. 2. ed. Londrina: Descoberta, 2005. PADILLA, C. René. *O que é Missão Integral?* São Paulo: Ultimato, 2009. SANCHES, Sidney de Moraes. A Teologia da Missão Integral como teologia evangélica contextual latino-americana. *Caminhando*, São Bernardo do Campo, v. 15, n. 1, p. 65-85, jan./jun. 2010. STEUERNAGEL, Valdir R. *"E o Verbo habitou entre nós"*: para todos os povos. Curitiba: Encontrão, 1996. STEUERNAGEL, Valdir R. *"No princípio era o Verbo"*: todo o Evangelho. Curitiba: Encontrão, 1994. STOTT, John R. W. *Ouça o Espírito, ouça o mundo*: como ser um cristão contemporâneo. São Paulo: ABU, 1998. STOTT, John R. W. *Os cristãos e os desafios contemporâneos*. Viçosa: Ultimato, 2014.

Movimento ecumênico

Ecumenismo e seu movimento no plano mundial. O movimento ecumênico chamado "moderno" tem suas raízes nas articulações de diálogo e cooperação de associações de igrejas e grupos cristãos que marcaram o período da expansão missionária protestante mais intensa (do final do século 18 a meados do século 20). É certo que isso só pode ser afirmado quando ressaltado o período contemporâneo, uma vez que, se forem considerados outros períodos desde as Reformas Protestante e Católica, é possível identificar "atitudes de pessoas e grupos que sonharam com a unidade da Igreja de Cristo em meio aos desagregadores eventos de sua dissolução histórica. [...] Exemplos que, do século 16 para cá, mostraram que a busca da unidade eclesial, sinal da presença atuante do Espírito na vida da Igreja de Cristo, sempre esteve presente no interior das mais diferentes formas históricas que a Igreja, sucessivamente, foi assumindo, pois Deus nunca ficou sem suas testemunhas no interior da história humana" (DIAS, 2000, p. 3).

A tríplice dimensão do ecumenismo. A Teologia do Movimento Ecumênico enfatiza os elementos presentes na conhecida tríplice dimensão do ecumenismo, a saber: a *unidade cristã*, a partir do reconhecimento do escândalo histórico das divisões e de uma preocupação em construir atividades educativas, cúlticas e perspectivas missionárias ecumênicas; a *promoção da vida*, firmada nos ideais utópicos de uma sociedade justa, solidária, democrática e plena de direitos e na compreensão de que eles podem reger a organização da sociedade, integrando todas as pessoas de "boa vontade"; e o *diálogo inter-religioso*, na busca incessante da superação dos conflitos entre as religiões e da construção da paz, da justiça, da integridade da criação e da comunhão justa e universal

Vocabulário *teológico*

dos povos e suas diferentes culturas. São variadas as expressões do movimento ecumênico no mundo. Algumas são localizadas, outras têm amplitudes nacionais ou internacionais. Há experiências mais institucionalizadas, assim como outras de caráter mais de base e de movimentação social. Tais expressões ganham, cada vez mais, novos perfis e protagonistas, tanto em nível intracristão quanto nos níveis inter-religiosos e interconvicções. Nessa variedade de práticas, há diferentes experiências, métodos e estratégias de ação. Para as indicações a seguir, o foco estará nas articulações ecumênicas em torno das ações e da história do Conselho Mundial de Igrejas (CMI), a maior expressão desse movimento.

A missão como fonte de unidade. O século 19 foi o período em que o movimento missionário protestante deflagrado no século 18, em direção aos continentes considerados não cristianizados, se consolidou e se ampliou. Missionários, muitos formados em escolas de teologia que se abriram para o ➤liberalismo teológico, experimentavam o cotidiano de uma nova realidade sociopolítica, econômica e cultural e refletiam sobre ele, construindo uma consciência do que denominaram "o escândalo da divisão dos cristãos". Essa consciência se explica pelo fato de o movimento missionário protestante ter tornado possível não só a presença e a expansão dos protestantes por todo o planeta como também que a divisão entre os cristãos se tornasse mais visível. O despertar para a consciência do escândalo da divisão e a necessidade de cooperação e unidade no trabalho evangelístico representaram o que historiadores consideram a gênese do que hoje conhecemos como movimento ecumênico. Nomes como Robert Wilder (1863-1938), John Mott (1865-1955), Robert Speer (1867-1947), J. H. Oldham (1874-1969), Martin Kähler (1835-1912) e Hugh Clarence Tucker (1857-1956) fazem parte da lista de pessoas que, engajadas no trabalho missionário,

Movimento ecumênico

se defrontaram com a necessidade de superar o divisionismo entre os cristãos em nome de um testemunho mais coerente da proposta do Evangelho diante do mundo.

A Conferência Missionária de Edimburgo. As pessoas acima referidas e os grupos a elas ligados reconheceram que a unidade era uma questão de fé e passaram a afirmar que a desunião representava mais uma manifestação de descrença. Buscavam-se, nesses primórdios, práticas que tornassem possível a dimensão da unidade visível do corpo de Cristo, com base na oração de Jesus expressa no Evangelho de João, capítulo 17, versículo 21: "... que eles sejam um para que o mundo creia". O encontro de cristãos e não cristãos também marca esse contexto, especialmente na Ásia e na África. A Conferência Missionária Mundial de Edimburgo, realizada em 1910, como fruto desse processo, abriu caminho para a realização de outras conferências, debates e reflexões que construíram uma Teologia da Missão e caminhos de unidade no trabalho missionário. Convocada pelas sociedades missionárias europeias e norte-americanas, refletia a hegemonia desses dois continentes no campo da missão. Foram 1.400 delegados de grande parte dos países da Europa e da América do Norte, todos protestantes, sendo que apenas 17 eram do hemisfério sul. Nela, revelou-se a busca de caminhos de cooperação entre as sociedades missionárias e de minimização do escândalo da divisão. Não obstante as intenções pragmáticas dessa reunião, vale destacar que suas consequências levaram a outros rumos, tanto para a compreensão da missão quanto para os esforços pela unidade visível entre cristãos e a relação com as religiões não cristãs.

O Congresso Missionário do Panamá. Duas das consequências fortes da Conferência de Edimburgo foram a criação da *International Review of Mission* (Revista Internacional de Missão), em 1912,

Vocabulário *teológico*

e a inauguração do processo de criação do Conselho Missionário Internacional (1921). É dessa forma que Edimburgo 1910, a propósito da causa missionária e dos acordos em torno da cooperação para espalhar o Evangelho pela face da Terra, sem escandalizar os "missionados" com as divisões entre os cristãos, em especial os protestantes, passa a ser compreendida como a gênese do movimento ecumênico contemporâneo e também como marco para o desenvolvimento do conceito e da prática do diálogo inter-religioso, na forma como inspirado e estruturado dentro desse movimento. A decisão pela não participação de missionários atuantes na América Latina (entendida como continente já cristianizado) tem como consequência a articulação missionária latino-americana. Nessa perspectiva, foi realizado o Congresso Missionário do Panamá (1916), marco do movimento ecumênico no continente.

O antecedente ecumênico. É preciso, porém, reconhecer que, antes de Edimburgo, muitas experiências de cooperação e unidade cristãs já vinham sendo vivenciadas, a propósito mesmo de demandas dos campos missionários, mas também do interior das próprias agremiações eclesiásticas. Entre tantas, podemos destacar todas com origem no século 19: (a) o surgimento das Sociedades Bíblicas, a partir de Londres; esforço cristão coletivo com vistas à produção de Bíblias em várias línguas, para alimentar a ação missionária; (b) a criação da Aliança Evangélica Mundial na Europa, em um esforço de cooperação missionária que se espalha pelos outros continentes; (c) o surgimento das conferências, convenções, comunhões e federações de famílias confessionais, a começar da Comunhão Anglicana, passando pelo Concílio Mundial Metodista, a Convenção Batista Mundial, a Federação Luterana Mundial, a Aliança Mundial Reformada; (d) as articulações de juventude para ações comuns, como a Associação Cristã de Moços (depois a de Moças) e a Federação Mundial dos Movimentos Estudantis Cristãos (FUMEC); (e) os movimentos em prol da unidade em torno da educação cristã, que fizeram surgir a União das Escolas Dominicais e, mais tarde, o Conselho Mundial de Educação Cristã. Muitas pessoas e grupos engajados nestes e em outros movimentos que reuniam cristãos, principalmente protestantes, em torno de causas comuns, atuaram na preparação e participaram da Conferência de Edimburgo, o que torna possível dizer que aquela experiência foi o clímax de uma história já desenhada desde o século 19 e a origem de outros movimentos decorrentes daquela inspiração ecumênica.

O movimento Vida e Ação. Além do movimento missionário, didaticamente chamado de "primeiro rio" a desaguar na formação do CMI, há dois outros responsáveis pela concretização dos esforços por unidade do início do século 20 e que contribuíram para a consolidação do movimento ecumênico tal como é conhecido na atualidade. A Aliança Mundial para a Promoção da Amizade Internacional através das igrejas e o Movimento *Vida e Ação*, ambos gerados pelos movimentos internacionais cristãos pela paz, que intensificaram suas ações durante a Primeira Guerra Mundial (1914-1918), representam o "segundo rio". Esses movimentos e articulações em torno da unidade e da cooperação entre as igrejas, na busca da justiça, da paz e da integridade da criação, resultam de um processo de despertar entre cristãos para uma releitura dos desafios do Evangelho. A tradição ocidental, predominantemente individualista, com pregação voltada à separação entre Igreja e mundo e despreocupada com as "questões terrenas", havia fortalecido a tendência dualista de pensar a missão da Igreja como a pregação espiritualizada da mensagem cristã, com fins de mera conversão religiosa e adesão de novos fiéis. Isso se refletiu nas

Vocabulário *teológico*

atividades das igrejas, cuja maioria estava voltada para a sua vida interna. No entanto, expressões teológicas destacadas, como a do →Evangelho Social nos Estados Unidos na passagem do século 19 para o 20, influenciaram na transformação desse quadro.

A dimensão social do Evangelho. Filho do liberalismo teológico, o Evangelho Social nasceu como uma resposta à crise urbana resultante das transformações econômicas nos Estados Unidos após a Guerra de Secessão. Essa expressão teológica, que tem suas mais fortes referências no teólogo e pastor batista Walter Rauschenbusch (1861-1918), buscava elaborar uma reflexão que respondesse à situação dos pobres e dos trabalhadores explorados nas grandes cidades estadunidenses. São reforçados por intermédio dessa reflexão conceitos como "a implantação do Reino de Deus na terra", "a sociedade redimida" e "transformação da sociedade por meio da ação cristã", baseados em uma releitura dos evangelhos e do ministério de Jesus Cristo. As ações desses movimentos levaram, no final da Primeira Guerra, à realização da Conferência Cristã Universal para Vida e Ação (*Life and Work*) (Estocolmo, 1925, 600 delegados e delegadas, 91 igrejas, 37 países) e motivaram as igrejas a atentar para a necessidade de se buscar um cristianismo prático como testemunho de unidade para o mundo.

A responsabilidade social cristã. Desenvolveu-se então o conceito que marcaria a trajetória do movimento ecumênico, que é o da responsabilidade social cristã, ou a responsabilidade cristã em realizar a vontade de Deus na sociedade, em geral compreendida como responsabilidade individual de cada cristão ou cristã. Estabelecido um "comitê de continuação", foram formadas comissões em torno de temas como juventude, trabalho, teologia, com encontros regulares. O "comitê de continuação" criou, em 1926, o Instituto Social em Genebra, para que se tornasse um centro internacional

Movimento ecumênico

de comunicações para o Movimento Vida e Ação, com boletins, uma revista com textos acadêmicos e a realização de encontros e conferências de estudo. Em 1930, o movimento com as comissões e o Instituto de Pesquisa transformaram-se no Conselho Cristão Universal para Vida e Ação.

A conferência de Oxford. Na segunda conferência (Oxford, 1937, 300 delegados, 120 igrejas, 45 países), o surgimento dos regimes totalitários, que buscaram influenciar a vida das igrejas e mais tarde provocaram a explosão da Segunda Guerra Mundial, levou a um avanço nessa compreensão: a responsabilidade das igrejas que se reúnem em nome do Cristo é coletiva. "[Que a igreja] seja unida Nele em uma fraternidade de amor e serviço" (ELDERN, 1992, p. 28). Se em um momento havia uma forte convicção de que "a doutrina divide, mas o serviço une" – o que, de fato, expunha a doutrina cristã como algo dissociado do serviço cristão –, em um segundo momento reconhecia-se que "decisões sobre que tipo de ação social pode ser assumido conjuntamente têm muito a ver com questões teológicas como o que significa o Reino de Deus" (SANTA ANA, 1987, p. 21). Na fundação do CMI foi criada também a Comissão das Igrejas para Assuntos Internacionais, agência que permanece atuando no organismo pela resolução pacífica de conflitos, pelo desarmamento e pela reconciliação entre países e grupos, ênfases de destaque do movimento ecumênico.

Igreja e sociedade. Ponto forte da trajetória de Vida e Ação continuada no CMI foi também a realização da Conferência Mundial sobre Igreja e Sociedade (Genebra, 1966). É considerado o evento que tornou possível "o primeiro exame cristão verdadeiramente mundial das questões e responsabilidades sociais". Isso porque, pela primeira vez, um número igual de participantes era oriundo de países africanos, asiáticos, latino-americanos, do

Oriente Médio, da Europa Ocidental e da América do Norte, com representantes também da União Soviética e da Europa Oriental. Leigos e clérigos católicos-romanos também se fizeram representar com as recentes reflexões do Concílio Vaticano II sobre "A Igreja no Mundo Moderno" (BENT; WERNER apud LOSSKY, 2005, p. 238). A contribuição da América Latina nessa conferência foi marcante, com os princípios da emergente Teologia da Libertação sendo partilhados, em especial na participação do teólogo e missionário presbiteriano estadunidense Richard Shaull (1919-2002), criador da Comissão Igreja e Sociedade no Brasil (1955), com a noção de "Teologia da Revolução". Shaull defendia que as igrejas, como afirmara Paul Abrecht (1917-2005), outro destacado líder ecumênico, "devem ser mais ativas em promover uma oposição revolucionária em nível mundial ao sistema capitalista político e econômico imposto sobre as novas nações pelos países industrializados ocidentais, o que estava levando a novos tipos de colonialismo e opressão" (LOSSKY, 2005, p. 1021).

O movimento Fé e Ordem. Diálogos teológico-doutrinários bi e multilaterais são também resultado desse processo de busca de unidade visível, e estão nas origens do movimento ecumênico. As tantas reuniões e conversações oficiais, desde o século 18 com o diálogo anglicano-católico, continuam a acontecer entre as famílias confessionais, com a produção de estudos e pronunciamentos comuns. Esses eventos foram determinantes também para a constituição do Movimento Fé e Ordem, conhecido como o "terceiro rio" que desaguou na formação do CMI. Essa articulação tem origens em 1910, a partir da Conferência de Edimburgo, e possui o seu momento marcante com a realização da Conferência Mundial sobre Fé e Ordem, em 1927, na cidade suíça de Lausanne (400 delegados, de 127 igrejas). Os princípios desse movimento baseavam-se no diálogo teológico com a finalidade de identificar acordos e desacordos em questões doutrinárias entre as diferentes famílias confessionais. Dali nasceu a Comissão Fé e Ordem, organizadora de novas conferências, promotora de diálogos bi e multilaterais (estes já em curso desde o século 18). Uma forte consequência desse processo foram as influências teológicas mútuas tanto das famílias confessionais nas bases teológicas do movimento ecumênico quanto na formação de tendências na reflexão teológica no interior das famílias confessionais.

O debate teológico sobre questões doutrinárias. A Comissão Fé e Ordem também foi integrada ao CMI quando da sua fundação, em 1948, e, como nos primórdios do movimento, continuou a se dedicar ao tratamento de temas controversos entre os cristãos: a compreensão e a prática do Batismo, da Eucaristia e do ministério ordenado; a Igreja e os conceitos de sua unidade; a intercomunhão; Escritura e tradição; o papel e a importância dos credos e confissões; a ordenação de mulheres; influência dos chamados fatores não teológicos sobre os esforços para a unidade das igrejas. A comissão também trabalha temas de interesse comum ou fundamentais para a comunhão, tais como: Culto e espiritualidade; Esperança cristã para hoje; Inter-relação entre os diálogos bi e multilaterais; além de oferecer assessoria às igrejas unidas ou em união. Um dos documentos mais importantes, resultante desses esforços, é *Batismo, Eucaristia e Ministério*, finalizado e aprovado em Lima (Peru), em 1982. Destaca-se ainda uma produção nos estudos da eclesiologia, *A natureza e a missão da Igreja: uma etapa no caminho para uma declaração comum* (2005), e o documento *Igreja: rumo a uma visão comum* (2013).

O Conselho Mundial de Igrejas. Da aproximação dos movimentos descritos – missionário, Vida e Ação e Fé e Ordem –, toma

Vocabulário teológico

impulso o que veio a se constituir como movimento ecumênico, que ganha mais força e visibilidade com a fundação do CMI, em 1948. Outros movimentos por unidade cristã já em processo desde o final do século 19 contribuíram para que estes três ganhassem força, entre eles o movimento de juventude com as Associações Cristãs de Moços e Moças (ACMs) e com as associações de estudantes cristãos articuladas na Federação Mundial dos Movimentos Estudantis Cristãos (FUMEC); as Sociedades Bíblicas; as articulações de educadores cristãos que deram forma à Convenção Mundial das Escolas Dominicais (depois Conselho Mundial de Educação Cristã). O CMI é um dos frutos mais destacados do movimento ecumênico internacional. Os movimentos e as articulações que o compuseram, ao avaliar positivamente a experiência ecumênica que vivenciavam, envolvendo as igrejas, formaram, em 1937, um comitê com sete membros de cada segmento para trabalhar pela criação de um Conselho Ecumênico de Igrejas.

Marcas da identidade ecumênica. A fundação do CMI estava prevista para 1941, mas, por conta dos obstáculos criados com a explosão da Segunda Guerra Mundial, em 1939, foi necessário esperar até 1948, quando foi realizada uma assembleia em Amsterdã (Holanda), com 351 representantes de 147 igrejas (protestantes e ortodoxas) de 44 países (a maioria da Europa e da América do Norte). Nela, foi aprovada a criação do CMI. A identidade desse organismo está expressa na base constitucional aprovada em Amsterdã: "O Conselho Mundial de Igrejas é uma comunidade de igrejas que confessam a Jesus Cristo como Deus e Salvador, segundo o testemunho das Escrituras, e procuram responder juntas à sua vocação comum, para a glória do Deus único, Pai, filho e Espírito Santo". Os objetivos e funções atribuídos ao organismo também são marca identitária: (a) Dar continuidade ao

Movimento ecumênico

trabalho desenvolvido pelos dois movimentos mundiais de "Fé e Ordem" e "Vida e Ação" (ou "Vida e Trabalho", como a expressão é, por vezes, traduzida); (b) criar facilidades para a ação comum das igrejas; (c) promover o estudo em comum; (d) desenvolver a consciência ecumênica dos fiéis de todas as igrejas; (e) estabelecer relações com as alianças confessionais de caráter mundial e com os demais movimentos ecumênicos; (f) convocar, quando as circunstâncias o exigirem, conferências mundiais que estarão autorizadas a publicar as próprias conclusões; (g) sustentar as igrejas em seus esforços de evangelização.

Solidariedade e comunhão entre as igrejas. A identidade do CMI, acima descrita e explicitada na Base constitucional e nos objetivos, foi aprofundada com a "Declaração de Toronto", de 1950, resultante da reunião do Comitê Central realizada naquela cidade. Respondendo às críticas à fundação do organismo, o documento indica que o CMI "não é e nunca deve chegar a ser uma superigreja"; não negocia uniões entre as igrejas; "não pode nem deve estar baseado sobre nenhuma concepção particular da Igreja". A Declaração registra que a filiação ao organismo implica que as igrejas "reconheçam sua solidariedade umas com as outras, se ajudem umas às outras no caso de necessidade e se abstenham de ações que sejam incompatíveis com as relações fraternais". Como parte dos programas de ação do CMI está o Instituto Ecumênico de Bossey (Genebra/Suíça), fundado em 1946. O instituto promove cursos para a formação de lideranças ecumênicas, conferências e seminários para o estudo de questões de interesse comum às igrejas. Mais recentemente, por conta do convênio com a Universidade de Genebra, o instituto passou a oferecer formação em nível de pós-graduação (Mestrado e Doutorado) em Ecumenismo.

Vocabulário teológico

As plataformas teológicas de diálogo e cooperação. Outros frutos do movimento ecumênico não podem deixar de ser nominados. A Semana de Oração pela Unidade dos Cristãos, desde l908, revela-se uma prática exemplar de segmento do desejo de Jesus revelado em João 17,21. Ações diaconais, herança do Movimento Vida e Ação, continuam a revelar que a unidade pode acontecer na prática concreta de promoção da vida, por meio do CMI e de muitas outras organizações e grupos; entre elas estão ações por direitos humanos na superação do racismo e da xenofobia, no apoio a populações e grupos em situações-limite como refugiados ou em estado de conflito, como palestinos e israelitas. Diálogos bi e multilaterais continuam a acontecer entre as famílias confessionais, com a produção de estudos e pronunciamentos comuns. Outro elemento importante na ação do CMI é o diálogo e a cooperação inter-religiosos. Tema sempre presente nas conferências de missão, o pluralismo religioso tornou-se uma das linhas de reflexão e ação do CMI, com expressões concretas de diálogo com grupos religiosos não cristãos, por meio de comitês e encontros, a partir da década de 1970, como resultado da influência das minoritárias igrejas da Ásia. Esse processo promoveu a elaboração das "Diretrizes para o diálogo com outras religiões e ideologias de nosso tempo" (1979), atualizadas no documento "Considerações ecumênicas sobre o diálogo e as relações com crentes de outras religiões" (2002). Outras iniciativas e produções similares têm sido elaboradas e são densos os debates sobre diálogo e cooperação inter-religiosa.

Justiça, paz e integridade da criação. O CMI contava, em 2021, com uma membresia de 349 igrejas, denominações e fraternidades, de mais de 110 países e territórios, representando mais de 560 milhões de cristãos entre igrejas ortodoxas, anglicanas, batistas, luteranas, metodistas, reformadas, unidas, pentecostais e

Movimento ecumênico

independentes. O trabalho é desenvolvido por meio de três áreas: (a) Unidade, missão e relações ecumênicas; (b) Diaconia e serviço público; e (c) Formação ecumênica. Alguns destaques entre as atividades desenvolvidas nas duas primeiras décadas do século 21 podem ser: o Fórum Cristão Global, a Década de Superação da Violência, o Programa Ecumênico de Acompanhamento da Palestina e de Israel; a Rede Ecumênica da Água; a Formação Ecumênica para lideranças das igrejas; Diálogo e cooperação inter-religiosos, Comunidades Justas de Mulheres e Homens, Processo por um código de conduta sobre conversão, Grupo de Trabalho Conjunto com a Igreja Católica, Grupo de Trabalho Conjunto com Pentecostais, Peregrinação de Justiça e Paz, Igrejas e relações ecumênicas, Vida Espiritual, e ações diversas em torno da superação dos racismos, machismos e etnocentrismos.

Tensões e possibilidades. O processo histórico de desenvolvimento do movimento ecumênico não se deu sem tensões. Houve muita desconfiança e reações de desaprovação da parte de lideranças eclesiásticas à criação do CMI. Suspeitas de o CMI ser uma articulação da Igreja Católica Romana para levar os protestantes de volta ao seu seio uniam-se à acusação de que o organismo representaria, na verdade, a formação de uma superigreja com a unificação das concepções de fé de quem aderisse, bem como de práticas e costumes. Essas reações se somavam ao desconforto com a presença de igrejas do Leste Europeu na membresia do Conselho e ao risco de dominação comunista e de o CMI representar um veículo de disseminação do liberalismo entre as igrejas. Foi assim que surgiu o Conselho Internacional de Igrejas, criado nos Estados Unidos, no mesmo ano de 1948, por Carl McIntire (1906-2002), um dos líderes do movimento →fundamentalista, para fazer oposição aberta ao movimento ecumênico, especialmente ao CMI.

Vocabulário teológico

As diversidades eclesiais. O CMI tem aberto espaço para discussões quanto ao seu lugar em um mundo de marcante pluralidade de experiências eclesiais, que não está numericamente representada no organismo, em especial no que diz respeito aos grupos pentecostais. O próprio movimento ecumênico revela-se bastante plural, com uma diversidade extensa de grupos e organizações que expressam formas as mais distintas de cooperação e atuação conjunta, muitos deles não formalmente atrelados ao CMI, como ocorreu com movimentos do passado. Alguns deles emergiram de contextos de tensão, como o movimento conhecido como evangelical ou ➔Missão Integral, que reúne lideranças e organizações identificadas com o "Pacto de Lausanne", resultante do Congresso Internacional de Evangelismo Mundial de 1974, realizado na cidade de Lausanne (Suíça), em continuidade ao primeiro encontro, realizado em Berlim (Alemanha Ocidental), em 1966. Esses congressos foram motivados pela articulação de pessoas e grupos participantes das tradicionais conferências missionárias internacionais até 1961, promovidas pelo Conselho Missionário Internacional. Insatisfações com a integração daquele organismo ao CMI naquele ano, e com os rumos que as articulações mundiais em torno do tema da missão consequentemente tomariam com uma pauta interpretada como excessivamente social, levaram essas pessoas e grupos à realização do Congresso de Berlim, que foi copatrocinado e convocado pela Associação Evangelística Billy Graham e pela revista *Christianity Today*.

O movimento evangelical. No processo do "Pacto de Lausanne" foram assentadas as bases do evangelicalismo como "a prioridade para a tarefa evangelizadora da Igreja, e para a unidade dos cristãos na realização dessa tarefa, mantida as bases dos postulados reformados" (CAVALCANTI, 2010). Lausanne, 1974,

Movimento ecumênico

foi o segundo congresso, concluído com o documento "Pacto de Lausanne", que enfatizava: o fortalecimento da renovação espiritual ("novo nascimento"); o fervor avivalista e emocional na devocionalidade dos crentes; o empreendimento de práticas evangelísticas com assistência social ("missão holística" ou "integral"); e reafirmava a importância da unidade entre os cristãos evangélicos. Outros eventos de referência do movimento são o Congresso Internacional de Evangelismo de Manila-Filipinas, 1979, conhecido como Lausanne II, e, na América Latina, os Congressos Latino-Americanos de Evangelização – CLADE (Bogotá-Colômbia, 1969; Lima-Peru, 1979; Quito-Equador, 1992 e 2000; São José-Costa Rica, 2012) e outros que foram realizados em continuidade destes. O perfil e as pautas desses grupos representam desafios para o movimento ecumênico.

O Fórum Ecumênico Global. Buscando superar desconfianças e barreiras daqueles que colocam o CMI e o movimento ecumênico como sinônimos e questionam a pauta "liberal" e "excessivamente social" do organismo, além de tornar possível o encontro e a cooperação entre os diferentes atores do movimento ecumênico e as diferentes expressões eclesiais, surge nos anos 2000 o Fórum Ecumênico Global, com apoio do próprio CMI, como um "espaço aberto onde representantes de uma ampla gama de igrejas cristãs e de organizações intereclesiásticas, as quais confessam o Deus Trino e a perfeição de Jesus Cristo em sua divindade humana, possam reunir-se para fomentar o respeito mútuo, para explorar e tratar juntos os desafios comuns". Participam desse fórum segmentos identificados com os movimentos evangelical e pentecostal.

Protestantes e católicos na origem do movimento ecumênico. O movimento ecumênico foi idealizado e consolidado pelos grupos protestantes, com adesão dos cristãos ortodoxos, no período inicial.

231

Vocabulário teológico

A Igreja Católica Romana se manteve distante dessas iniciativas por décadas. É fato que o Código de Direito Canônico, de 1917, continha um cânon (n. 1.325) que proibia "os católicos de manter disputas ou encontros, especialmente públicos, com não católicos, a não ser com permissão da sé apostólica ou, em casos urgentes, do ordinário do 'lugar'" (LOSSKY, 2005, p. 611). Essa lei foi base para a série de negativas de participação tanto de papas quanto de outras lideranças em diversos eventos ecumênicos para o qual a Igreja Católica Romana era convidada a se fazer representar. A Encíclica *Mortalium Animos*, do Papa Pio XI (1927, logo depois da realização da primeira Conferência de Fé e Ordem, Lausanne, Suíça), confirma a consistência teológica da lei canônica. Essa será também uma das bases para a proibição do Vaticano, em 1948, de que qualquer católico se envolvesse em algum nível de participação na assembleia de fundação do CMI em Amsterdã. Mesmo contra a resistência oficial, teólogos católicos pioneiros foram ecumenicamente ativos, como, por exemplo, o dominicano francês Yves Congar (LOSSKY, 2005, p. 611).

A presença e a participação católico-romana. O quadro de distanciamento e desconfiança começa a mudar com as transformações e os encaminhamentos promovidos pelo Concílio Vaticano II (1962-1965), que geram a criação do Secretariado para a Promoção da Unidade dos Cristãos (1960), seguido da publicação do Decreto sobre Ecumenismo *Unitatis Reintegratio* (1965). Em 1989, o Secretariado foi elevado à categoria de Pontifício Conselho para a Promoção da Unidade dos Cristãos. Essas ações representam uma "virada de página" na atitude dos católicos-romanos em relação à unidade visível do corpo de Cristo, a começar pela consideração da pluralidade desse corpo e pelo incentivo ao encontro e à ação conjunta. A partir daí a Igreja Católica Romana passou a ser membro de vários conselhos de igrejas e organizações ecumênicas em países e continentes. Essa Igreja não se tornou membro do CMI, mas participa como observadora em Assembleias e reuniões importantes, tendo representação plena na Comissão de Fé e Ordem, e está engajada em nove diálogos bilaterais. Católicos romanos também estão presentes nas diversas expressões do movimento ecumênico: associações nacionais e regionais, organizações de serviço, fóruns, movimentos de unidade.

O desafio da diversidade e da comunhão. A história mostra que é parte da trajetória do movimento ecumênico seguir se equilibrando entre crises e êxitos. No caso do CMI, sua crise se pauta pelo fato de suas origens no movimento terem sido relativizadas pela força da institucionalização, que o faz ter que se equilibrar entre ser um conselho de igrejas e ser um conselho das igrejas-membros. Com isso, o CMI tem que gerenciar uma permanente tensão entre protestantes e ortodoxos, e ainda buscar formas de aproximação com pentecostais, hegemônicos na maioria dos países, e os expressivos grupos evangelicais, para continuar a sobreviver como um conselho de igrejas do mundo. A diversidade de expressões do movimento, que passa por grupos cristãos dos mais diversos contextos eclesiais e culturais e também pelos movimentos de mulheres, de jovens, pelo meio ambiente, entre tantos, encontra também dificuldades de reconhecimento e consolidação, ante a forte dimensão institucional e eclesiástica. Há também tensões em meio a uma realidade complexa, em que a lógica do mercado, da política de resultados e da produtividade lucrativa é assumida pelas igrejas e agências de serviço detentoras dos recursos financeiros que sustentam a estrutura e as ações de segmentos do movimento, o qual precisa de fundos para ir adiante no desenvolvimento do trabalho. Isso, certamente, termina por relativizar o sentido da parceria e da solidariedade que alimenta as ações de unidade. Há muitos desafios teológicos e práticos decorrentes desse quadro de diversidade.

A relação dialética entre movimento e instituição. Atrelar o movimento ecumênico às instituições é amarrá-lo a essas e a outras tantas posturas que, quando não negam o princípio de unidade e cooperação que estão nas bases históricas acima recordadas, o relativizam e modificam para dar lugar aos projetos institucionais e eclesiásticos, em torno dos quais está sempre uma questão-chave: o poder e suas disputas. Nas primeiras décadas do século 21, destacam-se as seguintes frentes de ação por meio de diferentes projetos e campanhas: saúde e cura (ênfase HIV/AIDS), enfrentamento do racismo e da xenofobia, paz, segurança e superação da violência em todas as suas formas e o cuidado com o meio ambiente (especialmente mudanças climáticas e água). Outro destaque é o reconhecimento do pluralismo religioso. A pluralidade religiosa nunca se fez tão real na comunidade mundial como nas últimas décadas, por conta do fenômeno da globalização, com a intensificação das migrações e a formação de territórios interculturais. A paz no mundo fica cada vez mais atrelada à necessidade de diálogo e cooperação entre os grupos religiosos. Nesse sentido, é preciso que haja condições de as diferentes confissões de fé se conhecerem, e que esse conhecimento gere respeito e aceitação da diversidade, bem como ações colaborativas de promoção humana e justiça social. Essa pluralidade implica cada vez mais o incentivo para um diálogo interconfessional cristão (autocompreensão dos cristãos e cristãs) e o diálogo e a cooperação inter-religiosos.

CAVALCANTI, Robinson. O Congresso de Lausanne e a missão integral da Igreja. *Consulta da FTL*, Rio de Janeiro, 3 jun. 2010.

Disponível em: http://www.ftl.org.br/downloads/OCongressode-LausanneeaMissaoIntegraldaIgrejaporRobinsonCavalcanti.pdf. Acesso em 4 fev. 2013. CUNHA, Magali do Nascimento; RIBEIRO, Claudio de Oliveira. *O rosto ecumênico de Deus*: reflexões sobre ecumenismo e paz. São Paulo: Fonte Editorial, 2013. DIAS, Zwinglio Mota. A longa estrada ecumênica. *Suplemento Especial de Tempo e Presença*, Rio de Janeiro, p. 3-8, jan.-fev. 2000. ELDERN, Marlin van. *Introducing the World Council of Churches*. Genebra: WCC Publications, 1992. Risk Book Series. LOSSKY, Nicholas et al. (ed.). *Dicionário do Movimento Ecumênico*. Petrópolis: Vozes, 2005. RIBEIRO, Claudio de Oliveira; ARAGÃO, Gilbraz; PANASIEWICZ, Roberlei (org.). *Dicionário do pluralismo religioso*. São Paulo: Recriar, 2020. SANTA ANA, Julio. *Ecumenismo e libertação*. Petrópolis: Vozes, 1987. SHAULL, Richard. Entre Jesus e Marx (Reflexões sobre os anos que passei no Brasil). *Religião e Sociedade*, Rio de Janeiro: ISER/CER, n. 9, p. 47-58, jun. 1983.

Movimento ecumênico latino-americano

O "barco ecumênico" na América Latina. Uma das concretizações dos ideais teológicos protestantes – e que se configura como base da Teologia Latino-Americana – está presente no ➔movimento ecumênico, que teve suas raízes em outros continentes ainda no século 19. As fontes do largo rio, simbologia deste movimento – que tornou possível a navegação do "barco ecumênico" e, mais tarde, a fundação do Conselho Mundial de Igrejas (1948) – foram geradas pelos movimentos internacionais pela paz, que intensificaram suas ações durante a Primeira Guerra Mundial (1914-1918). O ecumenismo tornou-se uma das grandes realidades do século 20 e está presente no século 21 com forças notáveis, assim como com limites e fragilidades. No Brasil e nos demais países da América Latina e Caribe, mesmo que já houvesse uma densa e peculiar história em diferentes décadas, especialmente desde os anos de 1950, o movimento ecumênico alcançou destaque no início dos 1980. Foram numerosos os eventos, os projetos educativos, pastorais e de intervenção sociocultural em várias partes do continente, especialmente nas grandes cidades.

A diversidade e a densidade das experiências. A prática ecumênica, embora sempre conflitiva e minoritária no interior das igrejas latino-americanas, tornou-se uma realidade. Sempre ao lado do quadro de aceitação da proposta ecumênica, esteve também o seu rechaço e, até mesmo, certa demonização por parte de setores das igrejas – católica e evangélicas. A perspectiva conversionista das igrejas evangélicas, somada a uma visão centralista do catolicismo romano, gerou fortes tensões e reações contrárias à proposta ecumênica. No entanto, os grupos que se dedicaram às práticas sociais de inspiração ecumênica contribuíram efetivamente para novas experiências pastorais e novas interpretações teológicas da realidade social e política. O ecumenismo foi compreendido não somente ou preponderantemente a partir da visão formal ou institucional das igrejas. Há, por exemplo, nos diferentes países latino-americanos, dispersa e fragmentariamente, dentro e fora das igrejas, articuladas ou não com os movimentos sociais organizados, uma série de experiências ecumênicas em curso, de riqueza incalculável. Isso faz com que a proposta ecumênica mantenha sua relevância e continue mobilizando a atenção de amplos e variados setores da sociedade, na busca da justiça, da paz e da integridade da criação.

Antecedentes. Os desafios ecumênicos são encontrados em diversas áreas da vida social e nas atividades das igrejas cristãs e de outros grupos religiosos, mas, historicamente, foram mais

Movimento ecumênico latino-americano

destacados nos movimentos missionários evangélicos que se fortaleceram no século 19. A Conferência Missionária Mundial de Edimburgo, realizada em 1910, por exemplo, como fruto do processo de diálogo ecumênico sobre as ações missionárias, abriu caminho para a realização de outras conferências, debates, reflexões e ações que construíram uma Teologia da Missão e caminhos de unidade no trabalho missionário. Esse processo teve implicações para o contexto latino-americano. Convocada pelas sociedades missionárias europeias e norte-americanas, essa iniciativa refletia a hegemonia desses dois continentes no campo da missão. Nela, revelou-se a busca de caminhos de cooperação entre as sociedades missionárias e de atenuação do que era chamado o "escândalo da divisão". Não obstante as intenções pragmáticas dessa conferência, vale destacar que as consequências desse evento vão levar a outros rumos, tanto para a compreensão de missão quanto para os esforços pela unidade visível entre cristãos e a relação com as religiões não cristãs. "Edimburgo 1910", a propósito da causa missionária e dos acordos de cooperação para se expandir o Evangelho sem escandalizar os "missionados" com as divisões entre os cristãos, em especial os protestantes, passa a ser compreendido como a gênese do movimento ecumênico contemporâneo. Tal evento é também marco para o desenvolvimento do conceito e da prática do diálogo inter-religioso, na forma como inspirado e estruturado dentro desse movimento. A decisão pela não participação de missionários atuantes na América Latina (entendido como continente já cristianizado) teve como consequência a articulação missionária latino-americana.

A conferência missionária do Panamá (1916). Na perspectiva dos debates sobre o papel da América Latina no processo ecumênico, é realizado na sequência de "Edimburgo" o Congresso

Missionário do Panamá (1916), marco do movimento ecumênico no continente. "Os processos histórico-eclesiásticos que começam seu desenvolvimento a partir do Congresso do Panamá, por meio de distintas reuniões e com diferentes níveis de participantes, alcançam seu ponto mais alto de maturação no final da década de 1950 e início da década seguinte, na preparação do caminho para a formação e o desenvolvimento de organismos ecumênicos continentais que atingem seu período de esplendor entre os anos de 1965 e 1985. Evidentemente que os empenhos ecumênicos ocorreram paralelamente ao despertar político das sociedades latino-americanas e refletem, com maior ou menor intensidade, a mesma problemática vivida pelas pessoas que têm compromisso com os esforços de transformação da realidade social do continente" (DIAS, 2018, p. 91). Considerando que a experiência ecumênica se deu mais fortemente no campo protestante, não obstante uma série de significativos avanços no campo católico-romano, é preciso destacar que o segmento cristão protestante na América Latina foi formado, desde os primórdios, também pela presença de grupos promotores da unidade e da cooperação. Isso porque é fato que, ao mesmo tempo, o continente latino-americano e particularmente o Brasil são marcados majoritariamente na história de suas igrejas pelo divisionismo/denominacionalismo e pelo anticatolicismo. Esses grupos sempre se revelaram refratários em relação à formação do movimento ecumênico. No entanto, foram os movimentos por unidade e cooperação desde o século 19 os responsáveis pela articulação de grupos, os mais diversos, entre os protestantes, que lhe deram novas expressões e sinais de uma presença mais significativa na vida do continente e do país.

Primeiros protagonistas no Brasil. A memória desse período inicial das articulações ecumênicas no Brasil, por exemplo, destaca

Movimento ecumênico latino-americano

nomes como o do ex-padre José Manuel da Conceição (1822-1873), do místico Miguel Vieira Ferreira (1837-1895) – instituidores de um "nacionalismo" dentro do protestantismo – e os de Eduardo Carlos Pereira (1855-1923), Erasmo Braga (1877-1932), Epaminondas Mello do Amaral (1893-1962) – promotores de movimentos pró-unidade evangélica, resultantes de significativas conexões latino-americanas (PLOU, 2002). Essa articulação gerou uma nova forma de entender o relacionamento com a sociedade e o sentido da missão, e foi a gênese do movimento ecumênico brasileiro. Processos semelhantes se deram em vários outros países latino-americanos.

A responsabilidade social cristã. Os primeiros movimentos e articulações em torno de unidade e cooperação entre as igrejas na busca de justiça, paz e integridade da criação resultam, portanto, de um processo de atenção de cristãos e cristãs para uma releitura dos desafios do Evangelho. A tradição ocidental predominantemente individualista, que pregava a separação entre Igreja e mundo e não se preocupava com as "questões terrenas", havia fortalecido a tendência de pensar a missão da Igreja como a pregação espiritualizada da mensagem cristã, com fins de mera adesão de novos fiéis. Isso se refletiu nas atividades das igrejas, cuja maioria estava voltada para a sua vida interna ou para o conversionismo. No entanto, expressões teológicas como a do movimento do →Evangelho Social nos Estados Unidos, na passagem do século 19 para o século 20, influenciaram na transformação desse quadro, com a busca de uma reflexão teológica, dentro dos parâmetros protestantes, que respondesse à situação das pessoas pobres e dos trabalhadores e trabalhadoras marcados pela exploração nas grandes cidades.

A Confederação Evangélica do Brasil. Um dos primeiros resultados do quadro das movimentações ecumênicas foi a criação, em 1934, da Confederação Evangélica do Brasil, associação de cinco

239

Vocabulário teológico

das principais igrejas protestantes brasileiras da época: Congregacional, Presbiteriana do Brasil, Presbiteriana Independente, Metodista, Luterana. A CEB atuou significativamente na representação das igrejas protestantes no Brasil ante os diversos segmentos sociais. Mas será nos anos de 1950 que as igrejas evangélicas se sentirão desafiadas por novas formas de pensar teologicamente e de agir pastoralmente. A fundação do Conselho Mundial de Igrejas (1948) deu forma a esse momento, com a articulação de diferentes ênfases e motivações para a ação cristã. Suas Conferências Missionárias e, de forma especial, a Conferência "Igreja e Sociedade", de 1966, realizada em Genebra, estimularam um novo pensar e um novo agir. Consolidavam-se nesse período novas formas de pensamento teológico, que contextualizavam o estudo da Bíblia e atualizavam os ideais da Reforma Protestante. Estes, por sua vez, retroalimentaram e deram sustentação ao movimento ecumênico. A contribuição resultante, em grande parte, de teólogos europeus, como os das conhecidas ➜Teologia Dialética e ➜Teologia da Cultura, nascidas na Europa no início do século 20, foi obstruída, na América Latina, pelas ações anti-intelectualistas e contrárias à leitura crítica da Bíblia e à inovação no campo teológico. No entanto, a partir dos anos de 1950, essas teologias mais abertas passaram a ganhar espaço na América Latina, sobretudo por influência do ensino nos seminários teológicos. No Brasil, por exemplo, foi destaque nesse processo o Seminário Presbiteriano de Campinas, que tinha à frente nomes como o do teólogo Richard Shaull (1919-2002), que veio para a América Latina em 1942 e exerceu significativo papel na formação de pastores e jovens leigos.

A Conferência do Nordeste. No Brasil, tais perspectivas teológicas encontram eco e respaldo no Setor de Estudos e Responsabilidade Social das Igrejas, da Confederação Evangélica

Brasileira, liderado por Jether Ramalho (1922-2020), Waldo César (1923-2007) e Carlos Cunha (1926-2011). Esse setor teve relevância pela organização de quatro conhecidas conferências, cujos temas propiciam uma noção das visões teológicas e pastorais propostas: "A responsabilidade social da Igreja" (1955), "As igrejas e as rápidas transformações sociais no Brasil" (1957), "Presença da Igreja na evolução da nacionalidade" (1960) e "Cristo e o processo revolucionário brasileiro". E a Conferência do Nordeste (1962) se tornou a mais destacada delas. As ênfases teológicas e sociais incluíam um forte incentivo às comunidades evangélicas para a participação social e política. Além das temáticas, caracterizam a dimensão ecumênica da Confederação as contribuições de lideranças católicas e de estudiosos renomados na esfera secular, tais como: Paul Singer (1932-2018), Gilberto Freire (1900-1987), Celso Furtado (1920-2004) e Florestan Fernandes (1920-1995).

A importância do movimento Igreja e Sociedade na América Latina (ISAL). A trajetória da práxis ecumênica provocou processos de unidade e de cooperação pela justiça, pela paz e pela integridade da criação em todo o mundo. Particularmente na América Latina viveu-se nos anos de 1960 o nascimento do movimento Igreja e Sociedade na América Latina (ISAL), em que se discutia a dimensão social da fé. O ISAL foi o resultado das conexões do protestantismo latino-americano, concretizadas por meio das Conferências Evangélicas Latino-Americanas (CELAS), realizadas em 1949 (Buenos Aires), 1961 (Lima) e 1969 (Buenos Aires). Nas CELAS, que chegaram a reunir duas centenas de protestantes de mais de 40 igrejas e representantes de cerca de 30 países, discutia-se a dimensão social da Teologia Protestante, a organização do movimento ecumênico em termos geográficos e temas como o subdesenvolvimento, a fome e a reforma agrária no

Vocabulário teológico

continente. O ISAL foi criado na CELA de 1961, com a finalidade de levar às igrejas as bases bíblico-teológicas da responsabilidade sociopolítica dos cristãos e indicar possibilidades de ação social ecumênica. Como resultado, o ISAL publicou a revista *Cristianismo y Sociedad* e livros com reflexões de teólogos protestantes latino-americanos, considerados as bases instituintes da Teologia da Libertação.

A Teologia Protestante da Libertação. Alguns países latino-americanos, desde os anos de 1950, já tinham atividades na linha ecumênica, apoiadas pelo Departamento de Igreja e Sociedade do CMI. O primeiro presidente do ISAL foi o bispo metodista brasileiro Almir dos Santos (1912-2000), que presidiu a Conferência do Nordeste, da Confederação Evangélica do Brasil, realizada em 1962. Os novos contornos teológicos que daí emergem representam a gênese da Teologia da Libertação. Nomes de destaque do cenário teológico-pastoral latino-americano, também chamado de ➔Protestantismo da Libertação, como os de José Miguez Bonino (1924-2012), Julio de Santa Ana (1934-), Emílio Castro (1927-2013), Rubem Alves (1933-2014), Federico Pagura (1923-2016), Ofélia Ortega (1936-), Breno Arno Schumann (1939-1973), Jaime Wright (1927-1999) e Luis Odell (1912-2000), despontam nesse cenário.

Juventude e a Teologia da Revolução. Ao lado dessas iniciativas acima indicadas, é importante frisar que os ideais de unidade e responsabilidade sociopolítica e o novo pensamento teológico encontraram uma síntese na atuação dos movimentos de juventude evangélica, tantos os seculares na esfera estudantil quanto os do interior das igrejas. Esses movimentos formaram lideranças expressivas para as igrejas e para o movimento ecumênico nacional e internacional, durante os anos de 1910 a 1960, e

Movimento ecumênico latino-americano

realizaram atividades que transformaram a atuação do protestantismo na América Latina, como os acampamentos de trabalho social em áreas empobrecidas, círculos de formação e atividades socioeducativas diversas. A memória desse período destaca a União Latino-Americana de Juventudes Evangélicas (ULAJE), o Movimento Estudantil Cristão (MEC), a União Cristã Estudantil do Brasil (UCEB) e o Departamento de Juventude da CEB, que ganharam expressão internacional, e, mais uma vez, o nome de Richard Shaull, protagonista da Teologia da Revolução, será sempre lembrado como personagem-chave na articulação dos conteúdos teológicos e das práticas significativas que surgiam no meio da juventude evangélica.

A diversidade de frentes de ação e de reflexão. Nessa mesma década de 1960, foi organizada, em nível latino-americano, a Comissão Ecumênica de Educação Cristã (CELADEC). Ela "criou uma enorme rede de agências espalhadas por todo o continente, difundindo a metodologia de educação de adultos do pedagogo brasileiro Paulo Freire, procurando, ao mesmo tempo, mas sem muito êxito, sensibilizar as igrejas para colaborarem no esforço de transformação das estruturas político-econômicas que submetiam os países da região aos interesses da poderosa economia norte-americana" (DIAS, 1998, p. 151). Também é preciso realçar o papel institucional das igrejas. "Como expressão desse renovado processo, as igrejas institucionais ganham impulso no sentido da sua importância e do seu papel histórico e procuram, então, a consolidação do esforço de aproximação e cooperação ecumênica, além de assumir com vitalidade os empenhos em favor de mais unidade de ação. Começam a ampliação de atividades para o fortalecimento do papel da UNELAM (Unidade Evangélica Latino-Americana – organismo criado em 1964).

Dessa forma, aconteceu uma série de estudos tendentes para o planejamento e a realização de uma conferência continental para incentivar a formação de um Conselho Latino-Americano de Igrejas, a fim de responder de maneira orgânica e concatenada às exigências impostas pela nova situação. Isto é, procurou-se o apoio das instituições eclesiásticas latino-americanas para alcançar a institucionalização dos empenhos unitários como meio para enfrentar os problemas propostos à missão da igreja pelos grandes conflitos que faziam sofrer os povos, entre os quais as igrejas viviam e atuavam" (DIAS, 2018, p. 98).

As articulações ecumênicas no continente. Com objetivos de promover a unidade entre as igrejas, incluindo as pentecostais, apoiar a tarefa evangelizadora de suas igrejas-membros e promover a reflexão e o diálogo sobre a missão e testemunho cristãos no continente, foi organizado, em 1982, o Conselho Latino-Americano de Igrejas (CLAI). Muitas lideranças deram-lhe significativas contribuições em diferentes níveis e inserções, direta ou indiretamente, como as de Manuel Quintero (1954-), Israel Batista (1948-), Sérgio Marcus Pinto Lopes (1936-), Felipe Adolf (1946-), Luis Rivera-Pagán (1942-), Gloria Nohemy Ulloa Alvarado (1959-), Odair Pedroso Mateus (1955-), Dora Ester Arce Valentin (1958-), Fernando Oshigue (1955-), Milton Mejia (1966-), Elaine Neuenfeldt (1967-), Leonardo Daniel Félix (1967-), entre tantos outros. Outra preocupação sempre presente no movimento ecumênico tem sido a renovação litúrgica. Nomes como os de Jaci Maraschin (1930-2009), Pablo Sosa (1934-2020), Simei Monteiro (1943-), Tércio Junker (1958-), Ernesto Barros (1957-1995), Luis Carlos Ramos (1961-), Lusmarina Campos (1964-) e Claudio Carvalhaes (1969-) têm participado de processos efetivos e de redes de liturgia, dentro e fora da América Latina.

O movimento ecumênico no Brasil. As décadas de 1960 e 1970 foram significativas para o movimento ecumênico. Ao mesmo tempo que as cúpulas das igrejas freavam as mudanças, movimentos internos e externos, ainda que minoritários e destituídos do poder institucional das estruturas eclesiásticas, resistiam e atuavam para garantir os esforços ecumênicos. Das experiências até agora descritas, surgiu uma série de movimentos, organizações ecumênicas e conselhos de igrejas. Ações concretas em torno das questões agrárias e do sindicalismo urbano, esforços de educação popular na linha da "pedagogia do oprimido", contrainformação e registro das atividades políticas de diferentes grupos subalternos e reflexão teológica sobre as mais diferentes situações dos grupos empobrecidos, formaram o variado espectro do trabalho ecumênico desenvolvido a partir daí.

As primeiras organizações ecumênicas brasileiras. Das iniciativas oriundas do quadro acima indicado, nascem os primeiros organismos, parte deles de alcance latino-americano, que passam a constituir o movimento ecumênico brasileiro durante e depois da ditadura militar instaurada na década de 1960, em prosseguimento aos ideais estabelecidos pela Confederação Evangélica do Brasil. Entre as principais organizações, destacam-se: a Associação dos Seminários Teológicos Evangélicos (ASTE), fundada em 1961, com o objetivo de estabelecer o diálogo, a parceria e a cooperação entre as instituições protestantes de educação teológica; o Centro Ecumênico de Informação (CEI), formado em 1965 por militantes do movimento ecumênico no Brasil e transformado, em 1974, no Centro Ecumênico de Documentação e Informação (CEDI), que, em 1994, deu origem a outras organizações, incluindo Koinonia Presença Ecumênica e Serviço, herdeira do legado ecumênico; a Diaconia, fundada na cidade do Rio de Janeiro, em 1967, por igrejas evangélicas motivadas pela Confederação Evangélica do Brasil a organizarem uma entidade de ação social, e transferida em 1984 para a cidade de Recife-PE, quando passou a direcionar suas ações para o Nordeste do Brasil; a Coordenadoria Ecumênica de Serviço (CESE), fundada em 1973 por seis igrejas brasileiras, incluindo a Católica Romana; o Instituto de Estudos da Religião (ISER), organizado em 1970; e o Centro de Capacitação e Assessoria (CECA), fundado em 1973 por lideranças de diferentes igrejas cristãs no Sul do Brasil.

Ecumenismo e serviço. As entidades ecumênicas de serviço tiveram papel destacado na promoção e no apoio de iniciativas de inserção social dos cristãos. Entre vários nomes com contribuições significativas para o movimento ecumênico ao longo desse processo, além dos já referidos, é possível destacar os de Zwinglio Mota Dias (1941-2021), Anivaldo Padilha (1940-), Eliana Rolemberg (1944), Joaquim Beato (1924-2015), Antônio Olímpio Santana (1937-2021) e Paulo Ayres Mattos (1940-). Com o decorrer dos anos, e especialmente com a abertura democrática dos anos de 1980, as entidades revisaram seus objetivos e desenvolvem hoje um conjunto diverso de atividades nas áreas de assessoria, produção de conhecimento, publicações, formação de quadros e promoção de eventos. As entidades ecumênicas de serviço são estruturadas e autoconcebidas de modo bastante diverso, o que impossibilita descrevê-las dentro de um só parâmetro. Dentre essa diversidade estão a vinculação orgânica ou não com as estruturas das igrejas, promoção ou não de eventos próprios, público-alvo, extensão do trabalho, organização interna e outros aspectos.

A variedade das ações. Entre o conjunto das entidades ecumênicas de serviço, além daquelas formadas durante o período da ditadura militar e que permaneceram em ação, estão em

Movimento ecumênico latino-americano

destaque: o Centro de Estudos Bíblicos (CEBI), formado em 1979 por teólogos e outras pessoas interessadas no estudo da Bíblia e que aglutina grupos de diferentes denominações cristãs; o Grupo de Trabalho Missionário Evangélico (GTME), fundado em 1979 por representantes das igrejas Episcopal-Anglicana, Evangélica de Confissão Luterana no Brasil e Metodista, para diálogo e cooperação relacionados à causa indígena no Brasil em várias regiões do país; o Centro de Estudos da História da Igreja na América Latina (CEHILA), fundado em 1980 por teólogos e estudiosos da história da Igreja; o Centro Ecumênico de Serviço à Evangelização e à Educação Popular (CESEEP), fundado em 1982 por católicos e protestantes. Também podem ser citados organizações e programas de ação, como: Ação dos Cristãos para a Abolição da Tortura (ACAT – Brasil), Associação Fraterna de Igrejas Cristãs (AFIC), Centro Evangélico Brasileiro de Estudos Pastorais (CEBEP), Centro Regional Ecumênico de Assessoria e Serviço (CREAS), Comissão Ecumênica Nacional de Combate ao Racismo (CENACORA), Comissão Evangélica dos Direitos da Terra (CEDITER), Conselho de Igrejas para Estudo e Reflexão (CIER), Dia Mundial de Oração, Grupo Ecumênico de Brasília (GEB), Instituto Ecumênico de Pós-Graduação em Ciências da Religião – São Paulo (IEPG), Instituto Universidade Popular (UNIPOP), Missão Urbana e Rural no Brasil (MUR-Brasil), Movimento Ecumênico de Curitiba (MEC), Nova Década de Solidariedade com as Mulheres.

Os conselhos de igrejas e os fóruns ecumênicos. Os anos de 1980 também possibilitaram a formação de dois organismos ecumênicos das igrejas: o Conselho Latino-Americano de Igrejas (CLAI) e o Conselho Nacional de Igrejas Cristãs (CONIC), fundados em 1982. A esfera de atuação desses Conselhos atinge uma pequena parcela das igrejas e as suas atividades, e, não obstante a qualidade dos conteúdos, alcançam uma reduzida parte dos integrantes das igrejas-membros, mas possuem significativa contribuição em várias frentes do diálogo ecumênico e para as questões que envolvem a relação entre igrejas e sociedade. Mais recentemente, tem tido destaque o fórum ecumênico FE ACT, uma articulação de "organizações baseadas na fé", vinculadas à ACT Aliança, que é um espaço do Conselho Mundial de Igrejas (CMI) para promoção dos direitos humanos, econômicos, sociais, culturais, ambientais e sexuais. O FE ACT surgiu como CER (Compartir Ecumênico de Recursos), em 1994, a partir da iniciativa do CMI em diferentes regiões do mundo. Como fórum de articulação ecumênica, ele passou a representar um espaço de diálogo que possibilitou ver e rever conceitos em relação ao compartilhamento de recursos na sua globalidade, incluindo experiências, dificuldades e sinais de esperança. Em um universo historicamente masculino, destacam-se, nas últimas décadas, a participação de lideranças como Marília Schüler (1957-), Magali do Nascimento Cunha (1963-), Romi Márcia Bencke (1970-), Ester Lisboa (1962-), entre outras contribuições relevantes.

O movimento evangelical. Também nesse quadro, vivenciando igualmente as dificuldades de alcance do conjunto dos evangélicos, surgiu, em 1991, a Associação Evangélica Brasileira (AEvB), constituída majoritariamente por líderes evangélicos e comunidades autônomas. Suas perspectivas vinculavam-se com o movimento evangelical com caráter interdenominacional, marcado por eventos como o Congresso Brasileiro de Evangelização (Belo Horizonte-MG, 1983) e encontros da VINDE (Visão Nacional de Evangelização). Esta última organização, ao lado da AEvB, da Aliança Bíblica Universitária (ABU) e da Fraternidade Teológica

Latino-Americana (FTL), possibilitou certo avanço do movimento evangelical brasileiro como um todo, com forte ênfase na Teologia da →Missão Integral. Algo similar ocorre com as aproximações de diálogo e cooperação entre grupos católicos e pentecostais, os quais têm como referência de diálogo a Rede Latino-Americana de Estudos Pentecostais (RELEP). Na atualidade, há uma boa produção da →Teologia Pentecostal, com variadas temáticas e enfoques.

A articulação dos movimentos de leitura popular da Bíblia. Não se pode descartar a importância dos movimentos bíblicos latino-americanos para a articulação ecumênica. Eles semearam em diferentes cantos da América Latina novas perspectivas bíblicas e pastorais. Organizações ecumênicas como o Centro de Estudos Bíblicos (CEBI), no Brasil – e várias iniciativas similares em outros países –, possibilitaram produção de material, releituras criativas e indicação de caminhos práticos para a vivência cristã. A contribuição de biblistas protestantes foi considerável nesse processo. Nomes como o de Milton Schwantes (1946-2012), de Elza Tamez (1951-), de Dagoberto Ramirez (1936-2003), de Néstor Miguez (1948-), de Nancy Cardoso Pereira (1959-) e os de uma geração de novos biblistas, homens e mulheres, marcaram e marcam os processos de formação bíblica e de debate de temas candentes da conjuntura sociopolítica, vista na perspectiva da tradição bíblica. Em linhas gerais, esse grupo prioriza em suas reflexões as tensões entre os pobres e as instituições eclesiais, entre as dimensões popular e acadêmica no tocante à leitura bíblica e entre racionalidade e subjetividade que marcam o debate teológico até hoje. Esses movimentos realçam, nos textos bíblicos, os empobrecidos como sujeitos que falam, eles mesmos, da vida e do direito e dedicam esforços para interpretar os sinais dos tempos e para articular a Bíblia e as dimensões concretas da vida.

Um novo rosto das organizações ecumênicas e movimentos evangélicos. Entre as diversas organizações já citadas, há, em toda a América Latina, várias que mantêm a vitalidade ecumênica e os seus espaços de atuação. É tarefa árdua enumerá-las. Apenas como exemplo, é possível, no Brasil, fazer referência à Koinonia – Presença Ecumênica e Serviço, que esteve à frente da organização das edições das "Jornadas Ecumênicas", ao CESEEP (Centro Ecumênico de Serviço à Educação e à Evangelização Popular) e à CESE (Coordenadoria Ecumênica de Serviço). São entidades ecumênicas de serviço compostas de pessoas de diferentes tradições religiosas, tendo a participação de um grupo expressivo de evangélicos, especialmente jovens e mulheres. Elas integram o movimento ecumênico e prestam serviços aos movimentos sociais. Os participantes evangélicos, assim como os demais, dão, em geral, um testemunho significativo de participação social e de luta contra as formas de racismo, machismo e homofobia. São organizações que têm como princípios éticos e práticos de suas atividades a luta pela justiça e pela democracia, o incentivo à participação popular nas gestões públicas, a educação pelos direitos humanos, ações contra a discriminação de raça, etnia, gênero e orientação sexual, respeito à diversidade religiosa e a busca de desenvolvimento socialmente justo e ambientalmente sustentável.

O surgimento de novos grupos. No campo da articulação evangélica, são muitos os novos movimentos e organizações que buscam justiça e paz, reagindo ao quadro de conservadorismo presente no setor evangélico. Entre eles se destacam, no Brasil: a "Frente de Evangélicos pelo Estado de Direito", com grupos de base que acompanham ocupações urbanas, debatem temas da política e dos direitos humanos e realizam atividades em diferentes cidades do Brasil; o movimento "Evangélicas pela Igualdade de

Gênero" (EIG), que atua na busca de direitos dentro das lógicas da ➜ Teologia Feminista e que surgiu em 2015 durante a reunião do Fórum Pentecostal Latino-Caribenho (FPLC), com o objetivo de propor ações de mulheres evangélicas, em especial, pentecostais e neopentecostais, somando esforços e sendo um espaço de compartilhamento de vivências e experiências com demais grupos evangélicos que há mais tempo possuem frentes de ação nas questões e situações de gênero; a "Rede FALE", que reúne pessoas para cultivo da espiritualidade evangélica e para ações concretas contra a injustiça no Brasil e no mundo, com especial atenção para os aspectos econômicos e seus efeitos na desigualdade e na ampliação da miséria; a agência "Novos Diálogos", que atua no campo da informação, na área editorial e na organização de eventos para a juventude evangélica, como o "Reimaginar", com destaque para os direitos humanos e a diversidade, e que se conecta com outros grupos e movimentos; e a articulação "Evangelicxs pela Diversidade", que se constitui em espaço e rede com o intuito de que pessoas LGBTI+ evangélicas se conectem e troquem experiências, realizem projetos e potencializem experiências invisibilizadas.

ALVES, Rubem (org.). *De dentro do furacão*: Richard Shaull e os primórdios da Teologia da Libertação. Rio de Janeiro: CEDI, 1985. BITTENCOURT FILHO, José. *Caminhos do protestantismo militante*: ISAL e Conferência do Nordeste. Vitória: Unida, 2014. CUNHA, Magali do Nascimento; RIBEIRO, Claudio de Oliveira. *O rosto ecumênico de Deus*: reflexões sobre ecumenismo e paz. São Paulo: Fonte Editorial, 2013. DIAS, Zwinglio Mota. O movimento ecumênico: histórico e significado. *Numen*, Juiz de Fora, v. I, n. I, p. 127-163, 1998. DIAS, Zwinglio Mota. A teologia forjada no movimento ecumênico latino-americano. In: RIBEIRO, Claudio de Oliveira (org.). *Teologia Protestante Latino-Americana*: um debate ecumênico. São Paulo: Terceira Via, 2018. p. 89-101. LONGUINI NETO, Luis. *O novo rosto de missão*: os movimentos ecumênico e evangelical no protestantismo latino-americano. Viçosa: Ultimato, 2020. MIGUEZ BONINO, José. *Rostos do protestantismo latino-americano*. São Leopoldo: Sinodal, 2003. PEREIRA DA ROSA, Wanderlei; ADRIANO FILHO, José (org.). *Cristo e o processo revolucionário brasileiro*: a Conferência do Nordeste 50 anos depois. Rio de Janeiro: Mauad X, 2012. PLOU, Dafne Sabanes. *Caminhos de unidade*: itinerário ecumênico na América Latina. São Leopoldo: Sinodal/CLAI, 2002. RENDERS, Helmut; SOUZA, José Carlos de; CUNHA, Magali do Nascimento (org.). *As igrejas e as mudanças sociais*: 50 anos da Conferência do Nordeste. São Bernardo do Campo: Editeo; São Paulo: ASTE, 2012. RIBEIRO, Claudio de Oliveira Ribeiro. Evangélicos brasileiros e o compromisso social. In: LELLIS, Nelson; RIBEIRO, Claudio de Oliveira (org.). *Religião & Política à brasileira*: faces evangélicas no cenário político. São Paulo: Recriar, 2019. p. 9-21. RIBEIRO, Claudio de Oliveira; ARAGÃO, Gilbraz; PANASIEWICZ, Roberlei (org.). *Dicionário do pluralismo religioso*. São Paulo: Recriar, 2020. SHAULL, Richard. *Surpreendido pela graça*: memórias de um teólogo – Estados Unidos, América Latina, Brasil. Rio de Janeiro: Record, 2003.

Processo, Teologia do

Deus e o mundo – o mundo e Deus. A Teologia do Processo tem, entre as suas bases conceituais, a contribuição de três destacados pensadores: o inglês Alfred North Whitehead (1861-1947) e os estadunidenses Charles Hartshorne (1897-2000) e John B. Cobb

Jr (1925-). É fato que, em maior escala e sem a preocupação com categorizações e sistematizações em escolas do pensamento, se possa incluir precursores dessa corrente como os franceses Teilhard de Chardin (1881-1955) e Henri Bergson (1859-1941). Ambos foram marcados pelas teorias da evolução. A Teologia do Processo tem sua gênese no modo provocativo com que Whitehead sugere o papel de Deus na estrutura do universo e na história humana. A base filosófica da Teologia do Processo são as reflexões que indicam a relação recíproca de transcendência e imanência entre Deus e o mundo, feita, sobretudo, como crítica às religiões monoteístas ocidentais e suas teologias tradicionais. A "filosofia do organismo", de Whitehead, denominada posteriormente como "filosofia do processo" ou "pensamento processual" pelos seus seguidores, tem sido aplicada em vários campos da ciência, como os que se referem à ecologia, à teologia, à pedagogia, à física, à biologia, à filosofia da ciência e teorias do conhecimento, à matemática, às ciências sociais, à economia e à psicologia. No campo teológico e da filosofia da religião, a Teologia do Processo se destaca por se envolver e trabalhar com situações complexas da realidade, denominada como "ética relacional", incluindo um leque considerável de questões como as relacionadas ao sofrimento e à ambiguidade humana, e as que tratam do discernimento científico das variadas experiências humanas e sociais, assim como temas desafiadores para o debate teológico, como o pluralismo religioso, o feminismo e a ecologia.

O poder relacional do divino. A Teologia do Processo, "ao afirmar o caráter relacional do Divino como participante na experiência de cada criatura, oferece o retrato de um Deus partilhando diretamente os sofrimentos do mundo. Deus se torna a vítima da injustiça e da opressão, ao invés de se tornar um rei indiferente. Ao negar a noção tradicional de que Deus seja todo-poderoso, a

Vocabulário *teológico*

Teologia do Processo retira as escoras que apoiam qualquer esforço que se faz para afirmar que as injustiças sociais existentes são parte do plano divino. E ao focar na prioridade do poder relacional e não na do poder unilateral, a Teologia do Processo também constrói uma afinidade natural com a libertação das mulheres, quando oferece melhores recursos para ver a Deus através das categorias feministas" (MESLE, 2013, p. 121). A onipotência divina subsiste na ação cocriadora do mundo. Destacam-se também nas reflexões da Teologia do Processo os estadunidenses Henry Nelson Wieman (1884-1975), Marjorie Hewitt Suchocki (1933-), David R. Griffin (1939-) e Catherine Keller (1953-), com variadas ênfases, realçando os aspectos das reflexões teológicas plurais e inclusivas em torno da justiça social e ecológica.

Teísmo e naturalismo. O debate atual sobre os principais temas abordados e demais aspectos da Teologia do Processo revela muitas convergências, mas, como qualquer corrente de pensamento, há distinções internas. Robert Mesle (2013) distingue, por exemplo, as visões de Henry Nelson Wieman, cujas reflexões têm caráter naturalista, e as de John B. Cobb, que se caracterizam pela perspectiva teísta. O primeiro compreende a presença de Deus como um processo real, operante na natureza, tanto em sua dimensão cósmica quanto no tocante à comunidade humana, que se efetiva no bem criativo do ser humano, em suas profundas e complexas relações. O segundo realça que a experiência humana reveladora da realidade desse processo criativo requer um exame cuidadoso, que gere uma confiança e devoção e que supere os limites da própria atividade humana. Trata-se de uma experiência cósmica unificada, que integra todas as experiências humanas e da natureza, mostrando que Deus está em tudo e em todos, e é qualitativamente distinto de tudo e de todos. Essa visão está em sintonia com

Processo, Teologia do

a filosofia do processo, que realça a perspectiva pré-socrática de Heráclito (535-475 a.C.), na qual se destaca a ideia de que "tudo flui", em oposição a Parmênides (530-460 a.C.), para quem a noção de mudança não é factível.

Complexidade e interdependência. As categorias filosóficas de mudança, de criatividade e de temporalidade dinâmica são bases bastante presentes na Teologia do Processo. As unidades básicas do mundo não são substâncias ou indivíduos permanentes ou duradouros, mas processos engendrados a partir de eventos momentâneos que Whitehead denominou "entidades reais [...] gotas de experiência, complexas e interdependentes" (WHITEHEAD, 1978, p. 18). Trata-se de se compreender o humano, a natureza e todos os elementos da dimensão cósmica como participantes de uma rede de relacionamentos, frágil e complexa, sendo que todas as criaturas têm valor e importância no processo da criação, da recriação e da sustentação da vida. Todas as criaturas criam e são criadas, elas atuam e interagem mutuamente em um processo criativo de construção de uma nova realidade. "A Teologia do Processo nos convoca a aceitar um mundo no qual devemos ter responsabilidade. Deus pode trabalhar no mundo, mas Deus pode trabalhar em nosso mundo mais efetivamente, mais rapidamente, através de nós" (MESLE, 2013, p. 127).

A bipolaridade da comunhão entre o divino e o humano. A Teologia do Processo se mantém, majoritariamente, no campo teísta, mas se contrapõe à visão tradicional ou clássica na qual Deus é visto como criador, ativo, infinito, eterno, necessário, independente, onipotente, onisciente, imutável e impassível. Nessa concepção, a ideia básica é de que a noção de mudança denotaria um caráter de imperfeição, e Deus, sendo perfeito, pelo princípio da não contradição, só poderia ser concebido como imutável, estático ou como eternidade absoluta. Os círculos teológicos do processo denominaram essa visão unilateral como "monopolar" e a criticaram frontalmente. Trata-se de uma tentativa de resposta a situações oriundas do contexto secularizado que o mundo moderno gerou. A Teologia do Processo, portanto, tem tomado como referência a situação de "declínio da credibilidade da crença cristã no mundo moderno. Tem concluído que muito dessa perda é devido a formulações da fé que não merecem crédito e tem procurado fornecer declarações mais aceitáveis daquilo em que o cristão crê" (COBB, 1986, p. 13). Para isso, Whitehead, Hartshorne e os teólogos do processo se afastaram da visão tradicional de Deus, substituindo-a por uma versão do teísmo que denominaram de "bipolar". "A experiência de Deus inclui a experiência de cada criatura e a experiência de cada criatura necessariamente incorpora, a cada momento, uma experiência de Deus" (MESLE, 2013, p. 10).

A noção de panenteísmo. Charles Hartshorne, por exemplo, usa com frequência o termo "panenteísmo bipolar" para descrever a percepção acerca de Deus que está intimamente em relação com o processo da realidade. Trata-se de perceber em Deus a expressão simultânea e plural de atributos aparentemente contraditórios, como necessário e contingente, eterno e temporal ou absoluto e relativo. Estes pares contrastantes não estão firmados em uma relação marcada pelo binômio superioridade-inferioridade, mas cada polo tem elementos válidos, valiosos e admiráveis, assim como podem apresentar aspectos frágeis, incompletos e deficientes. Nas palavras do autor: "Eu rejeito como idolatria a identificação de Deus com 'o absoluto', 'o infinito', 'o imutável', ou 'o necessário'. Deus está em ambos os lados de tais contrários abstratos, e só assim ele pode ser mais que uma mera abstração. Ele é finito e infinito, eterno e temporal, necessário e contingente, cada um em seus aspectos adequados e únicos" (HARTSHORNE, 1967, p. 127-128). As concepções teológicas tradicionais, ao recusarem a possibilidade de um movimento de mudança e dinamismo em Deus, também deixam de fora o que há de valioso e positivo na temporalidade e na contingência.

Deus é em tudo e em todos. Deus pode se revelar nas formas mais admiráveis de ambos os lados dos pares de contrastes, ao participar do universo em desenvolvimento que criou e ao ser afetado pelas alegrias e tristezas de suas criaturas. John Cobb compreende o panenteísmo como "uma teoria que explica por que existe um sentido inextirpável de que aquilo que acontece no mundo importa. Podemos pensar nisso como uma teoria análoga à teoria do passado entrando no futuro, assegurando, assim, que o futuro seja contínuo com o passado" (COBB, 2013, p. 221). E, para se compreender a amplitude do panenteísmo, é importante frisar que "somos obrigados a testemunhar à nossa convicção que, não somente os seres humanos, mas também todas as coisas especialmente todos os seres viventes, possuem valor para si e para Deus, independentemente de seu valor para os seres humanos" (COBB, 1986, p. 24).

As experiências de integração cósmica da vida. Cobb, ao retomar o pensamento de Hartshorne, enfatiza a experiência cósmica unificada que absorve a multiplicidade das experiências humanas e sugere que a relação de Deus com o mundo é como "cada célula do cérebro em cada momento [que é] como um sujeito individual que recebe de outros e, por sua vez, age sobre outros. Cada evento ou experiência celular é também absorvida pela experiência unificada da pessoa humana. Essa experiência não é apenas constituída de todas as experiências celulares acrescentadas umas às outras. Ao contrário, elas são integradas com suas próprias memórias e antecipações a uma experiência coerente única. Similarmente, todas essas experiências humanas (e de outras criaturas) são absorvidas pela experiência cósmica unificada, que é Deus" (COBB, 2013, p. 217).

O movimento de superação das dualidades. Todos os eventos e movimentos que se realizam no mundo contribuem para a vida inclusiva do todo. A visão panenteísta de Deus, portanto, seria a fonte de significado existencial e de resposta às experiências que se defrontam com as ameaças reais à existência humana. Além disso, tal perspectiva mobiliza o ser humano nas complexas relações entre solidão e companheirismo, e nas frustrações vivenciadas tanto nas relações interpessoais e coletivas quanto no tocante ao relacionamento com as imagens distorcidas de Deus. Essa perspectiva possibilita a superação da dualidade naturalismo e teísmo. A Teologia do Processo "abrange ambos de um modo coerente e convincente. Whitehead mostra em detalhe técnico como a imanência de Deus no mundo age para fazer existir a vida, a consciência e o amor, e para transformar criativamente todas as coisas. A visão de Whitehead é completada através de uma compreensão de como todas as criaturas contribuem para a vida divina. Embora existam teístas do processo que seguem Wieman ao explorar somente o primeiro aspecto, e outros que seguem Hartshorne ao explorar principalmente o último, muitos de nós seguimos Whitehead ao afirmar ambos" (COBB, 2013, p. 229-230).

A perspectiva integradora da ação divina. A Teologia do Processo compreende Deus como "o grande companheiro" nas jornadas de sofrimento. Aquele que entende e compartilha com o ser humano e com toda a criação os dramas e as fragilidades advindas das mais distintas experiências. Daí que um dos temas centrais da Teologia do Processo seja, pois, a relação de Deus com o mundo. Para os teólogos do processo: "Deus é o único Sujeito cujo amor é o fundamento de toda a realidade. É através do amor de Deus que todas as coisas vivem, se movem e têm seu ser. Deus é supremamente relacionado, partilhando a experiência de toda criatura e sendo experimentado por toda criatura" (MESLE, 2013, p. 20). Distinta da ação coercitiva conforme encontramos nas teologias tradicionais, na visão teológica do processo a atuação de Deus no mundo se manifesta como uma atração persuasiva para a realização dos ideais humanizadores e produtores de felicidade. E isso se dá de forma ampla e abrangente.

A humanidade e o conjunto da criação. "A Teologia do Processo exige que paremos de ver a felicidade dos seres humanos como o único propósito da existência e atividade criativa de Deus. Devemos respeitar a totalidade da criação e todas as outras criaturas com as quais partilhamos este mundo, pois elas também têm suas alegrias e também contribuem para a vida de Deus. A dor dos animais no laboratório, a miséria da vida em uma pequena jaula de arame e a agonia de uma raposa em uma armadilha de aço são partilhadas por Deus, assim como a miséria dos seres humanos" (MESLE, 2013, p. 101). Deus se revela no companheirismo e na amizade expressa na variedade das experiências humanas e do mundo, que inspira a realização do amor e do que há de melhor na humanidade e em toda a criação. Essa visão revela também que os seres humanos, quando realizam ou expressam o que há de melhor neles, cooperam com Deus no desenvolvimento criativo da vida e, assim, contribuem para o enriquecimento e florescimento do amor divino. "O papel de Deus não é o combate da força produtiva com força produtiva, da força destrutiva com força destrutiva; [mas] encontra-se na operação paciente da irresistível racionalidade de sua harmonização conceitual. Ele não cria o mundo, ele o salva;

ou, mais precisamente, ele é o poeta do mundo, conduzindo-o com paciente ternura por sua visão de verdade, beleza e bondade" (WHITEHEAD, 1978, p. 346).

Cooperação divino-humana no processo amoroso da vida. Teólogos do processo falam de Deus e da humanidade trabalhando conjuntamente em um mundo relacional e complexamente inter-ligado. Desse modo, "cada evento reflete tanto o poder de Deus quanto o poder do mundo. O mundo pode ser mais ou menos responsivo para com Deus, mas não existem eventos separados em nosso mundo que permaneçam fora das leis da natureza e da história para os quais podemos apontar e dizer: 'Deus fez isso sozinho'" (MESLE, 2013, p. 22). As virtudes pessoais e coletivas caminham em direção a uma preocupação maior e mais autêntica com o modo relacional de participação no amor que estrutura as possibilidades da vida e do mundo. Esse processo revela a imagem de um Deus amoroso e não coercitivo, que respeita a liberdade inerente ao mundo. "Os teólogos do processo imaginam Deus apresentando as possibilidades que tornam a liberdade significati-va e nos chamando para melhores escolhas. A atividade de Deus pode ser vista, então, como o fundamento que torna possível para o mundo combinar ordem com liberdade, vida e aventura" (MESLE, 2013, p. 194).

O "chamado progressivo". Esta perspectiva teológica tem a visão de Deus "em processo", desenvolvendo-se e envolvendo o mundo, em um processo complexo e dinâmico de criação e recriação da vida. "Partilhamos o modelo básico de um mundo composto de eventos que são complexamente inter-relacionados um com o outro. Este é marcadamente diferente do modelo que geralmente sustenta o pensamento político, econômico, científico e ético. Em todos eles, o modelo mecanicista ainda perdura com sua apresentação das coisas como objetos individuais, que podem ser examinados separados uns dos outros" (COBB, 2013, p. 232). Relacionada a esta perspectiva está a noção de um "chamado progressivo" (*call forward*), que é a ideia segundo a qual em Deus a criação encontra um convite/chamado para seguir adiante em direção a um futuro aberto, que a faça "ir além da segurança do que é estabelecido e costumeiro" (COBB, 1976, p. 45), com "uma gama de possibilidades e probabilidades, não fixas ou estabelecidas" (MESLE, 2013, p. 21). Trata-se de uma fé na providência livre, opcional, gradual e dinâmica de Deus no mundo. Deus é como aquele que amorosamente chama o mundo a seguir sempre adiante e que revela a necessidade da interação e da cooperação humano-divina nesse processo evolutivo, palco de inumeráveis desafios e da busca constante do humano por afiliação divina. Trata-se de um processo onde a ambiguidade e a materialidade do mundo em constante mudança e evolução são confrontadas, despertando o potencial humano e de toda a criação para um impulso que os levem a exercer o que há de melhor em si, possibilitando a liberdade e o bem-estar da humanidade e do mundo: "O chamado progressivo é em direção à intensificação da vida, à elevação da consciência, à expansão da liberdade, ao amor mais sensível" (COBB, 1976, p. 56).

Multiplicidade, não saber e relacionalidade. A amplitude da proposta teológica do processo realça uma variedade de temas e de questões relacionadas à justiça social e ecológica e outros aspectos que desafiam o debate na atualidade, como o pluralismo religioso e temas sobre a diversidade de gênero. As reflexões teológicas sobre o pluralismo religioso, por exemplo, possuem na noção de polidoxia uma base bastante destacada. A polidoxia articula, pelo menos, três elementos: *multiplicidade, não saber e relacionalidade.*

Vocabulário *teológico*

A polidoxia é a afirmação de que nenhuma religião, credo, doutrina ou fé pode exaurir quem é Deus, nem se pautar por uma única visão, doutrina ou interpretação da experiência religiosa. Um dos principais pontos da polidoxia é a multiplicidade. Ela é fonte das teologias flexíveis e plurais, abertas para o divino no mundo, reconhecendo os limites dos saberes e das realidades já conhecidas, realçando a fluidez divina, em especial a sua impossibilidade de ser definida e de ser totalmente descrita, expressa ou contida em conceitos e doutrinas. A perspectiva de não saber está relacionada à Teologia Apofática ou Negativa, que se baseia no não dito das próprias certezas. Ou seja, é a humildade em reconhecer o não saber de tudo, valorizar a diversidade de expressões possíveis em todas as realidades, religiosas ou não, e a permanente abertura para o não conhecido. A relacionalidade é o princípio que une a multiplicidade e o não saber. Se assim não fosse, a polidoxia cairia em uma pluralidade vazia, complacente e eticamente incoerente, assim como geraria um tipo de apofaticidade que é mera negação de tudo. Mas a relacionalidade é o que torna possível a fé e a teologia serem compartilhadas, com o encontro com outras visões e perspectivas, tendo como pano de fundo as diversas pautas e lutas por justiça e paz na sociedade, considerados os diferenciais de poder nela presentes. "A divindade entendida em termos de multiplicidade, abertura infinita e relacionalidade agora forma uma matriz de revelação, em vez de uma distorção ou evidência de sua falta. Os desafios e paixões da criatividade teológica que florescem nas fronteiras da tradição e nas margens do poder mostraram-se, longe de ser distrações da integridade doutrinária ou doxológica, indispensáveis à sua vida. E essa vitalidade desmente ao mesmo tempo as profecias sombrias do puro secularismo e o encrudescimento de certezas crédulas" (KELLER; SCHNEIDER, 2010, p. 1).

COBB, John B. Jr. *God and the World*. Philadelphia: Westminster Press, 1976. COBB, John B. Jr. Pontos de contato entre a Teologia de Processo e a Teologia da Libertação em matéria de fé e justiça. *Caminhando*, São Bernardo do Campo, v. 4, n. 1, p. 8-27, 1986. COBB, John B. Jr. Teísmo do processo. In: MESLE, C. Robert. *Teologia do Processo*: uma introdução básica. São Paulo: Paulus, 2013. p. 213-236. HARTSHORNE, Charles. *A Natural Theology for Our Time*. La Salle, IL: Open Court, 1967. KELLER, Catherine; SCHNEIDER, Laurel (ed.). *Polydoxy*: theology of multiplicity and relation. Routledge, 2010. MESLE, C. Robert. *Teologia do Processo*: uma introdução básica. São Paulo: Paulus, 2013. SILVA, Ednaldo Isidoro. A Teologia do Processo de Whitehead. *Paralelus*, Recife, ano 1, n. 1, p. 71-80, jan./jun. 2010. WHITEHEAD, Alfred N. *Process and Reality*. New York: Free Press, 1978. WHITEHEAD, Alfred N. *A ciência e o mundo moderno*. São Paulo: Paulus, 2006.

Protestantismo da Libertação

A responsabilidade social cristã. A teologia e a filosofia latino-americanas representam indubitavelmente uma das grandes contribuições ao pensamento contemporâneo na segunda metade do século 20. Os centros de formação teológica na Europa e nos Estados Unidos da América, por exemplo, assim como o →movimento ecumênico internacional, tiveram os olhos voltados, desde a década de 1970, para a produção teológica latino-americana. Os efeitos dessa perspectiva teológica no quadro social, político e eclesial latino-americano são diversos e foram registrados de maneira ampla e variada. Compreende-se "Teologia Latino-Americana" como a expressão utilizada para se referir às reflexões teológicas que surgiram a partir dos anos de 1960 – primeiramente no ambiente das igrejas evangélicas e, depois, no contexto católico-romano –, procurando respostas às inquietações e aos desafios para a fé cristã ante o aumento da pobreza e do sofrimento humano.

A fé e a vida. A Teologia Latino-Americana nasceu como prática da fé, vivida em meio a turbulências políticas e eclesiais, tendo como traços gerais a busca de uma sociedade justa e a necessidade de se dar preferência às pessoas pobres na vida das instituições eclesiásticas e nas esferas de educação e de reflexão teológica, assim como no conjunto da sociedade, tendo como referência a irrupção e a construção do Reino de Deus. Essa compreensão da fé não é novidade do século 20. Ela está presente em toda a história da Igreja, ainda que, por vezes, de forma marginal e dispersa. De forma similar, compreende-se "Protestantismo da Libertação" como o conjunto dos aspectos teológicos e práticos enfatizados por círculos protestantes no contexto da Teologia Latino-Americana da Libertação, tais como a responsabilidade social cristã, a perspectiva ecumênica, a primazia da graça, a crítica profética em relação às formas idolátricas no campo sociopolítico e econômico e a eclesialidade de comunhão e serviço. A Teologia da Libertação, como se sabe, teve a origem de sua base teórica em dois polos. O primeiro, com as reflexões na revista *Cristianismo y Sociedad*, uma articulação do ➔movimento ecumênico latino-americano, sobretudo de Igreja e Sociedade na América Latina (ISAL). O segundo, as conferências e o trabalho desenvolvido pelo Setor de Estudos e Responsabilidade Social da Confederação Evangélica Brasileira, especialmente a destacada "Conferência do Nordeste", realizada em Recife, no ano de 1962.

A primeira geração de teólogos protestantes da libertação. Os renomados teólogos católicos Leonardo Boff (1938-) e Clodovis

Boff (1944-) deram uma sinalização precisa dos primórdios da Teologia da Libertação no tocante às raízes protestantes dessa corrente teológica. Para eles, o quadro sociopolítico e eclesial na década de 1960 "[...] possibilitava na América Latina a coragem de os teólogos pensarem nossas questões pastorais com a própria cabeça, isso tanto do lado católico como do lado protestante (especialmente do interior do movimento ISAL: Igreja e Sociedade na América Latina). Teólogos como Gustavo Gutiérrez, Segundo Galilea, Juan Luis Segundo, Lúcio Gera e outros do lado católico, e, do lado protestante, Emílio Castro, Julio de Santa Ana, Rubem Alves e José Miguez Bonino começaram, mediante frequentes encontros, a aprofundar as reflexões sobre a relação entre fé e pobreza, Evangelho e justiça social" (BOFF, L.; BOFF, C., 1986, p. 97). Essa referência foi possível graças aos canais de diálogo dos dois teólogos católicos com círculos ecumênicos, que sempre realçaram que a Teologia da Libertação teve o seu início no campo protestante. Essa referência histórica feita pelos irmãos Boff teve a interação de personagens destacadas do movimento ecumênico, como o teólogo Zwinglio Dias (1941-2021) e o sociólogo Jether Pereira Ramalho (1922-2020), líderes de organizações ecumênicas que seguiram nas trilhas do ISAL, como o Centro Ecumênico de Documentação e Informação (CEDI), hoje Koinonia Presença Ecumênica e Serviço. Nos anos de 1960, portanto, foi gestada uma perspectiva teológico-pastoral libertadora no campo da Teologia Protestante Latino-Americana. Nesse mesmo contexto, a Teologia Católico-Romana se renovava sob os influxos do Concílio Ecumênico Vaticano II (1962-1965) e da Conferência Episcopal Latino-Americana de Medellín (1968).

Bases da Teologia Protestante da Libertação. É difícil traçar todos os aspectos da Teologia Protestante que emergiu nessa época

Vocabulário *teológico*

– e que foi desenvolvida nas décadas seguintes–, mas é possível destacar pelo menos alguns deles. O primeiro é que Deus salva o ser humano pela graça, não dependendo dos esforços humanos, embora desperte nas pessoas e grupos um compromisso com a justiça, com a paz e com a integridade da criação, dentro de uma visão social libertadora. O segundo aspecto é que a Bíblia, como Palavra de Deus, é o centro da fé, e isso deve nortear uma prática religiosa amorosa, vivida em solidariedade com os mais fracos e pobres, além de criar uma vida religiosa comunitária. A leitura da Bíblia deve ser feita em comunidade, a fim de relacionar a fé e os aspectos concretos da vida humana, especialmente os dilemas vividos pelas pessoas pobres e grupos que vivem sob os diferentes aspectos da dominação. O terceiro é que todas as pessoas são chamadas por Deus para exercer um ministério (é o chamado "sacerdócio universal de todos os crentes") e que a fé não pode ficar na dependência do líder religioso que possui o ministério ordenado (pastores e pastoras). Tais pessoas, com vocação sacerdotal, unem-se com as demais pessoas leigas que, em justa comunhão e protagonismo, desenvolvem a missão do Reino de Deus. O quarto aspecto realça que a Igreja, como corpo de Cristo, precisa permanentemente de Reforma. Nesse sentido, o elemento crítico e autocrítico deve se fazer presente na teologia e na prática religiosa. Isso deve redundar em uma vida religiosa interna voltada para a alteridade, para a comunhão e para a participação democrática, e uma ação religiosa externa que contribua para mudanças sociais que superem todas as formas de dominação e de diminuição do valor do humano. A crítica profética deve se constituir em uma possibilidade de renovação da Igreja, da sociedade e do cosmos. Por último, mas de mesma importância, está o fato de que a fé deve ser vivida a partir de compromissos sociais concretos, tendo em vista

Protestantismo da Libertação

a paz com justiça e a constituição de direitos econômicos, sociais, culturais e ambientais, considerando os valores da irrupção do Reino de Deus. Isso deve ser construído em uma visão ecumênica, em diálogo e parcerias com os demais grupos religiosos, cristãos e não cristãos. Tais dimensões constituem um patrimônio teológico-pastoral de precioso valor para diferentes grupos e gerações.

A origem do termo "Teologia da Libertação". A origem protestante da Teologia da Libertação sempre traz à tona o controverso debate sobre o título da obra *Da Esperança* (1987), de Rubem Alves (1933-2014). Trata-se da tradução tardia de *A Theology of Human Hope* (Uma Teologia da Esperança Humana), da tese doutoral do autor denominada *Towards a Theology of Liberation* (Por uma Teologia da Libertação), publicada em 1968, nos Estados Unidos, cujo título foi modificado pelo editor para garantir maior acessibilidade aos leitores e às leitoras da época. O argumento foi que a expressão "esperança" ganhava certo destaque devido à divulgação das obras do teólogo alemão Jürgen Moltmann (1926-) e o termo "libertação" não era bem difundido. A obra, que realça a teologia como linguagem da liberdade – a partir de pressupostos da Teologia Protestante Contemporânea e do contexto de "cativeiro e libertação" social, político e eclesial –, é considerada a primeira produção sobre a Teologia da Libertação. Ela está referenciada ao contexto de reflexão teológica libertadora, marcado pela produção anterior de Richard Shaull (1919-2002), teólogo presbiteriano norte-americano que viveu algumas décadas no Brasil e é considerado um dos precursores da Teologia da Libertação. Posteriormente, Shaull realçaria esse vínculo na obra *A Reforma Protestante e a Teologia da Libertação: perspectivas para os desafios da atualidade* (1993), já evidenciado no livro organizado pelo CEDI, *De dentro do furacão: Richard Shaull e os primórdios da Teologia da Libertação* (1985). A base das reflexões está articulada com as experiências pastorais e políticas dos setores ecumênicos latino-americanos, em especial Igreja e Sociedade na América Latina (ISAL), e o Setor de Estudos e Responsabilidade Social da Igreja da Confederação Evangélica do Brasil. Um ano depois, Gustavo Gutiérrez (1928-), padre católico peruano, escreveu o seu livro *Teología de la Liberación*.

A primazia da prática. Não se pode considerar a publicação de obras como marco fundante da Teologia da Libertação. Isso seria uma negação de seu próprio princípio metodológico, que é exatamente partir das experiências práticas concretas. O foco teológico latino-americano são as ações e as experiências no contexto de libertação social e política e as vivências eclesiais renovadoras que foram experimentadas. Como se sabe, os anos de 1950 e 1960 foram marcados, na América Latina, por intensas transformações nas esferas de ação das igrejas e da produção teológica, geralmente em busca de respostas aos desafios que os processos de industrialização e de urbanização geradores de pobreza tanto no campo quanto na cidade, e ao enfrentamento dos processos repressivos que os regimes militares impunham à sociedade. A Igreja Católica Romana – motivada por mudanças ocasionadas pelo Concílio Vaticano II e pela Conferência Episcopal Latino-Americana de Medellín – experimentou uma nova eclesialidade a partir das atividades da Ação Católica formada por grupos como a Juventude Operária Católica (JOC), a Juventude Universitária Católica (JUC), a Juventude Estudantil Católica (JEC) e, posteriormente, a partir da prática das Comunidades Eclesiais de Base (CEBs) e das pastorais especializadas, como a Pastoral Operária e a Pastoral da Terra, com apoio de setores da hierarquia firmados especialmente na "opção preferencial pelos pobres". Nos setores protestantes, diversas experiências de renovação eclesial e outras mudanças ocorreram nas décadas de 1960 a 1980, com ênfases similares.

O rural e o urbano. Nos anos de 1970, a emergente Teologia da Libertação, especialmente no Brasil, teve as suas bases e raízes alicerçadas principalmente a partir de duas experiências: a vivência de comunidades pobres no mundo rural, especialmente de pequenos lavradores, e as práticas dos sindicatos de trabalhadores, no contexto urbano. O primeiro aspecto revelava uma série de esforços em favor de uma reforma agrária, e isso aconteceu especialmente em contraposição aos interesses de grandes companhias agroindustriais e fortes grupos latifundiários detentores de terra. A experiência sindical urbana centrava-se na relação entre capital e trabalho, com questionamentos e propostas em relação às condições injustas de trabalho e a uma melhor distribuição das riquezas. Em ambas as situações, os cristãos eram encorajados a pensar sobre a sua vida em relação à fé bíblica.

A responsabilidade social cristã. Se, de um lado, as experiências das Comunidades Eclesiais de Base e a de grupos católicos similares fermentavam um novo pensar teológico, de outro, no campo protestante, uma série de experiências populares, em geral engendradas por setores da juventude das igrejas evangélicas, por grupos ecumênicos e por lideranças das igrejas protestantes mais sensíveis à responsabilidade social, geravam novas perspectivas teológicas, não obstante o conservadorismo da maioria da hierarquia e da membresia das igrejas evangélicas. A movimentação da juventude, em especial por formas de inculturação do Evangelho, incluindo novas práticas sociais e litúrgicas, possuía um eco considerável na temática da responsabilidade social cristã, uma das ênfases teológicas desse período. No Brasil, por exemplo, atividades com comunidades de pescadores em Santa Catarina, com ligas camponesas no Nordeste, mutirões de jovens evangélicos em bairros pobres das grandes cidades e uma fermentação sociopolítica em contraposição aos regimes militares lançaram as bases para uma nova teologia. Ela seria ecumênica e libertadora.

A contribuição teológica de José Miguez Bonino. No continente latino-americano, resguardadas as peculiaridades de cada país, as visões teológicas acima indicadas encontraram certo eco em círculos teológicos na Argentina e no Uruguai. Um dos mais relevantes teólogos da libertação dessa primeira geração é o argentino José Miguez Bonino (1924-2012). Autor de dezenas de obras sobre a Teologia da Libertação – com temas específicos abordados a partir desse enfoque teológico –, Miguez Bonino teve atuação destacada no Conselho Mundial de Igrejas, chegando a ser um de seus presidentes, e foi observador da Igreja Metodista no Concílio Ecumênico Vaticano II da Igreja Católica. Ele foi professor e diretor da Faculdade Evangélica de Teologia (posteriormente denominada Instituto Superior Evangélico de Estudios Teológicos, ISEDET), importante centro da Teologia Latino-Americana em chave libertadora. Outro aspecto significativo da atuação desse teólogo foi a sua eleição, nos anos de 1980, para a Convenção Nacional Constituinte, que reformulou a constituição da Argentina após o período de ditadura militar.

A fé em busca de eficácia. Um dos centros da reflexão de Miguez Bonino, seguindo a tradição teológica protestante, é a relação entre o compromisso e a responsabilidade social e a transcendência do Reino de Deus, cuja presença no interior da história humana acontece por intermédio dos compromissos sociopolíticos pela justiça. Nessa relação o teólogo articulou temas imprescindíveis como a eclesiologia, a cristologia e a missiologia. Na diversidade de sua produção teológica destacamos *La fe en busca de eficacia: una interpretación de la reflexión teológica latinoamericana de liberación* (1977), com traduções para vários idiomas e com certo impacto em diferentes círculos. O teólogo argentino esteve várias vezes no Brasil e estabeleceu diálogos frutíferos com vários círculos acadêmicos. Em uma dessas oportunidades, ele recebeu o título de *Doutor honoris causa* pela Universidade Metodista de São Paulo. Miguez Bonino formou, ao lado de Emílio Castro (1927-2013), uruguaio, que foi secretário-geral do Conselho Mundial de Igrejas, e de lideranças pastorais de intenso carisma, como o bispo metodista argentino Federico Pagura (1923-2016) e outros teólogos como Mortimer Arias (1924-2016) e Julio de Santa Ana (1934-), uma geração de teólogos da libertação de singular contribuição teórica e prática.

A articulação latino-americana. Julio de Santa Ana, que igualmente tem relevante atuação no Conselho Mundial de Igrejas, atuou por algumas décadas no Brasil na articulação de organizações ecumênicas e populares, como o Centro Ecumênico de Serviço à Evangelização e à Educação Popular (CESEEP), um dos mais conhecidos espaços de formação e de articulação de lideranças da Teologia da Libertação, e no Programa de Pós-Graduação em Ciências da Religião da Universidade Metodista de São Paulo (UMESP), onde é professor emérito. Nesse período, analisou com atenção os desafios pastorais no contexto latino-americano, principalmente a renovação eclesiológica a partir da experiência das pessoas pobres, o ecumenismo e a crítica às instituições políticas e eclesiásticas. Dessa época é a conhecida obra *Ecumenismo e libertação: reflexões sobre a relação entre a unidade cristã e o Reino de Deus* (1987). Julio de Santa Ana é um dos nomes mais destacados da Teologia Latino-Americana da libertação, especialmente por ter sido um dos protagonistas da gênese desse pensamento teológico, atuando, em 1963, como primeiro editor da revista *Cristianismo y Sociedad* – a base teórica do movimento "Igreja e Sociedade da América Latina" (ISAL) e um dos marcos históricos do surgimento da Teologia da Libertação.

Por uma Igreja solidária com os pobres. Nos anos de 1970, devido aos processos de repressão política, Julio de Santa Ana foi obrigado a sair do seu país e se exilar em Genebra, na Suíça. Nessa ocasião dirigiu a Comissão para a Participação das Igrejas no Desenvolvimento (CPID), do Conselho Mundial de Igrejas (CMI), e atuou em várias frentes do trabalho ecumênico, com especial contribuição para as análises sociais e econômicas e o impacto delas para os movimentos sociais e para as igrejas. Um dos projetos dos quais esteve à frente foi "Por uma Igreja solidária com os pobres", que impactou a formação de quadros das igrejas evangélicas em diferentes partes do mundo e também a articulação das bases da Teologia da Libertação. Como fruto desse processo, destacam-se duas obras: *A Igreja dos pobres* (1985), da qual fora editor, e outra de sua própria autoria, chamada *A Igreja e o desafio dos pobres* (1980). Ambas trazem os principais desafios para a relação entre Igreja e sociedade e as marcas básicas de uma eclesiologia popular. Julio de Santa Ana prezou sempre pelo pensamento crítico e pela renovação das ideias. Defende com ardor que a teologia não pode ser uma repetição de fórmulas elaboradas em outros tempos e em outros contextos.

A contribuição do movimento bíblico. No contexto da formação e da consolidação de um Protestantismo da Libertação, ganha destaque também os movimentos bíblicos latino-americanos, que implementaram em diferentes países da América Latina novas perspectivas bíblicas e pastorais, com diferentes formas de organização e de ➜leitura popular da Bíblia e com metodologias inovadoras. Muitas são as redes e grupos que ao longo de várias décadas se dedicaram a esse trabalho. Embora estadunidense, Jorge Pixley (1937-), teólogo de tradição batista, teve intensa atuação em países da América Central. Entre as suas obras de destaque está o livro da coleção Libertação e Teologia, escrito em conjunto com Clodovis Boff, *A opção pelos pobres* (1986) e *A história de Israel a partir dos pobres* (1991). Posteriormente, também na América Central, ganhou relevo o trabalho da teóloga feminista mexicana Elsa Tamez (1951-), que atuou no Seminário Bíblico Latino-Americano e no Departamento Ecumênico de Investigação, de Costa Rica, onde trabalhou com expoentes da Teologia da Libertação. Nesse contexto, ganha destaque também os movimentos bíblicos latino-americanos, que implementaram em diferentes países da América Latina novas perspectivas bíblicas e pastorais, com diferentes formas de organização e com metodologias inovadoras. Nomes como o de Elza Tamez, Milton Schwantes (1946-2012), Dagoberto Ramirez (1936-2003) e Néstor Miguez (1948-), bem como uma lista considerável de uma geração de novos biblistas, homens e mulheres, marcaram e marcam os processos de formação bíblica e de debate de temas candentes da conjuntura sociopolítica, vista na perspectiva libertadora da tradição bíblica.

A Teologia da Missão Integral. Outro movimento evangélico que, por ter reagido ao ➜fundamentalismo, contribuiu com a divulgação de alguns aspectos da Teologia da Libertação, especialmente o compromisso social com pessoas pobres, foi a corrente teológico-pastoral denominada ➜"Missão Integral". Lideranças como o equatoriano René Padilla (1932-2021), o peruano Samuel Escobar (1934-), o porto-riquenho Orlando Costas (1942-1987) e o brasileiro Robinson Cavalcanti (1944-2012) tiveram interesse em conhecer o trabalho e as ênfases pastorais das Comunidades Eclesiais de Base, da Igreja Católica, e se esforçaram em difundir

Vocabulário *teológico*

a dimensão da solidariedade e do serviço social nas comunidades evangélicas. Esse testemunho dado pelas pessoas e grupos que viveram a gênese e o desenvolvimento do movimento ecumênico – tal como o conhecemos e experimentamos, no mundo e particularmente na América Latina –, teve variados desdobramentos. É uma afirmação de que a unidade e a cooperação na promoção da vida, na dimensão da busca da justiça, da paz e da integridade da criação, é uma atitude ecumênica que supera fronteiras. É uma resposta ao Evangelho com o convite para buscarmos "primeiro o Reino de Deus e a sua justiça" (Mateus 6,33).

Pluralismo e alteridade. As análises mais apuradas têm mostrado que está diante da Teologia Latino-Americana da Libertação, em suas variadas expressões, a tarefa de aprofundar os seus esforços e de refletir sobre as demandas que a sociedade apresenta e que recaem sobre o quadro da diversidade religiosa e cultural, seja o que está em torno das questões do método teológico, do quadro religioso plural, seja de questões de natureza antropológica. Essas últimas podem ser exemplificadas na capacidade de alteridade ecumênica, nas formas autênticas de espiritualidades integradoras, inclusivas e ecológicas, e no valor da corporeidade e da sexualidade na reflexão teológica e nas ações concretas de afirmação da vida (RIBEIRO, 2020). Em alguns ambientes, nessa mesma perspectiva, tem-se privilegiado a expressão "Teologia Pública". Trata-se de "algo que serve para uma reflexão apurada sobre o papel da religião no mundo contemporâneo, na política, na sociedade, na academia, como reflexão construtiva, crítica e autocrítica das próprias igrejas, comunicando-se com outros saberes e com o mundo real" (SINNER, 2012, p. 20). Em várias partes do globo e também no Brasil há novos espaços teológicos nas universidades e instituições de pós-graduação, com propriedade científica, inovação metodológica e perspectivas interdisciplinares. Isso requer liberdade institucional em relação às igrejas e posturas dialógicas e criativas.

Novos desafios. O Protestantismo da Libertação adentrou as primeiras décadas do século 21 com novas práticas e perspectivas teológicas. Desde os primórdios e o período de consolidação da Teologia Protestante Latino-Americana da Libertação, nos anos de 1960 a 1980, essa perspectiva teológica, ao reunir o legado ecumênico de metodistas, batistas, presbiterianos, congregacionais e luteranos, apontava novas e desafiadoras visões. Esse processo inclui a ➜Teopoética de Rubem Alves, que representou nova perspectiva teológica, e a produção de tantos outros teólogos e teólogas de relevância. Nas últimas décadas, as ➜teologias feministas, negras e as que abordam os temas ecológicos e as de diálogo inter-religioso representam significativo destaque, com inúmeras novas lideranças nesse processo, em diferentes partes da América Latina, realçando novos enfoques e desafios teológicos que possam responder às demandas que a sociedade apresenta na atualidade. Uma das mais inovadoras e desafiadoras é a ➜Teologia *Queer*, difundida pela teóloga argentina Marcella Althaus-Reid (1952-2009), que trata dos aspectos de justiça social, gênero e homoafetividade.

ALTMANN, Walter. *Lutero e a libertação*. Petrópolis: Vozes, 1994. ALVES, Rubem. *Da esperança*. Campinas: Papirus, 1987. ALVES, Rubem (org.). *De dentro do furacão*: Richard Shaull e os primórdios da Teologia da Libertação. Rio de Janeiro: CEDI, 1985. BITTEN-COURT FILHO, José. *Caminhos do protestantismo militante*: ISAL e Conferência do Nordeste. Vitória: Unida, 2014. BOFF, Leonardo; BOFF, Clodovis. *Como fazer Teologia da Libertação*. Petrópolis: Vozes/Ibase, 1986. CUNHA, Magali do Nascimento; RIBEIRO, Claudio de Oliveira. *O rosto ecumênico de Deus*: reflexões sobre ecumenismo e paz. São Paulo: Fonte Editorial, 2013. DIAS, Zwinglio Mota. O movimento ecumênico: histórico e significado. *Numen*, Juiz de Fora, v. I, n. I, p. 127-163, 1998. DIAS, Zwinglio Mota. A teologia forjada no movimento ecumênico latino-americano (p. 89-101). In: RIBEIRO, Claudio de Oliveira (org.). *Teologia Protestante Latino-Americana*: um debate ecumênico. São Paulo: Terceira Via, 2018. MIGUEZ BONINO, José. *La fe en busca de eficacia*: una interpretación de la reflexión teológica latinoamericana de liberación. Salamanca-Espanha: Sígueme, 1977. MIGUEZ, Néstor; RIEGER, Joerg; MO SUNG, Jung. *Para além do espírito do Império*: novas perspectivas em política e religião. São Paulo: Paulinas, 2012. PEREIRA DA ROSA, Wanderlei; ADRIANO FILHO, José (org.). *Cristo e o processo revolucionário brasileiro*: a Conferência do Nordeste 50 anos depois. Rio de Janeiro: Mauad X, 2012. PIXLEY, Jorge; BOFF, Clodovis. *A opção pelos pobres*. Petrópolis: Vozes, 1986. PIXLEY, Jorge. *A História de Israel a partir dos pobres*. Petrópolis: Vozes, 1991. RENDERS, Helmut; SOUZA, José Carlos de; CUNHA, Magali do Nascimento (org.). *As igrejas e as mudanças sociais*: 50 anos da Conferência do Nordeste. São Bernardo do Campo: Editeo; São Paulo: ASTE, 2012. RIBEIRO, Claudio de Oliveira (org.). *Teologia Protestante Latino-Americana*: um debate ecumênico. São Paulo: Terceira Via, 2018. RIBEIRO, Claudio de Oliveira. *O princípio pluralista*. São Paulo: Loyola, 2020. RIBEIRO, Claudio de Oliveira (org.). *A Teologia Protestante da Libertação*: a atualidade do pensamento de Julio de Santa Ana. São Paulo: Recriar, 2022. SANTA ANA, Julio de. *A Igreja e o desafio dos pobres*. Petrópolis: Vozes/Tempo e Presença, 1980. SANTA ANA, Julio de (ed.). *A Igreja dos pobres*. São Bernardo do Campo: Imprensa Metodista, 1985. SANTA ANA, Julio de. *Ecumenismo e libertação*: reflexões sobre a relação entre a unidade cristã e o

Reino de Deus. Petrópolis: Vozes, 1987. SANTA ANA, Julio de. *O amor e as paixões*: crítica teológica à economia política. Aparecida: Santuário, 1989. SHAULL, Richard. *A Reforma Protestante e a Teologia da Libertação*: perspectivas para os desafios da atualidade. São Paulo: Pendão Real, 1993. SHAULL, Richard. *Surpreendido pela graça*: memórias de um teólogo – Estados Unidos, América Latina, Brasil. Rio de Janeiro: Record, 2003. SINNER, Rudolf von. Teologia Pública no Brasil: um primeiro balanço. *Perspectiva Teológica*, Belo Horizonte, v. 44, n. 122, p. 11-28, maio/ago. 2012. TAMEZ, Elsa. *A Bíblia dos oprimidos*: a opressão na Teologia Bíblica. São Paulo: Paulinas, 1980. TAMEZ, Elsa. *A hora da vida*: leituras bíblicas. São Paulo: Loyola, 1985. TAMEZ, Elsa. *A carta de Tiago numa leitura latino-americana*. São Bernardo do Campo: Imprensa Metodista, 1985. TAMEZ, Elsa. *Contra toda condenação*: a justificação pela fé partindo dos excluídos. São Paulo: Paulinas, 1995. TAMEZ, Elsa. *Cuando los horizontes se cierran*: relectura del libro de Eclesiastés o Qohélet. San Jose-Costa Rica: DEI, 1998. TAMEZ, Elsa. *Bajo un cielo sin estrellas*: lecturas y meditaciones bíblicas. San José-Costa Rica, DEI, 2001.

Secularização, Teologia da

O debate teológico sobre a secularização. O tema da secularização esteve e está presente em diversas áreas do conhecimento, e é por demais complexo, controverso e marcado por diferentes visões. Ele atravessou especialmente o século 20 com variadas teses e enfoques. No campo teológico, continua sendo intensamente debatido na atualidade. No entanto, para situarmos a Teologia da Secularização como expressão teológica do início da segunda metade do século 20, são necessárias delimitações. Uma delas é a compreensão de duas dimensões que se consolidaram no período moderno: a jurídica e a cultural. A primeira está ligada à separação entre Igreja e Estado; a segunda, evidenciada mais nitidamente no final do século 19, com os processos de emancipação da vida artística, científica e cotidiana da tutela eclesiástica. Foram os estudos de Wilhelm Dilthey (1833-1911), Max Weber (1864-1920) e Ernst Troeltsch (1865-1923) que deram mais substância a esses processos, incluindo também aspectos da vida política e econômica, destacando as noções de desencantamento do mundo em função da racionalização e modernização da vida e ressaltando que o próprio cristianismo gerou as condições para a secularização. Ao mesmo tempo, em um processo com certa circularidade, a secularização relativizou as categorias pelas quais a teologia tradicional apresentava a imagem de Deus.

Os processos de racionalização. A secularização consistiu na perda de espaço da religião na esfera pública e em uma compreensão do direcionamento do mundo, da sociedade e da vida centralizada na racionalidade humana. Em geral, as teses sobre a secularização se fundamentam em, pelo menos, "dois processos de racionalização que ocasionaram o referido desencantamento: a racionalização religiosa, proveniente do entendimento judaico-cristão da natureza como obra criada por Deus, e por isso destituída da habitação de espíritos ou entidades ancestrais mágicas; e a racionalização legal, onde ocorre o processo de dessacralização do direito e o estabelecimento do Estado moderno como fomentador e executor da lei. Compreensões subscritas à tensão existente entre modernidade cultural e religião" (TADEU; SILVA, 2017, p. 170-171). Diante desse novo quadro, sobretudo o aparecimento de uma civilização urbana e de certo colapso das visões religiosas tradicionais, vários esforços teológicos foram feitos, não no sentido restrito de pensar

Secularização, Teologia da

a secularização como um tema entre outros, mas, sim, como nova plataforma teológica, ou seja, pensar "a questão global do lugar que a fé cristã, o cristianismo e a Igreja ocupam na sociedade moderna" (GIBELLINI, 1998, p. 124). Essa perspectiva teológica colocava para si a tarefa de falar de Deus, reinterpretar e reexprimir os conteúdos da fé cristã no contexto da secularidade, sem o recurso ao universo simbólico e conceitual das categorias tradicionais do cristianismo, mas realçando a responsabilidade ética das pessoas na realidade concreta do mundo.

O cristianismo em um mundo adulto. São bastante imprecisas as compreensões do que seja a corrente teológica conhecida como Teologia da Secularização e como ela se compõe, tanto em termos temáticos e de conteúdos quanto da lista dos autores que a integram. Evidência maior disso é o fato de um de seus protagonistas não ter usado a expressão "Teologia da Secularização" em suas obras. Trata-se do teólogo alemão Friedrich Gogarten (1887-1967), que já na década de 1950 tematizava teologicamente o processo de secularização em curso nas sociedades ocidentais, sobretudo na Europa. O autor teve fases distintas em seu pensamento, mas em todas elas as preocupações com a fé que se expressa no mundo secularizado estavam presentes. Em um primeiro momento, especialmente nas quatro primeiras décadas do século 20, ele esteve próximo dos ideais da →Teologia Dialética, mantendo certa conexão com o pensamento de Karl Barth (1886-1968). No entanto, o debate provocado por Dietrich Bonhoeffer (1906-1945), especialmente a noção de "→cristianismo arreligioso em um mundo tornado adulto" mobilizou Gogarten a aprofundar os temas da história, que em sua visão haviam sido desprezados por Barth, e a mergulhar nos temas que emergiam nos debates acerca do mundo moderno e da secularização. Há um período controverso e de silêncio do autor, que durou quase toda a década de 1940, no qual, ao lado de enfermidades e de crises existenciais, ele teve de enfrentar as fortes críticas decorrentes de sua adesão, por um breve período, ao nazismo emergente (GIBELLINI, 1998).

Sociedade urbanizada e fé cristã. Como se sabe, a visão do cristianismo arreligioso não se constituiu como forma de desaparecimento ou desvalorização da fé cristã, mas, ao contrário, se tratava de uma reinterpretação e preservação dessa fé em um mundo autônomo, como era o cenário do contexto europeu do século 20. Trata-se de certa radicalização das críticas à religião, efetuadas por Bonhoeffer, em diálogo com Karl Barth, Rudolf Bultmann e Paul Tillich, com forte acento cristológico, visando a uma vivência cristã em um mundo que se tornara adulto e emancipado. Foi sobretudo na década de 1960 que a expressão "Teologia da Secularização" ganhou mais destaque, especialmente com as reflexões desenvolvidas pelo teólogo batista estadunidense Harvey Cox (1929-), com a sua obra *The Secular City*, publicada em 1965 (traduzida para o português como *A cidade do homem*). Ele também desenvolveu, sobretudo na primeira fase de seus escritos, nos anos de 1960, um esforço em articular as categorias da Teologia Cristã com as do pensamento secular, visando realçar a plausibilidade da fé cristã na sociedade moderna secularizada. Para o autor, os aspectos sociais e culturais na sociedade urbanizada e secularizada podem ser entendidos em conexão com a fé cristã, na linha dos postulados de um cristianismo arreligioso, como se referia Bonhoeffer.

Por uma fé inteligente. Nesse contexto, haviam surgido vozes de certo impacto e apego popular, como a do bispo anglicano John A. T. Robinson (1919-1983), na Inglaterra, que em 1963 havia escrito *Honest to God* (traduzido em Portugal como *Um Deus diferente*). Insatisfeito com as categorias supranaturalistas, mitológicas

Secularização, Teologia da

e religiosas que marcavam o cristianismo, Robinson articulou questões pastorais vivenciadas num "mundo moderno, secular e científico", como frequentemente se referia. Para isso, recorreu a uma criativa síntese teológica entre o programa de →demitologização de Rudolf Bultmann (1884-1976), o conceito de dimensão da profundidade em Paul Tillich (1986-1965) e o projeto de cristianismo arreligioso de Dietrich Bonhoeffer. Robinson defendia a tese de que a imagem de Deus formada pela mentalidade tradicional do cristianismo, sobretudo pelas mediações da cultura ocidental e das instituições eclesiásticas, deveria ser abandonada. Tratava-se da proposição de uma fé inteligente. Deus não está "acima" ou "fora" do mundo, ou como "tapa-buracos" do conhecimento humano, como se referiu Bonhoeffer, mas se revela como a profundidade das realidades seculares e cotidianas. Robinson também mantém a ênfase cristológica. Jesus é a encarnação da transcendência do amor e da "obediência do além em nosso meio". "Se algo deve permanecer na proclamação da fé cristã para a modernidade, este algo é a pessoa de Jesus Cristo como verdadeira transcendência, que confere à fé o significado quase exclusivo de encarnação do amor" (BARCALA, 2010, p. 182).

O significado secular do Evangelho. Outra voz marcante da tarefa de pensar a fé em contexto secular foi a de Paul Van Buren (1924-1998), teólogo de tradição episcopal, que também em 1963 havia publicado nos Estados Unidos a obra *O significado secular do Evangelho*, que, na linha da filosofia analítica e dos estudos linguísticos de Wittgenstein, analisa a morte da palavra Deus no mundo moderno ocidental. Para esse teólogo, a fé cristã é fundamentalmente relativa ao ser humano, e não a Deus; pois esta segunda hipótese é uma maneira antiga de expressão, da qual o cristianismo se tornou refém e precisaria abandonar. A natureza do cristianismo se encontra em certa forma de vida, espelhada em Jesus Cristo, com respectivas normas de atitudes e de condutas éticas nobres.

Imanentismo e transcendência. Também Gabriel Vahanian (1927-2012), teólogo de origem francesa naturalizado estadunidense, contribuiu para as reflexões sobre o tema, especialmente com as descrições que fez sobre aspectos do debate sobre fé e secularização presentes na Teologia Radical ou da Morte de Deus, como popularizada na época. Embora seja impreciso identificar Vahanian com essa corrente teológica ou com formas de ateísmo cristão, é possível dizer que ele, ao analisar a questão da secularização, trabalhou com hipóteses de um cristianismo arreligioso semelhantes às de Bonhoeffer. Vahanian também se preocupou em refletir teologicamente sobre aspectos culturais de uma era pós-cristã, como o imanentismo que dissolve a transcendência e as marcas da cultura ocidental, que transformam a fé cristã em mera religião.

A Teologia da Morte de Deus. A Teologia da Secularização encontrará sua face radical com a referida Teologia da Morte de Deus. A partir das concepções teológicas secularizantes de Bonhoeffer, mas de alguma forma ligadas também a Barth, Bultmann e Tillich, os teólogos estadunidenses Thomas Altizer (1927-2018) e William Hamilton (1924-1998) irão insistir na necessidade de um abandono radical das categorias conceituais e da linguagem religiosa do cristianismo, em função da defasagem delas em relação à sociedade secularizada. Tratava-se de um "ateísmo cristão", que se distinguia do ateísmo filosófico pelo fato de se apoiar no núcleo da fé cristológica, que requer a linguagem antropológica para viabilizá-lo e possui como paradigmática a exemplaridade de Jesus, devido à sua plenitude de humanidade. A radicalidade da

Secularização, Teologia da

reflexão teológica seguia o conhecido anúncio da morte de Deus baseado na filosofia *nietzcheana*, entendendo-lhe como diagnóstico de um acontecimento histórico-cultural em curso na sociedade, com amplos sinais de intensificação, e o vendo como acontecimento teológico. A radicalidade se expressa na ideia da morte de Deus como pressuposto da teologia. Com isso, os teólogos da morte de Deus conferem legitimidade teológica aos processos secularizantes que marcam a sociedade moderna e advogam que a teologia deve estabelecer a partir de sua base cristológica a ênfase radical na ética da responsabilidade humana nos destinos do mundo.

A contribuição de Friedrich Gogarten. O tema central do autor é a "relação não esclarecida" entre fé cristã e secularização. Ele fundamentava as suas reflexões em torno do debate de duas compreensões: saber se a secularização é um fenômeno antagonista à fé, com a finalidade de subvertê-la, ou se é um evento associado à religião cristã e surgido em consequência dela. Para isso, Gogarten, em sua análise teológica, distinguia as concepções de "secularização" e de "secularismo". Para o teólogo, a secularização é um processo necessário e legítimo, fruto inclusive da própria radicalização da fé cristã, enquanto o secularismo é a degeneração da secularização, com a supressão da dimensão da responsabilidade humana e com o reforço do individualismo.

A fé cristã como produtora da secularidade. Na avaliação de Gogarten, secularização é um processo histórico complexo marcado pelas profundas transformações vividas pelo ser humano e pelo mundo, e pela forma como o humano se relaciona consigo mesmo e com o mundo ao seu redor. Não se trata de algo alheio à fé cristã, nem mesmo de uma oposição a ela. Ao contrário, a tematização teológica da secularização realça elementos da fé cristã como produtores dos processos de uma passagem da revelação à razão autônoma moderna, em especial: (a) a noção de que a fé cristã é justificante, o que possibilita ao ser humano as ações autônomas e responsáveis; (b) que o mundo é criação de Deus e habitado pelo domínio humano, fonte relacional que gera autonomia; (c) que o ser humano vive em relação de filiação com Deus, da qual deriva a responsabilidade humana com o mundo e seus projetos e destinos. Trata-se de uma visão teológica que, baseada na análise de um fenômeno pós-cristão e suscitado pela fé cristã, valoriza a autonomia e a responsabilidade humanas e compreende a Igreja não como agência de cristianização ou clericalização religiosa, mas como veículo de responsabilidade e solidariedade com o mundo.

A visão de Harvey Cox. Na referida obra *A cidade do homem*, Cox analisa teologicamente os termos "urbanização" e "secularização", como o subtítulo da obra revela, e mostra como essas duas realidades estão intimamente relacionadas. O autor desenvolve a relação entre religião e cultura urbana, em torno do entendimento da fé cristã na "tecnopólis", termo utilizado por Cox para designar a cidade secular, refletindo teologicamente sobre os aspectos sociais e culturais do mundo urbano em consonância com a fé bíblica. Tecnópolis seria uma nova forma de agrupamento dos indivíduos no meio urbano, demarcada pela alta mobilidade, concentração econômica e comunicação de massa. Ela se caracteriza como o espaço de concentração urbana forjado na distinção entre racionalidade religiosa e a racionalidade histórica, dentro do contexto de declínio do controle religioso e metafísico das ações humanas. Nela, abrem-se as possibilidades de pluralismo e de tolerância religiosa e se criam as condições de "indisposição de uma sociedade de impor qualquer concepção particular do mundo aos seus cidadãos" (COX, 1968, p. 14).

Avaliação teológica dos avanços tecnológicos. O debate sobre os avanços tecnológicos está fortemente presente, e Cox, ao mesmo tempo em que vê as possibilidades positivas deles no processo de autonomia e desenvolvimento humanos, percebe também o perigo de se transformarem em mito que promete a liberdade, mas coexiste com a injustiça. "Enquanto a secularização tem suas raízes na própria fé bíblica e é, de certa forma, um resultado autêntico do impacto da fé bíblica sobre a história ocidental, o mesmo não se dá com o secularismo. Aqui temos um 'ismo' fechado. Este ameaça a abertura e a liberdade que a secularização produziu; deve, portanto, ser vigiado cuidadosamente para evitar que se transforme na ideologia de um novo estabelecimento. Deve-se procurar ver, de um modo especial, onde o mesmo finge não ser uma visão de mundo, mas, não obstante, procura impor sua ideologia através dos órgãos do Estado" (COX, 1968, p. 31). O aparecimento da "cidade secular" não implicaria necessariamente o fim da religião cristã presente na história do Ocidente, mas em um novo horizonte interpretativo para esta, a partir de dados fundamentais da fé, como a centralidade do papel responsável do ser humano como agente cooperador de Deus no mundo.

A irreversibilidade dos processos de secularização. Para que o ser humano moderno e autônomo pudesse compreender os conceitos da fé cristã, Cox considerava que não seria adequado se indicar processos que pudessem ir na direção de dessecularizar e desurbanizar a cultura ou, em outro enfoque, reavivar na sociedade os valores religiosos tradicionais. Mesmo porque os processos de secularização pareciam, naquela época, ser irreversíveis. Para Cox, a secularização é a ruptura com os mitos sobrenaturais e símbolos sagrados. Trata-se de uma desfatalização da história e da descoberta pelo ser humano de que o mundo foi deixado em suas mãos e que

Vocabulário *teológico*

ele não pode mais culpar a fortuna ou as fúrias pelo que faz. A atenção humana não é mais desviada pelos mundos do além, mas se volta para a concretude deste mundo e deste tempo. A tarefa de interação entre fé e urbanização não esvaziaria o sagrado da sua transcendência, mas, ao contrário, indicaria um caminho no qual a compreensão do mundo das pessoas e comunidades cristãs secularizadas pudessem encontrar um espaço mais efetivo e maduro para a formulação da teologia e para a vivência prática na vida da Igreja e do mundo.

O desencantamento da natureza e a dessacralização da política e dos valores. A corrente teológica cristã representada por Harvey Cox focou suas reflexões nos processos de secularização e urbanização como objeto de análise e produziu significativas contribuições no que diz respeito ao entendimento da fé em torno desses conceitos. "Os processos de desencantamento da natureza, dessacralização da política e dos valores, representam uma abertura pluralista na sociedade moderna capaz de coadunar diferentes perspectivas de mundo. A secularização entrega aos homens a capacidade de se autogerirem, buscarem consenso para as suas perspectivas no tocante à ética, à política e à religião. Longe de culminar em um niilismo ou subjetivismo irresponsável, a secularização, minando as antigas bases de convicções estabelecidas pelas culturas pré-secularizadas, assenta outras, pautadas no diálogo e na interação dos indivíduos, com vistas sempre à dignidade humana e à integração social dos cidadãos" (TADEU; SILVA, 2007, p. 177). Tais contribuições não foram restritas ao campo acadêmico, mas também cultivaram esforços do ponto de vista da ação pastoral. Teólogos, clérigos e religiosos em geral passaram a buscar novos horizontes de vivência e atuação para a Igreja cristã na sociedade moderna.

A revisão teológica permanente das perspectivas da secularização. A teologia, portanto, não deveria combater ou negar a morte de Deus, mas compreendê-la como um elemento de purificação da fé e favorecê-la, ao buscar interpretações não religiosas para os conceitos bíblicos. Cox havia indicado os elementos presentes na tradição bíblica referentes ao processo de secularização, a saber: a criação como desencantamento do mundo; o Êxodo como a dessacralização da política; e o Pacto do Sinai como a desconsagração de valores (COX, 1968). Estes e os demais precisariam agora de novos conteúdos. Décadas depois, Cox irá rever suas concepções, mantendo a tese da importância da ação cristã em linguagem secular e do desempenho de um papel positivo no mundo, mas revê a possibilidade de uma era pós-religiosa e aposta na responsabilidade humana, dessa vez ancorada na teologia de caráter libertador, articulando as dimensões mística e política da fé cristã (GIBELLINI, 1998).

BARCALA, Martin. *Cristianismo arreligioso*: uma introdução à cristologia de Dietrich Bonhoeffer. São Paulo: Arte Editorial, 2010. COX, Harvey. *A cidade do homem*. Rio de Janeiro: Paz e Terra, 1968. GIBELLINI, Rosino. *A Teologia do Século XX*. São Paulo: Loyola, 1998. TADEU, José Batista; SILVA, Emerson. *Revista de Teologia e Ciências da Religião da UNICAP*, Recife, v. 7, n. 2, p. 168-186, jul./dez. 2017.

Teologia da Cultura

Paul Tillich e o método da correlação. A Teologia da Cultura se desenvolveu no contexto de efervescência do debate com a ➔Teologia Liberal que predominara no século 19. É um movimento associado à produção do teólogo alemão Paul Tillich

Vocabulário *teológico*

(1886-1965), um dos mais destacados pensadores do século 20, e a vários grupos teológicos que trabalham com a noção de correlação. Trata-se de um esforço em oferecer sínteses consistentes ao criticá-la, sem, contudo, perder a comunicação com a linguagem moderna e com o mundo secularizado. Esse movimento teológico também respondeu às demandas das tensões políticas do período das grandes guerras mundiais e do fortalecimento dos movimentos operários e socialistas, ao oferecer elementos de análise teológica sobre aspectos da política e da economia, com o uso crítico e não exclusivo dos instrumentais marxistas. A Teologia da Cultura, com base no pensamento tillichiano, ofereceu perspectivas críticas em relação às formas cristalizadas de vivência da fé. A base profética dessa produção teológica possibilitou análises das formas de estruturação eclesiásticas, do papel social das igrejas e dos cristãos e das possibilidades de exercício relevante da fé cristã perante as situações vividas pela sociedade. A Teologia da Cultura considerou que a dimensão cultural era chave de interpretação da realidade e estabeleceu com ela críticas fundamentais às práticas política e religiosa. É de Tillich a célebre expressão "a cultura é a forma da religião e a religião é a substância da cultura".

Teologia da Cultura e história. Outra concepção importante e que realça a dimensão de interdisciplinaridade da Teologia da Cultura é o destaque à história. Tillich, por exemplo, se recusava a exercer a tarefa de mero coletor e divulgador de fatos e dados, mas procurava "tornar vivo" o que já passou. Buscava olhar o passado para compreender a situação presente; aliar aos fatos uma interpretação. Tal interpretação requer um envolvimento pessoal daquele que está diante dos fatos. Tillich e demais grupos da Teologia da Cultura tiveram, por exemplo, forte envolvimento em diferentes questões e movimentos políticos, em especial o "socialismo religioso".

Entendiam que a atividade histórica é a chave da compreensão da história e, assim, um problema que se tornou central na Teologia da Cultura e na filosofia tillichiana foi o processo histórico, tanto em termos de uma participação ativa como de sua compreensão crítica. A Teologia da Cultura, dessa forma, estava próxima dos referenciais marxistas e existencialistas da compreensão da história. Ela procurava no passado os significados das questões que a afligiam no presente e que, por sua vez, existiam em função da responsabilidade com o futuro. A compreensão é que o sentido da existência humana não pode ser separado do sentido da história. Esta, com suas instituições e estruturas sociais, possibilita a resposta à questão última, ou seja, confere o sentido transcendente à existência, que é, na linguagem religiosa, o Reino de Deus.

Teologia da Mediação e Cultura. A Teologia da Cultura, por intermédio de Paul Tillich, preocupou-se com a compreensão e com a crítica da realidade. Em função do amplo debate entre teologia e diferentes campos do conhecimento que ele estabeleceu, coube-lhe a referência à sua produção como "Teologia da Mediação". As experiências de vida, em especial o confronto com a realidade de sofrimento humano vivenciado no período das guerras mundiais e com o nazismo, destruíram a mentalidade liberal e o otimismo antropológico que o autor possuía. Tais experiências, sintonizadas com o profetismo bíblico, contribuíram para a formulação de conceitos como "princípio protestante", "teonomia" e "*Kairós*" – todos aplicados à compreensão da cultura e da história. As bases filosóficas do existencialismo e do marxismo ofereceram substancialidade à Teologia da Cultura. A síntese criativa e crítica dessas perspectivas filosóficas possibilitou, por um lado, uma visão crítica da Igreja e da sociedade e, por outro, envolvimentos ativos nos processos sociais, eclesiais e políticos da época.

A complexa relação entre fé e realidade. A metodologia da Teologia da Cultura não poderia, portanto, estar dissociada desse conjunto de questões e de fatos advindos da relação entre Igreja e sociedade e os compromissos sociais e políticos decorrentes dela. Com ela se tentava oferecer respostas às questões da situação humana, com a devida integração das dimensões existencial e social, o que garante relevância e substancialidade a essa produção teórica, ainda que em outros contextos sociais e em outras épocas. A Teologia da Cultura foi produzida em um contexto no qual o esgarçamento da razão moderna era alvo de críticas de diferentes campos do conhecimento, mas que ainda não revelava os aspectos pós-modernos sentidos mais fortemente nas últimas três décadas do século 20. O contexto dessa produção fazia ressaltar forte preocupação com a crítica científica e secular da religião, em especial a partir do existencialismo, do freudianismo e do marxismo. Paul Tillich, por exemplo, desde as primeiras décadas do século 20, empreendeu esforços teóricos de articular fé e realidade, teologia e ciências, com a permanente preocupação com as mediações para o conhecimento do que ele chamava de "situação".

O Reino de Deus entre a presença espiritual e a vida eterna. Com o desenvolvimento da Teologia da Cultura, fortaleceu-se o método da correlação. Ele está presente na "Teologia Sistemática" de Tillich, na qual também se destacam os conceitos de "presença espiritual" (que revela o Reino de Deus dentro da história) e o de "vida eterna" (que realça o Reino como fim da história). O conceito de "presença espiritual" destaca a relação da história com o "Novo Ser", ao fazer com que ela seja História da Salvação e ao se constituir em espaço e tempo privilegiados da providência e da ação divina (*Kairós*). A "presença espiritual" relaciona também o Reino de Deus, as igrejas e a história universal. Para isso são necessárias

Teologia da Cultura

as tarefas de preparar e de testemunhar o Reino, de combater a profanização e a demonização, de exercer o juízo profético e superar as ambiguidades históricas.

A crítica às visões absolutizantes. Quanto ao conceito de "vida eterna", um dos destaques é para o processo de transformação do temporal para o eterno. O estado humano diante do eterno possibilita a realização da história. Trata-se da elevação do que é temporal para dentro da eternidade. Isso se dá pelo fim da história permanentemente presente, ou seja, pela "vida eterna", que é o aspecto transcendente do Reino de Deus. Na visão da Teologia da Cultura, a não articulação desses dois conceitos cria uma confiança excessiva nos esforços humanos. Isso gera desapontamentos, pois estes sucedem toda confiança idolátrica em algo finito. De forma similar, os julgamentos históricos absolutos convertem o finito em infinito e tornam-se, portanto, idolátricos. Nesse sentido, Tillich enfatiza as bases bíblico-teológicas do juízo último, da ressurreição do corpo e as relações entre plenitude universal e individual e entre vida eterna e morte eterna, com a ênfase constante no questionamento das compreensões absolutizantes, uma vez que estas tendem a ser idolátricas.

O princípio protestante. Articulados com a Teologia da Cultura também estão os conceitos de "princípio protestante", "teonomia" e *"Kairós"*, como relativização dos projetos e iniciativas humanas, todos relacionados aos desafios teológicos atuais. O princípio protestante – uma formulação de destaque na obra de Tillich – é a expressão teológica da relação entre o incondicional e o condicionado; ou, em termos religiosos, entre Deus e o ser humano. Ele representa o estado de espírito no qual os seres humanos são alcançados por um poder de algo incondicional que se manifesta como critério e juízo da existência humana. Ao alcançar o ser humano, esse poder não se situa ao lado de outros, e não é um objeto entre outros, nem mesmo o maior. O poder, no qual o princípio protestante se manifesta, é uma qualidade de todos os seres e objetos em sua existência finita moverem-se em direção à infinita, inesgotável e inatingível profundidade de seus significados. O princípio protestante é a expressão desse movimento. Esse princípio é o guardião contra as tentativas do finito e do condicionado de usurparem o lugar do incondicional no pensamento e na ação. Ele é o julgamento profético contra o orgulho religioso, a arrogância eclesiástica, o imediatismo e o pragmatismo político, a autossuficiência do secularismo e todas as consequências destrutivas dessas posturas. Nesse aspecto, as conexões com as demandas e com os desafios do contexto sociorreligioso e teológico atual são diversas e inevitáveis, uma vez que nele estão presentes esses e outros aspectos similares.

O combate à idolatria. O princípio protestante torna-se fundamental nos combates às formas idolátricas de ação. Tal como formulado pela Teologia da Cultura, pode apresentar elementos de discernimento tanto das realidades religiosas como das científicas. Ou seja, na articulação – necessária e urgente – entre compreensão da realidade e interpretação bíblico-teológica, a tarefa teológica necessita tentar explicitar os elementos condicionantes das ciências, para que elas não possam vir a ser compreendidas como possibilidade única e "palavra final". À medida que os limites das ciências são explicitados, abrem-se canais mais frutíferos para o debate com a teologia, uma vez que uma de suas tarefas é avaliar, a partir das bases bíblico-teológicas, se as tentativas de realidades ou formas de compreensão finitas e condicionadas podem ser tidas como incondicionais. Essa tendência pode ser expressa tanto nas formas de pensamento e de compreensão da realidade como nas propostas de ação. Nesse sentido, a teologia precisa destacar seu aspecto crítico e profético.

A amplitude da ação divina libertadora. A perspectiva teológica do princípio protestante reforça a visão de que Deus age nos processos de libertação sociopolítica, a partir dos diferentes movimentos e instrumentos sociais que visem à justiça social, não reduzindo, assim, a ação divina às esferas religiosa ou eclesiástica. Trata-se, sobretudo, de compreender a ação libertadora de Deus como a qualidade de todas as ações, movimentos e produções humanas em sua existência finita dirigirem-se, na linguagem de Tillich, à infinita, inesgotável e inatingível profundidade de seus significados. Na relação entre fé e ciência, portanto, em especial as considerações críticas que a teologia pode oferecer ao debate científico, está a articulação dialógica entre análise científica e sensibilidade teológica. Ou seja, elas são elementos de mútua relativização e, assim, tornam-se fundamentais para a crítica a toda e qualquer forma de idolatria.

O conceito de "teonomia". A realidade teônoma, como a afirmação de uma "lei superior" e ao mesmo tempo interna ao ser humano e à dinâmica histórica, possibilita aproximações com as temáticas das teologias políticas e de libertação. Os conceitos de "autonomia", "heteronomia" e "teonomia" respondem, em diferentes formas, à questão do *nomos*, ou seja, a lei que rege a vida. A autonomia afirma que o ser humano, de posse da razão universal, é a fonte e a medida da cultura e da religião; ele é a sua própria lei. A heteronomia afirma que o ser humano, por ser incapaz de agir de acordo com a razão universal, precisa estar sujeito a uma lei estranha e superior a ele. E a teonomia afirma que a lei superior é, ao mesmo tempo, interna ao próprio ser humano e firmada em sua própria realidade. Essa lei transcende o ser humano, mas também lhe é própria. O conceito de teonomia representa uma contribuição singular de Tillich. A partir dele, com a devida observação para as diferenças de contexto, destacam-se as relações da teologia com a política, com a economia, com a religião e com a vida humana em geral. Tais questões são, igualmente, desafiadoras para a reflexão teológico-pastoral e para a vivência das comunidades cristãs na atualidade, e também para a vivência religiosa em geral, em função do risco de propostas heterônomas marcarem o cotidiano das experiências pastorais e a reflexão teológica.

A noção de "Kairós". A compreensão de *Kairós* também é um pressuposto importante das reflexões sobre Reino de Deus e história, na ótica da Teologia da Cultura. Embora essa noção seja bastante próxima à interpretação dialética da história, há, todavia, importantes diferenciações. Não há, na doutrina do *Kairós*, um estágio final no qual a dialética cesse a sua realização. Também não há somente o horizonte do processo histórico, mas, interagindo com ele, encontra-se a dimensão dialética vertical entre o incondicional e o condicionado. E, finalmente, não há uma necessidade lógica, física ou econômica no processo histórico. Para isso, é importante destacar que a convicção da iminência de um *Kairós* na história dependerá sempre da percepção que se possa ter do destino e da realização do próprio tempo. Essa percepção, para Tillich, pode ser encontrada no desejo apaixonado das massas; pode ser clarificada e mais bem formulada nos pequenos círculos de consciência intelectual ou espiritual; pode adquirir poder na palavra profética; mas não poderá ser demonstrada ou realizada forçosamente. A percepção do *Kairós* é de liberdade e ação, assim como é realidade e graça. A ideia de *Kairós*, portanto, une crítica e criação, como também a Teologia Latino-Americana estabelece em seus pressupostos teóricos.

Sensibilidade e comprometimento. O *Kairós* questiona os absolutismos históricos, previne contra idealismos na prática política, supera os individualismos na vivência religiosa, possibilita uma consciência e motiva a ação para o surgimento do novo na realidade histórica. Daí a sua relevância para o contexto teológico atual. Em relação a isso, Tillich afirma, entre outros aspectos, que a consciência de um *Kairós* é uma questão de visão. Não se trata de uma avaliação científica, calculista, analítica. A atitude requerida é de abertura ao *Kairós*, de sensibilidade e de comprometimento. Essa postura não elimina a observação e a análise. Elas contribuem para uma objetivação e clarificação do *Kairós*; mas elas não o produzem. O espírito profético atua independentemente de argumentação e da boa vontade humana. No equacionamento, sempre árduo, dessas e de outras questões relacionadas à interpretação da realidade e dos processos sociais em geral, a Teologia da Cultura, em chave cristológica, indica que o espírito que confere a determinado momento histórico um valor espiritual especial está conectado com o "grande *Kairós*". Por isso, cada momento que reivindica ser espiritual deve ser testado; e o critério é confrontá-lo com o *Kairós* por excelência. O movimento entre o julgamento dos *kairoi* – os quais são raros – e o "grande *Kairós*" – que é único – possibilita a dinâmica da história.

O valor da interdisciplinaridade. A Teologia da Cultura, como era de esperar, devido às suas bases conceituais, estabeleceu, com envergadura, um diálogo com as ciências. Esse fato é motivação suficiente para atestar a atualidade de sua produção teológica, assim como para recriar os referenciais que produziu. Os integrantes dos círculos em torno da Teologia da Cultura viveram uma situação socioeconômica que demandava, ao mesmo tempo, interpretação e ação. Tillich considerava necessária uma análise da situação mundial, observada à luz da crítica à cultura burguesa e com o auxílio de categorias derivadas do princípio protestante, em especial em sua aplicação para a religião e a cultura. Por outro lado, uma análise dessa situação mundial jamais poderia estar isenta de uma prática política concreta, se realizada sob a ótica do princípio protestante. Tillich ampliou o debate da teologia com as ciências sem comprometer essas duas esferas. Dialogou com a sociologia, com a política, com a história e com a psicanálise, além de outros campos, como o das artes. Por manter esse leque considerável de debates, sua produção teológica fugiu de reducionismos ou de pragmatismos.

A importância do círculo teológico. Tillich, ao mesmo tempo, indicou que a perspectiva profética da produção teológica não precisa estar em contraposição à tradição clássica da Igreja, mas, sim, em diálogo crítico e renovador. Ele elaborava suas críticas a partir de dentro da própria tradição, e não como se tivesse em posição de fora, neutra ou ao lado dela. Por uma decisão existencial e de fé, ele se encontrava no "círculo teológico". Esses dois aspectos, entre outros, mostram a relevância da contribuição do autor para a teologia na atualidade, considerando os esforços de revisão e de aprofundamento em que ela vive, tendo em vista os novos desafios que a sociedade apresenta. Tillich, em seu profícuo debate com as ciências, indicou, ainda nos anos de 1920, a necessidade das mediações analíticas no fazer teológico. Por outro lado, imbuído da vocação protestante, tornou-se um dos teólogos mais críticos do século 20, em especial às formas de dogmatismos e de cristalizações de experiências religiosas e de manifestações culturais. Isso se dava, em especial, por ter fundamentalmente a realidade cultural como solução ao problema da mediação. É necessário destacar que as experiências de vida de Paul Tillich, seu método de trabalho e a vivência acadêmica criaram uma visão bastante interdisciplinar para sua reflexão teológica. Ele dialogou com os movimentos políticos, sociais, filosóficos, científicos e artísticos, sempre em busca da dimensão religiosa suprema presente nas culturas. Tillich viveu sempre "na fronteira" entre a teologia e a filosofia, entre a Igreja e a sociedade, entre a religião e a cultura.

O debate com o marxismo. A imaginação filosófica dotou Tillich, e por conseguinte a Teologia da Cultura, de uma capacidade para combinar categorias, para efetuar abstrações em termos concretos e para utilizar diferentes possibilidades conceituais. A perspectiva interdisciplinar e a pluralidade, por suposto, são elementos fundamentais para a reflexão teológica. Essas reflexões também se referem às questões sobre o marxismo. As indicações desse autor ganham ainda mais relevância, uma vez que foram forjadas desde os anos de 1920, como integrante da Escola de Frankfurt. Em relação ao marxismo, Tillich: (a) questiona a base economicista da interpretação materialista da história, a partir de uma noção de economia que, ao contrário de ser uma "coisa", é uma realidade complexa e multifacetária; (b) propõe que o conceito de ideologia deve ser aplicado ao próprio socialismo, quando este adotar uma crença na harmonia ou mesmo quando tentar ocultar suas tensões internas; (c) indica que o ser e a história devem ser compreendidos não como coisas abstratas, mas como dinamicamente se apresentam na realidade; (d) questiona a supressão das questões teóricas mais prementes e abrangentes em função do imediatismo político ou do totalitarismo.

A especificidade da produção teológica. Na Teologia da Cultura e na reflexão de Tillich sobre o método teológico, entre outros aspectos igualmente relevantes, está indicado que a experiência do teólogo ou do grupo se constitui o meio da reflexão teológica.

Ele não pode ser confundido com a fonte, ao deslocar assim a centralidade da Palavra nas respostas teológicas necessárias para a vida humana. Há dois extremos desse procedimento. O primeiro, quando a experiência religiosa ou cultural se torna tão restrita a ponto de o resultado da reflexão teológica constituir-se em um fundamentalismo com mera repetição de conteúdos, em vez de ser uma transformação e atualização do *querigma*. O segundo é que tal experiência não pode ser tão ampla a ponto de o resultado teológico ser uma nova revelação. Tal dilema é por demais complexo, uma vez que, no campo da experiência, reside o espírito humano, e a identificação deste com o Espírito divino, como se fosse uma só realidade, possibilita a idolatria. As questões sobre o método indicadas pela Teologia da Cultura consistem na procura de respostas às questões prementes da situação vivida pela humanidade. Para isso, a teologia recorre à Bíblia, como fonte básica, assim como à história da Igreja, da religião e da cultura. Os conteúdos provenientes dessas fontes são existencialmente recebidos por intermédio da experiência de cada pessoa ou grupo. A partir desse encontro entre a Igreja e a mensagem bíblica são constituídas normas teológicas. Estas não se confundem com a Bíblia, mas são derivadas dela na medida em que a Igreja necessita decidir, consciente ou inconscientemente, ante as demandas surgidas pelo encontro com a mensagem cristã.

GIBELLINI, Rosino. *A Teologia do Século XX*. São Paulo: Loyola, 1998. RIBEIRO, Claudio. *Quando a fé se torna idolatria?* A atualidade para a América Latina da relação entre Reino de Deus e história em Paul Tillich. Rio de Janeiro: Mauad, 2010. TADA, Elton; CHAVES DE SOUZA, Vitor (org.). *Paul Tillich e a linguagem da religião*. Santo André: Kapenke, 2018. TILLICH, Paul. *On the*

Boundary: an autobiographical sketch. London-England: Collins, 1966. TILLICH, Paul. *The Socialist Decison*. New York-USA: Harper & How Publishers, 1977. TILLICH, Paul. *Dinâmica da fé*. São Leopoldo: Sinodal, 1980. TILLICH, Paul. *Teologia Sistemática*. São Paulo: Paulinas/Sinodal, 1984. TILLICH, Paul. *A era protestante*. São Bernardo do Campo: IEPG, 1992. TILLICH, Paul. *Teologia da Cultura*. São Paulo: Fonte Editorial, 2009. VV.AA. Paul Tillich trinta anos depois. *Estudos de Religião*, 10 (10), UMESP, jul. 1995.

Teologia Dialética

Bases teológicas. Em contraposição à ➜Teologia Liberal, a conhecida Teologia Dialética de Karl Barth (1886-1968), Emil Brunner (1889-1966), Reinhold Niebuhr (1892-1971), Friedrich Gogarten (1887-1967), Eduard Thurneysen (1888-1977) e, em certo sentido, também de Dietrich Bonhoeffer (1906-1945) e outros, realçou, na primeira metade do século 20, sobretudo na Europa, outra metodologia teológica. As ênfases dessa corrente, também conhecida especialmente nos ambientes estadunidenses como Teologia Neo-ortodoxa, revelam a inovação que a reflexão teológica vivenciou, sobretudo, em resposta ao contexto social de sofrimento, desesperança e morte forjado sob as sombras e os escombros das duas grandes guerras mundiais. Entre os principais aspectos que exigiram renovação metodológica e de conteúdos se destacam, nessa escola – denominada ainda de "Teologia da Crise" e "Teologia da Palavra" –, os seguintes pontos: (a) o esforço em não aprisionar a reflexão teológica aos limites da razão, destacando para isso os elementos da fé, da graça e do absoluto; (b) a visão antropológica negativa, baseada na corrupção humana resultante dos processos socioculturais; um destaque para o caráter cristológico

Vocabulário *teológico*

e eclesiológico da reflexão teológica cristã; (c) avaliação teológica permanente dos problemas sociais e políticos e as implicações deles para a fé cristã e para a Igreja; (d) defesa da centralidade da Bíblia na vida da Igreja e na reflexão teológica, considerando os avanços da pesquisa e da exegese bíblica; (e) crítica aos valores da sociedade a partir de uma correlação com a fé cristã; (f) distinção entre fé e religião, destacando a primeira como elemento fundamental da vida, que chega ao ser humano como dádiva graciosa de Deus.

Revelação e existência humana. Em linhas gerais, as perspectivas da Teologia Dialética se articulam a partir de duas características básicas. A primeira mostra que a própria revelação tem uma estrutura dialética, na medida em que integra elementos que, a princípio, parecem se excluir reciprocamente, como o divino e o humano, a eternidade e o tempo, e o próprio dado revelatório e as realidades históricas. A segunda está firmada na noção de que os próprios enunciados teológicos devem seguir uma dinâmica dialética, ao exprimir tanto a posição afirmativa quanto a de negação, como, por exemplo a fé e a religião, a Igreja e o mundo, a vontade de Deus e o propósito humano, entre tantas outras relações. Emil Brunner, por exemplo, questionava a teologia corrente do seu tempo, considerando-lhe "contaminada" por psicologismos e historicismos. Para ele, a fé cristã se define por referência objetiva a Deus e à sua Palavra, e não por subjetividades ou misticismos. Tematizar Deus é explicitar a crise absoluta de todo ser humano. Trata-se da percepção da ação divina como juízo e como discernimento do humano. Crise que se fundamenta na medida em que a revelação se apresenta como resposta à questão da existência humana.

A contribuição de Karl Barth. O teólogo Karl Barth, em especial pelo debate que travou com o ➜liberalismo teológico, possui, ao lado dos demais autores, um lugar privilegiado nessa corrente de pensamento. É dele a obra que expressa bem a metodologia da Teologia Dialética, intitulada *Carta aos Romanos*, publicada em 1919, mas que também está presente em sua *Dogmática da Igreja*, uma extensa obra com 13 volumes, nos quais Barth reconsidera algumas posições mais radicais, abrindo espaço a posturas mais dialogais com a cultura e a sociedade. Esse autor oferece, em sua eclesiologia, por exemplo, o conceito de provisoriedade da Igreja, que articula vários pontos teológicos fundamentais para a Teologia Dialética, como a centralidade de Cristo e da Palavra de Deus na reflexão teológica e na vivência cristã. A Igreja é de Deus, firmada, não em "concordância de verdades", mas no senhorio e seguimento de Jesus Cristo, sob a orientação do Espírito Santo. Isso atribui a ela a natureza de evento, que a protege de enrijecimentos institucionais e burocráticos e também de absolutizações idolátricas, como cultos a personalidades ou submissão indevida a autoridades políticas. A *ecclesia*, como evento e realidade somente perceptível pela fé, é sempre iniciativa divina, jamais realizável humanamente de modo pleno. Os seres humanos participam da realização da Igreja quando despertados pelo Espírito Santo e, ainda sim, com atitudes relativas e provisórias.

Teologia e Palavra de Deus. Destruir a argumentação teológica elaborada pelo pensamento do século 19 e reconstruí-la a partir da Palavra de Deus e dos novos desafios que o mundo entre guerras apontava foi a tarefa a que esse teólogo reformado suíço se dedicou. Karl Barth, sem perder a comunicação com o mundo moderno e com os pilares da visão filosófica iluminista, inverteu sua formação teológica liberal, opondo-se a ela por entender que seu ponto de partida, ao advir da experiência religiosa e, portanto, da ação humana, era equivocado, uma vez que a teologia necessita começar a partir de Deus, como *absconditus* e totalmente Outro,

Vocabulário teológico

seguindo os passos de Rudolf Otto (1869-1937) e da própria revelação divina em Jesus Cristo. Ele também rejeitou formas mais conservadoras do cristianismo. Barth enfatizou em sua produção teológica a soberania de Deus, particularmente por intermédio da reinterpretação das doutrinas calvinistas da eleição, do pecado da humanidade e da distinção qualitativa infinita entre Deus e a humanidade. Essa perspectiva acompanhou toda a produção teológica de Barth, mas foi sobretudo em seus primeiros escritos que ele utilizou as mais fortes e dramáticas imagens e retórica de total oposição ao pensamento de seus predecessores.

Deus vai ao ser humano. Para Barth, caminho algum levaria o ser humano a Deus, seja o da experiência religiosa, como indicara Friedrich Schleiermacher (1768-1834); da história, como Ernst Troeltsch (1865-1923) havia preconizado; ou da metafísica, como vários círculos filosóficos indicavam. O caminho possível vai de Deus ao ser humano e não o inverso, tendo na figura de Jesus Cristo o dado revelatório fundamental. Barth revolucionou o pensamento teológico de sua época com uma visão dinâmica acerca da inspiração da Bíblia e da concepção da razão humana, o que confere à sua teologia uma atualidade e a capacidade de motivar novos modelos de pensamento. Em sua produção teológica, realizou uma autêntica luta em favor da Palavra de Deus, a qual estava subjugada às estruturas de compreensão de Deus que as igrejas possuíam. Diante dessa tarefa, com substancial produção exegética e dogmática, Barth afirmou que todo verdadeiro conhecimento provém de Deus e o ser humano jamais poderá, com suas forças, alcançá-lo. Somente pela graça revelada em Jesus Cristo a completa distinção entre Deus e o ser humano pode ser superada. É na fé em Cristo, como dom do Espírito Santo, que se encontra a possibilidade de reconciliação do ser humano e sua unidade com Deus.

A ênfase dialética no método teológico. Na evolução de seu pensamento, Karl Barth superou inicialmente a tentativa de identificação da teologia com a filosofia – característica da concepção liberal – e também a compreensão que reúne analogamente essas duas esferas como "um plano do mesmo edifício" – concepção católica, denominada *analogia entis* (analogia do ser). Metodologicamente, isso significou romper com a possiblidade de investigar a revelação a partir do que é reconhecível cientificamente pela razão. Esse esforço de Barth em opor diametralmente teologia e filosofia possibilitou construir o método dialético, o qual caracterizou o teólogo, especialmente em seus escritos iniciais. Tratava-se da negação a toda possibilidade humana e de uma fortíssima afirmação da supremacia da revelação de Deus dada unilateralmente. A segunda dimensão – a positividade da revelação – passou a ser mais acentuada à medida que Barth aprofundava seu interesse pela Palavra de Deus e, consequentemente, suas pesquisas exegéticas. Assim, seu pensamento dialético adquiriu mais movimento entre o "não" inicial à humanidade e o "sim" advindo da graça de Deus em direção a essa mesma humanidade. Ainda que seu método teológico posteriormente superasse essa bipolaridade, a compreensão dialética continuou presente em sua produção teológica tardia, como se pode verificar em *Introdução à Teologia Evangélica*, de 1962.

A analogia da fé. Barth formulou, como método teológico, a *analogia fidei* (analogia da fé). Com essa metodologia, ele compreendeu que somente a revelação pode fornecer ao ser humano os conceitos análogos de Deus. Ou seja, não obstante a impossibilidade de verdadeiro conhecimento de Deus por intermédio da razão, da natureza ou da cultura, a soberana liberdade e graça de Deus se revelou na história humana e tornou possível o milagre de conhecê-lo. O evento singular no qual Deus está revelado na história se encontra em Jesus Cristo. Ele, como revelação de Deus, não é mera mensagem ou forma de vida; trata-se, sobretudo, do eterno Deus ser reconhecido em Jesus e não absolutamente em alguma pessoa ou realidade histórica. A analogia da fé é a forma pela qual Deus comunica conceitos e palavras ao ser humano, possibilitando ser reconhecido e nomeado. Esse reconhecimento atenderá sempre aos limites da infinita diferença qualitativa entre o ser humano e Deus, sendo que este permanecerá sempre inatingível, mas enfatizará também a redenção, a aliança e a reconciliação entre Deus e o ser humano. Nessa perspectiva, a ênfase barthiana se movimenta de seus primeiros escritos nos quais a máxima "Deus é Deus, e não é o mundo", em direção à noção de que "Deus é Deus, mas é Deus para o mundo".

A visão eclesiológica e a crítica aos enrijecimentos institucionais e idolátricos. Um dos destaques da produção teológica dialética são as reflexões eclesiológicas. Para Barth, por exemplo, a comunidade é uma assembleia, reunida, edificada e comissionada pelo Espírito Santo, que possui sua existência em um movimento de chamado e resposta que se realiza em determinado lugar. Essa perspectiva remonta à tensão entre instituição e movimento, fortemente presente no campo teológico. A unidade da Igreja encontra-se em sua natureza comunitária, na qual todos os membros são chamados à unidade na pluralidade que representam. Essa é uma das perspectivas teológicas de Karl Barth, um dos incentivadores do movimento ecumênico internacional do período pós-guerra. Da mesma forma que o Pai, o Filho e o Espírito Santo são um, a comunidade, como reunião de todos aqueles que têm conhecido e confessado esse Deus trino, também constitui um Corpo, afirma o teólogo. A Igreja não se eterniza sobre si mesma nem suas bases humanas e institucionais constituem garantias de sua existência e manutenção. Ela só existe como evento que se repete continuamente.

A Igreja como evento que se repete continuamente. Barth responde à pergunta sobre o que é a Igreja com a indicação de que ela é o evento no qual homens e mulheres são reunidos, a soberania de Jesus Cristo encontra livre resposta, a Palavra é pregada e testemunhada, a comunhão humana é efetuada pelo Espírito Santo, os sacramentos são realizados e a divina missão de Jesus Cristo é testificada. A comunidade é completamente dependente em relação à ocorrência repetida e contínua da ação divina. Ela é a confluência da ação divina e humana. É um trabalho humano, portanto, uma ação histórica e temporal que é, todavia, inaugurada, controlada e sustentada por intermédio de uma ação divina. A Igreja não é a revelação de Deus tornada instituição, na qual a vontade, a verdade e a graça de Deus, em forma de certa soma de plenos poderes, intuições e forças sobrenaturais, se teriam tornado posse do ser humano ou passado para sua disponibilidade e administração.

A Igreja como comunidade de fé e serviço. Emil Brunner também se dedicou à reflexão eclesiológica, especialmente por entender que as lógicas modernizantes que relativizavam o papel da Igreja na sociedade ou mesmo a diversidade de modelos eclesiais denominacionais estavam relegando a eclesiologia a uma posição de inferioridade no debate teológico. O acento cristológico das reflexões do autor é o traço marcante que desfoca do poder terreno a autoridade da Igreja e a concentra em Cristo. Na obra *O equívoco sobre a Igreja*, de 1951, ele se propõe a lidar com as dificuldades da Igreja, quer compreendida como "vítima", quer como "culpada" do afastamento de suas práticas e doutrinas do querigma central neotestamentário, que elucida a *ecclesia* como comunidade de fé e serviço. Centrado na síntese das pesquisas mais apuradas da época

Vocabulário teológico

sobre as bases do Novo Testamento, Brunner apresenta críticas aos aspectos de enrijecimento institucional, tanto no campo católico--romano quanto no protestante, como as formas de "eclesiasticismo clerical e paroquial", por exemplo, que ocultam as dimensões mais vivas, dinâmicas, espontâneas e ecumênicas de eclesialidade. O que sintetiza a eclesialidade é "a unidade da comunhão com Cristo pela fé e fraternidade no amor".

Teologia Dialética e o diálogo ecumênico. O pensamento teológico dialético – sobretudo as interpretações que o consideram como neo-ortodoxo –, em geral, é avaliado na perspectiva do exclusivismo cristão, o que abre poucos horizontes para as crescentes propostas teológicas atuais de diálogo inter-religioso e de uma Teologia Ecumênica das Religiões. A visão teológica neo-ortodoxa, portanto, se distanciaria, neste particular, de outras renomadas no campo protestante, como as correntes formadas a partir de Paul Tillich (1886-1965) e Wolfhart Pannenberg (1928-2014), por exemplo. No entanto, as críticas mais apuradas mostram que a linguagem cristológica hiperbólica, sobretudo a barthiana, de contraposição ao nazismo, gerou um entendimento equivocado como se fosse de mero cristocentrismo. O que estava fortemente em questão na época era o questionamento teológico sobre a ideia de "senhorio", a qual havia sido aguçada pela noção política de *Führer* nos círculos cristãos. Todavia, se bem analisada, a centralidade cristológica da teologia de Karl Barth constitui-se em um substancial referencial ecumênico, uma vez que, a partir dela, ele constrói a crítica às formas eclesiais de caráter mais institucionalizado e verticalizadas, especialmente por possuírem eixos formais preestabelecidos, sem valorizar, portanto, o reconhecimento mútuo e a igualdade de cada um dos grupos envolvidos ecumenicamente.

Cristo e a unidade da Igreja. Tendo em vista o quadro atual das práticas ecumênicas intracristãs, essa contribuição é atualíssima. Pode-se afirmar que, devido à comunidade ser uma unidade, somente se pode falar de "igrejas" cristãs no plural com referência à separação geográfica e às consequentes diferentes congregações. É no evento concreto de sua reunião que a comunidade tem sua invisível e também visível existência – a histórico-terrena *communio sanctorum*. Por essa mesma razão, não se pode tentar realizar o *credo* abstratamente. Ele não pode ser feito por intermédio de um *cogite intrare* ou por alguma pressão social ou política exercida por uma ou por um grupo de igrejas sobre outra. Também não pode se dar forçosamente por alguma forma de reconhecimento mútuo incondicional ou cooperação prática entre as igrejas, a qual deixa em aberto as questões que mutuamente têm sido atribuídas ou as têm dividido. E, ainda, por alguma forma de supressão artificial de dificuldades recíprocas, as quais são a base da divisão. O que é exigido é a unidade da Igreja de Jesus Cristo, e não a coexistência externamente satisfatória e cooperação artificial de diferentes sociedades religiosas. Essas indicações teológicas são fundamentais para referenciar o atual debate ecumênico.

O aprimoramento da fé. As conexões com a realidade das igrejas – tanto em relação às divisões internas resultantes das diferentes tendências doutrinárias como em relação à divisão entre as igrejas – são imediatas e elucidativas e carecem, portanto, de reflexão mais profunda. Um ponto de partida promissor para a atualização desse debate pode ser encontrado na obra *Fé em busca de compreensão*, de 1931, na qual Barth comenta e se apropria do método teológico de Anselmo de Cantuária para tecer considerações sobre o labor teológico, enfatizando como elementos indispensáveis da teologia a adoração, a oração e a humildade, e fazendo convergir a autoridade bíblica e a tolerância de um modo bastante original, como se vê na seguinte passagem: "Portanto, qualquer afirmação realmente teológica, ou seja, não coberta como autoridade bíblica, é limitada por esta regra: tal afirmação não pode ser final; fundamentalmente é uma afirmação momentânea, a melhor que o conhecimento e a consciência podem chegar para o presente entendimento; ela espera por melhor instrução de Deus ou do homem" (BARTH, 2012, p. 38-39).

A Teologia Dialética e a polarização política. A crítica de Barth às teologias dominantes, tanto as de perfil liberal quanto as de natureza conservadora, o levou a se tornar, com outros teólogos como Dietrich Bonhoeffer, um dos articuladores do movimento Igreja Confessante, na Alemanha, que se opôs ativamente a Adolf Hitler (1889-1945) e ao nazismo. Barth e outros membros do movimento tentaram evitar que os ideias de pureza étnica norteassem as igrejas na Alemanha e que essas fossem controladas pelo regime. Isso resultou na conhecida "Declaração Teológica de Barmen", de 1934, que criticou fortemente os setores cristãos que apoiaram o nazismo. A base teológica da argumentação política se fundamentava, entre outros aspectos, na ênfase da transcendência de Deus em relação ao mundo e ao ser humano e a soberania da revelação divina em relação aos processos históricos, sociais, políticos, incluindo a dimensão eclesiástica.

O contexto do nazismo. No início da década de 1930, as tensões nas políticas europeias e a relação entre as potências decorrentes dos conflitos da Primeira Guerra Mundial deixaram marcas na produção teológica. Enquanto Gogarten, por exemplo, revelou certa inclinação ao movimento dos "cristãos alemães" que apoiava ideias disseminadas pelo Partido Nacional-Socialista de Hitler, Barth se posicionou completamente contrário a tais visões.

Além disso, enquanto os articulistas da revista *Zwischen den Zeiten* (Entre tempos), que reunia as maiores expressões dessa corrente teológica, tendiam, cada vez mais, para o diálogo com as filosofias da existência e com a teologia natural e suas engrenagens de explicações e comprovações de corte racional e filosófico, Barth se distanciava dessas duas perspectivas. Em 1933, ele deixa a revista para fundar outra, intitulada *Theologische Existenz Heute* (Existência teológica hoje), mais alinhada com os princípios teológicos dialéticos e suas implicações sociopolíticas. O dado da revelação, fundamentado na Palavra de Deus, torna-se uma base teológica vigorosa de contestação política. Nesse mesmo ano, a polarização política se agrava na Alemanha.

A Igreja e o senhorio de Cristo. A já referida noção de "cristãos alemães", firmada na pureza étnica, religiosa e de adesão política ao projeto nazista, continuou a ser reforçada. Essa movimentação propunha uma síntese entre a religião cristã e as teses do nazismo, incluindo aspectos racistas e antissemitas, ao afirmar que Deus não se revelara apenas por intermédio de sua Palavra como também na pátria, na história e na raça. Seguindo esse raciocínio, cabia à Igreja se colocar a serviço do povo germânico e da nação alemã e de sua incumbência histórica no espectro político expansionista que ela revelava ter. Em oposição a esse ideário, é formada a "Igreja Confessante", como grupo religioso de resistência alemã. Nesse contexto, os "cristãos confessantes" promulgam a Declaração Teológica de Barmen, reafirmando a noção de que a Igreja Protestante Alemã não poderia ser um órgão de Estado legitimador do nazismo, mas uma reunião livre de pessoas que compreendessem a fé na sujeição a Jesus Cristo e ao Evangelho. Na declaração se reconhece e se confessa a autoridade única de Jesus Cristo sobre a Igreja e se rejeita, assim, a autoridade eclesiástica instalada pelo

Terceiro Reich. A argumentação teológica se baseava na ideia cristológica de que nenhum outro acontecimento ou poder tem a possibilidade de se tornar fonte e fundamento da fé e da pregação cristãs. Para a comunidade cristã não existe âmbito da vida que esteja fora da reivindicação do senhorio de Jesus Cristo revelado na Palavra de Deus, e ela, como sua "propriedade", deve testemunhar livremente a fé.

A Igreja Confessante. Enquanto o poder constituído tentava reforçar a unidade política entre Igreja e Estado, os "cristãos confessantes", organizam a Igreja Confessante, não como uma nova Igreja do ponto de vista institucional, mas como organismo dinâmico para a unidade das igrejas em torno das confissões de fé existentes nas igrejas protestantes. As consequências foram fortes e trágicas. No mesmo ano, por exemplo, Barth é demitido da universidade e forçado a voltar a seu país, e o pastor luterano Martin Niemöller (1892-1994), um dos líderes do movimento é preso e, posteriormente, enviado a campos de concentração. Vários outros pastores foram presos e alguns mortos, como Dietrich Bonhoeffer, e comunidades tiveram os bens confiscados e atividades arbitrariamente encerradas. As dimensões políticas da Teologia Dialética, somadas a sua consistência teórica em vários campos, realçaram esse pensamento e o tornaram ainda mais robusto, marcando o cenário teológico no século 20, tanto na Europa quanto em outros continentes.

BARTH, Karl. *Church Dogmatics.* Edinburgh: T. & T. Clark, vol. IV, 1 (1956), vol. IV, 2 (1958), vol. IV, 3 (1961). BARTH, Karl. *Dádiva e louvor*: artigos selecionados de Karl Barth. São Leopoldo: Sinodal, 1986. BARTH, Karl. *Fé em busca de compreensão.* São Paulo: Fonte Editorial, 2012. BARTH, Karl. *A Carta aos Romanos.*

São Leopoldo: Sinodal, 2015. BRUNNER, Emil. *O equívoco sobre a Igreja.* São Paulo: Novo Século, 2000a. BRUNNER, Emil. *Teologia da Crise.* São Paulo: Novo Século, 2000b. GIBELLINI, Rosino. *A Teologia do Século XX.* São Paulo: Loyola, 1998. MACKINTOSH, Hugh R. *Teologia Moderna de Schleiermacher a Bultmann.* São Paulo: Novo Século, 2004. RIBEIRO, Claudio de Oliveira. A provisoriedade da Igreja: uma contribuição teológica de Karl Barth. *Fragmentos de Cultura*, v. 8, p. 443-470, 1998.

Teologia do Pluralismo Religioso

Teologia, missão e pluralismo. As expressões utilizadas no campo teológico para o debate sobre as religiões são diversas e, em certo sentido, disputadas. "Teologia do Pluralismo Religioso", "Teologia das Religiões", "Teologia Ecumênica das Religiões" são algumas delas. Para além do debate conceitual, a Teologia Protestante Contemporânea foi marcada pelas experiências práticas e visões ecumênicas no campo missionário, especialmente no final do século 19 e nas primeiras décadas do século 20. Em torno das atividades do movimento missionário, que deu bases para a formação do Conselho Mundial de Igrejas posteriormente, muitas reflexões e debates de qualidade surgiram e alimentaram a discussão teológica. No tocante às interpretações teológicas que valorizam o pluralismo religioso, que redundaram na perspectiva de uma →missão ecumênica, muitas vozes se destacam. Entre elas estão a teóloga reformada Christine Lienemann-Perrin (1946-) e os teólogos metodistas Wesley Ariarajah (1941-) e Inderjit Bhogal (1951-). No contexto mais recente das atividades do Programa de Cooperação e Diálogo Inter-religioso do Conselho Mundial de Igrejas, temos as contribuições de Clare Amos (1951-), Peniel

Jesudason Rufus Rajkumar (1977-) e Joseph Prabhakar Dayam (1964-). As teologias *Dalit, Minjung*, da Libertação e outras perspectivas críticas estão fortemente presentes no debate ecumênico das religiões. Entre brasileiros, há uma emergente reflexão no campo protestante, especialmente presente nos trabalhos de Claudio de Oliveira Ribeiro (1962-), Raimundo Cesar Barreto Jr. (1965-) e Alonso Gonçalves (1982-). No campo sistemático, destacam-se, entre diversos nomes, Paul Tillich (1886-1965), John Hick (1922-2012), Jürgen Moltmann (1926-), Julio de Santa Ana (1934-) e Kwok Pui-Lan (1952-). As indicações a seguir realçam as contribuições destes cinco últimos.

A preocupação última como fundamento. Paul Tillich ofereceu elementos significativos para o debate sobre fé e pluralismo religioso. Embora o autor não tivesse se proposto a formular uma Teologia das Religiões, além de não ter vivido o contexto deste nosso século em curso, quando a temática se intensificou, há em sua produção teológica demonstrações relevantes dessa preocupação. A primeira foi a elaboração, em conjunto com Mircea Eliade, de "um tipo de teologia fundamentada na revelação universal de Deus na história das religiões", que é "purificada pelo evento do cristianismo enquanto religião particular" (BRAATEN, 1986, p. 27). Outra foi o desejo dele, já no final de sua vida, de interpretar sua "Teologia Sistemática" a partir da história das religiões (TILLICH, 1966). Mesmo por ocasião da produção dessa obra, o autor já indicava que, do ponto de vista metodológico, um sistema teológico necessita ser elaborado e refletido sempre em confronto com as questões advindas das críticas do pensamento secular, por um lado, e em diálogo criativo com o pensamento teológico de outras religiões, por outro. Além disso, é necessário considerar a relação entre catolicismo e protestantismo.

O paradoxo do cristianismo. Paul Tillich ofereceu, com sua →Teologia da Cultura, um testemunho da natureza não totalitária do cristianismo. Ele fez a crítica ao absolutismo eclesiocêntrico da Igreja Católica Romana e à perspectiva exclusivista de Karl Barth, no contexto teológico protestante. Não obstante, questionou o modelo inclusivista, ao indicar a necessidade de se ressaltar o caráter absoluto do cristianismo como uma religião histórica. A produção teológica de Tillich poderia ser um caminho para se repensar os modelos consagrados de teologia das religiões que se assentam nas expressões do exclusivismo, do inclusivismo e do relativismo, abrindo-se, portanto, à visão pluralista. Tillich destacou, ao mesmo tempo, a importância do caráter normativo da cristologia para a Teologia das Religiões. Dessa forma, não se pode confundir o caráter particular do cristianismo como uma religião histórica com o caráter particular de Cristo como mediador do absoluto na história. Para desenvolver essas perspectivas, Tillich reflete sobre o paradoxo do cristianismo com base na "Palavra que se fez carne". Outra dimensão igualmente paradoxal é o cristianismo como religião histórica ser também compreendido como religião de revelação final. Para discernir tais paradoxos, Tillich recorre à concepção teológica da "preocupação última" e suprema (*Ultimate Concern*) como critério de encontro entre religiões. O ponto culminante desses debates é a questão salvífica. Ela é crucial para o diálogo inter-religioso, assim como para uma Teologia das Religiões.

Por uma teologia das religiões. Na conferência "O significado da história das religiões para um teólogo sistemático", realizada em 1965, pouco antes de sua morte, Tillich apresenta cinco pressuposições sistemáticas para a abordagem teológica das religiões. A primeira é que as experiências de revelação são universalmente humanas. As religiões são firmadas sobre algo que é dado para o ser humano onde quer que ele viva. A ele é dada uma revelação, um tipo particular de experiência o qual sempre implica um poder salvífico. Revelação e salvação são inseparáveis, e há poder de revelação e de salvação em todas as religiões. O segundo aspecto é que a revelação é recebida pelo ser humano nas condições de caráter alienado que possui e na situação humana finita e limitada. A revelação é sempre recebida em uma forma distorcida, especialmente se a religião é usada como "meio para um fim" e não como um fim em si mesma. Em toda a história humana, não há somente experiências revelatórias particulares, mas há um processo revelatório no qual os limites de adaptação e as deficiências de distorção estão sujeitos à crítica, seja mística, profética ou secular. Este é o terceiro pressuposto. O quarto é que há um evento central na história das religiões que une os resultados positivos dessa crítica e que nele e sob ele as experiências revelatórias acontecem. Um evento que faz possível uma teologia concreta com um significado universal. O último pressuposto é que a história das religiões, em sua natureza essencial, não existe ao lado da história da cultura. O sagrado não está ao lado do secular, mas ele é a sua profundidade. Dito de outro modo, para lembrar um dos fundamentos metodológicos da "Teologia da Cultura": "A cultura é a forma da religião; a religião é a substância da cultura". O sagrado é o chão criativo e ao mesmo tempo um juízo crítico do secular.

A Comunidade Espiritual latente e manifesta. Com esses pressupostos, Tillich oferece indicações para uma teologia das religiões. A compreensão do autor é a de que essa teologia reúne uma crítica e uma valorização positiva da revelação universal. Ambas são necessárias. A Teologia das Religiões, na visão de Tillich, ajuda os teólogos sistemáticos a entenderem o presente momento

Teologia do Pluralismo Religioso

e a natureza do próprio lugar histórico do fazer teológico, tanto no caráter particular do cristianismo como na reivindicação de universalidade deste. Tillich indica que as experiências revelatórias em todas as religiões são participações fragmentárias na unidade transcendente do que ele chamou de "vida sem ambiguidades". Isso se encontra nos conceitos de "Comunidade Espiritual" latente e manifesta, os quais relativizam a identificação destes com as igrejas cristãs. Tillich indicou que a base religiosa universal é a experiência do Santo dentro do finito. O Santo, como realidade teológica e espiritual fundamental, surge nas coisas finitas e particulares, tanto nas concretas como nas universais. Ele é a base sacramental de todas as religiões. Pode ser visto e ouvido "aqui e agora", não obstante seu caráter misterioso. A experiência do Santo, como vivência do *Ultimate Concern*, é a convergência de todas as religiões e permite um critério comum para o diálogo inter-religioso.

O arco-íris das religiões. O teólogo reformado inglês John Hick envereda-se pelas reflexões sobre o pluralismo e suas implicações para a Teologia Cristã a partir de rumos hermenêuticos específicos: a hipótese pluralista (teocêntrica), distanciando-se das ideias exclusivistas e inclusivistas. A proposta reconhece as tradições religiosas distintas do cristianismo como legítimas e autônomas no processo de salvação. Para isso, propõe o rompimento com as ideias da constitutividade salvífica de Jesus Cristo e a retirada de Cristo do centro do "sistema solar" religioso, colocando em seu lugar a Realidade Última, o Real. Em *A metáfora do Deus encarnado* (2000), John Hick aprofunda as questões cristológicas e propõe uma revisão delas a partir da consideração da "crença de que existe uma Realidade transcendente última que é a fonte e o fundamento de todas as coisas; que essa Realidade é benigna em relação à vida humana; que a presença universal dessa Realidade é refletida

Vocabulário *teológico*

('encarnada'), humanamente falando, nas vidas dos grandes líderes espirituais do mundo; e que entre estes todos encontramos Jesus como nossa principal revelação do Real e nosso principal guia para a vida" (HICK, 2000, p. 219).

A hipótese pluralista. A proposta de Hick rompe com uma visão absolutista da tradição cristã, convocando-a a ser um "cristianismo que se vê uma religião verdadeira entre outras"; uma cor diante do grande arco-íris das religiões, transpassada pela luz do Real, que no horizonte cristão é chamado de "Deus". Trata-se de "uma fé cristã que assume ser Jesus o nosso guia espiritual supremo (mas não necessariamente único), o nosso senhor, líder, guru, exemplar e mestre pessoal e comunitário – mas não o próprio Deus em termos literais" (HICK, 2000, p. 218). E o mesmo autor considera o "cristianismo como um contexto autêntico de salvação/libertação entre outros, que não se opõe a, mas interage de formas mutuamente criativas com os outros grandes caminhos" (HICK, 2000, p. 218). Em *Teologia cristã e pluralismo religioso: o arco-íris das religiões* (2005), John Hick estabelece um frutífero debate sobre o que chamou de "hipótese pluralista" e a apresenta na criativa forma de diálogo do autor com Fil e Graça, representantes das questões oriundas dos pensamentos filosófico e teológico, respectivamente. Como se sabe, no âmbito da Teologia Cristã do Pluralismo Religioso, a questão cristológica precisa ser revisitada. Trata-se de oferecer outros olhares sobre conceitos centrais da fé cristã. Esse é um caminho traçado por John Hick, ao reinterpretar concepções clássicas, como, por exemplo, o dogma da encarnação: o "Filho-de-Deus-feito-homem".

A metáfora do Deus encarnado. A partir do espaço da hipótese pluralista, em que é reconhecido o pluralismo religioso de princípio como manifestação do Real, a concepção de encarnação não pode ser vista em seu sentido literal, fechado, mas em sua abertura metafórica, carregada de novos significados. O encarnar-se é uma metáfora, não algo estabelecido exclusivamente, em que duas naturezas completas (humana e divina) convivem na pessoa de Jesus como algo indissociável. A encarnação, ao ser interpretada metaforicamente, refere-se a uma abertura dos seres humanos à Realidade Última, que no cristianismo chama-se "Deus", em relação e obediência. Assim, qualquer pessoa que realize a vontade divina, lançando-se nela, é uma encarnação de Deus na terra, como Jesus, um exemplo notável dessa metáfora. Hick está consciente de que "do ponto de vista da liderança eclesial, isto é descrença. Do ponto de vista de um crescente número de membros da Igreja que deram um passo nessa direção, isso constitui maior realismo e honestidade" (HICK, 2005, p. 30). Essa ideia do lançar-se ao Real é fundamental nas teses de John Hick. É o centrar-se na Realidade Última – o fundamento de tudo, não esgotável, "finalmente real" – descentrando-se de si, do ponto de vista "egoico", a fonte do egoísmo e da injustiça.

Critérios éticos para o discernimento do dado salvífico. A mudança caraterizada pelo recentramento no divino, e não em si mesmo, é o que se pode chamar de "salvação/libertação" na teologia de Hick. Assim, a mediação salvífica em Jesus Cristo é questionada. Jesus é tomado, aqui, como um excepcional modelo de "frutos morais", radicalmente aberto ao Real/Deus e sinal de seu amor no mundo, na partilha dos sofrimentos da vida humana, na permanência ao lado dos corpos empobrecidos e no trabalho em prol da justiça e da paz. Não é visto como salvador, o que cabe apenas à Realidade Última. Salvação/libertação é a transformação profunda do ser humano na busca e no encontro com o Real (salvador último) e identificada com os frutos (critérios éticos), sinal

Vocabulário *teológico*

da encarnação divina na história. Aqui se encontra também um importante critério para se compreender as distintas religiões como possíveis caminhos de salvação/libertação: "Pelos frutos conhecereis a árvore". A hipótese pluralista de John Hick compreende o Real como centro do "sistema solar" religioso (não a pessoa de Jesus ou a Igreja) e reconhece que o pluralismo religioso é o meio pelo qual o Real também se apresenta, mostra-se. Porém, aponta que as experiências religiosas não o dominam. A luz perpassa o vitral, evidencia suas cores em sua pluralidade, mas não permanece fixa, é movimento. Assim – a partir das concepções epistemológicas kantianas –, Hick interpreta cada experiência religiosa (*phenomenon*) como reflexo humanamente percebido da Realidade Última (*noumenon*).

Uma unidade aberta, convidativa e integradora. As perspectivas ecumênicas inter-religiosas estão intensamente presentes na produção do teólogo reformado alemão Jürgen Moltmann. Ele articula as perspectivas do seu método teológico com a sua trajetória de vida, como lhe é peculiar no seu trabalho intelectual. Nesse sentido, então, ganham destaque os temas e caminhos teológicos marcados pelas experiências de diálogo e de aproximação ecumênica. Moltmann apresenta os lugares da existência teológica, com destaque para a lógica plural que leva em conta simultaneamente as experiências pessoais e comunitárias, eclesiais e seculares, cristãs e não cristãs. Nesse sentido, o autor considera fundamental para o método teológico que haja articulação entre: (a) a dimensão acadêmica e a popular, para não permitir que a teologia se distancie das situações fundamentais da vida e, assim, perca a sua dimensão pública e a sua referência ao Reino de Deus; (b) entre as visões confessionais e as críticas ateístas à teologia e à religião, pois o caráter antiteológico da crítica moderna à religião (cf. Nietzsche, Marx e

Freud) pode se tornar significativamente teológico na medida em que revela o desejo humano mais profundo; e (c) entre as visões de diferentes religiões, pois elas aguçam a capacidade de se aprender a dialogar e a identificar os pontos de conflitos visando à paz.

Diálogo direto e indireto. A hermenêutica da esperança, traço fundamental da teologia de Moltmann, é apresentada em suas obras dentro das perspectivas já por ele consagradas: a lógica da promissão e a aliança divino-humana, esperança e futuro e a metáfora do futuro esperado e desejado. Tal perspectiva fundamenta teologicamente as possibilidades históricas de diálogo ecumênico e os projetos de paz no mundo. Moltmann distingue duas formas de diálogo entre as religiões. O direto, que trata da confrontação das diferentes concepções religiosas acerca da transcendência e da salvação, da compreensão do ser humano e da natureza. Esse se dá mais efetivamente nas chamadas "religiões mundiais", em geral firmadas em argumentações lógicas e verbais em função de certo preparo por serem "religiões do livro". É comum que "religiões naturais" que se estabelecem fora da lógica ocidental em diferentes continentes não estejam representadas nessa forma de diálogo. Moltmann destaca o diálogo indireto, que, por sua natureza, envolve as religiões de forma mais ampla, indo além das expressões religiosas mais racionais e ocidentalizadas. Essa forma de diálogo "tem lugar atualmente no nível local sobre questões sociais e no nível mundial sobre questões ecológicas. Não se trata aí de um intercâmbio de ideias religiosas, mas do reconhecimento comum das atuais ameaças letais ao mundo e da busca por caminhos comuns para escapar delas. O que fizeram as 'religiões mundiais' para justificar a moderna destruição do mundo? O que podem elas fazer para salvar a terra comum? Onde há forças hostis à vida, dispostas à violência e destruidoras do mundo nas religiões, e que

Vocabulário teológico

mudanças se fazem necessárias para transformar as religiões em forças da humanidade capazes de promover a vida e preservar o mundo? Esse diálogo é *indireto*, porque não estamos falando sobre nós mesmos ou uns sobre os outros, mas conjuntamente sobre um terceiro assunto. Encontramo-nos num diálogo indireto também quando buscamos o diálogo inter-religioso para descobrir um 'etos mundial' para a 'paz mundial'" (MOLTMANN, 2004, p. 30).

A Trindade como lugar espaçoso e inclusivo. O caráter ecumênico do método teológico da Teologia da ➜Esperança, proposta por Moltmann, se revela nos reflexos das interpelações que a ➜Teologia Negra nos Estados Unidos, a Teologia da Libertação surgida na América Latina, a Teologia *Minjung* da Coreia e a Teologia Feminista fazem ao método teológico. Tais visões "são imagens do mundo ocidental refletidas nos olhos de suas vítimas [...] e foram desenvolvidas bem conscientemente dentro do seu *contexto* político, social e cultural, no seu *kairós* historicamente condicionado e para a camada social, grupo ou comunidade caracterizado pela espoliação, opressão e alienação" (MOLTMANN, 2004, p. 158). No entanto, o autor também apresenta questões que tocam a radicalização da proposta libertadora, ao situar a dinâmica da opressão também a partir do viés religioso, e pergunta: "Se as formas atuais de teologias contextuais da libertação levam para além do cristianismo, onde fica então a sua identidade cristã?" (MOLTMANN, 2004, p. 251). As reflexões culminam com a descrição da Teologia Cristã da Trindade, entendida como "lugar espaçoso" e inclusivo. Nela, emerge o conceito pericorético da unidade e a experiência da comunhão. A unidade trinitária "não é uma unidade fechada em si mesma, exclusiva, mas uma unidade aberta, convidativa e integradora, assim como Jesus ora ao Pai pelos discípulos em Jo 17,21 '[...] para que também eles estejam *em nós*'.

Essa coabitação dos seres humanos no Deus triúno corresponde perfeitamente à coabitação inversa do Deus triúno nos seres humanos" (MOLTMANN, 2004, p. 268). Essa visão corresponde a uma promissora base teológica para uma teologia ecumênica das religiões, para uma pneumatologia integral e uma escatologia compromissada com a vida.

A referência da justiça e da paz. Um dos elementos que desafiam fortemente a reflexão teológica em chave plural é o destino da humanidade e do cosmos. Diversos pensadores de renome em outros continentes têm contribuído para tais reflexões. No campo latino-americano, podemos destacar teólogos como Julio de Santa Ana e vários outros no campo católico, pois eles aprofundaram a reflexão sobre os desafios pastorais no contexto sociopolítico latino-americano, enfocando a renovação eclesiológica a partir da experiência dos pobres, o ecumenismo e a crítica às instituições políticas e eclesiásticas. Para a importância das religiões nos processos de promoção da paz e da justiça, a teologia pressupõe a conhecida tríplice dimensão do ecumenismo: a *unidade cristã*, a partir do reconhecimento do escândalo histórico das divisões e de uma preocupação em construir perspectivas missionárias ecumênicas; a *promoção da vida*, firmada nos ideais utópicos de uma sociedade justa e solidária e na compreensão que eles podem reger a organização da sociedade integrando todos os de "boa vontade"; e o *diálogo inter-religioso*, na busca incessante da superação dos conflitos, da paz e da comunhão justa dos povos (SANTA ANA, 1987).

As religiões entre conflitos e aproximações. Para Julio de Santa Ana, no debate sobre a importância pública das religiões e o lugar delas na busca pela paz deve se questionar os pensamentos secularizantes, inclusive teológicos, que marcaram o século 20, sob a

Vocabulário *teológico*

inspiração, sobretudo, de Max Weber, que relegava às religiões uma progressiva diminuição do papel de interferência no cenário social e político. Em diferentes contextos, as religiões nos últimos anos se mostraram relevantes nos acontecimentos e processos sociais e estiveram bem relacionadas com os diferentes aspectos da vida. Esse entrelaçamento com as múltiplas dimensões da vida social tem produzido ações de colorações ideológicas distintas, por vezes até mesmo antagônicas, ora reforçando ou gerando formas de violência, ora sendo construtoras da paz e da justiça. O fato é que não se pode negar a importância pública das crenças religiosas (SANTA ANA, 2010). Diante disso, é de fundamental importância uma análise atenta aos processos religiosos que florescem no mundo todo e como eles se inter-relacionam e dentro de cada tradição. Esse conjunto de relacionamentos, favorecido enormemente pelos processos de globalização e de fortalecimentos de instituições internacionais governamentais e não governamentais, forja relacionamentos positivos entre os povos do mundo. Ao mesmo tempo, há situações nas quais tal aproximação se desvanece, o que gera as possibilidades de reinício dos conflitos.

A abertura dialogal presente na vida. A compreensão da situação conflitiva das religiões possibilita percebê-las não somente como negativas como também portadoras de uma nova sensibilidade sobre a necessidade de se superar os antagonismos e a intolerância. "Esta possibilidade leva-nos, mais uma vez, a considerar que as religiões devem ser analisadas e interpretadas como parte muito importante da vida pública. Certamente, desempenham a função de pôr em relação (*religare*, segundo a palavra latina) os crentes com o Ser Supremo, com a Realidade Última (segundo a expressão de Paul Tillich). Mas ficaríamos em um tipo de visão míope e nem perceberíamos que este contato pode ser feito em *todos* os níveis da vida" (SANTA ANA, 2010, p. 106). Não obstante os aspectos negativos das interfaces das religiões com a cultura e com a política, ao gerar formas de violência, um olhar teológico sobre as religiões deve priorizar a abertura dialogal presente na vida como elemento antropológico.

Teologia e diálogo inter-religioso. O diálogo aumenta a capacidade humana de autorrealização e de realização do outro. Ele é um reconhecimento de que o outro me permite uma transição para uma nova posição. Tal situação estimula e possibilita as práticas do fazer-se humano e ao mesmo tempo cria condições para que os processos teóricos de compreensão da vida sejam mais completos e consistentes. "Quando o diálogo é estabelecido, não só se experimenta uma preocupação teórica (quem dialoga conosco), mas também é manifestado um compromisso prático, que, ademais, exige uma compreensão mútua" (SANTA ANA, 2010, p. 112). Trata-se do *Eu e Tu*, de Martin Buber. É a consciência descobrindo a si mesma como existência graças ao outro. Essa tem sido e transparece como forte necessidade de ser uma das fontes fundamentais de inspiração do movimento ecumênico. "Assim, vai-se tecendo a trama da *Teologia das Religiões*. Está muito próximo o assunto do diálogo inter-religioso. E, podemos dizer, tendo em conta seu caráter inovador, que converge com a Teologia da Libertação. No contexto de fazer teológico, tal como se apresenta em nosso tempo, é uma verdadeira promessa. E, como tal, indica novos rumos à teologia. Não é o momento de analisá-la. Seu exame nos levaria a considerar questões fundamentais para nossas maneiras de viver as diferentes expressões de fé" (SANTA ANA, 2010, p. 116-117). Nos processos de construção da paz e da justiça, as análises globais das relações de dominação são, obviamente, fundamentais. Muitos teólogos e cientistas da religião têm-se debruçado sobre as

Vocabulário *teológico*

relações Norte-Sul e sobre os interesses econômicos e geopolíticos em torno das relações entre países e o papel das religiões nesses processos. As teologias do pluralismo religioso estão mergulhadas nessas questões.

O conceito de polidoxia. Para a abordagem teológica do pluralismo religioso, é necessária a superação do binômio ortodoxia--heterodoxia, uma vez que este, em geral, gera formas excludentes. Quando a heterodoxia é vista como heresia a partir de mecanismos coercitivos institucionais das diferentes religiões, os processos de exclusão se acentuam. Considerando o contexto de hegemonia do amálgama Ocidente-modernidade-cristianismo-capitalismo, tem--se no conceito de "polidoxia" uma referência teológica importante para a construção de imaginários dialógicos no contexto das aproximações e diálogos inter-religiosos. Recorre-se ao "termo *polidoxia* a fim de captar a ideia de que os cristãos não têm monopólio da revelação de Deus, e que a divindade deveria ser compreendida em termos de multiplicidade, não saber e relacionalidade" (PUI-LAN, 2015, p. 74).

O valor da alteridade. Na direção da visão de polidoxia, reforça-se a diversidade, a pluralidade e a fluidez e a variedade da linguagem humana e suas falas acerca do sagrado. Kwok Pui-Lan afirma que "a polidoxia insiste que nenhuma teologia ou credo pode exaurir o sentido de Deus e alegar infalibilidade doutrinal. [...] A polidoxia partilha a afinidade com a Teologia Apofática, que insiste que a natureza de Deus não pode ser plenamente descrita, e que só podemos falar a respeito do que Deus não é, em vez de sobre o que Deus é" (PUI-LAN, 2015, p. 75-76). Com isso, por intermédio da polidoxia, a teóloga honconguesa expõe os limites da razão ocidental e nos apresenta a magnitude de seu empreendimento, que é, sobretudo, ético. Rompendo com as pretensões totalitárias

Teologia do Pluralismo Religioso

ocidentais, que através do pensamento ontológico moderno pensa esgotar o outro no si, ela deseja abrir caminho para a alteridade. Para tanto, pretende superar concepções religiosas acerca das identidades religiosas, que a partir de prerrogativas exclusivistas de superioridade inibem o acesso ao reconhecimento de "um outro" que seja diferente do "mesmo". Ao demonstrar que a alteridade é uma dimensão e realidade constitutiva do ser, compreendido sempre como "inter-ser" – ou seja, que o eu só é "eu" por conta de sua interação com o outro –, Pui-Lan nos mostra que o diálogo interfé pode contribuir, e muito, para a superação da violência, de todos os tipos, e para uma cultura ecumênica da solidariedade, da justiça e da paz.

Identidades, hibridismo e diálogo interfé. Pui-Lan, para além da noção identitária branca, masculina e cristã do eu como ser autônomo, sugere a teoria do eu-em-relação. Pautada na ideia de que todos somos híbridos, e que não há identidade pura ou isenta de intercâmbios simbólicos, ela irá propor três razões pelas quais o hibridismo pode favorecer o diálogo interfé. "Em primeiro lugar, nossa identidade híbrida pode estimular conexões com membros de fora do nosso grupo. [...] Em segundo lugar, a identidade híbrida leva em conta a identificação parcial de identidades sobrepostas, o que possibilita acontecer a colaboração para além das fronteiras religiosas. [...] Em terceiro lugar, a identidade híbrida desafia a pureza que leva em conta a dupla ou múltipla pertença religiosa" (PUI-LAN, 2015, p. 62-63). A autora defende que as religiões – a despeito dos séculos de abusos engendrados pelo colonialismo, e não obstante a violência dos fundamentalismos religiosos vigentes no passado e em nossos dias – podem contribuir efetivamente para um futuro de paz e de justiça da sociedade global. Conforme suas próprias palavras: "É imperioso para as pessoas de todos os credos

Vocabulário *teológico*

trabalharem rumo a um futuro no qual a religião possa ser uma força não para a destruição, mas para o bem comum" (PUI-LAN, 2015, p. 32).

As religiões e a construção da paz. A pressuposição das análises de Pui-Lan é que historicamente é possível constatarmos que as religiões estão se abrindo a uma postura dialogal. Esse processo está marcado por forças ambivalentes e ambíguas, haja vista que, se por um lado encontramos os esforços do ➜movimento ecumênico de tantos organismos e grupos ao redor do mundo, como o Conselho Mundial de Igrejas, por exemplo, de outro também podemos visualizar os mais diversos esforços fundamentalistas que eclodem no seio da sociedade. O debate sobre a construção de novos imaginários ganha força à medida que valorizamos a concepção de que, "se a religião quiser tornar-se uma força de construção da paz e não causa de intolerância e conflito, nova construção e novas relações com o 'outro diferente quanto à religião' devem ser buscadas" (PUI-LAN, 2015, p. 32). Nessa perspectiva se ressalta também uma distinção pouco tratada no contexto brasileiro, no tocante às expressões "diálogo inter-religioso" e "diálogo interfés". A primeira expressão já é, em certa medida, consagrada nos meios religiosos e acadêmicos no Brasil. A segunda, mais comum em outros continentes, possui mais densidade, pois aponta para mais dinamismo, espontaneidade e liberdade nas relações entre expressões religiosas distintas.

A busca de diálogos mais autênticos e justos. Kwok Pui-Lan, na tentativa de superar os essencialismos ocidentais que definem o que seja a religião, excluindo outras experiências e alteridades "não oficiais" ou mais espontâneas, propõe, ao lado de outros autores, o *diálogo interfé*. Tal expressão revela que "as conversações e interações estão acontecendo entre pessoas que pertencem a credos, e

Teologia do Pluralismo Religioso

não entre religiões em si, entre religiões como sistemas de crenças e práticas" (PUI-LAN, 2015, p. 21). Tal perspectiva colocaria todos os crentes e grupos em plano similar e facilitaria, com isso, um diálogo mais autêntico e justo. Além disso, também é bom destacar que os diálogos acontecem em diversos níveis, "entre líderes religiosos em encontros ecumênicos, entre estudiosos em espaços acadêmicos e nas comunidades locais e não hierárquicas" (PUI--LAN, 2015, p. 25). Assim, para além das hierarquias religiosas e dos lugares comuns que circunscrevem o diálogo inter-religioso, e que, em boa parte das vezes, mantêm escondidos os diferenciais de poder que ocupam cada sujeito e cada tradição na constelação plural das religiões, Pui-Lan afirma que "é imperioso para as pessoas de todos os credos trabalharem rumo a um futuro no qual a religião possa ser uma força não para a destruição, mas para o bem comum" (PUI-LAN, 2015, p. 32).

BRAATEN, Carl E. Paul Tillich e a tradição cristã clássica. In: TILLICH, Paul. *Perspectivas da Teologia Protestante nos séculos XIX e XX*. São Paulo: ASTE, 1986. p. 11-28. GONÇALVES, Alonso. *Teologia Protestante das Religiões*: uma proposta teológica em perspectiva latino-americana. São Paulo: Recriar, 2020. HICK, John. *A metáfora do Deus Encarnado*. Petrópolis: Vozes, 2000. HICK, John. *Teologia Cristã e pluralismo religioso*: o arco-íris das religiões. Juiz de Fora: PPCIR, 2005. MOLTMANN, Jürgen. *Experiências de reflexão teológica*: caminhos e formas da Teologia Cristã. São Leopoldo: Unisinos, 2004. PUI-LAN, Kwok. *Globalização, gênero e construção da paz*: o futuro do diálogo interfé. São Paulo: Paulus, 2015. RIBEIRO, Claudio de Oliveira Ribeiro; SOUZA, Daniel Santos. *A Teologia das Religiões em foco*: um guia para visionários. São Paulo: Paulinas, 2012. RIBEIRO, Claudio de Oliveira.

O princípio pluralista. São Paulo: Loyola, 2020. RIBEIRO, Claudio de Oliveira; ARAGÃO, Gilbraz; PANASIEWICZ, Roberlei (org.). *Dicionário do pluralismo religioso*. São Paulo: Recriar, 2020. SANTA ANA, Julio de. *Ecumenismo e libertação*: reflexões sobre a relação entre a unidade cristã e o Reino de Deus. Petrópolis: Vozes, 1987. SANTA ANA, Julio de. Diálogos inter-religiosos: dificuldades e promessas. In: SOTER (org.). *Religiões e paz mundial*. São Paulo: Paulinas, 2010. TILLICH, Paul. *The future of religions*. New York-USA: Harper & Row Publishers, 1966 [ed. Jerald C. Brauer]. TILLICH, Paul. *Teologia Sistemática*. São Paulo: Paulinas/Sinodal, 1984.

Teologia Ecumênica

A vida é ecumênica. A visão teológica ecumênica, que inclui tanto a dimensão intracristã quanto a inter-religiosa, responde, como qualquer outra perspectiva teológica de densidade reconhecida, aos desafios que emergem da realidade sociocultural, econômica e política. Tal realidade, por suposto, é por demais complexa. Por um lado, traz marcas negativas de exclusão social, violência, preconceitos, fobias sociais e destruição da vida humana e de toda a criação, assim como, por outro lado, também traz sinais fortes de promoção da vida, organização popular, projetos de mudança social e a formação de uma nova mentalidade inclusiva, pluralista, democrática e de valorização das pessoas pobres, da paz e da justiça, como, dentro da tradição cristã, requer o Evangelho (RAISER, 1991). Essa realidade, ambígua e contraditória, não é exclusiva de uma Igreja ou de uma religião. Assim, se pode dizer que a vida, tanto em seus aspectos de sofrimento e marginalização e de luta social por direitos e cidadania, como em suas dimensões positivas de mobilização popular, unidade religiosa e comunhão humana, é igualmente ecumênica.

Perspectivas bíblicas para a unidade. Nesse sentido, é possível afirmar que na Bíblia, por exemplo, a experiência ecumênica esteve sempre presente, uma vez que o Espírito Santo, que "sopra onde quer", abre as portas para todos os povos. Na assembleia dos filhos e filhas de Deus, cada qual tem seu lugar. O estrangeiro é acolhido, o órfão e a viúva encontram solidariedade, as crianças e as mulheres são valorizadas, os pobres tomam a palavra e os idosos revelam suas visões. Trata-se de uma interpretação que valoriza a aliança de Deus com toda a família humana e com toda a criação, como os onze primeiros capítulos do livro de Gênesis nos revelam: "Eis que estabeleço a minha aliança convosco, e com a vossa descendência, e com todos os seres viventes que estão convosco: tanto as aves, os animais domésticos e os animais selváticos que saíram da arca como todos os animais da terra" (Gênesis 9,9-10). Os apelos bíblicos para a unidade, portanto, são imperativos que desafiam constantemente as igrejas e todos os cristãos (OUTLER, 1973). A clássica expressão na oração de Jesus condiciona a vivência eclesial à unidade dos apóstolos: "[...] a fim de que todos sejam um. Como tu, ó Pai, estás em mim e eu em ti, que eles estejam em nós, para que o mundo creia que tu me enviaste" (João 17,21).

A tríplice dimensão do ecumenismo. A vocação pela unidade, a abertura ao outro, o alargamento de horizontes e o estímulo a uma mentalidade aberta e plural são, acima de tudo, a primazia da fé em relação à lei. Dessa forma, reafirmamos que "não há judeu, nem grego, não há escravo nem livre, não há homem nem mulher; pois todos vós sois um só em Cristo Jesus" (Gálatas 3,28d) (MEYER, 2003). A visão mais aprofundada sobre o ecumenismo revela que ele tem uma tríplice dimensão: a *unidade cristã*, a partir

Vocabulário *teológico*

do reconhecimento do escândalo histórico das divisões e de uma preocupação em construir perspectivas missionárias ecumênicas; a *promoção da vida*, firmada nos ideais utópicos de uma sociedade justa e solidária e na compreensão de que eles podem reger a organização da sociedade, integrando todos os de "boa vontade"; e o *diálogo inter-religioso*, na busca incessante da superação dos conflitos entre as religiões, da paz e da comunhão universal dos povos (SANTA ANA, 1987). Portanto, ainda que alguns grupos religiosos e estudiosos da religião façam uma diferença entre ecumenismo e diálogo inter-religioso, a compreensão protestante de ecumenismo é ampla e inclui não somente a unidade das igrejas cristãs, que é elemento importantíssimo, motivador e determinante do princípio ecumênico, como também todos os esforços de promoção da vida e da justiça e as aproximações de diferentes pessoas e grupos de religiões distintas.

Justiça, paz e integridade da criação. Essa compreensão foi forjada no contexto de formação e desenvolvimento histórico-institucional do Conselho Mundial de Igrejas e esferas correlatas de atuação dentro do movimento ecumênico internacional. Nas origens da utilização cristã do termo *oikoumene*, relacionado à universalidade da fé, está a preocupação com a vida. A promoção da justiça, da paz e, acima de tudo, da vida revela-se ponto de partida para a superação das fronteiras divisórias entre as confissões religiosas e para as ações de cooperação entre elas. Quando olhamos para as raízes do → movimento ecumênico moderno, podemos repetir tal afirmação. As fontes do largo rio que tornou possível a navegação do barco ecumênico e, mais tarde, a fundação do Conselho Mundial de Igrejas (1948) foram geradas pelos movimentos internacionais pela paz, que intensificaram suas ações durante a Primeira Guerra Mundial (1914-1918). Essa trajetória da práxis ecumênica provocou processos de unidade e cooperação pela justiça, pela paz e pela integridade da criação em todo o mundo. A finalidade era levar às igrejas as bases bíblico-teológicas da responsabilidade sociopolítica dos cristãos.

Uma teologia forjada na prática. Das experiências acima indicadas, surgiu, nas décadas seguintes, uma série de movimentos, organizações de cooperação ecumênica e conselhos de igrejas. Esse testemunho dado pelas pessoas que viveram a gênese e o desenvolvimento do movimento ecumênico e seus variados desdobramentos é uma afirmação de que a unidade e a cooperação na promoção da vida, na dimensão da busca da justiça, da paz e da integridade da criação, é uma atitude ecumênica que supera fronteiras. É uma resposta ao Evangelho que nos convida a buscar "primeiro o Reino de Deus e sua justiça" (Mateus 6,33). Desde os anos de 1950, personalidades de destaque do CMI, como John Mott (1865-1955), Visser't Hooft (1900-1985), Philip Potter (1921-2015), Emílio Castro (1927-2013), Konrad Raiser (1938-), Wesley Ariarajah (1941-), Clare Amos (1951-), deram e têm dado valiosas contribuições para uma Teologia Ecumênica. Organismos como a Associação de Teólogos e Teólogas do Terceiro Mundo (ASSETT), com forte participação de mulheres e pessoas dos diferentes continentes, têm igualmente contribuído para a reflexão ecumênica. O ➜movimento ecumênico latino-americano tem igualmente dado valiosa contribuição. A produção teológica de pessoas como José Miguez Bonino (1924-2012), Julio de Santa Ana (1934-), Zwinglio Dias (1941-2021) e outras, assim como as atividades dos Conselhos de Igrejas e organizações ecumênicas marcam significativamente o itinerário do diálogo ecumênico na América Latina (PLOU, 2002). Como linha condutora dessa perspectiva teológica estão a responsabilidade social cristã, a luta por direitos e lógicas democráticas de inclusão e a defesa da paz, da justiça e da integridade da criação.

O princípio ecumênico. Dentro da tradição cristã, há a compreensão de que ecumenismo é um projeto de Deus, um princípio cristão, um mandato missionário, tal qual os escritos bíblicos apresentam. O movimento ecumênico, com todas as suas vertentes e expressões, é visto como o resultado dos esforços de concretização desse princípio ao longo da história. Portanto, não podemos condicionar a solidez do princípio aos rumos, avanços, fracassos e contradições contabilizados pelo movimento. O princípio ecumênico é muito maior do que o movimento ecumênico tal como o conhecemos, com suas estruturas, fóruns de diálogo intracristão e inter-religioso e espaços de serviço e de intervenção social (CUNHA; RIBEIRO, 2013). "Ecumenismo", portanto, é o termo que se refere ao princípio bíblico-teológico da unidade da criação de Deus, que chama ao valor do outro e à diversidade (Gênesis 2,18) e resulta em aceitação, respeito, diálogo, responsabilidade com a criação, parceria, amor ao outro (Deuteronômio 10,19).

Ecumenismo e Reino de Deus. O ecumenismo é um princípio cristão, mas não exclusivo dessa tradição, de superação das divisões em nome da fidelidade à unidade amorosa do Pai com o Filho (João 17,21). Tal princípio, resultante da herança judaico-cristã, produziu o movimento ecumênico que, por natureza, contém implícitas características, como diversidade de expressões, dinamismo e permanente transformação. No contexto atual, a diversidade de experiências e expressões de fé presentes na sociedade interpela todas as pessoas e grupos a uma renovação dos ideais e atitudes ecumênicas, na busca do Reino de Deus, compreendido como a efetivação histórica, ainda que parcial e fragmentária, da paz com justiça, da dignidade humana, da sustentabilidade e do respeito à vida e da integridade da criação. Essa busca precisa ser concretizada nas parcerias mais amplas possíveis pela vida. Afinal, nas palavras do Evangelho, quando os justos forem chamados para se assentar com o Senhor, sem saber o porquê do chamado, serão esclarecidos de que a promoção da vida é o maior serviço que pode ser prestado a ele: servos e servas de Deus são aqueles que buscam a justiça, a paz e a integridade da criação por meio de suas ações solidárias (Mateus 25).

A crítica teológica à organização da sociedade. Na trilha da visão teológica ecumênica, anunciar os valores do Reino (que estão na contramão das formas de individualismo, consumismo e exclusão social em vigor na sociedade), trabalhar em todas as frentes para que a dignidade humana seja realidade (tendo como alvo a inclusão das pessoas em todas as dimensões da vida pública) e viver e promover a comunhão entre as pessoas e comunidades (desprezando as formas de exclusão e discriminação de pessoas e grupos, a lógica da ordem socioeconômica e política predominante) são exercícios importantes de promoção da vida e da integridade de toda a criação na história. E quando realizados em unidade, na forma da parceria e da cooperação, das igrejas entre si e das igrejas com todas as pessoas que atuam em nome da justiça, da paz e da integridade da criação, incluindo as outras religiões, representam um forte testemunho ao mundo de que o ecumenismo é a concretização da vontade de Deus e é uma realidade presente como primícias de um mundo vindouro de paz (DIAS; TEIXEIRA, 2008).

O desafio de uma Teologia Ecumênica das Religiões. Outro grande desafio para a prática ecumênica é o fortalecimento de uma →Teologia do Pluralismo Religioso. Ela vem ganhando destaque no debate atual e depende diretamente do diálogo inter-religioso. As raízes dessa vertente teológica ganharam densidade ainda no

Vocabulário teológico

século 19, quando os esforços missionários do mundo protestante na Ásia, na África e na América Latina, motivados pela →Teologia Liberal, descortinaram as questões ecumênicas e, mesmo em meio às propostas verticalistas de missão, suscitaram oportunidades de diálogo e cooperação inter-religiosa, processos de aprendizagem e a fermentação de uma Teologia Ecumênica (VISSER'T HOOFT, 1968). Essas perspectivas, ainda que fragmentariamente, percorreram o século 20 e desaguaram em fontes teológicas riquíssimas, como a de Paul Tillich (1886-1965), por exemplo. É dele o célebre texto "O significado da história das religiões para um teólogo sistemático", conferência realizada dias antes de seu falecimento e publicada em *The Future of Religions* (TILLICH, 1966). No campo católico, sob os influxos dos ventos renovadores do Concílio Vaticano II (1962-1965), diversas experiências de diálogo inter-religioso e de reflexão teológica sobre os temas emergentes dessa aproximação se fortaleceram. A produção teológica de vários pensadores alinhados com a visão conciliar forjou novas perspectivas teológicas que, décadas mais tarde, passaram a ser aprofundadas e revisadas. Há, desde os anos de 1990, um florescer de novas concepções teológicas oriundas das preocupações com o encontro e o desencontro do cristianismo com as demais religiões.

As religiões e a construção da paz com justiça. O século 21, no tocante às questões da Teologia das Religiões, começou de forma paradigmática. As repercussões dos conflitos políticos e econômicos entre Oriente e Ocidente, simbolizados na destruição das "Torres Gêmeas", em 11 de setembro de 2001, episódio de grandes proporções para a conjuntura internacional, deram mais evidência à relação religião e política e despertaram ainda mais a consciência em relação à importância de uma Teologia das Religiões. Contraditoriamente, a dimensão ecumênica foi reforçada, uma vez que vários

Teologia Ecumênica

grupos e lideranças do Islá do mundo inteiro, incluindo o Brasil, tiveram, por exemplo, espaços, tanto na mídia como em setores acadêmicos e eclesiais, para partilhar a fé e ressaltar que o Islá é uma religião de paz (RIBEIRO, 2020). Tais repercussões deram mais densidade e visibilidade ao debate teológico e ecumênico. O encontro das religiões apresenta desafios diversos, o que torna difícil a tarefa de enumerá-los. No entanto, entre eles, é possível citar: a defesa da paz e da justiça em termos mundiais (MOLTMANN, 2004), as possibilidades de superação dos racismos, machismos e xenofobia (PUI-LAN, 2015), o reconhecimento e a convivência com as múltiplas participações religiosas (RAJKUMAR; DAYAM, 2016) e a prática missionária e o diálogo inter-religioso (LIENE-MANN-PERRIN, 2005).

O desafio de pensar no plural. Na tentativa de busca de novos referenciais teórico-teológicos, assim como novas perspectivas para a prática de igrejas e grupos religiosos distintos, há o desafio de criar uma mentalidade plural, que possa articular práticas, comportamentos e visões ecumênicas. Trata-se de seguir as trilhas evangélicas expressas na novidade de vida, como a visão bíblica cristã nos mostra: "E não vos conformeis com este século, mas transformai-vos pela renovação de vossas mentes" (Romanos 12,1). Uma primeira questão que se coloca é a necessidade de uma compreensão mais adequada da diversificação cada vez mais visível do quadro religioso e o crescente anseio da parte de diferentes grupos pelos diálogos inter-religiosos, como busca de interculturalidade, não obstante o simultâneo fortalecimento das propostas de cunho ➔fundamentalista. Esse panorama tem implementado novas perspectivas hermenêuticas, teológicas ou não, mas ainda possui no horizonte a maior parte de suas questões, as quais também necessitam ser formuladas de maneira mais adequada e debatidas com profundidade. Quanto mais olharmos as vivências religiosas dentro de uma lógica plural que perceba suas conexões com as demais experiências humanas – religiosas ou não –, como se inter-relacionam e se interpelam e como podem expressar os seus valores fundamentais, mais compreensíveis serão as linguagens da religião.

Transconfessionalidade e transreligiosidade. A perspectiva ecumênica, tanto na dimensão intracristã como na inter-religiosa, ganhou nas últimas décadas forte destaque nos ambientes teológicos. A pressuposição é que ela é fundamental para toda e qualquer experiência religiosa ou esforço teológico ou hermenêutico. Essa visão, quando vivenciada existencialmente e/ou assumida como elemento básico entre os objetivos, altera profundamente o desenvolvimento de qualquer projeto, iniciativa ou movimento religioso. Daí o interesse pelos estudos ecumênicos. No tocante à teologia, em todos os seus campos, o dado ecumênico suscita novas e desafiantes questões. A perspectiva ecumênica amplia a visão missionária e mostra com mais nitidez a realidade plural e complexa em que se vive em cada época. Ela faz com que os grupos saiam de si mesmos. Na proposta ecumênica, não se trata de menosprezar as raízes confessionais ou o campo de significados de cada religião. Ao contrário, buscam-se nas raízes confessionais e na singularidade das religiões os elementos positivos, singulares e que se mantêm como contribuição permanente. Ao mesmo tempo descartam-se de cada confissão ou religião os elementos historicamente superados. Nesse sentido, a proposta ecumênica, ao contrário de justapor ou articular confissões, concentra-se na busca coletiva dos valores da fé bíblica e, para isso, transpõe as fronteiras confessionais, denominacionais e religiosas, tendo em vista os valores do Reino de Deus e a defesa da vida humana e a

Teologia Ecumênica

integridade de toda a criação. É o que se denomina "transconfessionalidade" e "transreligiosidade".

O "outro" como presença interpeladora da prática ecumênica. No campo prático, por exemplo, à medida que as pessoas e os grupos, nas bases, nas atividades de cooperação e diálogo, nos espaços de formação e em encontros, contam com a participação de pessoas e grupos de confissões ou religiões diferentes, eles vão mergulhando cada vez mais no universo plural que a sociedade hoje representa. E, mais do que isso, aprendem a fugir das respostas rápidas e unívocas e descobrem a existência de formas diferentes de compreender o mundo, a vida e a missão religiosa – igualmente válidas. A presença do "outro", portanto, é a dimensão interpeladora da prática ecumênica. É esse "outro" em seu corpo, fala e fé que estimula a vida e a produção teológica de quem com ele se relaciona.

O desafio da pluralidade. A presença e a interação do "outro" são desafiadoras em diferentes aspectos. Um deles é como lidar com a pluralidade. Embora cultuada, é possível assumir as dificuldades que muitos grupos, mesmo com mentalidade mais aberta, encontram nesse aspecto. Os reducionismos teóricos e metodológicos de expressiva parcela de agentes e lideranças religiosas, assim como de teólogos e teólogas, têm sido, muitas vezes, um exemplo de estar "pouco à vontade" nesse ponto. A interação com o "outro", nas mobilidades das fronteiras, propicia um encontro com "o novo", em uma espécie de evento *kairótico*, em que a relação com essa alteridade explode o curso comum das histórias pessoais e de grupos. Em todo e qualquer grupo, a presença daquele ou daquela que é "diferente" sempre é desafiadora. O "outro" sempre interpela, questiona, nos faz pensar. Trata-se do grande desafio humano da alteridade, já apontado pelo filósofo e

Vocabulário teológico

teólogo judeu Martin Buber (1878-1965), em sua conhecida obra *Eu e tu*, e divulgado por diferentes correntes teológicas cristãs (RIBEIRO, 2020).

O valor da alteridade. O ser humano se constitui como tal, ou seja, ele se torna efetivamente humano, à medida que estabelece as relações antropológicas fundamentais: com o outro, com o próximo, com o ser humano que nos é diferente (e aí são encontradas as intersubjetividades Eu–Tu, homem-mulher etc.), com o cosmos (história, sociedade, política e meio ambiente), consigo mesmo e com Deus, primeira e última, que fundamenta e abrange todas as outras. A alteridade é a capacidade de o ser humano se relacionar com aquele ou aquela que é diferente dele. Vista como possibilidade humana de relacionar-se com as realidades, grupos e pessoas diferentes de nós mesmos, a alteridade é elemento fundamental da fé. Na perspectiva da fé cristã, o Evangelho leva as pessoas a viverem a lógica do amor e da alteridade. Assim, não podem fugir do mundo (dos relacionamentos), da história (dos compromissos concretos), de nós mesmos (deixando de assumir a condição humana, tanto em seus aspectos da força como da fraqueza). Visão similar é encontrada em diferentes religiões.

A fé aprofundada no encontro das diferenças. Sem vida comunitária e dialógica não há Evangelho, e a experiência religiosa torna-se vazia e artificial. Embora seja algo relativo ao humano, entendemos que a alteridade é reflexo do amor de Deus na vida humana. Deus é amor e, portanto, somente pode ser compreendido nas relações estabelecidas, na alteridade da vida, no concreto dos relacionamentos e nas experiências reais de aproximação de pessoas, grupos, comunidades e natureza. Aquele que é de uma Igreja ou religião diferente da do outro possui diferentes maneiras de celebrar a fé, de praticar a fé e de ver o mundo. Por isso, é por demais

Teologia Ecumênica

importante estarem juntos pessoas e grupos de diferentes igrejas, assim como de diferentes religiões. Desse encontro surgem sempre novas e mais aprofundadas perspectivas da fé. Brotam também respeito mútuo, partilha e possibilidades de serviço conjunto. E o que dizer das pessoas que não professam uma fé religiosa? Igualmente nos farão vislumbrar novas e profundas realidades da vida (RIBEIRO, 2020).

Limites e possibilidades da visão ecumênica. No contexto das experiências religiosas, é comum encontrar um tipo de apelo que indique ser preciso abrir caminhos, dar sinais proféticos de unidade, ainda que pequenos, superando posturas já cristalizadas perante o ecumenismo intra e inter-religioso, como aquela caracterizada por um otimismo festivo, que considera a prática ecumênica em estágio avançado e pouco está atenta às limitações e diferenças dos diversos grupos, ou como aquela marcada por um pessimismo exigente, que não considera os avanços do ecumenismo e não valoriza as pequenas iniciativas e possibilidades. Uma alternativa que se percebe no campo religioso é enxergar a unidade ecumênica em dimensão histórica: valorizando seu desenvolvimento, limitações, críticas e possibilidades. As pessoas e os grupos que atuam ecumenicamente, especialmente no campo popular, na grande maioria vivem sua fé por vezes de maneira inédita e fora dos padrões eclesiásticos ou religiosos próprios. É fato que muitos pagam elevado ônus pela radicalidade ecumênica e por seus compromissos políticos, nem sempre bem acolhidos pelas ferrugens das dimensões institucionais que organizam o espaço religioso.

O compromisso ecumênico como seguimento de Jesus. A vocação ecumênica, tanto no sentido intracristão quanto inter-religioso, ao marcar as reflexões teológicas, mostra que o caráter de apologia, de sectarismo ou de exclusivismo é ou deve ser evitado. Teologicamente, afirma-se que Deus é sempre maior do que qualquer compreensão ou realidade humana e que age livremente, em especial na ação salvífica. Nesse sentido, não é preciso estar excessivamente preocupado em descobrir quem é ou será salvo (para utilizar o imaginário comum dos cristãos), mas, no caso dessa mesma tradição religiosa, quem é e o que representa Jesus Cristo para a comunidade cristã; ou, em outras palavras: assumir o seguimento de Jesus (Mateus 16,24).

O aprimoramento da fé a partir do diálogo. A pressuposição da Teologia Ecumênica é de que a fé cristã não pertence, fundamentalmente, à ordem do conhecimento e da representação política ou eclesiástica, mas, sim, da vida, em seu sentido amplo e radical. Essa concepção remete, entre outros fatores, à busca de uma visão pluralista para a vivência da fé (DIAS; TEIXEIRA, 2008). A perspectiva pluralista possui como característica básica a noção de que cada grupo religioso, cristão ou não cristão, tem as suas propostas salvíficas e de fé que devem ser aceitas, respeitadas e aprimoradas a partir de um diálogo e aproximação mútuos. Assim, cada experiência de fé, por exemplo, necessita ser reinterpretada a partir do confronto dialógico e criativo com as demais. Dentro de uma visão bíblica plural e ecumênica, os elementos-chave da vivência religiosa e humana em geral são alteridade, respeito à diferença e ao diálogo e cooperação prática e ética em torno da busca da justiça e do bem comum.

Ecumenismo e sociedade. Dentro dessa perspectiva, o que deve ser realçado são os desafios que a nova conjuntura mundial impõe às igrejas, às religiões e ao movimento ecumênico em geral. A crise de referenciais para as ações políticas e pastorais, a globalização da economia, acompanhada da exclusão de enormes contingentes do processo produtivo, a degradação do meio ambiente, o crescimento

Teologia Ecumênica

da violência, o fortalecimento de propostas religiosas de caráter individualista, intimista, verticalista ou sectário são a enumeração esquemática de um grande e oculto movimento desenvolvido nas últimas décadas. Como se sabe, no campo social, as sociedades vivem processos que, embora variados, possuem em comum uma série de obstáculos para o exercício da democracia e da cidadania (SANTA ANA, 2010). Além da realidade política e econômica de exclusão, não obstante os avanços sociais, há o desenvolvimento de uma cultura da violência que, além da dimensão social, envolve os aspectos étnicos, raciais e de gênero e atinge as pessoas mais pobres. A luta contra as formas de homofobia, sexismo, machismo e racismos revela a realidade opressora em que vivemos. Soma-se a isso a violência a partir das ações do crime organizado, de justiceiros, milícias e grupos de extermínio, e a degradação da vida humana com tráfico de crianças, comércio de órgãos humanos, prostituição infantil e a destruição da natureza. As diferentes iniciativas ecumênicas e as consequentes elaborações teológicas não podem estar dissociadas de tais desafios; e, em função da magnitude e da complexidade destes, os esforços de reflexão e de aprofundamento da temática ecumênica necessitam ser multiplicados (SINNER, 2007).

Diálogo e missão. As perspectivas teológicas indicam que a ➔missão precisa ser realizada ecumenicamente e de maneira ampla. Ela precisa superar as visões proselitistas e expansionista, fundadas no mero acréscimo do número de igrejas e fiéis. A perspectiva ecumênica confere à missão horizontes mais amplos. Trata-se da busca incessante da justiça, da paz e da integridade da criação. Essa concepção dialógica supera a concorrência entre as igrejas ou entre as religiões, tratando-se, de fato, da missão em seu sentido amplo, relacionada às dimensões do Reino de Deus.

Vocabulário *teológico*

As iniciativas ecumênicas – seja nos níveis de serviço, celebrativo, de ação social e política, de estudos ou outros – ajudam a refazer, constantemente, a compreensão da missão e vêm ao encontro dos objetivos da ação missionária e da contribuição da fé para o mundo (ARIARAJAH, 2011). Está indicada, portanto, a tarefa de motivar esse novo olhar, com a sensibilidade necessária para esse empreendimento teológico e profético. A fé, o mundo e a missão que articula essas duas realidades precisam estar mergulhados nessa perspectiva plural e ecumênica.

ARIARAJAH, Wesley. *Repensando a missão para os nossos dias*: a propósito do centenário da Primeira Conferência Missionária Mundial em Edimburgo (1910). São Bernardo do Campo: Editeo, 2011. CUNHA, Magali do Nascimento; RIBEIRO, Claudio de Oliveira. *O rosto ecumênico de Deus*: reflexões sobre ecumenismo e paz. São Paulo: Fonte Editorial, 2013. DIAS, Zwinglio Mota; TEIXEIRA, Faustino. *Ecumenismo e diálogo inter-religioso*: a arte do possível. Aparecida: Santuário, 2008. LIENEMANN-PERRIN, Christine. *Missão e diálogo inter-religioso*. São Leopoldo: Sinodal, 2005. LOSSKY, Nicholas; MIGUEZ BONINO, José; WEBB, Pauline et al. (ed.). *Dicionário do Movimento Ecumênico*. Petrópolis: Vozes, 2005. MEYER, Harding. *Diversidade reconciliada*: o projeto ecumênico. São Leopoldo: Sinodal/EST, 2003. MOLTMANN, Jürgen. *Experiências de reflexão teológica*: caminhos e formas da Teologia Cristã. São Leopoldo: Unisinos, 2004. OUTLER, Albert. *Para que o mundo creia*: estudo sobre a unidade cristã. São Paulo: Imprensa Metodista, 1973. PLOU, Dafne Sabanes. *Caminhos de unidade*: itinerário ecumênico na América Latina. São Leopoldo: Sinodal/CLAI, 2002. PUI-LAN, Kwok. *Globalização, gênero e construção da paz*: o futuro do diálogo interfé. São Paulo: Paulus,

2015. RAISER, Konrad. *Ecumenism in transition*: a paradigm shift in the Ecumenical Movement? Genebra: WCC Publications, 1991. RAJKUMAR, Peniel; DAYAM, Joseph Prabhakar (ed.). *Many yet One?* Multiple religious belonging. Genebra: WCC Publications, 2016. RIBEIRO, Claudio de Oliveira. *O princípio pluralista*. São Paulo: Loyola, 2020. SANTA ANA, Julio de. *Ecumenismo e libertação*: reflexões sobre a relação entre a unidade cristã e o Reino de Deus. Petrópolis: Vozes, 1987. SANTA ANA, Julio de. Diálogos inter-religiosos: dificuldades e promessas. In: SOTER (org.). *Religiões e paz mundial*. São Paulo: Paulinas, 2010. SINNER, Rudolf von. *Confiança e convivência*: reflexões éticas e ecumênicas. São Leopoldo: Sinodal, 2007. TILLICH, Paul. *The future of religions*. New York: Harper & Row Publishers, 1966 [ed. Jerald C. Brauer]. VISSER'T HOOFT, W. A. *Cristianismo e outras religiões*. Rio de Janeiro: Paz e Terra, 1968.

Teologia Ecumênica Latino-Americana

A perspectiva teológica ecumênica. Nas origens da utilização cristã do termo *oikoumene*, relacionado à amplitude e/ou à universalidade da fé, está a preocupação com a vida. A promoção da justiça e da paz e, acima de tudo, da dignidade da vida e a integridade de toda a criação se constituem como ponto de partida para a superação das fronteiras divisórias entre as confissões religiosas e para as ações de cooperação entre elas. As visões mais aprofundadas sobre o ecumenismo realçam que ele possui uma tríplice dimensão: a *unidade cristã*, a partir do reconhecimento do escândalo histórico das divisões e de uma preocupação em construir perspectivas missionárias ecumênicas; a *promoção da vida*, firmada nos ideais utópicos de uma sociedade justa e solidária e na compreensão de que eles podem reger a organização da sociedade integrando todas as pessoas de "boa vontade"; e o *diálogo inter-religioso*, na busca incessante da superação dos conflitos entre as religiões, da paz e da comunhão universal dos povos. As raízes protestantes da Teologia Latino-Americana, o chamado →Protestantismo da Libertação, desde os anos de 1950, destacam esses aspectos.

O sofrimento, a dor e a morte são de todos. A complexidade da realidade social traz marcas negativas de exclusão e discriminações de vários tipos, diferentes formas de violência, de racismos e de destruição da vida humana e de toda a criação, assim como também traz sinais fortes de promoção da vida, de organização popular, projetos de mudança social na lógica da justiça e da paz e a formação de uma nova mentalidade inclusiva, pluralista e de valorização das pessoas pobres, como requerem várias tradições religiosas, incluindo a fé cristã firmada no Evangelho. Essa realidade, ambígua e contraditória, não é exclusiva de uma Igreja ou de uma religião. Assim, é possível dizer que a vida – tanto em seus aspectos de sofrimento e marginalização e de luta social por direitos e cidadania, como em suas dimensões positivas de mobilização popular, unidade religiosa e comunhão humana – é igualmente ecumênica.

A visão libertadora da Teologia Ecumênica Latino-Americana. Seguindo os principais pressupostos teológicos protestantes, anunciar os valores do Reino e sua justiça (que caminham na contramão das formas de individualismo, de consumismo e de exclusão social em vigor na sociedade), trabalhar em todas as frentes para que a dignidade humana seja realidade (tendo como alvo a inclusão das pessoas, sobretudo das mais pobres, em todas as dimensões da vida pública) e viver e promover a comunhão entre as pessoas e comunidades (superando todas as formas de exclusão e discriminação de pessoas e grupos e a lógica da ordem socioeconômica e política injusta predominante) são exercícios importantes de promoção da vida e da integridade de toda a criação no tempo presente. E quando realizados em unidade, em forma de parceria e cooperação das igrejas entre si e das igrejas com todas as pessoas e grupos que atuam em nome da paz com justiça, incluindo a diversidade das religiões, representa um testemunho significativo ao mundo de que o ecumenismo é a concretização da →missão e é uma realidade teológica presente como primícias de um mundo vindouro de paz.

Uma teologia que parte da realidade concreta da vida. No contexto dos pressupostos acima indicados, ecumenismo é muito mais que reunir pessoas de diferentes igrejas ou religiões. Ele começa no "chão da vida", quando há escuta, diálogo e respeito; quando a diversidade de ideias, de formas de viver e de agir são acolhidas; quando todas as pessoas têm oportunidades, espaço de expressão, de serviço e de ação política. Trata-se do evangélico desafio da formação de uma mentalidade ecumênica e plural. O surgimento dos movimentos ecumênicos no panorama eclesiástico, seja a partir das instituições eclesiásticas, seja das iniciativas eclesiais independentes, foi produto da tomada de consciência de muitos cristãos e cristãs da necessidade de interpretação do Evangelho a partir da história de nossos povos, de modo a desvelar os papéis desempenhados pelas estruturas eclesiásticas em seus esforços evangelizadores, a fim de serem mais fiéis à sua natureza de promotoras do Reino entre os humanos.

A Teologia Ecumênica como pensamento crítico. Nesse esforço, com seus avanços e fragilidades, o →movimento ecumênico, como um todo, teve o mérito de provocar uma nova dinâmica na reflexão teológica, que se caracterizou pela introdução de um novo

Vocabulário *teológico*

método reflexivo com base na articulação das esperanças humanas com as promessas divinas, do amor de Deus com o amor humano, da fé com a vivência concreta dos humanos. O fato de partir da assunção do "pobre" como o lugar privilegiado da manifestação de Deus implicou a compreensão da teologia como momento segundo que sucede à experiência, à práxis, de modo a constituir-se em instância crítica da ação humana, incluindo aqui, também, suas expressões eclesiásticas. O fato de partir de uma práxis histórica de libertação levou essa teologia a se autodefinir como uma reflexão crítica sobre essa mesma práxis à luz da fé cristã, contrariamente à metodologia teológica dominante, que partia da revelação para determinar – em termos idealistas e universais – os conteúdos da prática cristã. Essa mudança, nascida de vivências concretas de grupos cristãos em perspectiva ecumênica, foi a matriz da Teologia da Libertação, estabelecendo o primado da prática histórica dos humanos sobre as formulações dogmáticas universalistas" (DIAS, 2018, p. 96).

Teologia e prática ecumênica. A perspectiva ecumênica, tanto na dimensão intracristã como na inter-religiosa, ganhou nas últimas décadas forte destaque nos ambientes teológicos. A pressuposição é de que ela é fundamental para toda e qualquer experiência religiosa ou esforço teológico ou hermenêutico. Essa visão, quando vivenciada existencialmente e/ou assumida como elemento básico entre os objetivos, altera profundamente o desenvolvimento de qualquer projeto, iniciativa ou movimento religioso. Daí o interesse pelos estudos ecumênicos. No tocante à teologia, em todos os seus campos, o dado ecumênico suscita novas e desafiantes questões. A visão ecumênica amplia a visão missionária e mostra com mais nitidez a realidade plural e complexa em que se vive em cada época. Ela faz com que os grupos saiam de si mesmos. Na proposta ecumênica não se trata de menosprezar as raízes confessionais. Ao contrário, buscam-se nas raízes confessionais os elementos positivos, singulares e que se mantêm como contribuição permanente. Ao mesmo tempo descartam-se de cada confissão ou religião os elementos historicamente superados. Nesse sentido, a proposta ecumênica, ao contrário de justapor ou articular confissões, concentra-se na busca coletiva dos valores da fé; para isso, transpõe as fronteiras confessionais, denominacionais e religiosas, tendo em vista os valores que a fé cristã identificou com o Reino de Deus, a defesa da vida humana e a integridade de toda a criação. É o que se conhece pelo termo "transconfessionalidade".

O valor da diferença e a espiritualidade ecumênica. O caráter minoritário da experiência ecumênica na América Latina não diminui sua importância e relevância eclesial e histórica. Por outro lado, por essa presença estar dispersa e ser minoritária, é comum que nas articulações existentes nessa área se destaquem novos e anônimos interventores, entre clérigos e pessoas leigas, setores de juventude, negros e mulheres que vivem e atuam nas diversas fronteiras da sociedade. No campo cristão, por exemplo, à medida que as pessoas e os grupos, nas bases, nas atividades práticas, nos espaços de formação e em encontros, contam com a participação de pessoas e grupos de confissões ou religiões diferentes, eles vão mergulhando cada vez mais no universo plural que a sociedade hoje representa. E, mais do que isso, aprendem a questionar e a superar as respostas rápidas e unívocas e descobrem a existência de formas diferentes e igualmente válidas de compreender o mundo, a vida e a missão religiosa. Quando grupos e comunidades religiosas – ainda que de forma incipiente – começam a se unir em torno de uma proposta socialmente responsável e comum, isso se torna uma ação política e profética. As espiritualidades ecumênicas, tanto do passado quanto do presente, com maior ou menor grau de institucionalização, por serem vividas em entrelugares culturais e fronteiras religiosas e sociais, guardam elementos utópicos consideráveis, se for levada e em conta a herança teológica protestante.

O papel do movimento bíblico no processo teológico ecumênico. Na trajetória do →movimento ecumênico latino-americano, um dos elementos facilitadores e motivadores da fermentação de novos ideais teológicos foi e tem sido o movimento de →leitura popular da Bíblia. Diversas organizações de formação bíblica, nos diferentes países, têm contribuído nesse processo. Uma lista considerável de mulheres e homens de diferentes gerações têm protagonizado reflexões críticas e propositivas. O teólogo luterano Milton Schwantes (1946-2012) afirma que "[...] entre nós, na América Latina, essa função questionadora da Bíblia recebe um realce especial. E este advém da situação histórica que vivemos. Acontece que novas leitoras e leitores estão anunciando seu interesse em participar da intervenção bíblica. Por assim dizer, há novos 'candidatos'. São os pobres. Sua palavra se vai fazendo presente nas igrejas. Este é um fenômeno novo. Está relacionado com um despertar mais amplo, um reerguimento social e político dos povos latino-americanos, dispostos a pôr um basta na história da exploração" (SCHWANTES, 1988, p. 34).

A primazia da graça e a vida em comunidade. "A teologia que emerge do movimento ecumênico, plural em seus diferentes vieses, e que tem sua construção e elaboração ao longo de todo o seu desenrolar, da década de 1960 até os dias de hoje, possui como centro de irradiação de seus diferentes pressupostos o sofrimento de Deus que se revela na vida do pobre, ou seja, as maiorias espezinhadas e abandonadas pelo sistema opressor que desde sempre dominou o continente. Uma teologia profundamente marcada –

direta ou indiretamente – pelas afirmações centrais da Teologia Latino-Americana da Libertação. Foi essa teologia que permitiu que os latino-americanos percebessem uma outra dimensão do rosto do Deus bíblico" (DIAS, 2018, p. 101). A ➔Teologia Ecumênica Latino-Americana está em conexão com os fundamentos da tradição teológica protestante. Em cada um de seus aspectos é possível encontrar pontos de contato. Mesmo com toda a diversidade dos grupos protestantes e com as contradições e ambiguidades próprias de qualquer movimento, é possível identificar bases teológicas comuns que estiveram presentes nas raízes da Teologia Latino-Americana da Libertação e que representam marcas significativas de um processo de renovação teológica na atualidade. É possível destacar cinco delas.

Contribuição das bases teológicas protestantes para a Teologia Ecumênica. A primeira base, que representa a maior herança da Reforma – em especial aquela pregada pelos reformadores do século 16 –, é a radicalidade da graça. A graça de Deus é compreendida como o fundamento da vida e da fé e o sentido da redenção do ser humano: a salvação vem pela graça, ou seja, o perdão de pecados é resultado do amor incondicional de Deus, e, para alcançá-lo, é preciso ter fé. O ser humano necessita de Deus e não pode salvar a si mesmo, mesmo sendo muito religioso. A segunda é que a graça se relaciona à liberdade em Cristo. Ela se torna operosa no mundo ao valorizar as escolhas humanas diante da vida. Nesse caso não se considera o determinismo predestinista, mas, sim, a responsabilidade humana e o livre-arbítrio, frutos da graça de Deus. A terceira é que a Bíblia emerge, nessa compreensão, como fundamento para a fé e a vida que reside na graça de Deus. A Bíblia é o centro da Igreja, pelo qual todas as atividades e ideias devem ser discernidas. Em quarto, a noção do "sacerdócio universal de

Vocabulário teológico

todos os crentes" – um questionamento do clericalismo e uma valorização do lugar dos fiéis no propósito missionário da Igreja. Todas as pessoas são chamadas a ser responsáveis pela Igreja e pelo Reino de Deus como se fossem pastores ou pastoras. É, como na linguagem católico-romana, o protagonismo dos leigos e leigas. Por fim, a ideia da "Igreja reformada que está sempre se reformando". Essa visão dinâmica não deve ser exclusiva dos que se identificam com os evangélicos. Serve para as igrejas em geral; serve para as demais religiões; serve para a revisão da vida nos seus muitos sentidos. Por isso, todas as pessoas, de alguma forma, podem ser protestantes. Essa herança está assentada direta e indiretamente nas cinco frases em latim que sintetizam o sentido da Reforma Protestante: *Sola Gratia* (Somente a graça), *Solus Christus* (Somente Cristo), *Sola Scriptura* (Somente a Escritura), *Sola Fide* (Somente a fé) e *Soli Deo Gloria* (Glória somente a Deus). Esses aspectos geram uma densa mudança eclesiológica que interpela o debate teológico de inspiração ecumênica.

As tensões entre instituição e movimento. As questões do tipo "Quem é a Igreja?", "Onde está a Igreja?" e "Quem fala pela Igreja?" trazem à tona a tensão teológica entre instituição e movimento ou, em outros termos, entre instituição e comunidade. O próprio fato da existência dessas questões revela a situação de um novo discurso eclesiológico, portanto, de uma crise que acontece nos momentos de desequilíbrio – ou equilíbrio precário – entre as instituições e as suas bases humanas. A tradição teológica protestante, em sintonia com diversas outras compreensões, enfatiza que a Igreja não é o Reino de Deus, mas pode e deve ser porta-voz e testemunha do Reino, ao anunciar o querigma fundante e as exigências decorrentes dele. As ações da Igreja somente fazem sentido quando, sob a orientação do Espírito Santo, visem ao bem-estar integral do ser humano e de toda a criação. A vida eclesial seguindo o padrão bíblico – que realça as críticas proféticas provenientes tanto do AT como do NT – está sempre fundamentada em tensões dialéticas que exigem e criam novas realidades. Nesse sentido, estão presentes na vida da Igreja as tensões entre o *eclesial* (dimensões mais vivas e criativas da vivência comunitária da fé cristã) e o *eclesiástico* (dimensões formais, jurídicas e institucionais da Igreja). Da mesma forma, situam-se as tensões entre movimento e instituição, fé e religião, simbólico (que une/religa) e diabólico (que separa) e outras similares.

Entre a repressão e a liberdade. O teólogo de tradição presbiteriana Rubem Alves indica que "a função das instituições é fundamentalmente prática. Para viver e sobreviver temos de ser capazes de resolver problemas. Mas não é possível a cada geração aprender a resolver os seus problemas da estaca zero. Nas instituições a memória das soluções passadas é preservada. Na verdade, é possível dizer que as instituições são a memória inconsciente da sociedade. [...] De um lado, a instituição faz uso dos seus mecanismos para impor sua interpretação da realidade e os comportamentos correspondentes. Do outro lado, as pessoas, sentindo um mundo diferente e os problemas novos que resistem às programações institucionais, são obrigadas a se desviar das instituições. As instituições, que em um momento originário foram criadas como expressão e instrumento de pessoas, passam a ser vividas como obstáculo e repressão" (ALVES, 1982, p. 40-41.45).

A figura do profeta e do sacerdote. A comunidade é a nova realidade social a partir da qual se elabora uma nova eclesiologia. Essa realidade encontra-se dentro da própria instituição, pois ambas têm em perspectiva o mesmo horizonte simbólico. A tensão acontece na recusa da comunidade de ler os mesmos símbolos com as significações cristalizadas pela instituição. A comunidade se define em sua relação dialética e ambivalente com a instituição e é uma criadora de significações. Na tradição teológica ecumênica há significativas contribuições para a reflexão sobre essas tensões. Elas estão relacionadas a uma "[...] dialética semelhante à que encontramos no Antigo Testamento entre o povo, de Israel como nação e Estado, de um lado, e o 'remanescente', 'a santa semente', do outro. Semelhante, ainda, à dialética entre sacerdotes e profetas. O sacerdote privilegia as significações funcionais às instituições. O profeta, entretanto, privilegia as significações disfuncionais. O sacerdote deseja preservar o que já é. O profeta deseja que o novo seja criado. O primeiro constrói templos sobre o atual. O segundo constrói tendas, pois a sua consciência se abre para o possível. A comunidade se afirma fiel a uma vocação originária, que foi petrificada pela instituição. Ela deseja recuperar o carisma que criou a instituição e que foi por ela, posteriormente, eliminado" (ALVES, 1982, p. 49).

A comunidade como expressão da fé ecumênica. Considerando a ortodoxia e a supremacia institucional presentes nas igrejas tradicionais, a comunidade adquire dimensões de heresia, isto é, na comunidade surgem vozes opostas no plano do poder – e não no plano da verdade. Essas rupturas impossibilitam um redizer da linguagem institucional ou a mera reprodução (confissão) da doutrina. A busca e a construção de comunidades (ou vivência comunitária da fé) impõem uma nova linguagem. "Não se pode pensar uma comunidade nova falando uma linguagem velha" (ALVES, 1982, p. 50). Outro aspecto é a liberdade de ação do Espírito de Deus, o qual se sobrepõe, até mesmo, às estruturas e aos condicionamentos institucionais. A comunidade, além de animação e dinamização da vivência institucional da Igreja (perspectiva reformista), emerge como novidade existencial e teológica da Igreja, e torna-se canal

Teologia Ecumênica Latino-Americana

vivificador e alternativo quando o destino das instituições alcançar a morte (perspectiva de ruptura e renovação). "A morte também é parte da intenção do Espírito, porque somente pela morte deixamos o espaço do presente e do futuro livre para as novas gerações" (ALVES, 1982, p. 51). Esse quadro indica a necessidade de se vislumbrarem respostas para a questão – crucial para a Teologia Ecumênica – "onde é que o poder de Deus está tomando forma social?" (ALVES, 1973, p. 4).

Contribuições teológicas singulares. A produção teológica ecumênica de matriz protestante, desenvolvida no continente latino-americano, foi uma das bases da origem da Teologia da Libertação, em especial pela produção ecumênica em torno do movimento ISAL (Igreja e Sociedade na América Latina) e da revista *Cristianismo y Sociedad*. Nesta produção, os elementos da responsabilidade sociopolítica da fé cristã sempre foram tratados dentro de uma lógica ecumênica ou dentro dos referenciais teológicos do movimento ecumênico internacional. Esse conjunto de perspectivas fora inicialmente chamado de "Teologia da Revolução", em especial as indicações da Teologia Ecumênica de Richard Shaull (1919-2002). Seguiram nesse processo contribuições inovadoras de teólogos de diferentes países. Nas primeiras décadas, a participação de mulheres era bastante restrita. Destacam-se os nomes de José Miguez Bonino (1924-2012), Julio de Santa Ana (1934-), Emílio Castro (1927-2013), Rubem Alves (1933-2014), Federico Pagura (1923-2016), Ofelia Ortega (1936-), Jorge Pixley (1937-), Zwinglio Dias (1941-2021), Elza Tamez (1951-), Milton Schwantes (1946-2012), Walter Altmann (1944-), Carmelo Alvarez (1947-), entre outros.

A reflexão sobre religião e sociedade. Além da contribuição teológica, há em torno desses grupos uma densa cooperação com as análises sociais. Entre os muitos nomes e obras que se destacam é possível lembrar no campo da sociologia da religião as contribuições de Jether Pereira Ramalho (1922-2020), Waldo Cesar (1923-2007), Juan Sepulveda (1957-), Antônio Gouvêa Mendonça (1922-2007) e José Bittencourt Filho (1953-), que também marcaram essa trajetória. Bittencourt Filho, em *Caminhos do protestantismo militante: ISAL e Conferência do Nordeste* (2014), faz um inventário das bases teológicas e práticas ecumênicas protestantes, sobretudo as que se destacaram na década de 1960, incluindo textos originais dos referidos eventos.

A produção teológica protestante latino-americana. Durante todas essas décadas, diversas obras teológicas foram publicadas e deram suporte tanto para as compreensões ecumênicas da fé e da eclesiologia quanto para a temática da responsabilidade social vista em chave libertadora. É impossível listar todas elas neste espaço. Zwinglio Mota Dias, em *Discussão sobre a Igreja*" (1975), realça a tarefa ecumênica de "humanizar a cidade", mostra a compreensão de que "o mundo é a antessala do Reino de Deus" e que "a Igreja é uma comunidade em tensão" e que nela sobrevivem esperançosa e criativamente as dimensões da comunidade e da instituição, e que o ecumenismo é o novo rosto da Igreja. Julio de Santa Ana, em sua obra *Ecumenismo e libertação* (1987), que integra a coleção Teologia e Libertação elaborada pelos expoentes dessa corrente, chamara a atenção para o fato de que, se em um primeiro momento, havia uma forte convicção de que "a doutrina divide, mas o serviço une" – o que, em certo sentido, expunha a doutrina cristã como algo dissociado do serviço cristão –, em um segundo momento, se reconhecia que "decisões sobre que tipo de ação social pode ser assumido conjuntamente têm muito a ver com questões teológicas como o que significa o Reino de Deus"

(SANTA ANA, 1987, p. 21). Posteriormente, foi publicada a obra *Lutero e a libertação* (1994), do teólogo luterano Walter Altmann. Apresentada por Leonardo Boff, a obra reelabora o pensamento de Martinho Lutero dentro do quadro de referências da Teologia Latino-Americana da Libertação. A obra ressalta a noção luterana do "Deus da vida contra toda a falsidade dos ídolos da morte", a "Escritura como instrumento de vida" e "as dimensões profética e reconciliadora da Igreja como povo pobre de Deus".

Novos desafios teológicos. Mais recentemente, a obra *Teologia Protestante Latino-Americana: um debate ecumênico* (2018), organizada por Claudio de Oliveira Ribeiro, faz um balanço dos aspectos históricos e dos principais desafios atuais para a Teologia Ecumênica. No prefácio que escreveu para o livro, Walter Altmann destaca alguns aspectos: "O necessário resgate do importante papel exercido por vários teólogos e movimentos protestantes como pioneiros ou precursores da Teologia da Libertação, o que na esmagadora maioria das obras que tratam da Teologia Latino-Americana e a retratam é totalmente omitido ou apenas referido bem de passagem. Em segundo lugar, ela remete às percepções fundantes do protestantismo, em vertentes diversificadas, sempre de forma relacionada às candentes questões que emergem do contexto latino-americano, particularmente no sentido social e cultural. Em terceiro lugar, ela abre o leque para além das questões de paz e justiça, fundamentais sem dúvida, para dimensões frequentemente negligenciadas nas abordagens teológicas, mas igualmente irrenunciáveis, quais sejam, por exemplo, a interculturalidade, a ecologia, as questões de gênero e o pluralismo religioso" (ALTMANN, 2018, p. 13-14).

A teologia em curso. Nas décadas seguintes, várias expressões e eixos do debate teológico ecumênico se sobressaíram. A ➜Teopoética, de Rubem Alves, que representou nova perspectiva teológica, é um dos exemplos. As →teologias feministas e negras, as que abordam os temas ecológicos e as de diálogo inter-religioso representam destaques nas novas fermentações teológicas, com inúmeras lideranças nesse processo, em diferentes partes da América Latina, realçando novos enfoques e desafios teológicos que procuram responder às demandas que a sociedade apresenta na atualidade. Na América Latina, são vários os que têm contribuído com esse conjunto de temas e enfoques: Wanda Deifelt (1963-), Dafne Sabanes Plou (1952-), Elisabete Salazar-Sanzana (1964-), Nancy Cardoso Pereira (1959-), Odja Barros (1970-), Rudolf von Sinner (1967-), Ivoni Richter Reimer (1959-), Claudio de Oliveira Ribeiro (1962-), Raimundo Cesar Barreto Jr. (1967-), Nicolas Panotto (1982-), Claudete Beise Ulrich (1960-), entre vários outros. Entre as novas perspectivas teológicas, a mais inovadora e desafiadora é a →Teologia *Queer*, difundida pela teóloga argentina Marcella Althaus-Reid (1952-2009) e pelo brasileiro André Sidney Musskopf (1976-), que trata dos aspectos da justiça social, de gênero e da homoafetividade.

ALTMANN, Walter. *Lutero e a libertação*. Petrópolis: Vozes, 1994. ALTMANN, Walter. Prefácio. In: RIBEIRO, Claudio de Oliveira (org.). *Teologia Protestante Latino-Americana*: um debate ecumênico. São Paulo: Terceira Via, 2018. p. 13-14. ALVES, Rubem. A missão da Igreja numa era apocalíptica: notas não objetivas sobre a Conferência de Bangcoque. *CEI Suplemento*, Rio de Janeiro, p. 3, mar. 1973. ALVES, Rubem. *Dogmatismo e tolerância*. São Paulo: Paulinas, 1982. ALVES, Rubem (org.). *De dentro do furacão*: Richard Shaull e os primórdios da Teologia da Libertação. Rio de Janeiro: CEDI, 1985. ALVES, Rubem. *Da esperança*. Campinas: Papirus, 1987. BITTENCOURT FILHO,

José. *Caminhos do protestantismo militante*: ISAL e Conferência do Nordeste. Vitória: Unida, 2014. CUNHA, Magali do Nascimento; RIBEIRO, Claudio de Oliveira. *O rosto ecumênico de Deus*: reflexões sobre ecumenismo e paz. São Paulo: Fonte Editorial, 2013. DIAS, Zwinglio. *Discussão sobre a Igreja*. Petrópolis: Vozes/Tempo e Presença, 1975. DIAS, Zwinglio Mota. O movimento ecumênico: histórico e significado. *Numen*, UFJF, Juiz de Fora, v. I, n. I, p. 127-163, 1998. DIAS, Zwinglio Mota. A teologia forjada no movimento ecumênico latino-americano. In: RIBEIRO, Claudio de Oliveira (org.). *Teologia Protestante Latino-Americana*: um debate ecumênico. São Paulo: Terceira Via, 2018. p. 89-101. LONGUINI NETO, Luiz. *O novo rosto de missão*: os movimentos ecumênico e evangelical no protestantismo latino-americano. Viçosa: Ultimato, 2020. MIGUEZ BONINO, José. *La fe en busca de eficacia*: una interpretación de la reflexión teológica latinoamericana de liberación. Salamanca-Espanha: Sígueme, 1977. PEREIRA DA ROSA, Wanderlei; ADRIANO FILHO, José (org.). *Cristo e o processo revolucionário brasileiro*: a Conferência do Nordeste 50 anos depois. Rio de Janeiro: Mauad X, 2012. PLOU, Dafne Sabanes. *Caminhos de unidade*: itinerário do diálogo ecumênico na América Latina. São Leopoldo: Sinodal/Clai, 2002. RIBEIRO, Claudio de Oliveira; ARAGÃO, Gilbraz; PANASIEWICZ, Roberlei (org.). *Dicionário do pluralismo religioso*. São Paulo: Recriar, 2020. SANTA ANA, Julio de. *Ecumenismo e libertação*: reflexões sobre a relação entre a unidade cristã e o Reino de Deus. Petrópolis: Vozes, 1987. SCHWANTES, Milton. Uma Bíblia que inquieta. *Tempo e Presença*, Rio de Janeiro: CEDI, n. 235, p. 33-34, 1988. SHAULL, Richard. *Surpreendido pela graça*: memórias de um teólogo – Estados Unidos, América Latina, Brasil. Rio de Janeiro: Record, 2003. SINNER, Rudolf von. *Confiança e convivência*: reflexões éticas e ecumênicas. São Leopoldo: Sinodal, 2007. TAMEZ, Elsa. *A Bíblia dos oprimidos*: a opressão na Teologia Bíblica. São Paulo: Paulinas, 1980. TAMEZ, Elsa. *A hora da vida*: leituras bíblicas. São Paulo: Loyola, 1985a. TAMEZ, Elsa. *A carta de Tiago numa leitura latino-americana*. São Bernardo do Campo: Imprensa Metodista, 1985b. TAMEZ, Elsa. *Contra toda condenação*: a justificação pela fé partindo dos excluídos. São Paulo: Paulinas, 1995.

Teologia Negra

Teologia, segregação racial e lutas antirracistas. Há um legado teológico invisibilizado de pensadores negros, africanos e estadunidenses que somente passou a ter mais expressão na segunda metade do século 20. Isso se deu especialmente nos Estados Unidos, no contexto dos movimentos negros por direitos civis, mas em correspondência com a vivência e o ativismo eclesial e político de lideranças e de grupos protestantes negros da África, do Brasil e do Caribe. Os movimentos pelos direitos civis, liderados pelo pastor batista Martin Luther King (1929-1968), e, posteriormente, o empoderamento político dos movimentos negros, incluindo as lutas contra o *Apartheid* na África do Sul e as repercussões em outros países do continente africano, ofereceram base para respostas políticas e teológicas antirracistas e contrárias à segregação racial, nas quais a fé e as demandas sociais estavam relacionadas entre si, vinculadas às condições materiais de existência, em diálogo crítico com as experiências de violência sofridas pela população afro-americana e articuladas dentro de um projeto amplo de libertação. Tratava-se de processos de mobilização social para uma nova consciência ética e para a constituição de posturas políticas contra a segregação racial. Os ambientes religiosos estiveram diretamente envolvidos nessas lutas, tanto a favor quanto refratariamente, sobretudo devido à matriz religiosa estadunidense e a de outros lugares onde ocorreram lutas raciais emancipatórias.

A Teologia Negra como expressão de luta. Os espaços de reflexão teológica, especialmente os mais críticos, precisaram se debruçar sobre as questões que emergiam da realidade opressiva vivida pelas comunidades negras, especialmente os agrupamentos mais pobres. "A Teologia Negra foi, em certo sentido, a centelha espiritual que se desprendeu da bigorna da opressão sobre a qual os grupos religiosos negros foram forjados" (CONE; WILMORE, 1986, p. 7). Ela, como instrumento dos canais de luta e de reconciliação justa, "foi a expressão histórica dos elementos de descontentamento e protesto dentro da tradição religiosa negra que transcendiam as filiações denominacionais e a cisão entre protestantes e católicos, e apareceu na superfície do cristianismo institucional na comunidade negra onde quer que os obstáculos à dignidade e ao poder se tornassem intoleráveis" (CONE; WILMORE, 1986, p. 89). Trata-se da teologia desenvolvida pelo povo negro, que articula tradição e ancestralidade, especialmente as cosmovisões dialogais e inclusivas próprias de suas espiritualidades. Uma resposta de homens e mulheres negros às imposições culturais e políticas e às formas variadas de opressão, e também uma contraposição à concepção que se gerou na maioria dos ambientes de que há uma teologia única, universal e normativa, no caso, a eurocentrada, ocidentalizada e branca (PACHECO, 2019).

A contribuição ecumênica do Conselho Mundial de Igrejas. Paralelamente e em sintonia com esses processos, o Conselho Mundial de Igrejas (CMI) criou espaços de reflexão teológica no ➔movimento ecumênico sobre as dinâmicas para o combate aos racismos. Em sua Assembleia de Uppsala-Suécia, em 1968, a qual teria Luther King como seu conferencista principal, mas que não se concretizou, pois ele foi assassinado tempos antes, o CMI afirmou a compreensão de que o racismo é uma ideologia branca e está ligado à exploração econômica e política, e indicou que as igrejas associadas desenvolvessem uma vigorosa campanha contra o racismo. Este é considerado pecado porque separa o humano de Deus e de seus semelhantes, tornando-o cego para a realidade do sofrimento das pessoas. Mais do que crenças ou posturas individuais, o racismo é visto como estrutural na sociedade e representa modos de poder contextualmente determinados que geram exclusão, subordinação, inferiorização, exploração e repressão (CUNHA, 2021). Dois secretários-gerais do CMI, o caribenho Philip Potter (1921-2015) e o africano Samuel Kobia (1947-) deram significativas contribuições teológicas e pastorais para as causas negras. O Programa de Combate ao Racismo desenvolve, desde 1968, atividades educativas e formativas que alcançam diversas redes em todos os continentes. Uma das ênfases tem sido a justiça transformadora, com estímulo às igrejas para a efetivação da solidariedade concreta ao povo negro e também para o enfrentamento de seu próprio racismo.

O papel dos espaços ecumênicos e das igrejas na reflexão teológica negra. Nos contextos africano, latino-americano e caribenho, a produção da Teologia Negra, na maioria dos casos, se deu em ambientes ecumênicos, mesmo porque as instituições eclesiásticas de formação teológica não estiveram suficientemente abertas para protagonizar reflexões teológicas que tratassem das causas negras, sobretudo as formuladas por pessoas negras. Foram especialmente os espaços do Conselho Mundial de Igrejas, dos conselhos ecumênicos continentais e nacionais, e suas comissões de trabalho, e da Associação Ecumênica de Teólogos e Teólogas do Terceiro Mundo

(EATWOT/ASETT) que contribuíram para o desenvolvimento e a disseminação da Teologia Negra Protestante. No contexto estadunidense, é importante destacar o papel das igrejas negras que forjaram parte considerável da liderança de teólogos e teólogas negros do país, parte deles ocupando espaços acadêmicos e outros em articulações de lutas, resistência e consciência política e racial.

A produção teológica. Não é fácil enumerar todas as pessoas e grupos que se destacaram nessa tarefa, mesmo porque, além da diversidade dos continentes, as teologias negras possuem fortes vínculos com movimentos sociais de base e boa parte das lideranças desenvolvem teologias práticas, por vezes articuladas com reflexões mais sistematizadas e de cunho acadêmico e outras vezes não. Isso significa que o número de teólogas e de teólogos negros é maior do que o comumente conhecido, boa parte sem o devido apoio e reconhecimento das instituições eclesiásticas, sendo que muitas dessas pessoas estão atuando em projetos populares e movimentos sociais. Entre variados nomes, destacam-se as teólogas Delores S. Williams (1937-), Jacquelyn Grant (1948-), Kelly Delaine Brown Douglas (1957-), Katie Cannon (1950-2018), Musa Wenkosi Dube Shomanah (1964-) e Maricel Mena López (1968-). Entre os teólogos, James H. Cone (1938-2018) é o nome de maior destaque. Além dele, podemos citar os norte-americanos James Deotis Roberts (1923-), Gayraud S. Wilmore (1921-2020), Peter Nash (1953-2019), Dennis Dieckerson (1949-). Entre os africanos, há vários nomes, como o queniano John Mbiti (1931-2019) e os sul-africanos Allan Aubrey Boesak (1946-), Saimon Sekomane Maimela (1944-) e Desmond Tutu (1931-2021), arcebispo anglicano ganhador do Prêmio Nobel da Paz.

Releitura bíblica e Teologia Negra. O teólogo James H. Cone, desde a sua obra *Black Theology and Black Power*, publicada em

1969, estabeleceu marcos e perspectivas que estimularam diversos grupos em diferentes continentes a delinear novas visões teológicas enraizadas nas pautas dos movimentos negros. Para responder às questões levantadas pela experiência afro-americana, o autor faz um retorno às Escrituras, e particularmente aos elementos libertadores, como a tradição do Êxodo-Sinai, os profetas e a vida e os ensinamentos de Jesus. No entanto, as Escrituras não são a única fonte que molda sua teologia. Ele também recorre a narrativas da comunidade cristã afro-americana, incluindo os *Spirituals*, o *blues* e os escritos de proeminentes pensadores africanos. Para Cone, as teólogas e os teólogos negros devem rejeitar qualquer concepção de Deus que sufoque a autodeterminação negra, ao retratá-lo como meramente um "deus" de todos os povos. Ou Deus se identifica com os oprimidos a ponto de a experiência deles se tornar a experiência de Deus, ou se trata de um deus de racismo. O mistério divino significa que Deus fez da condição oprimida a própria condição. Essa é a essência da revelação bíblica. Ao eleger escravos israelitas como o povo de Deus e ao se tornar "o" oprimido em Jesus Cristo, a revelação bíblica leva os humanos a entender que Deus é conhecido onde se experimenta humilhação, sofrimento e potencialidade. A libertação, portanto, não é uma reflexão posterior, mas a própria natureza da atividade divina.

A perspectiva crítica e propositiva. James Cone realça o caráter político da Teologia Negra. Ela está dentro dos processos e do horizonte de lutas e de reconciliação justa, inclusive entre o próprio povo negro, e que gera bases sólidas para a libertação. O autor mostra que "o povo branco fez tudo dentro dos limites do seu poder para definir a realidade negra, para dizer-nos quem nós éramos – e a sua definição, naturalmente, não se estendeu a mais do que a seus interesses social, político e econômico. Eles tentaram fazer-nos crer que Deus criou o povo negro para ser escravo do povo branco" (CONE, 1985, p. 10). O autor constata, reproduzindo os discursos presentes nos movimentos, que "por esta razão, esperava-se que nós, negros, tivéssemos prazer em arar os seus campos, limpar as suas casas, aparar a sua grama e trabalhar em suas serrarias. E quando mostramos sinais de desprazer com o nosso assim chamado 'estado eleito e inferior', eles nos chamaram de 'negros arrogantes' e rapidamente tentaram nos colocar em nosso 'lugar'" (CONE, 1985, p. 10). A Teologia Negra, portanto, é crítica e propositiva.

A especificidade da Teologia Negra. Essa visão teológica possui paradigmas específicos, que se diferem dos da teologia ocidental e os de outras teologias de libertação. Ela é "a afirmação da humanidade negra que emancipa os negros do racismo branco" (CONE; WILMORE, 1986, p. 123). Dessa forma, a Teologia Negra trouxe à tona o aspecto libertador do cristianismo: "Aqueles seis dias de rodar e tratar com o povo branco sempre levantavam a ansiosa questão de se a vida era um viver digno. Mas, quando os negros iam à igreja e experimentavam a presença do Espírito de Jesus entre eles, concordavam que ele dava um significado às suas vidas, o qual não podia ser arrancado pelo povo branco" (CONE, 1985, p. 21-22). O povo negro possui significativas e profundas experiências de fé, e elas estão conectadas, direta ou indiretamente, com as lutas e processos anticoloniais e antirracistas. Boa parte de tais experiências se dá com a manifestação de ricas expressões simbólicas e formas potentes de espiritualidade.

Por uma educação cristã libertadora. Na direção do fortalecimento das lutas anticoloniais e antirracistas, estava indicada, por exemplo, uma nova perspectiva no campo da educação cristã para os membros das igrejas negras, com o fim de se libertarem das

Vocabulário *teológico*

ideologias racistas e da autoridade teológica e eclesiástica branca: "O que é este Evangelho que só pode ser entendido no contexto social e político das vítimas e segundo as quais devem ser formados na Igreja negra novos estilos de vida?" (CONE; WILMORE, 1986, p. 273). Ou ainda a afirmação de que "o Evangelho cristão é a boa-nova de Deus às vítimas para que a sua humanidade não seja determinada pela sua vitimização. Significa que o pobre não tem de se acomodar à pobreza, os oprimidos não devem resignar--se à humilhação e ao sofrimento. Eles podem fazer alguma coisa para, não somente mudar a percepção de si mesmos, mas também mudar as estruturas existentes de opressão" (CONE, WILMORE, 1986, p. 273).

Teologia Negra e eclesialidade. James Cone e o círculo estadunidense a ele relacionado elaboram perspectivas teológicas dentro dos fundamentos da visão cristã e com forte apelo eclesial. As indicações que fizeram procuravam refletir sobre a condição negra à luz da revelação de Deus em Jesus Cristo, de modo que a comunidade negra pudesse ver que o Evangelho é compatível com a realização da humanidade negra. "A mensagem de libertação é a revelação de Deus, revelado na encarnação de Jesus Cristo. A liberdade é o Evangelho, Jesus é o Libertador" (CONE; WILMORE, 1986, p. 123). Embora nos dias atuais possa parecer algo simples, o caráter eclesial dos primeiros fundamentos da Teologia Negra obtinha recepção calorosa, tantos dos grupos negros quanto dos que se opunham aos processos emancipatórios. Isso significava afirmar, por exemplo, que "a Igreja de Cristo não está limitada por padrões de raça, classe ou ocupação profissional. Ela não é nem edifício nem instituição. Não está determinada por bispos, padres, pastores ou ministros [...]. Antes ela é o povo sofredor de Deus" (CONE; WILMORE, 1986, p. 138). Ou seja, a Igreja é formada por homens e mulheres que proclamam e vivenciam a liberdade. No contexto do racismo, significa dizer que Deus em Cristo libertou as pessoas negras do poder branco, que lhes deu dignidade e senso de justiça e que isso representa o fim dos guetos e de todas as engrenagens sociais, econômicas e políticas neles implicados. A Teologia Negra "tinha intenção de falar à igreja e às comunidades negras sobre o orgulho étnico, o realismo político e o radicalismo religioso ocultos no mais profundo recesso da experiência negra, mas quase esquecidos pela população negra no seu afã de abraçar os padrões e os valores dos brancos" (CONE; WILMORE, 1986, p. 85).

Womanist Theology. Em diferentes continentes, no cruzamento de duas perspectivas teológicas críticas, a negra e a ➜feminista, reforçou-se o questionamento de que o trabalho teológico não pode se confinar aos interesses e à base de reflexão marcadamente masculino, por um lado, e de mulheres brancas, por outro. Daí o fortalecimento da Teologia *Mulherista* (*womanist/mujerista*), que se propõe a elaborar perspectivas teológicas, conceituais e práticas de empoderamento das mulheres negras e afro-latinas. São várias as redes de articulação desse movimento teológico, tanto nos Estados Unidos quanto nos países latino-americanos, e os nomes já citados de teólogas negras são os que também se destacam nessa visão teológica. A elaboração de uma Teologia *Mulherista* demarca a diferença das experiências das mulheres negras e afro-latinas com as brancas, nos contextos de opressão e lutas por direitos. A base de argumentação são as ambiguidades presentes nos feminismos, devido ao fato de boa parte deles ter origens racistas ou eurocêntricas. Além disso, constata-se que o patriarcado e o poder institucional oferecem possibilidades de promoção apenas ou preponderantemente para mulheres brancas e que as mulheres negras e latinas, discriminadas por sexualidade, gênero e raça, são invisibilizadas nos movimentos feministas.

O empoderamento das mulheres e de grupos subalternizados. A Teologia *Mulherista*, que entre tantos elementos recebeu a influência da literatura de Alice Walker, está focada na construção do bem-estar da comunidade afro-americana e latina, incluindo homens e mulheres, adultos e crianças. Ela procura empoderar as mulheres para perceberem, afirmarem e terem confiança na importância de suas experiências de fé ao conjunto da sociedade. Essa perspectiva teológica desafia as forças opressoras que impedem a luta das mulheres negras e latinas pela sobrevivência e pelo desenvolvimento de uma qualidade de vida positiva e produtiva, que conduza à liberdade e ao bem-estar das mulheres e das comunidades em que estão inseridas. Tal perspectiva nasce da necessidade de se produzir teologia a partir da vida comunitária e de fé de mulheres negras, independentemente da pertença religiosa.

Os corpos como espaço sagrado. A Teologia Negra feminista se preocupa acima de tudo com a tríplice opressão – de classe, de gênero e de raça –, que caracteriza a vida das mulheres afro-latinas na sociedade. Essa visão confronta não somente o racismo e o sexismo da sociedade dominante e das suas estruturas patriarcais como também, de um lado, o racismo de setores do movimento feminista dominados por mulheres brancas e, de outro, o antifeminismo e o heterossexismo normativo que por vezes é encontrado no movimento negro, que não raramente expressa formas machistas de violência. Essa visão teológica deseja manifestar a revelação de Deus na vida das mulheres negras, partindo tanto do seu sofrimento pela discriminação e pelo racismo quanto das suas lutas, resistências e ações sociais e políticas de empoderamento. Isso se dá em um contexto de reivindicação de seus próprios corpos como espaços sagrados de revelação, em resposta à desvalorização do corpo da mulher negra e de uma teologia que, durante séculos, o considerou como "corpo de pecado". O corpo é o espaço em que confluem as alegrias, as angústias, os medos, a fé e a esperança, em que a mulher negra experimenta o mundo, o divino e a salvação (MENA LÓPEZ, 2004).

Teologia Negra no Brasil. Assim como as ➜ teologias feministas e outras perspectivas críticas, a Teologia Negra no Brasil se desenvolveu mais nos espaços ecumênicos do que nos eclesiásticos; estes, em geral, muito restritivos e pouco abertos a perspectivas críticas das relações entre fé, cultura e poder. Um dos marcos do debate teológico sobre teologia e negritude no campo evangélico brasileiro se deu, sobretudo, com a realização da Consulta sobre Cultura Negra e Teologia na América Latina (e Caribe), realizada pela Associação Ecumênica de Teólogos e Teólogas do Terceiro Mundo (ASETT), em 1985, na Baixada Fluminense, uma região empobrecida e de forte concentração de população negra no Rio de Janeiro. O livro *Identidade negra e religião* (1986) apresenta o relatório da consulta, com destaque para a descrição do quadro de discriminação racial e o debate sobre o mito da democracia racial no continente, as lutas sociais de combate ao racismo, as propostas eclesiais de caráter libertador e a relação entre racismo e sexismo. Esse processo se deu de forma articulada com as atividades ecumênicas de debate em torno do combate ao racismo.

A Teologia Negra no contexto do movimento ecumênico. Algumas igrejas evangélicas, como a Metodista, por exemplo, criaram nessa época pastorais específicas, e também o Conselho Nacional de Igrejas Cristãs (CONIC) organizou a Comissão Ecumênica Nacional de Combate ao Racismo (CENACORA). Nomes como dos pastores Antonio Olímpio de Santana (1937-2021) e Joaquim

Beato (1924-2015), desde décadas anteriores, se destacaram nas iniciativas ecumênicas em torno das demandas da comunidade negra no continente. Essas articulações deram base para que nos anos de 1990 fossem dados passos em direção ao fortalecimento de uma Teologia Negra no Brasil. Nesse contexto, destacaram-se as produções teóricas do grupo "Atabaque – cultura negra e teologia", que, a partir da questão "Existe um pensar teológico negro?" (nome de uma das obras do grupo publicada em 1998), tem contribuído para a construção de uma teologia afro-brasileira. Antecedendo esse debate, o grupo Atabaque, em conjunto com a ASETT, organizou a II Consulta Ecumênica de Teologia e Culturas Afro-Americana e Caribenha, em 1994, em São Paulo. O livro *Teologia Afro-Americana* (1997), que apresenta o registro da consulta, destaca, entre seus vários temas e perspectivas, as exigências de uma evangelização inculturada, o debate ecumênico inter-religioso com as culturas e religiões de origem africana, aspectos da Teologia Feminista Latino-Americana e a relação entre negritude, projetos políticos e nova ordem mundial.

O protagonismo das comunidades negras. O trabalho do grupo Atabaque procurou expressar um olhar crítico do pensamento teológico negro sobre os dogmas e o conservadorismo eclesiástico, quer católico, quer protestante. Com o recurso ao símbolo bíblico do "vinho novo em odres velhos", entende-se a Teologia Negra como algo dinâmico, fora da interferência e da tutela das igrejas, que quase sempre não apresentam compromisso com as causas e o protagonismo das comunidades negras e perpetuam práticas pedagógicas racistas e excludentes. "As comunidades negras não se apresentam como laboratórios, mas como fonte de todo pensar teológico negro, construtor de uma sociedade nova e mais justa" (ANDRADE, 1998, p. 85). Atualmente, há uma rede variada e ampla de grupos evangélicos negros, especialmente de jovens, que atuam no país, tanto em termos eclesiais com diferentes inserções de base quanto nos movimentos sociais. Em geral, atuam na defesa dos direitos humanos como expressão da luta antirracista e agem em reação propositiva à teologia branca ocidental, ao construir bases teológicas em conexão com as culturas e lutas das comunidades negras.

As marcas de territorialidade, afrocentricidade e corporalidade. Para Ronilso Pacheco, entre as características da Teologia Negra estão as dimensões de "territorialidade", "afrocentricidade" e "corporalidade". Isso significa dizer que ela não se fecha em um mundo espiritualizado e abstrato, mas leva fundamentalmente em conta a história material do povo negro. *Territorialidade* diz respeito à importância do lugar, do território, da terra, do chão, do quilombo, da favela, onde, em geral, são gestadas as experiências do povo negro. *Afrocentricidade* "não é a substituição da Europa pela África no lugar central e detentor do conhecimento e da revelação [...]; é implosão do lugar central ocupado pela Europa, de tal maneira que não haja mais lugar central, mas convivência e equidade em perspectivas com o mesmo valor" (PACHECO, 2019, p. 66). *Corporalidade* está relacionada aos corpos e às violências simbólicas e concretas às quais é submetido o povo negro, e também às potências que possui. A Teologia Negra se efetiva em um momento no qual o legado cruel e violento, fruto da modernidade, que gerou séculos de escravização e objetificação dos negros e negras, parece chegar no limite. Ela surge como resposta aos questionamentos e como resistência a políticas racistas ao redor do mundo, dentro de um contexto global de protestos, lutas e resistências contra lógicas ditatoriais, processos repressivos, aniquilamento de culturas e controle e moralização das sexualidades (PACHECO, 2019).

ANDRADE, Ezequiel L. de. Existe um pensar teológico negro? In: SILVA, Antônio Aparecido da (org.). *Existe um pensar teológico negro?* São Paulo: Atabaque – Cultura Negra e Teologia/Paulinas, 1998. ASETT. *Identidade negra e religião*: consulta sobre cultura negra e teologia na América Latina. São Paulo: Edições Liberdade; Rio de Janeiro: CEDI, 1986. ASETT; ATABAQUE (org.). *Teologia Afro-americana*: II Consulta Ecumênica de Teologia e Culturas Afro-Americana e Caribenha. São Paulo: Paulus, 1997. BARBO-SA, José Carlos. *Negro não entra na igreja, espia da banda de fora*: protestantismo e escravidão no Brasil Império. Piracicaba: Editora Unimep, 2002. CONE, James H. *O Deus dos oprimidos*. São Paulo: Paulinas, 1985. CONE, James H.; WILMORE, Gayraud S. *Teologia Negra*. São Paulo: Paulinas, 1986. CUNHA, Magali do Nascimento. A consciência que liberta. In: RIBEIRO, Claudio de Oliveira (org.). *Religiões & Direitos Humanos*: múltiplos olhares. Campinas: Saber Criativo, 2021. p. 181-201. MENA LÓPEZ, Maricel; NASH, Peter Theodore (org.). *Abrindo sulcos*: para uma teologia afro-americana e caribenha. 2 ed. São Leopoldo: EST/CEBI/Sinodal, 2004. PACHECO, Ronilson. *Teologia Negra*: o sopro antirracista do Espírito. Brasília: Novos Diálogos; São Paulo: Recriar, 2019. SETILOANE, Gabriel. *Teologia Africana*: uma introdução. São Bernardo do Campo: Editeo, 1992. SILVA, Antônio Aparecido da (org.). *Existe um pensar teológico negro?* São Paulo: Atabaque – Cultura Negra e Teologia/Paulinas, 1998.

Teologia Pentecostal

A experiência pentecostal. A Teologia Pentecostal tem sido construída a partir das experiências e das identidades socioculturais e religiosas das comunidades pentecostais. Os pentecostais

Teologia Pentecostal

constituem numeroso grupo de pessoas religiosas no mundo, intensamente diversificado, com boa parte de seus integrantes oriunda das camadas pobres da sociedade, com crenças e práticas de fervor religioso efusivo e extático e de caráter pneumático, isto é, marcado pela ênfase no agir do Espírito, com intenso compromisso com a vivência eclesial e com forte ênfase evangelística. O termo característico provém da festa judaica do Pentecostes (no hebraico *Shavout* – festa da colheita, com a entrega das primícias que ocorre 50 dias após a comemoração da *Peshah*, a Páscoa judaica), mencionada no livro de Atos dos Apóstolos, no Novo Testamento, e momento no qual foi derramado o Espírito Santo sobre os seguidores de Jesus no contexto das comunidades cristãs primitivas. Dessa experiência extática se seguiram outras, com relatos de curas, êxtases, milagres e experiências similares. Tal perspectiva esteve presente no transcorrer da história do cristianismo, em vários movimentos de renovação espiritual, boa parte das vezes de forma marginal e reprimida.

Difusão e normatividade. A experiência pentecostal ganhou mais destaque no final do século 19 e início do 20, especialmente com a vivência de pequenos grupos cristãos oriundos dos movimentos de santidade e outros avivamentos ingleses e estadunidenses (*revivals*) que buscaram recriar a experiência do Novo Testamento. A pressuposição era de que o Pentecostes não se tratava somente de um evento histórico e restrito ao passado como também, ao contrário, seria normativo para a Igreja em todas as épocas. Ou seja, ele deveria ser vivenciado novamente em cada geração. Com isso, os dons atribuídos ao Espírito Santo e os efeitos desse agir em cada época estariam em plena continuidade com o Novo Testamento. O contexto eclesiástico no qual tais experiências se deram, além das marcas das injustiças e desigualdades sociais e raciais, também

Vocabulário *teológico*

fora marcado, entre outros aspectos, pelo racionalismo litúrgico e teológico, pelo objetivismo doutrinário e pelo rigor eclesiástico; o que distanciava da vivência eclesial as parcelas mais pobres e não letradas da população. Diante de tal quadro, o pentecostalismo assumiu mais protagonismo em tornar a fé significativa e relevante para as camadas pobres da população e rompeu barreiras raciais e de gênero, na medida em que cultivava a noção de que o Espírito veio/vem sobre todas as pessoas.

Pentecostalismo e teologia. O pentecostalismo que se seguiu, na maior parte denominado como "moderno", estabeleceu suas bases em vários continentes, especialmente entre populações pobres, negras e de migrantes, em geral destituídas de direitos básicos e colocadas à margem na sociedade. A partir de um conjunto variado de experiências fundantes (protopentecostalismos), foram sendo construídos processos e iniciativas de reprodução da experiência bíblica do Pentecostes. Em vários países, incluindo o Brasil, o imaginário teológico pentecostal sueco, por exemplo, e as ações missionários dele decorrentes foram marcantes. Paralelamente, em perspectivas similares às da experiência estadunidense, como, por exemplo, a conhecida como o movimento da "Rua Azuza" (1906), que possui o pregador negro William Seymour (1870-1922), filho de escravos, como uma de suas lideranças, o movimento pentecostal foi se fortalecendo. Isso se deu, sobretudo, pela compreensão dos relatos de experiências místicas, messiânicas e apocalípticas do Novo Testamento como normativos, vindo a se caracterizar majoritariamente poucos anos depois pelo biblicismo e por dualismos nos empreendimentos hermenêuticos que desenvolveu. Ao mesmo tempo, inspirado nas experiências pneumáticas da Igreja primitiva, gerou novas perspectivas de missão, enfatizou formas individuais e coletivas de entusiasmo religioso e reforçou redes eclesiais de solidariedade comunitária (SHAULL; CESAR, 1999). Em diferentes continentes há teólogos, teólogas e biblistas pentecostais envolvidos na tarefa de contribuir para o desenvolvimento de uma hermenêutica pentecostal de temas relevantes e sistematizá-los teologicamente.

A chave cristológico-pneumatológica. Entre as diferentes ênfases doutrinárias desenvolvidas e diversificas ao longo do século 20 e nas primeiras décadas do 21, em diferentes continentes, é possível identificar um núcleo central da fé pentecostal, que pode ser descrito a partir de quatro elementos cristológicos expressos na crença em "Jesus que salva, cura, batiza com o Espírito Santo e que breve retornará". Trata-se de uma chave cristológico-pneumatológica que revela o Evangelho pleno, completo. Nessa perspectiva, o pentecostalismo se compreende como espaço privilegiado da presença ativa do Espírito Santo em todas as áreas da vida. Tais experiências possuem uma especificidade que vai além da soteriologia cristológica: o Espírito Santo anima, alegra, exorta, consola, convence e distribui dons. No processo teológico que se seguiu, ainda estão em aberto, devido às diferentes interpretações, as discussões sobre o "falar em outras línguas" (*glossolalia* e *xenolalia*), o batismo com o Espírito como "segunda bênção" e o dom de profecias, revelações e atos extraordinários (*charismata*). No âmbito pentecostal, majoritariamente o falar em línguas em estado de êxtase, seja em momentos comunitários de oração, seja em cultos públicos, é elemento-chave e padrão da espiritualidade e da identidade cristã, ocupando um lugar tipicamente de sacramentalidade (OLIVEIRA, 2017a). A Teologia Pentecostal é a resposta sistematizada de pentecostais às demandas eclesiais, sociais e culturais da situação presente, que emergem no contexto das comunidades, e ao quadro de experiências religiosas nele contidas.

Teologia e experiência. A Teologia Pentecostal afirma o lugar irredutível da experiência, em especial a que se evidencia nos dons carismáticos, e que cada vez mais é reconhecida como chave hermenêutica central do processo de elaboração teórica, rompendo com sua dependência da hermenêutica condicionada pelo método histórico-gramatical. Para isso, são considerados como objeto de análise, ao lado do conjunto da totalidade da vivência humana, os problemas específicos enfrentados por grupos pentecostais, como migrações, questões étnicas, situação de pobreza e de instabilidade social, enfermidades e patologias sociais. Parte considerável dessas situações é compreendida pelas comunidades como opressão demoníaca, e geram, no plano simbólico e religioso, buscas de respostas concretas como curas, milagres, mudanças de comportamentos, exorcismos, práticas de consolação, terapias e diversas formas variadas de postura sociorreligiosa.

O indivíduo e a comunidade. A ênfase na diversidade das experiências, em geral difusas e não necessariamente equacionadas com mediação institucional, possibilita aos pentecostalismos a capacidade de mobilidade e penetração popular e, ao mesmo tempo, facilita para que o próprio crente pentecostal faça a sua experiência pneumatológica e possa também, de alguma forma, sistematizá-la. A reflexão sobre a importância do êxtase como *locus* da experiência é elemento crucial para o processo teológico pentecostal (OLIVEIRA; TERRA, 2018). O sujeito dessa perspectiva teológica é a comunidade pentecostal, em sua complexidade e diversidade. Tais interpretações e análises são vistas dentro do quadro das manifestações de pentecostalidade.

O princípio da pentecostalidade. O conceito de "pentecostalidade" foi proposto por Bernardo Campos (1955-). Ele está associado à experiência fundante de uma espiritualidade de caráter universal dada a partir da experiência do Cristo ressurreto, expressa no relato bíblico do Pentecostes. Ele "é a força do Espírito que outorga poder ao ser humano para superar os condicionamentos que querem reduzi-lo à desumanização" (CAMPOS, 2002, p. 88). O evento Pentecostes é tido pelas comunidades pentecostais como normativo, ou seja, válido para a Igreja em todos os tempos, e possui forte conotação restauracionista, na expectativa de reviver os tempos apostólicos. Portanto, é necessário distinguir o elemento hermenêutico geral, que é a pentecostalidade, da versão religiosa concreta do pentecostalismo, para que a Teologia Pentecostal não se restrinja a essa dimensão histórica. No entanto, os pentecostalismos, como expressões concretas e práticas, e a pentecostalidade, como princípio ordenador e estruturante, são polos distintos, mesmo que mutuamente complementares.

Bases de interpretação das experiências. A pentecostalidade enfatiza a dimensão espiritual nas situações em que o contexto humano privilegia o material e reforça a dimensão da corporeidade quando o ser humano quer espiritualizar-se. É o critério epistemológico para tratar não somente dos pentecostalismos como também vocação de universalidade e missionalidade da Igreja no seu todo. Trata-se de uma categoria compreendida como mais uma das *notae* da Igreja – ao lado de santidade, unidade, apostolicidade e universalidade –, que permitiria superar os impasses que as experiências históricas inovadoras dos pentecostalismos trouxeram para o contexto das igrejas, sobretudo os processos de institucionalização, de fundamentalismos e de sectarismos. A pentecostalidade, que pressupõe uma comunidade de fé e o evento crístico, salvador e transformador, reúne o princípio e a experiência fundante do Espírito, que pode reger e recriar, na força do mesmo Espírito, outras expressões concretas de fé. Ela

Vocabulário teológico

permite a interpretação interna da dimensão de eclesialidade e, ao mesmo tempo, suscita interpretações *ad extra*, públicas e em contexto de diálogo.

Teologia, Bíblia e pentecostalismo. Tanto nas práticas religiosas quanto no método teológico pentecostal, a Bíblia possui centralidade. No entanto, diferente da maioria das formas de protestantismo, no universo pentecostal a centralidade da Bíblia não se dá prioritariamente pela via cognitiva (sistemática), mas sim pela via da experiência (sensorial). A leitura se dá na relação subjetiva com o Espírito Santo, qualificada por meio de experiências extáticas, compreendidas como *performances* informadas pelo Espírito. Daí a importância do gênero narrativo, da leitura completa e sequencial da Bíblia, da memorização e declamação dos textos bíblicos nos cultos e pregações, da relação afetiva, direta e pessoal com eles, da gestualidade solene de portar a Bíblia e da compreensão acerca das experiências de fervor religioso.

As formas de aproximação com a Bíblia. A perspectiva acima indicada não representa subjetivismo, intimismo ou mera privatização da leitura bíblica, embora tais experiências estejam presentes na realidade pentecostal, como em quaisquer outras vertentes do cristianismo. Trata-se de uma especificidade hermenêutica, compreendida como Palavra assumida pela força do Espírito, texto encarnado que governa a vida, especialmente os aspectos concretos do cotidiano. "O viés da experiência confere uma distinção a essa relação com o texto sagrado, pois que promove interiorização e apropriação da Palavra (oralizada e performatizada) e, ao mesmo tempo, projeta a Palavra para o exterior, ressignificando o mundo ao seu redor" (OLIVEIRA, 2017b, p. 129). Essa perspectiva traz à tona críticas recorrentes, como a utilização mágica da Bíblia, como mediação material do sagrado, ou outras formas de utilização autotranscendentes. No entanto, "a liberdade com que muitos pentecostais se apropriam dos textos bíblicos, reinterpretando-os de acordo com suas vivências e histórias, testemunhando e contando tais narrativas, evidenciam que o livre acesso às Escrituras foi bem-sucedido. Mesmo entre muitos iletrados ou analfabetos, a Bíblia se faz viva e presente" (GOLIN, 2017, p. 309).

Aspectos da "hermenêutica do Espírito". Para os pentecostais, a realidade possui dimensões que somente podem ser percebidas no âmbito simbólico-espiritual. Nesse sentido, ela exige não somente uma abordagem hermenêutica científica e contextual como também uma "hermenêutica do Espírito", que demanda, por sua vez, formas de discernimento espiritual. O método, portanto, procura estar em função da natureza do objeto material, que é a pentecostalidade. As práticas pentecostais estão envoltas em uma espiritualidade e em uma mística que interpelam o conhecimento racional e linear e estimulam outras lógicas e formas de conhecer e discernir a realidade. Sonhos e visões, por exemplo, fazem parte da realidade do pentecostal como qualquer outra experiência humana. Da mesma forma, a percepção de como atuariam os anjos e os demônios ou mesmo a ideia sobre a intervenção divina apocalíptica na história é valorizada, o que torna tal perspectiva qualitativamente distinta de outras tradições cristãs. O que se dá no nível das experiências religiosas se reflete no campo teológico. Ou seja, como elas possuem fortes elementos de espontaneidade e de certa versatilidade ante as situações da vida, a reflexão propriamente teológica também não pode ser construída a partir de uma estrutura única.

O valor da espontaneidade e da versatilidade para o labor teológico. Ao obedecer aos imperativos éticos e religiosos regidos

Vocabulário *teológico*

pela pentecostalidade, incluindo a orientação subjetiva de se guiar pela fé e pelo Espírito Santo, com base em elementos sensoriais e de afeto, a Teologia Pentecostal procura atender à demanda de ser espontânea e versátil e, ao mesmo tempo, ser pragmática, no sentido de acolher diferentes elementos segundo a necessidade interpretativa das comunidades pentecostais. Nesse sentido, ela é "uma teologia de mosaicos, porque, com fragmentos da doutrina de quase todas as confissões, constrói um mosaico de verdades, que valem para um momento determinado e que logo não servem para outra ocasião" (OLIVEIRA; CAMPOS, 2016, p. 269).

Racionalidade e subjetividade. Mais do que diálogo inter-disciplinar entre teologia e outras ciências, a Teologia Pentecostal procura estabelecer uma articulação entre racionalidade e fé, "entre o natural e o sobrenatural, entre a realidade presente e o futuro escatológico, entre a visão apocalíptica da vida e os messianismos, entre a cidade de Deus e a cidade terrena, entre o Reino de Deus e o reino das trevas, entre o poder de Deus e os poderes demoníacos" (OLIVEIRA; CAMPOS, 2016, p. 269). A mediação hermenêutica reúne as interpretações bíblico-teológicas pentecostais relativas às bases da identidade que os grupos possuem, considerando a diversidade e as ambiguidades interpretativas internas. Trata-se da compreensão acerca da expressão histórica e pneumática da identidade cristã, que é ao mesmo tempo uma atualização histórica do sentido fundacional do Pentecostes. As comunidades pentecos-tais, parte integrante do tecido social mais amplo, não obstante as contradições, "agregam um sentido novo a seu ser-no-mundo e, a partir da religião, constroem um sentido novo de cidadania nesta terra, inspirados na utopia de uma cidadania celestial na visão mais concreta do Reino de Deus hoje e aqui" (OLIVEIRA; CAMPOS, 2016, p. 270).

A dimensão prática da teologia. A exemplo de outras expressões teológicas, sobretudo as latino-americanas, a Teologia Pentecostal possui uma dimensão prática. Para isso, nas décadas mais recentes, rompendo com sua histórica dependência da Teologia Fundamentalista e Literalista, tem procurado elaborar indicações de ação prático-pastoral com propostas e projetos que busquem contribuir para mudanças sociais e também com experiências que possam dinamizar a vida eclesial. Trata-se de alimentar uma eclesiologia dinamizada pelo Espírito em seus variados caminhos e modos de agir, com destaque para os aspectos proféticos e para a proposição de mudanças na sociedade. Nessa direção, a Teologia Pentecostal pretende contribuir em chave pneumática, não apenas para o desenvolvimento e a maturidade da fé e das vivências eclesiais como também para o desenvolvimento da sociedade civil, ao promover a justiça, a paz e o amor fraterno — bases do Reino de Deus. Trata-se de uma contraposição às teses que associam direta e expressamente os pentecostalismos aos processos de alienação social e política e indicam que a negação estabelecida historicamente pela prática pentecostal, sobretudo no Brasil, com a máxima de não ser "do" mundo, pode ser, de fato, compreendida como negação "deste" mundo, marcado por relações de injustiças e desigualdades (CARVALHO, 2016).

Teologia Pentecostal e Reforma. Há, nos entrelugares das vivências humanas expressas nas experiências religiosas pentecostais, elementos muito próximos daquilo que se considera como sendo o querigma central do pensamento teológico da Reforma: empoderamento da fé e das ações das pessoas leigas que compõem os diferentes movimentos, a inclinação para as possibilidades de atualização permanente da experiência religiosa e o sentimento de pertença motivado pela adesão religiosa livre e pela vivência comunitária. Em plano similar, estão as espiritualidades que se forjam nos espaços relacionados direta ou indiretamente às práticas dos movimentos de ➜Missão Integral e similares, também presentes no pentecostalismo. Nas fronteiras de práticas assistenciais e vivências religiosas intimistas e petistas, brotam consciência social, crítica às realidades de dominação e novas perspectivas utópicas que, não obstante as contradições institucionais e engrenagens históricas da maioria das denominações evangélicas brasileiras, estão em sintonia com os principais aspectos teológicos da Reforma.

O lugar no processo teológico na prática pentecostal. Outro aspecto que tem sido debatido é o papel significativo das mulheres na constituição, expansão e consolidação do movimento pentecostal, em suas diferentes manifestações, desde seu início até os dias de hoje, cuja maior exemplo é a atuação de Frida Maria Strandberg (Vingren) (1891-1940). Essa importante presença das mulheres nos diversos tipos de pentecostalismos, entretanto, tem-se dado de forma controversa e ambígua, na medida em que a lógica patriarcal presente nas formações culturais tem sistematicamente excluído as mulheres pentecostais das estruturas de poder das igrejas. Por outro lado, as mulheres têm sido empoderadas pela experiência pentecostal, reunindo forças para resistir aos aspectos opressivos do cotidiano e estabelecer novas formas de poder enquanto missionárias, profetisas e líderes dos grupos de oração, com isso encontrando espaços de atuação e de protagonismo nas estruturas eclesiásticas e teológicas do movimento pentecostal, caminhando, assim, em direção à superação das exclusões e marginalizações enfrentadas (RIBEIRO, 2017).

A produção teológica pentecostal. Não é tarefa fácil enumerar as pessoas e grupos que se destacam na tarefa teológica pentecostal

Teologia Pentecostal

ao longo de mais de um século, mesmo porque, além da diversidade dos contextos e continentes, há o fato de boa parte das lideranças desenvolver teologias práticas, por vezes, articuladas com reflexões mais sistematizadas e de cunho acadêmico e, outras vezes, de forma ensaística e divulgada em materiais didáticos. Isso significa que o número de teólogos e teólogas pentecostais é maior do que o comumente conhecido. Entre organizações que se destacam nas articulações de grupos pentecostais e no desenvolvimento de atividades de reflexão teológica, estão a Rede Latino-Americana de Estudos Pentecostais (RELEP) e a *Society for Pentecostal Studies*, nos Estados Unidos. Há de considerar também o trabalho e a produção teológica conjunta de mais de cinco décadas da Comissão Internacional de Diálogo Católico-Pentecostal do Vaticano.

Nomes de destaque no cenário teológico-pentecostal. No contexto brasileiro, dentre vários nomes, destacam-se David Mesquiati de Oliveira (1978-), Claiton Ivan Pommerening (1968), Valdinei Gandra (1972), Ricardo Gondin (1954-), Osiel Lourenço de Carvalho (1979), Ângela Maringoli (1956-), Luana Golin (1985-), Adriano Lima (1987). Na área das Ciências da Religião, há vários nomes de pertença ou tradição pentecostal que estudam tal campo, como Gedeon Freire de Alencar (1961-), Valéria Cristina Vilhena (1971-), Maxwell Fajardo (1984-), Moab César Carvalho Costa (1969-) e Silvia Gerusa Rodrigues (1952-). De outros países, também entre vários nomes, e com visões teológicas distintas, destacam-se Bernardo Campos (1955-), Amos Yong (1965-), Juan Sepulveda (1957-), Donald Dayton (1942-2020), Harold Vinson Synan (1934-2020), Horace Ward (1927-2016), William Menzies (1931-2011), Luis Orellana (1951-), Stanley Horton (1916-2014), Harold Hunter (1948-), Kenneth Archer (1964-), Ricardo Waldrop (1950-), Melissa Archer (1966-), Cheryl Bridges Johns (1953-), An-

Vocabulário *teológico*

gélica Barrios (1980-), Elizabeth Salazar-Sanzana (1964-), Cecília Castillo Nanjari (1965-) e Daniel Chiquete (1966-). Há também de ressaltar o fato de que a produção teológica pentecostal, que se caracteriza pelas reflexões em torno das experiências pentecostais nos campos social e eclesial, não pode desconsiderar o trabalho teórico com outros enfoques, produzido por homens e mulheres de pertença pentecostal, nos campos da pesquisa bíblica, dos estudos teológicos histórico-sistemáticos, da reflexão pastoral e das ciências da religião. Tais esforços podem não necessariamente explicitar o dado pentecostal nas análises, mas carregam a perspectiva e as experiências de vida e de trabalho das pessoas que o formularam e o desenvolveram.

Uma teologia em construção. Na medida em que a Teologia Pentecostal é formulada a partir das situações vividas pelas comunidades pentecostais, ela precisa discernir o cenário ambíguo e marcado por percursos contraditórios, ora geradores de experiências comunitárias de gratuidade, de serviço e de empoderamento, ora limitados pelas engrenagens do proselitismo, dos →fundamentalismos e da intolerância com outras religiões ou expressões de fé. A reflexão autocrítica, se assimilada pela produção teológica, pode contribuir para o equacionamento de temas candentes a partir de dentro do próprio *éthos* pentecostal. Nesse processo, alguns temas de destaque são: (a) diálogo com outros saberes – teológicos e científicos – e com outros setores sociais – religiosos ou seculares; (b) desenvolvimento da noção de cuidado, como modo de ser pentecostal; (c) compromisso com a justiça, reforçando o sentimento de ser vocacionado para o mundo, não como se estivesse fora dele, mas sendo Igreja-no-mundo; (d) cultivo de uma espiritualidade encarnada, que possa plasmar as experiências com o Espírito na realidade social; (e) aprofundamento

Teologia Pentecostal

permanente da mística pentecostal, por meio das experiências do Espírito, ambientadas na positividade das emoções e dos afetos, não como apêndice, mas como via primordial de acesso à espiritualidade, força motriz da ação das igrejas pentecostais no mundo (OLIVEIRA; CAMPOS, 2016).

ALENCAR, Gedeon Freire de. *Ecumenismos & pentecostalismos*: a relação entre o pescoço e a guilhotina. São Paulo: Recriar, 2018a. ALENCAR, Gedeon Freire de. *Matriz pentecostal brasileira*: Assembleias de Deus 1911-2011. São Paulo: Recriar, 2018b. ARAUJO, Isael de. *Dicionário do movimento pentecostal*. Rio de Janeiro: CPAD, 2007. ARCHER, Kenneth J. *A Pentecostal Hermeneutic*: Spirit, Scripture and Community. Cleveland: CPT Press, 2009. CAMPOS, Bernardo. *O princípio da pentecostalidade*: hermenêutica, história e teologia. São Paulo: Recriar, 2018. CAMPOS, Bernardo. *Da Reforma Protestante à pentecostalidade da Igreja*: debate sobre o pentecostalismo na América Latina. São Leopoldo: Sinodal; Quito: CLAI, 2002. CARVALHO, Osiel Lourenço. *(In) versões político-escatológicas no pentecostalismo brasileiro*: uma análise da posição e ação política das Assembleias de Deus de 1930-1945 e 1978-1988, a partir do jornal *Mensageiro da Paz*. Tese de doutorado. Universidade Metodista de São Paulo, 2016. CHIQUETE, Daniel. *Silencio elocuente*: una interpretación teológica de la arquitectura pentecostal. San José-Costa Rica: UBL/CETELA, 2006. CHIQUETE, Daniel; ORELLANA (org.). Voces del pentecostalismo latinoamericano: identidad, teología e historia. Relep, Concepciòn-Chile, v. I (2003), v. II (2009). DAYTON, Donald. *Raízes teológicas do pentecostalismo*. São Paulo: Carisma, 2018. GOLIN, Luana. Reforma e pentecostalismo. In: RIBEIRO, Claudio de Oliveira; ROCHA, Alessandro Rodrigues (org.). *Ecumenismo e Reforma*. São

Paulo: Paulinas, 2017. GUTIÉRREZ, Benjamin F.; CAMPOS, Leonildo S. (ed.). *Na força do Espírito*: os pentecostais na América Latina – um desafio às igrejas históricas. São Paulo: Pendão Real; Guatemala: Aipral, 1996. LIMA, Adriano. *Assembleias de Deus e o Espírito Santo*: história, teologia e diálogo. São Paulo: Reflexão, 2018. LIMA, Adriano; COSTA, Moab; GANDRA, Valdinei (org.). *O Espírito e as igrejas*. São Paulo: Recriar, 2018. MATTOS, Paulo Ayres. Algumas observações teológicas sobre a Teologia do Sacrifício do bispo Edir Macedo, da Igreja Universal do Reino de Deus. *Azuza – Revista de Estudos Pentecostais*, Joinvile, v. 7, p. 1-16, 2015. MATTOS, Paulo Ayres. Some remarks on Brazilian Pentecostal scholarship. In: SYNAN, Vinson; YONG, Amos; ÁLVAREZ, Miguel. *Global Renewal Christianity*: Spirit Empowered Movements – past, present, and future. Lake Mary-EUA: Charisma House, 2016. v.: Latin America. MENZIES, William W.; MENZIES, Robert P. *No poder do Espírito*: fundamentos da experiência pentecostal – Um chamado ao diálogo. 1. ed. São Paulo: Vida, 2002. OLIVEIRA, David Mesquiati. Os pentecostais, o Espírito Santo e a Reforma. *Revista Pistis & Práxis*, Curitiba, v. 9, p. 539-553, 2017a. OLIVEIRA, David Mesquiati. A leitura bíblica dos pentecostais e a noção de *performance*. *Rever*, São Paulo, v. 17, p. 119-140, 2017b. OLIVEIRA, David Mesquiati; CAMPOS, Bernardo. Teologia Prática Pentecostal: particularidades, perfil e desafios no século XXI. *Estudos Teológicos*, São Leopoldo, v. 56, p. 264-275, 2016. OLIVEIRA, David Mesquiati; TERRA, Kenner. *Experiência e hermenêutica pentecostal*. Rio de Janeiro: CPAD, 2018. RIBEIRO, Claudio de Oliveira. Como tenho mudado o meu pensamento no diálogo com grupos pentecostais? In: ROCHA, Abdruschin Shaaeffer; OLIVEIRA, David Mesquiati (org.). *Reformas e pentecostalismos*: uma perspectiva latino-americana.

Vitória: Unida, 2017. p. 169-185. ROCHA, Abdruschin Shaaeffer; OLIVEIRA, David Mesquiati (org.). *Reformas e pentecostalismos*: uma perspectiva latino-americana. Vitória: Unida, 2017. SHAULL, Richard; CESAR, Waldo. *Pentecostalismo e futuro das igrejas cristãs*. Petrópolis: Vozes, 1999. SIQUEIRA, Gutierres; TERRA, Kenner. *Autoridade bíblica & experiência no Espírito*: contribuição da hermenêutica pentecostal-carismática. Rio de Janeiro: Thomas Nelson Brasil, 2020. SYNAM, Vinson. *O século do Espírito Santo*: 100 anos do avivamento pentecostal e carismático. São Paulo: Vida, 2009. VILHENA, Valéria Cristina. *Frida Maria Strandberg (Vingren) (1891-1940)*: mais do que esposa de pastor. São Paulo: Fonte Editorial, 2018. YONG, Amos. *Discerning the Spirit(s)*: A Pentecostal-Charismatic Contribution to Christian Theology of Religions. Sheffield-England: Sheffield Academic Press, 2000.

Teologia *Queer*

Teologia como práxis sexual. Queer é uma categoria inclusiva de todas as sexualidades não heterossexuais e/ou cisgêneras. A teoria *queer* relaciona vários aspectos da vida social, inclusive setores não pensados como sexualizados, como, por exemplo, a economia e a política. No campo teológico, a perspectiva *queer* "se propõe a examinar e expor os discursos e práticas religiosas usando como lente a sexualidade na sua inter-relação com questões de classe, gênero, raça/etnia". Para isso, ela "procura articular discursos e práticas religiosas que reflitam experiências fora deste padrão normativo, apontando para a libertação da própria teologia e suas formas tradicionais de produção do conhecimento" (MUSSKOPF, 2008). Os autores e as autoras refletem a partir de lugares específicos, no caso a diversidade sexual e de gênero, mas também a partir de outras vivências de superação da subalternidade, o que confere amplitude, legitimidade e autenticidade à reflexão efetuada por eles. As reflexões que fazem realçam como a teologia é um espaço ocupado predominantemente pela rigidez do patriarcado e da *cisheteronormatividade*, que dão pouca ou nenhuma visibilidade às mulheres e às pessoas da comunidade LGBTI+, e a maneira como vivenciam as experiências religiosas. Partindo da pressuposição de que "toda teologia é sexual", a visão teológica *queer* procura desconstruir formas de heteronormatividade e de legitimação de machismos, heterossexismos e androcentrismos, tanto na sociedade quanto nos próprios discursos e práticas teológicas, quando estes possuem tais elementos como princípios estruturantes.

A tarefa de sexualizar a teologia. Um dado histórico importante é que, "ao mesmo tempo em que explodiam a Teologia da Libertação e a →Teologia Feminista, explodia também o Movimento Gay, dando seus primeiros passos na busca por direitos iguais também para gays e lésbicas" (MUSSKOPF, 2015, p. 24). Diante desse quadro, pode-se avaliar que, "mesmo assim, o despontar deste novo sujeito teológico não teve reflexos dentro da Igreja e da teologia da mesma forma como o tiveram a Teologia da Libertação, com sua opção preferencial pelos pobres, e a Teologia Feminista, com a valorização do potencial das mulheres" (MUSSKOPF, 2015, p. 24). Há necessidade, portanto, de novos métodos e enfoques teológicos. Trata-se de sexualizar "uma teologia dessexualizada, cujo pressuposto fundador é de que toda teologia é, consciente ou inconscientemente, uma práxis sexual, organizando economicamente as relações amorosas" (MUSSKOPF, 2012, p. 293). Há, em diferentes continentes, pessoas e grupos que desenvolvem o pensamento teológico *queer*. Nas indicações a seguir, por variadas razões, destacamos o trabalho da teóloga argentina

Marcella Althaus-Reid (1952-2009) e dos teólogos brasileiros André Sidney Musskopf (1976-) e Ana Ester Pádua Freire (1979-), ambos intérpretes qualificados do pensamento de Marcella Althaus-Reid.

A Teologia Indecente de Marcella Althaus-Reid. Em sua pesquisa teológica, a autora aprofundou questões de sexualidade, estudos de gênero, assim como o corte materialista e feminista na hermenêutica bíblica. Foi criadora de um original enfoque teológico, a Teologia Indecente, em que o tema da libertação está relacionado às experiências de discriminação e de afirmação das pessoas LGBTI+. Ela entende "o 'Deus *Queer*' como um Deus diferente de tudo o que se pensou até agora, que foge dos regimes da 'normalidade' que é construída, sobre os quais temos que suspeitar, questionar. Um 'Deus *Queer*' é um Deus que tem de ser descoberto. Para as mulheres é uma forma de pensar e relacionar-se com Deus de um modo totalmente diferente" (ALTHAUS-REID, 2004, p. 92). A autora desenvolveu uma densa experiência de trabalho popular baseado no método de conscientização e inspirado na pedagogia da libertação de Paulo Freire. Ela praticou com êxito projetos comunitários e sociais em bairros pobres de Buenos Aires. Nas palavras da autora: "Como professora, me interessou o método de Paulo Freire, o método dialógico. Mais do que o democrático, entendo o método dialógico como sendo o coração da TdL. Quero uma teologia dialógica com Deus para deslocar o relacionamento hierárquico com ele, pois quero contextualizar enquanto mulher, que é uma experiência distinta da de outras pessoas. Quis fazer as experiências mais caóticas. Venho de uma família pobre, tive a experiência de governo militar, de uma Igreja muito dura" (ALTHAUS-REID, 2004, p. 90).

A experiência da marginalidade sexual. A docência e a pesquisa que Marcella Althaus-Reid desenvolveu na área de

Teologia Contextual incluíram temas relacionados à Teologia Feminista, à Teologia *Queer*, à Teologia da Libertação, ao debate entre marxismo e teologia e às interfaces entre teologia, pós-modernidade e globalização. No dizer da autora: "Faço uma teologia articulando a sexualidade com a economia, uma Teologia Política, pois meu objetivo é dar substância à teologia. Quero uma teologia integral porque são as mulheres as que mais sofrem com os paradigmas sexuais da Igreja, quaisquer que sejam, como mulheres casadas, solteiras, hetero ou homossexuais etc. Há que se desvelar a ideologia heterossexual do cristianismo. A Igreja Católica oculta a sexualidade de todas as formas. Por isso, há que desvelá-la, ter coragem, ser independente das estruturas da Igreja" (ALTHAUS-REID, 2004, p. 90). E a autora prossegue, indicando o perfil de seu pensamento teológico: "Mas há que ser subversiva: pensar Deus através da experiência e essa experiência tem que ser a do pobre, do marginalizado. Para mim, todas as mulheres são pobres porque sofrem a exclusão da Igreja e da Academia. Temos de pensar a teologia a partir de nossa experiência de marginalidade sexual. Que nos diz a experiência de Deus, a nós mulheres? Creio que é encontrar a Deus no meio de nossa sexualidade, enquanto amor, justiça, solidariedade" (ALTHAUS-REID, 2004, p. 91).

O valor de epistemologias sexuais marginais. Em *Indecent Theology: theological perversions in sex, gender and politics* (2000), Althaus-Reid parte da pressuposição de que toda teologia implica uma prática sexual e/ou política consciente ou inconsciente e que práticas políticas e atitudes sexuais estão simetricamente correlacionadas. Nesse sentido, as desconstruções das identidades sexuais comumente aceitas representam um passo importante nas estratégias de desconstrução dos projetos políticos e econômicos hegemônicos.

A crítica aos processos de globalização na perspectiva de uma teologia sexual indecente requer a demonstração de como as formas hegemônicas de sexualidade – em particular a heterossexualidade patriarcal – condicionam o pensamento e as relações econômicas nos países pobres. O método de indecentamento utilizado pela autora é testado na figura de Maria, ao mostrar formas indecentes de mariologia popular que surgem como alternativas para as formas bem-comportadas presentes nas teologias tradicionais e até mesmo na visão teológica feminista latino-americana. A autora desconstrói princípios tradicionais, como a solidariedade, por exemplo, para buscar na realidade vivida por grupos marginalizados sinais de "homossolidariedade". Em sintonia com essa visão propõe uma compreensão cristológica a partir de epistemologias sexuais marginais, como o modelo do *"Bi/Christ"* (Cristo bissexual).

A importância da Teologia Narrativa. Com o propósito de descobrir nos relatos populares os sinais de rebeldia contra a opressão política, sexual e cristã, Althaus-Reid desenvolve ainda uma Teologia Narrativa de estórias sexuais marginais, a partir do papel desempenhado por essas narrações nas comunidades pobres. Sobre o enfoque básico dessa obra, a autora comenta: "Utilizo a metáfora da sexualidade porque acho que é uma metáfora que nos mostra a concretude da vida. Quando convido as mulheres a fazerem uma teologia sem calcinhas (*teologia sin ropa interior*), pretendo chamá-las a fazer uma teologia metafórica, provocativa, subversiva". E a autora prossegue: "E, mais que tudo, acho importante a perspectiva ética na elaboração teológica. É indispensável fazer uma teologia a partir de seu contexto, uma coisa que os teólogos da libertação se esqueceram de fazer. Por isso, quando proponho às mulheres fazerem uma teologia sem calcinhas, é uma forma de lembrá-las quem são, o que sofrem, a violência que passam. É uma forma de fazer teologia contextual, uma teologia a partir de sua experiência de mulheres. Entendo o tema da subversão como um tema ético" (ALTHAUS-REID, 2004, p. 90). Isso significa que "pensar Deus de forma oblíqua quer dizer que ele pode ser pensado de maneira diferente, de uma forma em que nunca se pensou antes. Na teologia patriarcal sempre se recorre à tradição, à autorização. E nós queremos um Deus 'não autorizado', que não foi pensado antes, que não necessita de uma história" (ALTHAUS-REID, 2004, p. 92).

O método da suspeita sexual. Marcella Althaus-Reid utiliza o método da suspeita sexual, instrumento interpretativo pelo qual a autora aplica a linguagem sexual através de metáforas, ao criar uma ruptura epistemológica visando a uma nova forma de pensar teologicamente. O método requer a "capacidade de subverter os códigos teológicos, religiosos, a partir do resgate da imagem de Deus – desde os códigos sexuais, do pulsar da vida, dos desejos e da naturalidade do cotidiano" (BOEHLER, 2013, p. 128). "As teologias sexuais são o oposto dos processos idealistas. São teologias materialistas com ponto de partida nas ações humanas ou nos atos sexuais, sem deduzir o social do simbólico. É desde a sexualidade humana que a teologia começa a buscar e a compreender o sagrado, não o contrário" (ALTHAUS-REID, 2000, p. 193).

Sexualidade e erotismo. O círculo hermenêutico da suspeita sexual articula-se em dois eixos fundamentais: o da sexualidade e do erotismo. "As teologias sexuais indecentes não necessitam de teologia nem de sistemas, mas podem ser efetivas enquanto representam a ressurreição do excessivo nos nossos contextos e uma paixão por organizar as transgressões luxuriosas do pensamento teológico e político" (ALTHAUS-REID, 2000, p. 200). A proposição da autora de *indecentar* a teologia possui caráter eminentemente político. Para ela, "o excesso de nossas famélicas vidas:

nossa fome de comida, de contato com outros corpos, de amor e de Deus; uma multidão de fomes jamais satisfeitas que crescem e se estendem, e nos colocam em desafios e situações de riscos [...] de opções hermenêuticas retorcidas no caminho de pensar teologia, política e gênero a partir de nossas experiências sexuais e de nossas identidades" (ALTHAUS-REID, 2000, p. 200).

Teologia "Queer" e Teologia da Libertação. Marcella Althaus-Reid, em seus escritos, sempre destacou que suas reflexões se davam dentro do quadro referencial da Teologia da Libertação. A perspectiva crítica que a autora estabeleceu em suas análises produziu, portanto, uma crítica *ad intra*, que, dada a contundência de sua argumentação, pode até mesmo dar a impressão de que ela fala de fora dessa corrente teológica. No entanto, a autora se coloca dentro dessa perspectiva, buscando as suas raízes, sobretudo metodológicas, de pensar a teologia como "ato segundo", tendo como referência básica a realidade tal como ela é, e não sob idealizações. Nesse sentido, a autora critica em seus livros os setores hegemônicos da Teologia da Libertação, e uma das mais destacadas perspectivas está em "Demitologizando a Teologia da Libertação: reflexões sobre poder, pobreza e sexualidade", publicada na obra *Teologia para outro mundo possível* (2006), que reúne as contribuições ao Fórum Mundial de Teologia e Libertação, que ocorreu no contexto do Fórum Social Mundial de 2005.

As limitações do projeto inclusivo da Teologia da Libertação. No texto acima referido, Althaus-Reid utiliza a imagem das cadeiras à mesa eucarística para fazer menção à inclusividade que é peculiar à Teologia Latino-Americana. Não se trata apenas de uma metáfora que remonta a uma imagem fraternal, mas que aponta para a criação de um modelo economicamente alternativo de uma sociedade culturalmente participativa. Para a autora, a "Teologia da Libertação não disponibilizou cadeiras para as mulheres pobres ou para gays pobres – ou, pelo menos, não o fez espontaneamente. O projeto inclusivo afirmou-se mediante políticas de exclusão que determinaram a identidade dos pobres. Os pobres que eram incluídos eram concebidos como masculinos, geralmente camponeses, vagamente indígenas, cristãos e heterossexuais" (ALTHAUS-REID, 2006, p. 458). Ainda no tocante à questão metodológica, o questionamento da autora se dá na forma de compreensão da realidade e na inexistência de crítica à epistemologia que sustenta as estruturas de poder hegemônico na sociedade. No que diz respeito ao primeiro aspecto, compreender a realidade da vida, a autora afirma que, "embora os liberacionistas tentassem fazer teologia como ato segundo, ou seja, não começando com dogmas, mas parafraseando Marx, com os autores reais da história teológica, as questões de gênero e sexualidade foram sempre tratadas no nível dogmático (ideológico)" (ALTHAUS-REID, 2006, p. 469).

Heteronormatividade e poder dominante. Marcella Althaus-Reid segue em sua crítica: "Qualquer pessoa que tenha trabalhado seriamente com os pobres na América Latina encontrou a presença de Deus dentro da diversidade de nossas comunidades, que é racial, cultural, mas também sexual" (ALTHAUS-REID, 2006, p. 464). Em relação ao segundo aspecto, a autora aponta a construção da identidade cultural e ideológica da heterossexualidade como elemento-chave de sustentação das estruturas de poder dominante na sociedade. Nesse ponto, para ela crucial, a Teologia Latino-Americana da Libertação necessitaria romper com a compreensão da ideologia sexual da heterossexualidade como dogma e refletir sobre as vidas das pessoas e a manifestação de Deus nas comunidades, tendo em conta a dimensão da sexualidade que estrutura a vida das pessoas e as formas não convencionais de vivência sexual. É como se a heterossexualidade se tornasse um ídolo, sacralizada como a única epistemologia sexual de valor.

Olhar com atenção as dissidências sexuais. Althaus-Reid considera que é preciso redescobrir a face de Deus nos que são dissidentes sexuais e que vivem dentro de formas diferenciadas de relacionamentos amorosos e de identidades sexuais. Para ela, "não causa surpresa que a Teologia da Libertação tenha estagnado: todas as suas discussões sobre Deus estão baseadas em estereótipos sexuais e ideológicos, dos quais os pobres, como conceito, se tornam uma categoria geral que apaga as diferenças sexuais entre eles. Isso se aplica ao princípio da teologia como ato segundo, quando a realidade latino-americana é ignorada" (ALTHAUS-REID, 2006, p. 466). A Teologia da Libertação, segundo a autora, não percebeu que a subversão dos códigos sexuais e de gênero experimentada por mulheres que vivem em contextos de pobreza urbana era o resultado de sua luta por vida e dignidade e levava à produção de metáforas de Deus baseadas na relação entre sexualidade e pobreza. Seria outra forma de fazer e expressar a política. Uma forma fronteiriça e metafórica, fundamental para o *princípio pluralista.*

As lógicas coloniais e a desideologização da sexualidade. A Teologia da Libertação, talvez por ter nascido de um *éthos* de autoritarismo social, político e eclesiástico, não aprofundou uma hermenêutica da suspeita suficientemente capaz de descortinar as lógicas coloniais que ideologizam a sexualidade. Assim, ela "perdeu as possibilidades de *poiesis* teológica, que provêm não de discursos sobre os pobres idealizados, mas da realidade dos pobres como pessoas de diferentes identidades de sexo e de gênero" (ALTHAUS-REID, 2006, p. 459). Para exemplificar tais críticas, a autora mostra como "o imaginário da Virgem na América Latina constitui a permanente dicotomia entre desejo e amor: daí que as pobres sejam apresentadas como decentes na Teologia da Libertação, ou seja, assexuadas ou esposas heterossexuais monogâmicas unidas no sacramento do Matrimônio, gente de fé e esforçada que não se masturba, que não acolhe pensamentos lascivos no momento da oração e que não gosta de travestir-se..." (ALTHAUS-REID, 2000, p. 65-66).

A Teologia "Queer" no Brasil. André Musskopf é um dos intérpretes mais expressivos do pensamento de Marcella Althaus-Reid e o precursor da Teologia *Queer* no Brasil. Ao fazer uso de metáforas, de relatos de histórias sexuais e da recriação de expressões do campo teológico tensionadas com a realidade cotidiana e com os entrelugares das culturas, ele oferece novos sentidos e significados para a teologia. Daí a sua proposição criativa da teologia como via(da)gem, como expressa em sua tese de doutorado *Via(da)gens teológicas: itinerários para uma Teologia Queer no Brasil.* Para ele, trata-se daquilo "que está nos limites externos do pensável, como aquele espaço onde a ambiguidade se expressa como ocupação e resistência, capaz de driblar as regras e subverter o sistema heterolíneo de produção teológica" (MUSSKOPF, 2012, p. 463). Com o termo "via(da)gem" e o conceito de ambiguidade, o autor mostra a expressão concreta dos corpos e das relações que ocupam, resistem e produzem não só uma outra teologia, mas outras formas de vida em sociedade, aliando lutas tão diversas quanto a reforma agrária, os direitos sexuais e reprodutivos e o fim do racismo, da xenofobia e da exploração utilitarista e predatória do meio ambiente, de seus seres e recursos (MUSSKOPF, 2012, p. 463).

Os relatos de histórias de vida como canal de empoderamento. Musskopf enfatiza em sua produção teológica o relato das histórias de vida como resgate e recriação da forma de gays e lésbicas verem e enfrentarem o mundo, emergirem como sujeitos das próprias realidades e construírem uma teologia que responda a tais vivências. "Assim como na Teologia Feminista, o compartilhar das histórias invisíveis é o meio para sair da escuridão e 'iluminar' um mundo medido pela norma masculina, branca, heterossexual e de classe média. Embora muitas vezes não seja considerado uma forma autêntica de fazer teologia, campo ainda dominado por padrões de objetividade e universalismo" (MUSSKOPF, 2015, p. 29). O autor realça que "é na subjetividade e na particularidade do contar histórias de vida que gays e lésbicas podem recuperar seu passado de opressão e discriminação, curando profundas feridas deixadas por esse passado; podem permitir a vida significar e fazer frente ao sistema que oprime e marginaliza através da formação da consciência coletiva" (MUSSKOPF, 2015, p. 29). Esse processo se constitui em uma reescrita das histórias, pessoais e coletivas, que é forjada pelo paralelismo nelas presentes, possibilitando que se tornem sujeitos de si mesmos e protagonistas de seus futuros.

Teologia e graça. As metodologias inovadoras das ➜teologias feministas e *queer* vão muito além da recriação das histórias de vida. Elas interagem com diferentes tradições teológicas, recriando elementos liberadores, boa parte das vezes ocultos nas interpretações teológicas e religiosas mais formais e hierarquizadas. Musskopf, por exemplo, dialoga com a teologia protestante-luterana da graça. Ele chama a atenção para um dado da teologia cristã, segundo o qual a "justificação que procede de Deus é algo externo ao ser humano, que depende única e exclusivamente da obra de Cristo tomando os pecados do mundo sobre si. Este é um evento que atinge todas as pessoas, pois todas pecaram e carecem da graça de Deus (Romanos 3,10-23)" (MUSSKOPF, 2015, p. 117). Para o autor, "descobrir esta realidade pode ajudar homens gays a sentirem-se íntegros diante de Deus, ainda que a sociedade condene a sua existência em seu mais íntimo aspecto". Dessa forma, eles, "ao invés de sentirem-se condenados e rejeitados pela sociedade, podem derivar de Deus a sua justificação, com a consciência de que são pecadores da mesma forma que todos os outros seres humanos (também os heterossexuais!) e nada podem fazer para alcançar a misericórdia de Deus. Ela é graça pura" (MUSSKOPF, 2015, p. 117).

ALTHAUS-REID, Marcella. *Deus Queer*. Rio de Janeiro: Metanoia/ Novos diálogos, 2019. ALTHAUS-REID, Marcella. *Indecent Theology*: theological perversions in sex, gender and politics. Londres/Nova York: Routledge, 2000. ALTHAUS-REID, Marcella. Entrevista [por Sandra Duarte de Souza e Luiza Tomita]. *Mandrágora*, São Bernardo do Campo, v. IX, n. 10, p. 90-92, 2004. ALTHAUS-REID, Marcella. Demitologizando a Teologia da Libertação: reflexões sobre poder, pobreza e sexualidade. In: SUSIN, Luiz Carlos (org.). *Teologia para outro mundo possível*. São Paulo: Paulinas, 2006. p. 455-470. BOEHLER, Genilma. *Quando elas se beijam, o mundo se transforma*: o erótico em Adélia Prado e Marcella Althaus-Reid. Rio de Janeiro: Metanoia, 2013. FREIRE, Ana Ester Pádua. *Armários queimados*: Igreja afirmativa das diferenças e subversão da precariedade. Tese (Doutorado). Programa de Pós-graduação em Ciências da Religião, Pontifícia Universidade Católica de Minas Gerais. Belo Horizonte, 2019. FREIRE, Ana Ester Pádua; MUSSKOPF, André Sidney (org.). *Religião e indecência*: diálogos com Marcella Althaus-Reid. Rio de Janeiro: Metanoia, 2021. MUSSKOPF, André Sidney. *Via(da)gens teológicas*: itinerários para uma *Teologia Queer* no Brasil. Entrevista. São Leopoldo: IHU, 2008. Disponível em: http://www.ihu.unisinos. br/159-noticias/entrevistas/16519-viadagens-teologicas-itinerarios- -de-uma-teologia-queer-no-brasil-entrevista-especial-com-andre-

-musskopf. Acesso em: 15/02/2022. MUSSKOPF, André Sidney. *Via(da)gens teológicas*: itinerários para uma *Teologia Queer* no Brasil. São Paulo: Fonte Editorial, 2012. MUSSKOPF, André Sidney. *Uma brecha no armário*: propostas para uma teologia gay. São Paulo: Fonte Editorial; São Leopoldo: CEBI, 2015.

Teologias feministas

As pautas feministas e a produção teológica. O contexto sociocultural e político do final do século 19 e o das décadas que se seguiram possibilitou, em diferentes partes do globo, o fortalecimento de vários movimentos sociais, sendo um dos mais destacados o feminista. A afirmação feminista gerou diversos reposicionamentos políticos e sociais em várias áreas, produzindo maior e crescente visibilidade das questões vivenciadas pelas mulheres e dos processos emancipatórios e de empoderamento delas. O debate e as mudanças concretas em torno das questões de direitos e de ordem trabalhista, sufrágio eleitoral e a presença das mulheres nos diferentes espaços da sociedade forjaram novas práticas e perspectivas políticas ao lado de reflexões teóricas emergentes. Os setores eclesiais e teológicos, sobretudo os protestantes, fizeram parte desse efervescente quadro social. Com muitas tensões e conquistas variadas, alterações se deram nesse percurso. A ordenação de mulheres nas igrejas evangélicas na Europa e nos Estados Unidos, a preocupação com a releitura bíblica em chave feminista e a busca por participação paritária em eventos eclesiásticos e ecumênicos foram elementos-chave da formulação teológica feminista.

Movimento e pensamento críticos. O quadro acima indicado se tornou agudo nas décadas de 1960 e 1970, acompanhando as situações sociais que marcaram essa época, sobretudo os aspectos

Vocabulário *teológico*

relacionados à corporeidade, à sexualidade e aos direitos reprodutivos. Trata-se tanto da valorização do corpo como fonte de prazer quanto da crítica ao controle dos corpos femininos. A reflexão teológica, mais uma vez, não ficou isenta diante desses processos. Entre as ênfases formuladas a partir daí estão as questões relativas ao poder e ao valor do cotidiano na produção do conhecimento, na construção de sentido, na luta por direitos e no empoderamento dos grupos subalternos. A complexidade da vida cotidiana se dá no fato de ela não significar apenas o direito ao trabalho ou aos bens materiais disponíveis como também às dimensões fundamentais da vida, como o livre pensar, os bens simbólicos, a autodeterminação, a criatividade, o prazer, a diversidade sexual e cultural. Além disso, as pautas feministas questionam os papéis sociais e políticos das mulheres e dos homens nos campos da sexualidade, da linguagem, da cultura e da arte, da ética, da religião, da educação, das relações interpessoais, sociais e institucionais e propõe uma redefinição desses papéis. Tais proposições giram em torno da desconstrução das visões antropológicas androcêntricas e patriarcais e do desenvolvimento de novas compreensões do humano e do mundo. As teologias feministas têm-se debruçado sobre tais aspectos e sobre demandas similares e interligadas como a ➔ecoteologia, a revisão ecumênica dos postulados teológicos tradicionais e as questões do poder, da assimetria e das desigualdades entre os gêneros.

Complexidade e interdisciplinaridade. A perspectiva feminista trabalha com as dimensões concretas da vida, considerando toda a sua complexidade. Leva-se em conta atentamente as experiências, socialmente localizadas e simbolicamente representadas, e os seus conteúdos sociopolíticos. Nesse sentido, ela questiona os discursos científicos, que, por estarem marcados pela lógica masculina, arvoram uma falsa universalidade, uma vez que dissimu-

Teologias feministas

lam a particularidade (branca, masculina e heteronormativa) que possuem. Esse empreendimento requer uma revisão das imagens androcêntricas de Deus que historicamente estão ligadas a práticas de dominação. Trata-se de adentrar em uma dimensão concreta, não especulativa, da fé. Nesse sentido, por exemplo, salvação e outras dimensões religiosas similares são vistas como o resgate da dignidade da vida em sua concretude, resultante de uma espiritualidade que se fundamenta no profundo respeito por todos os seres criados, na preservação da vida e da justiça e no empoderamento de quem as produz. Estas tarefas têm sido efetuadas com certa variedade metodológica, tendo destaque as linguagens narrativas, metafóricas e poéticas. Outro aspecto é a dimensão de interdisciplinaridade, comum às teologias críticas. Marcella Althaus-Reid (1952-2009), por exemplo, elaborou "uma teologia articulando a sexualidade com a economia, uma Teologia Política, pois o objetivo é dar substância à teologia. [...] uma teologia integral porque são as mulheres as que mais sofrem com os paradigmas sexuais da Igreja, quaisquer que sejam, como mulheres casadas, solteiras, hetero ou homossexuais etc. Há que se desvelar a ideologia heterossexual do cristianismo" (ALTHAUS-REID, 2004, p. 90).

Uma hermenêutica de suspeita e desconstrução. As teologias feministas reforçam a dimensão da "suspeita" nos processos hermenêuticos, especialmente pela desconstrução de textos e interpretações sexistas e patriarcais, sobretudo os bíblicos, e pela reconstrução de histórias, de narrativas e de tradições de mulheres que possibilitem novas leituras e espiritualidades. Essa perspectiva teológica também realça a história de mulheres "não nomeadas", silenciadas, visões não contadas e conhecidas que interpelam a dinâmica social e indicam caminhos de resistência nas fronteiras do poder normativo patriarcal. Há também de ressaltar que a produção teológica feminista, que se caracteriza pelas reflexões em torno das pautas feministas nos campos social e eclesial, não pode desconsiderar o trabalho teórico com outros enfoques produzidos por mulheres nos campos da pesquisa bíblica, dos estudos teológicos histórico-sistemáticos, da reflexão pastoral e das ciências da religião. Tais esforços podem não necessariamente explicitar o dado feminista nas análises, mas carregam a perspectiva e as experiências de vida e de trabalho das mulheres que o formularam e o desenvolveram.

A produção teológica feminista. Nas diferentes épocas, desde o florescer do ➜liberalismo teológico nas primeiras décadas do século 20, que abriu caminhos para reflexões teológicas plurais que pudessem responder mais adequadamente às situações que a modernidade apresentava, até a segunda metade do mesmo século, quando as pautas feministas se tornaram mais expressivas, a reflexão teológica obteve em diferentes países uma significativa contribuição de mulheres. Essa produção, na maioria dos casos, se deu em ambiente ecumênico, mesmo porque as instituições eclesiásticas de formação teológica não estiveram suficientemente abertas para protagonizar reflexões teológicas de conteúdos feministas. Foram especialmente os espaços do Conselho Mundial de Igrejas e dos conselhos ecumênicos continentais e nacionais, e suas comissões de trabalho, e da Associação Ecumênica de Teólogos e Teólogas do Terceiro Mundo (EATWOT/ASETT) que possibilitaram o desenvolvimento da Teologia Feminista Protestante.

Entre muitos nomes e corpos. Não é tarefa fácil enumerar as mulheres que se destacaram nessa tarefa ao longo de mais de um século, mesmo porque há a diversidade dos contextos e o fato de boa parte do trabalho ser feita por meio de produções coletivas. Além disso, as teologias feministas possuem fortes vínculos com movimentos sociais de base e boa parte das lideranças desenvolvem teologias práticas, por vezes articuladas com reflexões mais siste-matizadas e de cunho acadêmico e outras vezes de forma ensaísta e divulgada em materiais didáticos. Isso significa que o número de teólogas feministas é maior do que o comumente conhecido, boa parte sem o devido apoio e reconhecimento das instituições eclesiásticas, sendo que muitas delas estão atuando em projetos po-pulares e movimentos sociais. Entre os muitos nomes, destacam-se: Sallie McFague (1933-2019), Elizabeth Moltmann-Wendel (1926-2016), Letty Russell (1929-2007), Dorothee Sölle (1929-2003), Luise Schottroff (1934-2015), Marjorie Hewitt Suchocki (1933-), Marcella Althaus-Reid (1952-2009), Catherine Keller (1953-), Kwok Pui-Lan (1952-), Rita Nakashima Brock (1950-), Elza Tamez (1951-), Delores S. Williams (1937-), Park Soon-kyung (1923-2020), Chung Hyun-Kyung (1956-), Jacquelyn Grant (1948-) e Maricel Mena López (1968-). No contexto brasileiro, entre vários nomes, de diferentes gerações, se destacam: Wanda Deifeit (1963-), Nancy Cardoso Pereira (1959-), Genilma Boehler (1961-), Odja Barros (1970-), Ivoni Richter Reimer (1959-), Claudete Beise Ulrich (1960-) e Angélica Tostes (1993-). Em ambientação similar, em especial devido ao aprofundamento das questões de gênero, estão novas perspectivas teológicas, como a →Teologia *Queer*, difundida por Marcella Althaus-Reid, André Sidney Musskopf (1976-), Ana Ester Pádua Freire (1979-) e outros grupos que analisam os aspectos da justiça social, de gênero e da homoafetividade.

A Teologia "Mulherista". Como as experiências são diversifica-das, localizadas em tempos e espaços específicos e constituídas por particularidades e múltiplas identidades, tem-se priorizado o uso da expressão "mulheres", no plural, para se evitar conotações essencia-listas que o termo "mulher" possa gerar. Trata-se de uma reação à visão feminista branca e marcadamente europeia. Daí a elaboração de uma Teologia *Mulherista* (*womanist/mujerista*) para demarcar a diferença das experiências das mulheres negras e afro-latinas com as brancas, nos contextos de opressão e lutas por direitos. A base de argumentação são as ambiguidades presentes nos feminismos, devido ao fato de boa parte deles ter origens racistas ou eurocêntricas. Além disso, constata-se que o patriarcado e o poder institucional oferecem possibilidades de promoção apenas ou preponderantemente para mulheres brancas e que as mulheres negras e latinas, discriminadas por sexualidade, gênero e raça, são invisibilizadas nos movimentos feministas. Daí a importância da pluralidade para o contexto da produção teológica feminista (TOSTES, 2021).

A pluralidade das pautas teológicas. A Teologia *Mulherista* está focada na construção do bem-estar da comunidade afro-ame-ricana e latina, incluindo homens e mulheres, adultos e crianças. Ela procura empoderar as mulheres para perceberem, afirmarem e terem confiança na importância de suas experiências e fé para o conjunto da sociedade. Essa perspectiva teológica desafia as for-ças opressoras que impedem a luta das mulheres negras e latinas pela sobrevivência e pelo desenvolvimento de uma qualidade de vida positiva e produtiva que conduza à liberdade e ao bem-estar das mulheres e das comunidades em que estão inseridas. Ela se opõe a todas as formas de opressão baseada em raça, sexo, classe, preferência sexual, habilidade física ou casta. Nos Estados Uni-dos, destacam-se nessa visão as teólogas, já referidas, Delores S. Williams (1937-) e Jacquelyn Grant (1948-). Na América Latina, há uma rede expressiva de teólogas que enfatizam a perspectiva *mulherista* em suas produções.

A complexidade da realidade social e a importância das aná-lises de gênero. Um aspecto sempre em destaque para as teologias

Teologias feministas

feministas é a forma como as avaliações de gênero questionam as análises sociais, tanto nos aspectos práticos como nas dimensões teóricas. Nas análises sociais é fundamental que se perceba a distinção no tocante à mulher no espaço econômico e político, especialmente o lugar que as mulheres, sobretudo as pobres, têm ocupado na sociedade de economia globalizada. O mesmo se dá nas análises científicas mais gerais, especialmente as ciências humanas, nas quais, não obstante os avanços na compreensão da complexidade da vida, ainda se perpetuam concepções abstratas. A pressuposição é que a vida é marcada por relações sociais concretas entre homens e mulheres, historicamente situados. Nesse sentido, o conhecimento humano, a partir da crítica feminista, precisaria assumir o questionamento ao universalismo das ciências, superar o idealismo masculino presente nas elaborações filosóficas e teológicas que relegam a mulher à natureza e o homem à cultura, introduzir o relativismo cultural que afirma existir diferentes formas de interpretar o mundo, criar uma ética plural em que as próprias pessoas reflitam sobre suas realidades, valorizar a diversidade, a diferença e o cotidiano na esfera científica e pressupor a interdependência entre todos os seres, a transdisciplinaridade e a complexidades das ciências.

Novos olhares, novas espiritualidades. Como decorrência da visão crítica delineada pelas teologias feministas às formas de análise da complexidade da realidade social, especialmente o destaque dado às análises de gênero para tais empreendimentos, tanto teóricos como práticos, as teologias feministas tendem a enfatizar outras formas de espiritualidade e visões de mundo. Um número significativo de teólogas que se dedicam aos estudos bíblicos remonta a tradições no contexto da fé cristã, em que as mulheres, ainda que sem a visibilidade histórica e institucional, protagonizaram, dentro da tradição de Jesus de Nazaré, movimentos de contestação à ordem e à lógica hierárquica e de não aceitação da submissão aos homens. Trata-se de uma espiritualidade distinta e singular. Tal visão está associada a uma revisão das imagens androcêntricas de Deus e as linguagens sobre "Ele" que historicamente estão ligadas a práticas de dominação (BARROS, 2020). Olhar a fé de forma diferente, como tal empreendimento teológico se propõe, implica a tarefa já referida de repensar a salvação. Parcela das teólogas feministas vislumbra o processo de salvação pela transgressão à ordem social estabelecida. Trata-se, portanto, de uma dimensão concreta, não especulativa, da fé. É salvar a vida em sua concretude e realização.

A importância da ecoespiritualidade. A espiritualidade está conectada com o profundo respeito por todos os seres criados e a preservação da vida; trata-se de aprender a acolher a interdependência vital que caracteriza o universo e nos faz viver; é a educação pessoal e comunitária para valores de convivência. A ética ecofeminista delineia uma espiritualidade. Acentuam-se nesse caminho espiritual novas visões sobre democracia, relações interpessoais e coletivas, processos de aprendizagem e formas ecumênicas de ver a vida. A ecoespiritualidade é fruto da percepção de que houve um esquecimento da cosmologia em seu sentido amplo e da visão holística que dava ao ser humano uma compreensão mais apropriada de si mesmo, especialmente nas relações de interdependência e de cooperação vital. Nessa lacuna, acentuou-se o androcentrismo e perdeu-se o valor das origens humanas, da concepção de alteridade e interdependência e da dependência de outros sistemas de vida para a manutenção dela mesma. Ao mesmo tempo, acentuou-se também certa forma beligerante de ver a vida e a sociedade, em que cada qual está sempre em luta contra outros para se afirmar o direito à existência.

A crítica ao universalismo cristão. As perspectivas feministas têm elaborado críticas consistentes às visões de universalismo cristão que negam a pluralidade e que, de certa forma, estão ao lado do caráter androcêntrico de suas afirmações teológicas, marcadamente masculinas. As explicações religiosas sobre a vida e sobre o destino e valor do ser humano, que antes sustentavam uma perspectiva absolutista e exclusivista, vêm sendo questionadas por referenciais críticos provenientes de diferentes áreas do saber. As visões plurais e multiculturais, por exemplo, têm exigido a atenção às demais explicações religiosas e culturais distintas das que são forjadas no cristianismo. Há originalidade em diferentes visões em torno das noções de criação e recriação da vida, da salvação e do destino do cosmos. A crítica feminista aos processos de diálogo ecumênico, tanto no nível intracristão como no inter-religioso, é que há sempre um limite na abertura às questões do mundo e o diálogo com as diversidades, presentes em vários setores cristãos, mas que quase sempre terminam em uma perspectiva exclusivista. Isso se revela especialmente na linguagem e nas relações de poder (PUI-LAN, 2015).

Teologia Feminista e economia. No contexto latino-americano, há uma conceituada e crescente reflexão teológica feminista. A tendência é de se entender o feminismo em uma dimensão interseccional que se entrelaça com as situações e questões de classe, raça, gênero, sexualidade e geopolítica (TOSTES, 2021). São muitas as redes e canais de produção, a maioria de natureza ecumênica, como já referido para o contexto global, e muitos nomes se destacam. Associada à perspectiva dos pobres, marca fundante da Teologia Latino-Americana da Libertação, a reflexão bíblica de Elsa Tamez, por exemplo, tem-se centrado no contexto das mulheres à luz de uma realidade mais inclusiva e justa e em

Vocabulário *teológico*

sintonia com o espírito dos textos bíblicos, no qual o amor e a graça de Deus estão acima e em contraposição aos valores culturais patriarcais (TAMEZ, 2004).

A crítica feminista aos processos sociais e eclesiais e a crítica teológica à economia política. Seguindo as ênfases da Teologia Latino-Americana da Libertação e tendo como perspectiva a tradição teológica protestante na qual foi formada, Elsa Tamez privilegiou em suas reflexões a temática teológica da justificação pela fé, partindo da visão de pessoas e grupos excluídos da dinâmica social marcada pela marginalização e pela opressão. A premissa é de que "todos, não uns poucos, têm direito a viver dignamente como sujeitos, porque a vida é dom de Deus" (TAMEZ, 1995, p. 262). O cruzamento de duas perspectivas – a crítica feminista aos processos sociais e eclesiais e a crítica teológica à economia política –, somado às experiências no campo ecumênico, criou as bases do pensamento dessa autora. Ela apresenta um desafio não especificamente relacionado às mulheres, embora incida decisivamente na vida delas. Trata-se das bases bíblicas sobre a justificação pela fé vista a partir de pessoas e grupos excluídos dos sistemas econômicos, socioculturais e religiosos. Não obstante as distinções de época e cultura, tal interpretação teológica se constitui em parâmetro hermenêutico fundamental para o discernimento da realidade social desigual, injusta e excludente.

Uma perspectiva teológica libertadora. Entre os principais elementos do referido parâmetro bíblico-teológico estão: (a) a concepção da gratuidade, que inclui aqueles e aquelas que estavam em condição de exclusão por motivos de lei religiosa, especialmente as mulheres; (b) a visão da justiça de Deus como segurança e empoderamento dos pobres, que os leva a perceber a boa-nova da justiça de Deus como contraponto à realidade opressiva vivida; (c) a noção de senhorio de Deus, que não se trata de relações assimétricas e de escravidão entre o divino e o humano, mas de ver a justificação pela fé como reorganização da vida, de tal forma que as pessoas se sintam libertas e guiadas por Deus para viver justa e dignamente, e superem o sentimento de impotência diante do poder dos ídolos; e (d) a crítica ao império, que se legitima, entre outros fatores, pela lógica da justificação por méritos, a qual fundamenta sistemas orientados pelo critério de rentabilidade que apregoa a salvação por meio do lucro, da privatização e da submissão à lei, de acordo com os recursos próprios, simbólicos ou materiais, o que gera a exclusão de parcelas consideráveis de pessoas do processo salvífico e de perdão das dívidas (TAMEZ, 1995).

Teologia Feminista e pluralismo religioso. Outra contribuição significativa da Teologia Feminista da Libertação se dá em torno das questões sobre pluralismo religioso. Na América Latina, esse debate se torna cada vez mais relevante devido à vivência multicultural e multirreligiosa do continente. Como se sabe, a intolerância religiosa, ao lado dos interesses econômicos e políticos, é um dos grandes motores que geram a violência, causando a morte de milhares de inocentes, grande parte de mulheres, principalmente nos países pobres. Na perspectiva cristã, a discussão sobre as mensagens religiosas capazes de dar respostas consistentes para crentes e não crentes em um mundo marcado por guerras, violência e injustiça social centraliza-se, em geral, na discussão sobre o significado de Jesus Cristo hoje e a doutrina da encarnação. Entretanto, as teólogas feministas da libertação têm ido além, não somente ao discutir o tema da cristologia como também ao procurarem aprofundar os problemas sexistas advindos da visão religiosa monoteísta e os que emergem das metáforas patriarcais utilizadas na construção da imagem de Deus.

A valorização radical da pluralidade. As teologias feministas identificam que as discussões sobre o pluralismo, no geral, giram fortemente em torno dos dogmas que têm excluído as mulheres das instâncias de decisão e de poder nas esferas religiosas, e não tanto sobre as diferenças entre as religiões. Além disso, alguns desses dogmas também têm marginalizado homens e mulheres de diferentes raças e culturas, em nome de um "Cristo branco, de traços europeus". Portanto, trata-se de um esforço radicalmente inclusivo. Relacionada a essa visão está a necessidade de valoração da dimensão mística e da pluralidade. Isso se torna crucial se tivermos em vista uma revisão do método teológico e uma análise mais aprimorada das experiências religiosas que marcam o contexto latino-americano. As experiências religiosas se modificam no quadro de transformações sociais e econômicas, e, ainda que os símbolos religiosos tenham sido ressignificados de acordo com as necessidades do sistema econômico, a busca religiosa não perdeu força, embora tenha alterado suas formas e expressões tradicionais. Por isso, a pluralidade, não obstante as formas de massificação, de padronização e de uniformização das experiências religiosas, em grande parte por estarem reféns das formas econômicas de consumo, é marca significativa das sociedades hoje e devem ter lugar privilegiado na reflexão teológica.

Diálogo e empoderamento dos grupos subalternos. A pluralidade, elemento caro às teologias feministas, subverte identidades convencionais dadas por supostas e, por isso, pode favorecer caminhos de paz, de justiça e de alteridade. A perspectiva feminista do diálogo inter-religioso busca elementos, princípios e práticas de natureza libertadora não apenas para as mulheres como também para os diversos grupos marginalizados e discriminados socialmente, tendo como base um conceito de divindade não sexista, não patriarcal, não elitista e não racista. Nesse sentido, destaca-se a necessidade de se valorizar as religiões e culturas que são desconsideradas na sociedade. Além das questões especificamente cristológicas, há duas outras que representam desafios importantes no debate do pluralismo religioso: o conceito de salvação e a questão do monoteísmo.

Repensar a salvação. A concepção de salvação entendida como cura e doação de vida relativiza uma série de mitos de origem sobre o pecado e a culpa, em grande parte histórica e ideologicamente atribuídos à mulher. A crítica – e mesmo a ruptura – à visão agostiniana do pecado original faz com que a teologia tradicional da salvação perca sentido. A salvação, não mais ligada a uma cristologia da reconciliação do humano contra o seu estado inicial de pecado, mas sim contra o pecado estrutural, ganha novo sentido. A dimensão salvífica passa a estar ligada à cura, à elevação da autoestima, à doação de vida, à sexualidade, à acolhida no seio da comunidade. Dessa forma, a Teologia Cristã teria condições de ser mais fiel a seus princípios de igualdade de todos os seres humanos, de ter a comunidade fundamentada na justiça e na paz e de expressar o poder divino como representante do amor em sua plenitude. As críticas dirigidas à Teologia da Libertação, a maior delas contundentes e feitas *ad intra*, mostram que tal corrente teológica "não disponibilizou cadeiras para as mulheres pobres ou para gays pobres – ou, pelo menos, não o fez espontaneamente. O projeto inclusivo afirmou-se mediante políticas de exclusão que determinaram a identidade dos pobres. Os pobres que eram incluídos eram concebidos como masculinos, geralmente camponeses, vagamente indígenas, cristãos e heterossexuais" (ALTHAUS-REID,

2006, p. 458). Nas visões teológicas feministas, inclusão e salvação são dimensões intrínsecas e entrelaçadas.

A crítica ao monoteísmo. Algo similar ocorre com o tema do monoteísmo, uma vez que ele foi canalizado para uma imagem sempre masculina de Deus. Inclusive, tornou-se um "golpe" contra culturas ancestrais que possuíam a crença em divindades femininas e que, por isso, empoderavam as mulheres. O monoteísmo afetou a vida das mulheres ao acabar com a bixessualidade da divindade e assim afastar as mulheres da natureza divina. Também introduziu um dualismo entre corpo e o espírito, entre a humanidade e a natureza, entre Deus e o mundo. Em contraposição a essas visões, espera-se a vivência de uma espiritualidade plural conectada com a realidade que é corporificada no cotidiano, tanto nas dimensões de prazer como nas de dor, incluindo as mudanças e os processos do corpo, da vida pessoal, da autoafirmação, e, ao mesmo tempo, ligada ao compromisso social e às atividades políticas pela paz, pela justiça e pela integridade da criação. Dessa espiritualidade surgem as possibilidades de afirmação do corpo, tanto em seu poder erótico como em seu poder criativo de dar a vida e de ser fonte de cura.

Inter-relacionalidade, solidariedade e respeito às pessoas e à natureza. O esforço da Teologia Feminista da Libertação em buscar novas imagens de Deus está centrado na expressão da fé em uma divindade que esteja preocupada com as situações de opressão e violência que marcam a vida de parcelas consideráveis da população, especialmente de mulheres. Tal divindade, despida de androcentrismos e das consequentes formas de patriarcalismos e sexismos, promove a cura, valoriza o corpo, a sexualidade, o cuidado e a proteção da natureza com uma consequente responsabilidade ética pela criação. Aliás, tal perspectiva estabeleceria saudáveis conexões com as religiões indígenas e africanas, uma

Teologias feministas

vez que estas possuem imagens divinas menos autoritárias e que habitam ou se revelam no meio da comunidade e baseiam-se em inter-relacionalidade, solidariedade e mais respeito às pessoas e à natureza. As teologias feministas representam significativa contribuição para os processos de revisão do lugar das experiências religiosas no projeto global de libertação.

ALTHAUS-REID, Marcella. *Indecent Theology*: theological perversions in sex, gender and politics. Londres/Nova York: Routledge, 2000. ALTHAUS-REID, Marcella. Entrevista [por Sandra Duarte de Souza e Luiza Tomita]. *Mandrágora*, IX, (10), p. 90-92, 2004. ALTHAUS-REID, Marcella. Demitologizando a Teologia da Libertação: reflexões sobre poder, pobreza e sexualidade. In: SUSIN, Luiz Carlos (org.). *Teologia para outro mundo possível*. São Paulo: Paulinas, 2006. p. 455-470. ALTHAUS-REID, Marcella. *Deus Queer*. Rio de Janeiro: Metanoia/Novos diálogos, 2019. BARROS, Odja. *Flores que rompem raízes*: leitura popular e feminista da Bíblia. São Paulo: Recriar, 2020. MOLTMANN-WENDEL, Elizabeth et al. (org.) *Dicionário de Teologia Feminista*. Petrópolis: Vozes, 1997. ORTEGA, Ofélia (ord.). *Women's visions*: theological reflection, celebration, action. Genebra: WCC Publications, 1995. PUI-LAN, Kwok. *Globalização, gênero e construção da paz*: o futuro do diálogo interfé. São Paulo: Paulus, 2015. SCHOTTROFF, Luise. *Mulheres no Novo Testamento*: exegese numa perspectiva feminista. São Paulo: Paulinas, 1995. SCHOTTROFF, Luise; SCHROER, Silvia; WACKER, Marie-Theres. *Exegese feminista*: resultados de pesquisas bíblicas a partir da perspectiva de mulheres. São Leopoldo: Sinodal/CEBI; São Paulo: ASTE, 2008. SOTER (org.). *Gênero e teologia*: interpretações e perspectivas. São Paulo: Paulinas/Loyola, 2003. TAMEZ, Elsa. *A Bíblia dos oprimidos*: a opressão na Teologia Bíblica.

São Paulo: Paulinas, 1980. TAMEZ, Elsa. *Contra toda condenação*: a justificação pela fé partindo dos excluídos. São Paulo: Paulinas, 1995. TAMEZ, Elsa. *As mulheres no movimento de Jesus, o Cristo*. São Leopoldo: Sinodal, 2004. TOSTES, Angélica. Diálogo interfé e hermenêutica feminista latino-americana: possíveis caminhos. In: RIBEIRO, Claudio de Oliveira (org.). *O princípio pluralista em debate*. São Paulo: Recriar, 2021. p. 181-195.

Teopoética

As intervenções críticas e criativas de Rubem Alves. No campo teológico protestante, há diversos grupos e pessoas que buscaram novas linguagens teológicas, em especial as expressões que visam traduzir os conteúdos da fé de forma narrativa e poética. Nessa direção, ocupa lugar especial no espaço latino-americano o pensamento de Rubem Alves (1933-2014). Após se dedicar a temas que se configuraram na face do →Protestantismo da Libertação, como expressão da Teologia Latino-Americana, e em reflexões acadêmicas no campo da filosofia da religião, o autor aprofundou suas perspectivas filosófico-teológicas com o que se convencionou chamar "teopoética". Isso se deu especialmente por ele retomar as marcas da teologia de Harvey Cox (1929-), expressa em *A festa dos foliões: um ensaio teológico sobre festividade e fantasia* (1974), com quem dialogara no seu período de formação. A recriação da linguagem teológica que Rubem Alves fez com a teopoética, a introdução do elemento simbólico-poético e lúdico como tradução das concepções teológicas fundamentais da fé, a forma criativa e provocativa com a qual elaborou sua teologia, em especial na valorização das dimensões da corporeidade, da sexualidade e do prazer, são razões para destacarmos o pensamento dele.

Poesia e sentido da vida. "O *corpus alvesiano* recebe um influxo poético que já se anunciara na fase anterior, a filosófico--poética, fazendo o filósofo recolher-se para dar a voz ao poeta. Dessa fase os textos teológicos principais são: *Variações sobre a vida e a morte* (1981), *Creio na ressurreição do corpo* (1982), *Poesia, profecia, magia: meditações* (1983) e *Pai nosso: meditações* (1987)" (ALMEIDA, 2020, p. 82). Esses textos "são o acabamento de uma escrita teológica poética anunciada por Rubem em seus dois trabalhos seminais, *Da esperança* e *A gestação do futuro*, e que se configuram como expressão literária no começo dos anos oitenta. Ou seja, Rubem Alves trabalha conceitualmente a noção de teológica poética nos seus dois primeiros e seminais escritos, e no começo dos anos oitenta faz uma experimentação do que seja tal noção, ao escrever teopoeticamente" (ALMEIDA, 2020, p. 82). Em *Variações sobre a vida e a morte*, por exemplo, o autor afirma que: "A teologia fala sobre o sentido da vida. Afirmação que pode ser invertida: sempre que os homens estiverem falando sobre o sentido da vida, ainda que para isso não usem aquelas contas de vidro que trazem as cores tradicionais do sagrado, estarão construindo teologias: mundos de amor, em que faz sentido viver e morrer" (ALVES, 1982b, p. 194).

Liberdade e feitiço. A espiritualidade vivenciada nos escritos e reflexões de Rubem Alves procura expressar, por excelência, o pluralismo, a liberdade, a leveza. É como tentar responder à pergunta do autor perdida entre as páginas de *Creio na ressurreição do corpo*: "O que é mais importante, o que as pessoas pensam ou o que elas amam?" (ALVES, 1982c, p. 37). O autor "expressou o valor da palavra poética como responsável pela criação de mundos. A palavra é como um feitiço. Ao ser lançada, algo ocorre. Aquilo a que damos o nome de 'realidade' é, nessa perspectiva, feitiço.

Vocabulário teológico

A palavra é viva, mas pode ser muito perigosa ou enganosa. Uma única palavra pode conter o todo" (GOLIN, 2017, p. 242).

Teologia e corporeidade. As dimensões concretas da existência, tanto as de caráter social quanto as individuais, o que envolve as questões políticas, ecológicas, econômicas e, também, aquelas ligadas à subjetividade como a sexualidade, os valores, a afetividade, por exemplo, na grande maioria das vezes estão divorciadas das reflexões teológicas. As experiências efetivas e prementes das pessoas, relacionadas à vida e à morte, à sobrevivência, à violência, à sexualidade, à pobreza e a tantos outros dramas profundos da existência e da corporeidade humanas, têm sido quase sempre negligenciadas pela reflexão teológica. Ao contrário dessa visão reducionista, Rubem Alves, em sua teopoética, por exemplo, realçou a corporeidade e a tornou privilegiada nessa arte.

"Ao corpo, entretanto, interessa a sapiência, conhecimento que tem bom gosto, porque o corpo avalia com o amor e o prazer, e não com a inteligência desencarnada. E é aqui que mora o teólogo, no lugar onde a palavra é corpo, poder, entidade do mundo material, chave que abre e fecha, agulha que costura as partes do mundo" (ALVES, 1982b, p. 88).

O corpo, centro do universo. Se é fato que nas últimas décadas houve avanços consideráveis no que se refere às questões dos direitos das mulheres e dos grupos que vivenciam sexualidades alternativas, o enfrentamento das questões de gênero e sexualidade tem revelado que, não obstante os processos de empoderamento e mudanças sociais e culturais, há na atualidade relações de poder nas quais estão sedimentadas fortes assimetrias de gênero, que se sustentam como fatores ideológicos justificadores de desigualdades compreendidas, em geral, como "normalidades". Evidências disso são as divisões sociais do trabalho, a organização social e política dentro de critérios de heteronormatividade, formas naturalizadas de hierarquização, discriminação e violência e a invisibilidade e o silenciamento de grupos e de reflexões que tematizam a corporeidade e aspectos a ela relacionados. As religiões estão diretamente envolvidas nesse processo, uma vez que simultaneamente reforçam as assimetrias de gênero como também são palco de desconstrução da cultura de violência contra as mulheres, sendo componente de empoderamento e de promoção da dignidade delas, assim como de demais grupos subalternos (GEBARA, 2017). Tendo em vista esse quadro, há uma provocação de Rubem Alves que traduz seu pensar teológico: "E não me venham com o chavão de que a preocupação com o corpo é doença de pequena burguesia. Como se os trabalhadores não tivessem corpos e sentissem dor de dentes com os dentes de sua classe social, fizessem amor com os genitais de sua classe social e cometessem suicídio com a decisão de sua classe social. O corpo, na verdade, é a única coisa que eles possuem – e têm de alugar. Para quem está sofrendo só existe o corpo e a dor: dor imensa, dor que é prelúdio da morte, morte que tem a ver com o meu corpo, único, irrepetível, centro do universo, grávido de deuses" (ALVES, 1982b, p. 33).

Teologia como fala sobre o corpo. A experiência da reflexão e da formação teológica na maioria dos países, e sobretudo na América Latina, quase sempre não foi estabelecida a partir dos aspectos concretos da vida. Mesmo os setores orientados pela Teologia da Libertação apresentaram dificuldades com o passo metodológico popularmente conhecido como "ver", que busca o fazer teológico a partir da realidade. No caso da dimensão corpórea, ela está totalmente fora dos processos de formação e de reflexão teológicas, com raríssimas exceções. Nos círculos teológicos, em geral, se debatem doutrinas e conceitos, mas o corpo, em sua existência integral e concreta, em sua mediação com a natureza, a sociedade e os outros corpos, via de regra, é desprezado pela produção teológica. A supremacia da dimensão conceitual em detrimento da concretude da vida tem sido considerada marca bastante negativa dos processos de reflexão e de educação teológica. Apesar dos esforços que buscam superar tais equívocos, ainda não está consolidada uma metodologia capaz de articular a dimensão corpórea da vida, com seus sabores e dissabores, com o conjunto da reflexão teológica. Rubem Alves, ao contrário, já nos lembrava, com o veio poético que lhe é peculiar, de que: "Teologia é um jeito de falar sobre o corpo. O corpo dos sacrificados. São corpos que pronunciam o nome sagrado: Deus... A teologia é um poema do corpo, o corpo orando, o corpo dizendo as suas esperanças, falando sobre o seu medo de morrer, sua ânsia de imortalidade, apontando para utopias, espadas transformadas em arados, lanças fundidas em podadeiras... Por meio desta fala, os corpos se dão as mãos, se fundem num abraço de amor, e se sustentam para resistir e para caminhar" (ALVES, 1982b, p. 9).

Desnudamento e brincadeira. "Se, como afirmou Rubem Alves, fazer teologia é brincar com os símbolos que a tradição fincou nos interstícios da alma humana, tecendo com eles redes para dar sustentação à vida nascida *do* caos e por ele ameaçada, então o trabalho de retorno ao imaginário bíblico e ao conjunto de ressignificações que recebeu no correr dos tempos será ininterrupto. A obra de Rubem se inscreve, pois, nesse retorno a partir da tradição cristã protestante. A sua originalidade está em redescobrir a *poiesis* guardada no interior mesmo desses relatos e os ressignificar poeticamente para o presente" (ALMEIDA, 2020, p. 93). Rubem Alves propõe um desnudamento da teologia. Ele afirma que a jornada humana é "nada mais do que brincar com símbolos, fazendo improvisações em torno de temas dados. Parecemos voar? Apenas saltos, pois nossos pés só deixam o chão por curtos e fugazes momentos. E a teologia se desnudaria como coisa humana que qualquer um poderia fazer, se sentisse o fascínio dos símbolos, o amor pelo tema, e tivesse a imaginação sem a qual os pés não se despregam da terra. [...] E o teólogo se redescobriria, não mais vestido com as cores fulgurantes dos que estão em cima, mas na tranquila nudez daqueles que, como os demais, andam pelos caminhos comuns da existência" (ALVES, 1982b, p. 29).

O prazer, a alegria e os processos educativos. Rubem Alves advoga a importância do prazer e da alegria e a valorização da corporeidade, não somente no tocante à reflexão teológica como também para a educação como um todo. Com sua teologia da corporeidade, o autor nos mostra que o propósito da educação é o de "aumentar as possibilidades de prazer e alegria" (ALVES, 2014, p. 84). Era seu alerta para que os processos educativos possam seguir nessa direção, ao fazer com que o corpo, e não somente as dimensões da racionalidade, sejam o fio condutor do humano ao seu sentido maior. Trata-se de um pluralismo antropológico, uma vez que se realçam outras formas de vivência humana, que não estejam reféns da razão instrumental, pragmática e mecanicista. Da mesma forma, o pluralismo antropológico que os processos teológicos podem considerar deve ser um elemento crítico das formas religiosas enrijecidas e castradoras do prazer, tão comuns nos grupos religiosos. Além disso, tal pluralismo precisa ser criativo o suficiente para cooperar nos processos de valorização da corporeidade, da sexualidade e do prazer. Trata-se, para o autor, da ressurreição dos corpos, reconciliados com o prazer e a alegria. E o que o corpo sabe e tem a dizer à teologia? Rubem Alves realça que o corpo é uma unidade inteligente, "sabe sem precisar saber.

Vocabulário *teológico*

O corpo é sábio. O corpo é educador por graça, de nascimento. Não precisa de aulas de pedagogia" (ALVES, 2014, p. 78).

Teologia narrativa e teopoética. Rubem Alves ensaiou sua crítica ao racionalismo e ao pragmatismo presentes na teologia quando deu valor à Teologia Narrativa e à teopoética. Com *Variações sobre a vida e a morte* (1982b), por exemplo, ele descortinou outras possibilidades de caminhos teológicos. Isso ele já o fizera com obras escritas originalmente em inglês, como a sua tese *Towards a Liberation Theology* (Por uma Teologia da Libertação), publicada no Brasil com o título *Da esperança* (1987), e *Tomorrow Child*, publicada como *A gestação do futuro* (1986). Com *Variações sobre a vida e a morte*, Rubem Alves revela outra etapa de seu pensamento. Na virada para os anos de 1980, há uma mudança significativa no pensamento do autor. A busca de uma nova linguagem teológica, a qual pudesse responder mais adequadamente às demandas que surgiam com a emergência das subjetividades humanas que se afloravam no mundo, foi algo a que o teólogo se dedicou.

O jogo das contas de vidro. Rubem Alves recriou a linguagem teológica. Ele deu a ela novos poderes de interpretação, valorizou as reticências, os vazios, a incompletude. Com a narrativa associada ao famoso "jogo das contas de vidro", da obra de Hermann Hesse, Rubem Alves realça o caráter lúdico da teologia. Como brinquedo, ela transfigura o mundo, faz com que as pessoas pensem livremente, desnudem-se dos velhos preceitos e dogmas e as faz ver e recriar a vida em sua multiplicidade de situações. Em especial, a teologia, vista nessa óptica, faz com que o ser humano se encontre consigo mesmo, com o corpo que é. "Porque a conta de vidro temática é o corpo humano, meu corpo, corpo de todos os homens, corpo de jovens e de velhos, corpos torturados e corpos felizes, corpos mortos e corpos ressuscitados, corpos que matam e corpos abraçados em amor. E a congregação de teólogos e assistentes repete, em uníssono: 'Creio na ressurreição do corpo'" (ALVES, 1982b, p. 31).

Fé, risco e liberdade. A produção teológica de Rubem Alves passa a realçar a imaginação, a criatividade e a aventura. A ênfase nas dimensões da fé – para além dos limites religiosos que em geral "prendem" as pessoas e das certezas que facilitam o risco e as tomadas de decisões livres das pessoas – se constitui em marca teológica dos escritos do autor. "Aí a imaginação emigra da realidade, aliena-se, torna-se estranha ao mundo, recusa o veredito dos fatos, e começa a explorar possibilidades ausentes, a montar fantasias sobre o jardim que poderia existir, se o amor e o trabalho transformassem a realidade. A imaginação voa e o corpo cria. A imaginação são as asas do corpo. O corpo, a força da imaginação. O *desejo* e o *poder* se interpenetram para dar à luz a *esperança*" (ALVES, 1982b, p. 45).

Liberdade e salvação. Rubem Alves intensificou a sua teopoética, em especial com a publicação de *Creio na ressurreição do corpo* (1982c). Nela, encontramos visões escatológicas muito singulares como esta: "Salvação! Nossos corpos totalmente livres. Livres de tudo o que faz sofrer. Livres das correntes, do medo. Os olhos não mais perfurarão, e nenhum irmão terá de esconder, do seu irmão, nem a nudez da sua alma nem a nudez do seu corpo. Livres para a verdade, livres para a beleza, livres para o amor. Insólita política porque nossos corpos não mais reagirão nem ao olho mau, nem ao gesto mau, nem à palavra má. Possuídos pelo futuro, trataremos de fazer viver, no presente, aquilo que nos foi dado, em esperança. E esta comunidade de visionários, de exilados, de peregrinos, de árvores desenraizadas, servirá ao mundo, na própria vida, em sacramentos do Reino de Deus que se aproxima" (ALVES, 1982c, p. 71).

Vocabulário teológico

O mundo como extensão do corpo. Em *O enigma da religião*, o autor confessa: "Comecei a perseguir a beleza mais que a verdade. É que descobri, tardiamente, através da surpresa de amizades inesperadas, o fascínio da poesia. Que poema será verdade? Que poema será reflexo especular fiel das coisas do nosso mundo? Poemas, invocações de ausências, funduras onde nadam os desejos: é aí que os corpos se preparam para as batalhas [...]. Visitando a mim mesmo e lendo as coisas dos mundos mágicos e dos mundos dos sonhos, aprendi que o corpo não é coisa biológica: poemas que se fizeram carne. Somos moradas de palavras, possessões demoníacas ou o vento indomável do Espírito. Palavras: continuação das mãos. Mas forma visível das palavras. Há de se buscar a palavra que se transforma em carne: aqui, o segredo do dizer mágico. Não basta o saber; é preciso o sabor. É preciso que as palavras sejam belas, para seduzir" (ALVES, 1975, p. 57). E, assim, o autor faz uma revisão da racionalidade organizativa e política da Teologia Latino-Americana, que em geral é marcada pela objetividade e pela frieza das análises. Em *Variações sobre a vida e a morte*, Rubem Alves havia dado um rotundo "não" às pretensões de neutralidade: "Não. Não existe um mundo neutro. O mundo é uma extensão do corpo. É vida: ar, alimento, amor, sexo, brinquedo, prazer, praia, céu azul, auroras, crepúsculos, dor, mutilação, impotências, velhice, solidão, morte, lágrimas, silêncios. Não somos seres do conhecimento neutro, como queria Descartes. Somos seres do amor e do desejo. E é por isso que a minha experiência da vida é essencialmente emoção" (ALVES, 1982b, p. 39).

Teologia e poesia. "Se em *Variações sobre a vida e a morte* [...] Rubem começa a esboçar uma forma mais poética de escrita teológica, que ganha contornos mais fortes com as obras *Creio na ressurreição do corpo* (1982) e *Poesia, profecia, magia* (1983). Em *Pai nosso*, tal forma de escrita atinge seu pleno vigor, sendo uma espécie de resposta de Rubem à necessidade de uma teologia mais afeita às varandas da poesia. O *Pai nosso* revela o ponto alto desta linguagem. Nela, a prosa e o verso se entrelaçam e a *cognitio Dei experimentalis* aparece numa linguagem que não lhe é estranha. Longe dos conceitos, distante das deduções sistemáticas, Rubem Alves teceu uma forma de falar de Deus capaz de trazer o mistério para dentro da linguagem na qual pretende comunicar. [...] no *Pai nosso* Rubem entrega-se totalmente à linguagem simbólico-poética, esse viés capaz de projetar a imaginação para o coração da linguagem que quer comunicá-la. Rubem Alves teve a ousadia de construir uma linguagem teológica que, nascida de seus trabalhos sistemáticos no campo da teologia, foi capaz de ultrapassar estilos, romper estruturas, superando os modelos tradicionais de falar sobre Deus. Rubem Alves apontou para tal linguagem nos seus escritos que vão do final dos anos 1960 até o começo dos anos 1970. Nos anos 1980, ele a experimentou. Ela se fez carne nos seus escritos" (ALMEIDA, 2020, p. 83).

O louco e o poeta. Ao se realçar a perspectiva do lúdico, não se está afirmando a total evasão do mundo como felicidade. Para Rubem Alves, falar de Deus e de seu Espírito, seguindo a trilha bíblica da liberdade, desperta as coisas boas que estão adormecidas dentro das pessoas. Ou, como o autor indicou em *Dogmatismo e tolerância*, ao afirmar que a fé ajuda a "exorcizar o medo e construir diques contra o caos" (ALVES, 1982a, p. 24), marcas constitutivas da vida, em especial das pessoas e grupos humilhados pelas mais variadas formas de dominação. "Nos textos de Rubem Alves, por um viés teológico-literário, destaca-se a figura do louco, do poeta, e do silêncio que representam a linguagem dialógica e aberta para falarem sobre as coisas do mundo. Ser louco é não estar condicionado às regras, ele é livre em suas manifestações; o poeta é plural em criatividade, portanto, pode se expressar por intermédio de suas obras que representam diferentes pontos de vista, abrangendo diversos grupos sociais; e é em nosso silêncio mais profundo que estão as verdades sobre nós mesmos e sobre o mundo. Por conseguinte, tais aspectos representados na literatura, como na poesia, trabalham com a objetividade e a subjetividade, real e ficcional, e quebram aquilo que é considerado impositivamente como normalidade e provocam questionamentos e reflexões sobre as ações humanas" (LUCKNER, 2020, p. 148).

Magia e felicidade. E a magia, tão temida pelas lógicas racionalistas, burocráticas e institucionalizantes, brota de onde menos se espera. Nas experiências interstícias da vida, nos momentos de dor e de prazer, nas fronteiras entre frustrações e realizações, ali ela está, como potência destituinte, como convite para o riso, o choro, a dança e o gozo extático. "A magia, de acordo com Rubem Alves, representa um ato criativo – que fora abortado pelo poder dominante. Ela é, em certo nível, a expressão profética de um corpo que já não aguenta mais, a manifestação de um corpo que deseja ultrapassar a ordem vigente das coisas, sem conseguir, mas que, apesar disso, ainda resiste. É possível afirmar que a magia – que opera no núcleo constitutivo de qualquer imaginação religiosa – é uma das *performances* possíveis para um corpo rebelde" (CATENACI, 2018, p. 122). Para Rubem Alves, o ser humano "... pratica a magia porque dentro de si possui uma intenção mágica: a de que as coisas como são têm de ser dissolvidas, de um mundo novo, expressivo do amor, deve ocupar o seu lugar. Sem a intenção mágica, a cultura não teria sido criada. Pois esta nasce enquanto uma recusa humana em aceitar o mundo como ele é, e também como uma expressão de sonho utópico de se criar uma *ordo amoris*" (ALVES, 1986, p. 91).

ALMEIDA, Edson Fernando. O Pai-Nosso sob o olhar de Rubem Alves (p. 81-95). In: CAMPOS, Breno; MARIANI, Ceci; RIBEIRO, Claudio (org.). *Rubem Alves e as contas de vidro*. São Paulo: Loyola, 2020. ALVES, Rubem. *O enigma da religião*. Petrópolis: Vozes, 1975. ALVES, Rubem. *Dogmatismo e tolerância*. São Paulo: Paulinas, 1982a. ALVES, Rubem. *Variações sobre a vida e a morte*: a teologia e sua fala. São Paulo: Paulinas, 1982b. ALVES, Rubem. *Creio na ressurreição do corpo*: meditações. Rio de Janeiro: CEDI, 1982c. ALVES, Rubem. *A gestação do futuro*. São Paulo: Papirus, 1986. ALVES, Rubem. *Da esperança*. Campinas: Papirus, 1987a. ALVES, Rubem. *Pai nosso*: meditações. Rio de Janeiro: CEDI; São Paulo: Paulinas, 1987b. ALVES, Rubem. *Variações sobre o prazer*. 2. ed. São Paulo: Planeta, 2014. CATENACI, Giovanni. Rubem Alves: um contemporâneo. In: RIBEIRO, Claudio de Oliveira (org.). *Teologia Protestante Latino-Americana*: um debate ecumênico. São Paulo: Terceira Via, 2018. p. 101-123. CERVANTES-ORTIZ, Leopoldo. *A teologia de Rubem Alves*: poesia, brincadeira e erotismo. Campinas: Papirus, 2005. COX, Harvey. *A festa dos foliões*: um ensaio teológico sobre festividade e fantasia. Petrópolis: Vozes, 1974. GEBARA, Ivone. *Mulheres, religião e poder*: ensaios feministas. São Paulo: Terceira Via, 2017. GOLIN, Luana. A teopoética em Rubem Alves. *Estudos de Religião*. São Bernardo do Campo, v. 31, n. 2, p. 239-259, maio-ago. 2017. LUCKNER, Rita de Cássia Scocca. Onde nascem as palavras: considerações sobre a loucura, a poesia e o silêncio a partir do pensamento de Rubem Alves. In: CAMPOS, Breno; MARIANI, Ceci; RIBEIRO, Claudio (org.). *Rubem Alves e as contas de vidro*. São Paulo: Loyola, 2020. p. 131-150.

ÍNDICE REMISSIVO

A

Alteridade 84, 85, 119, 169, 183, 199, 202, 266, 274, 324, 337, 338, 340, 404, 408

B

Barth 19, 32, 35, 40, 41, 53, 101, 125, 134, 137, 141, 147, 148, 172, 279, 280, 282, 299, 300, 301, 302, 303, 304, 305, 306, 307, 308, 310, 313

Bíblia 51, 65, 71, 100, 112, 113, 114, 116, 124, 133, 170, 171, 172, 173, 174, 176, 177, 178, 179, 182, 183, 188, 189, 193, 198, 240, 247, 249, 266, 272, 298, 300, 302, 329, 348, 349, 376

Bonhoeffer 32, 33, 34, 35, 36, 37, 40, 41, 42, 279, 280, 281, 282, 299, 308, 310

C

Conselho Mundial de Igrejas 14, 55, 56, 68, 197, 208, 218, 225, 226, 235, 240, 248, 270, 271, 272, 311, 326, 330, 359, 360, 400

Vocabulário teológico

Criação 24, 41, 56, 69, 71, 72, 73, 74, 75, 76, 77, 78, 79, 81, 88, 89, 91, 94, 96, 105, 118, 127, 137, 143, 144, 154, 160, 162, 164, 166, 169, 194, 196, 203, 204, 217, 219, 220, 221, 226, 228, 229, 232, 236, 239, 241, 255, 258, 259, 260, 266, 274, 284, 287, 294, 328, 329, 330, 331, 332, 333, 337, 341, 343, 344, 345, 347, 351, 391, 405, 410, 413

Cristológico(a) 32, 33, 36, 41, 75, 133, 134, 137, 143, 144, 145, 148, 190, 213, 280, 281, 282, 295, 299, 305, 306, 310, 316, 373, 389

D

Direitos Humanos 84, 87, 228, 248, 250, 369

Diversidade 13, 78, 81, 82, 111, 201, 205, 230, 233, 234, 236, 243, 246, 250, 251, 261, 270, 274, 305, 324, 332, 345, 349, 361, 374, 378, 381, 385, 392, 398, 400, 403

E

Ecologia 68, 70, 71, 72, 73, 84, 87, 88, 253, 355

Ecumenismo 57, 87, 112, 217, 227, 232, 235, 236, 246, 271, 321, 329, 332, 333, 339, 340, 343, 345, 354

Exegese 100, 124, 128, 139, 175, 189, 193, 300

G

Gênero 63, 201, 213, 250, 251, 261, 275, 341, 355, 356, 366, 372, 376, 385, 387, 391, 392, 393, 401, 402, 403, 405, 414

Graça 27, 65, 66, 70, 71, 77, 93, 95, 114, 133, 160, 169, 172, 203, 264, 266, 294, 299, 302, 303, 305, 316, 348, 350, 395, 406, 418

I

Iluminismo 13, 100, 105, 111, 185

J

Justiça 32, 39, 60, 66, 67, 68, 70, 77, 78, 83, 84, 96, 97, 102, 106, 118, 156, 158, 192, 198, 200, 212, 213, 214, 217, 221, 228, 234, 236, 239, 241, 250, 254, 261, 265, 266, 270, 274, 275, 293, 317, 321, 322, 323, 325, 328, 330, 331, 332, 333, 334, 340, 341, 343, 344, 355, 356, 360, 365, 379, 382, 388, 399, 401, 406, 408, 409, 410

L

Liberdade 22, 29, 72, 75, 77, 94, 97, 121, 133, 159, 160, 165, 166, 167, 169, 172, 185, 186, 203, 260, 261, 267, 275, 285, 294, 303, 326, 349, 351, 352, 364, 366, 377, 402, 413, 419, 421

M

Miguez-Bonino 197, 270, 331

Modernidade 13, 47, 100, 112, 113, 115, 118, 124, 154, 186, 195, 278, 281, 324, 369, 388, 400

Moderno 32, 38, 40, 42, 43, 44, 45, 47, 49, 50, 52, 87, 101, 111, 119, 121, 124, 148, 154, 155, 186, 188, 189, 194, 217, 224, 256, 278, 279, 281, 285, 301, 325, 330, 372

Moltmann 55, 69, 73, 74, 78, 86, 87, 89, 93, 95, 96, 267, 312, 318, 319, 320, 401

P

Pluralidade 62, 84, 92, 111, 120, 122, 205, 230, 232, 234, 262, 297, 304, 318, 324, 337, 402, 405, 408

Pluralismo 111, 119, 120, 196, 201, 203, 205, 228, 234, 253, 261, 274, 284, 311, 312, 315, 316, 318, 324, 333, 355, 407, 408, 409, 413, 417

Pobre 176, 346, 348, 355, 364, 387, 388

Pobreza 70, 99, 107, 204, 214, 264, 265, 268, 364, 374, 391, 393, 414

Q

Querigma 44, 45, 47, 50, 51, 52, 53, 134, 140, 141, 148, 151, 214, 298, 305, 350, 379

R

Racionalismo 22, 71, 100, 112, 155, 185, 372, 418

Razão 19, 20, 21, 22, 23, 24, 25, 41, 71, 72, 90, 100, 113, 116, 119, 128, 185, 186, 187, 192, 199, 284, 290, 293, 299, 302, 303, 307, 324, 363, 417

Reforma Protestante 186, 240, 267, 350

Reino de Deus 70, 71, 76, 89, 92, 95, 99, 100, 103, 104, 118, 139, 155, 156, 158, 159, 160, 162, 163, 164, 165, 166, 167, 183, 191, 192, 193, 213, 216, 223, 264, 266, 270, 271, 274, 289, 290, 291, 294, 318, 331, 332, 336, 341, 347, 350, 354, 419

Responsabilidade social 96, 101, 109, 118, 181, 191, 214, 222, 239, 241, 263, 264, 269, 270, 331, 354

Rubem Alves 96, 242, 265, 267, 275, 351, 353, 355, 412, 413, 414, 415, 416, 417, 418, 419, 420, 421, 422

S

Salvação 65, 66, 69, 70, 71, 72, 73, 75, 77, 83, 84, 112, 136, 138, 139, 141, 142, 143, 144, 145, 146, 148, 149, 150, 151,

153, 158, 163, 164, 167, 169, 172, 191, 196, 215, 290, 314, 315, 316, 317, 319, 349, 367, 399, 404, 405, 407, 409, 419

Schleiermacher 13, 100, 124, 126, 127, 128, 129, 130, 185, 187, 302

T

Teologia da Libertação 60, 61, 62, 63, 65, 66, 96, 174, 208, 224, 242, 264, 265, 267, 268, 269, 270, 271, 272, 273, 320, 323, 346, 353, 355, 386, 388, 391, 393, 409, 415, 418

Latino-Americana 14, 59, 70, 174, 235, 263, 264, 270, 271, 274, 294, 344, 349, 355, 391, 392, 405, 406, 412, 420

Liberal 99, 112, 113, 118, 125, 136, 186, 188, 189, 193, 287, 299, 334

Tillich 19, 41, 53, 55, 101, 125, 136, 158, 159, 160, 161, 163, 164, 167, 168, 194, 280, 281, 282, 287, 288, 289, 290, 291, 294, 295, 296, 297, 306, 312, 313, 314, 322, 334

V

Vaticano II 14, 115, 173, 208, 224, 232, 265, 268, 270, 334

Rua Dona Inácia Uchoa, 62
04110-020 – São Paulo – SP (Brasil)
Tel.: (11) 2125-3500
http://www.paulinas.com.br – editora@paulinas.com.br
Telemarketing e SAC: 0800-7010081